高等职业教育城市轨道交通系列新形态一体化规划教材

盾构/TBM
构造原理及维护保养

DUNGOU/TBM GOUZAO YUANLI JI WEIHU BAOYANG

主　编◎苍　盛　王　龙
副主编◎马　双　王国政
主　审◎张　冰

中国铁道出版社有限公司
CHINA RAILWAY PUBLISHING HOUSE CO., LTD.

内 容 简 介

本书以盾构技术员、盾构施工员、盾构维保员、盾构生产技术员为典型工作岗位，以常用盾构和 TBM 为载体，引入成果导向教学的先进职业教育理念，采取多种形式，全面、详细地介绍了盾构和 TBM 的构造原理及维护保养技术。

本书共分为 5 章，主要内容包括盾构和 TBM 的定义与区别、盾构和 TBM 的分类与选型、盾构主机的构造原理、盾构后配套与辅助设备的构造原理、TBM 主机的构造原理、TBM 后配套与辅助设备的构造原理、盾构的维护保养、TBM 的维护保养。

本书适合作为高等职业教育盾构施工技术、地下与隧道工程技术、城市轨道交通工程技术、工程机械及相关专业学生的教材，同时也可作为盾构技术员、盾构施工员、盾构维保员等盾构工程技术人员的参考用书。

图书在版编目(CIP)数据

盾构/TBM 构造原理及维护保养/苍盛，王龙主编. —北京：中国铁道出版社有限公司，2020.8

高等职业教育城市轨道交通系列新形态一体化规划教材

ISBN 978-7-113-27091-9

Ⅰ.①盾… Ⅱ.①苍… ②王… Ⅲ.①盾构法-高等职业教育-教材 Ⅳ.①U455.43

中国版本图书馆 CIP 数据核字(2020)第 131831 号

书　　名：盾构/TBM 构造原理及维护保养
作　　者：苍　盛　王　龙

策划编辑：何红艳　　　　**编辑部电话：**(010)83552550
责任编辑：何红艳　包　宁
封面设计：刘　颖
责任校对：张玉华
责任印制：樊启鹏

出版发行：中国铁道出版社有限公司(100054，北京市西城区右安门西街 8 号)
印　　刷：北京柏力行彩印有限公司
版　　次：2020 年 8 月第 1 版　2020 年 8 月第 1 次印刷
开　　本：850 mm×1 168 mm 1/16　**印张：**15.5　**字数：**387 千
书　　号：ISBN 978-7-113-27091-9
定　　价：55.00 元

前　言

职业教育是以培养能力为主的教育，同时也强调要掌握和运用职业技术技能所必备的知识。因此，编者在本书的编写过程中，在内容的选定和章节的编排上充分考虑了高职教育技术水平的要求及高职毕业生所从事工作的需要，期望能在培养盾构和TBM构造专业技术人才方向做一些有益的工作。

本书具有以下特点：

(1)内容的组织：注意循序渐进，简明、全面地讲述了盾构和TBM构造原理及维护保养的主要内容。增加了目前国内行业中对于盾构和TBM的区别和各自特点，以及工程应用中常用的维护保养方法。

(2)内容的设计：着重培养学生掌握盾构和TBM构造原理的能力，安装、调试、使用、维护盾构和TBM的能力，诊断和排除故障的能力。并且，充分考虑高等职业教育的特色和高职学生的学习特点，在教学内容的设计上注重理论联系实际，在内容的取舍上以必需、够用为度，力求做到少而精。

(3)编写模式：本书编写模式做了较大改变，突破了以往教材编写模式，内容紧贴实际岗位，深入浅出，理论联系实际，并着重于实际，注重基础性知识的传达，强调实操性，用通俗易懂的语言和图文并茂的方式进行编写，体现最新的技术和工艺，体现知识目标和能力目标的贯通。

本书共分5章，主要内容包括：盾构和TBM的定义与区别、盾构和TBM的分类与选型、盾构主机的构造原理、盾构后配套与辅助设备的构造原理、TBM主机的构造原理、TBM后配套与辅助设备的构造原理、盾构的维护保养、TBM的维护保养。

本书由哈尔滨铁道职业技术学院苍盛、中铁工程装备集团(天津)有限公司王龙任主编，哈尔滨铁道职业技术学院马双、中铁工程装备集团有限公司王国政任副主编，中铁工程装备集团有限公司吴鹏飞参与编写。具体编写分工如下：第1章、第2章由苍盛编写，第4章、第5章由王龙编写，第3章第1～4节、第6～7节由马双编写，第3章第5节、第10～12节由王国政编写，第3章第8～9节由吴鹏飞编写。全书由苍盛负责统稿。

全书由哈尔滨铁道职业技术学院城轨工程分院院长、黑龙江省教学名师张冰教授主审，她对本书提出了诸多有益建议，在此表示由衷感谢！同时，在编写过程中，编者受到了中铁工程装备集团有限公司的大力支持和真诚帮助，在此一并表示衷心感谢！

由于编者所掌握的知识有限，且时间紧迫，书中难免存在疏漏和不妥之处，恳请专家读者批评和指正，特此致谢！

编　者
2020年6月

目　录

第 1 章 绪　论

自 21 世纪始，由于经济发展的需要，土地的超负荷开发利用，地上空间已满足不了人类发展的需求，人类进入全面开发地下空间的时代，并将地下空间应用于交通隧道（铁路、公路、地铁）、市政、水利水电等方面。而国内外的实践证明：当隧道长度和直径之比大于 600 时，采用全断面隧道掘进机施工是经济的。因此，全断面隧道掘进机已经成为人类“隧贯山河，道通天下”的利器。

1.1 概　述

隧道及地下空间的大发展，促进了全断面隧道掘进技术的进步，全断面隧道掘进机施工综合了机械、电气、液压、新材料、新工艺、电子信息、自动化等高新技术，可实现隧道施工“工厂化”作业，具有快速、优质、经济、安全、环保等特点，与传统的钻爆法施工相比具有明显的优势，已在国内外各类隧道工程中广泛应用。

1.1.1 全断面隧道掘进机的定义

全断面隧道掘进机（full face tunnel boring machine）：通过开挖并推进式前进实现隧道全断面成形，且带有周边壳体的专用机械设备。主要包括盾构机、岩石隧道掘进机（TBM）、矩形顶管机等，如图 1-1 所示。

（a）盾构机　（b）岩石隧道掘进机（TBM）　（c）矩形顶管机

图 1-1　全断面隧道掘进机外形

全断面隧道掘进机有很多种形式，在我国习惯上将用于软土地层的全断面隧道掘进机称为盾构机，将用于岩石地层的全断面隧道掘进机称为TBM(注：本书后面所述的TBM均指全断面岩石隧道掘进机)。根据不同的结构形式和不同的用途，全断面隧道掘进机分类如图1-2所示。

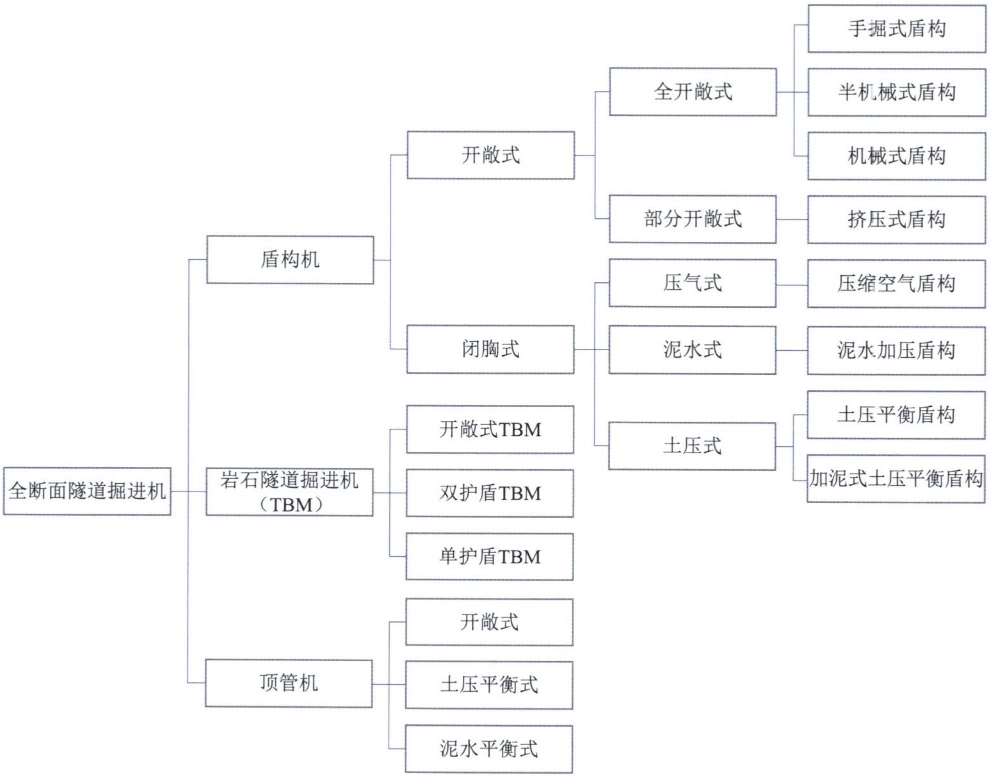

图1-2　全断面隧道掘进机分类

不同类型的全断面隧道掘进机定义：

1.盾构机(shield machine)

盾构机是在钢壳体保护下完成隧道掘进、出渣、管片拼装等作业，推进式前进的全断面隧道掘进机。主要由主机及后配套系统组成。

注意:(1)盾构机包括开敞式盾构机、土压平衡盾构机、泥水平衡盾构机等。(2)通常所用的盾构机默认为圆形盾构机。

2.岩石隧道掘进机(hard rock tunnel boring machine)

岩石隧道掘进机是通过旋转刀盘并推进，使滚刀挤压破碎岩石，采用主机带式输送机出渣的全断面隧道掘进机。

注意:(1)岩石隧道掘进机包括开敞式岩石隧道掘进机、单护盾岩石隧道掘进机及双护盾岩石隧道掘进机等。(2)岩石隧道掘进机又称硬岩隧道掘进机或TBM。

3.顶管机(pipe jacking machine)

顶管机是具有前部开挖、盾体支撑功能，通过顶推系统将管节和主机一同顶进的全断面隧道掘进机。

注意:顶管机包括开敞式顶管机、土压平衡顶管机及泥水平衡顶管机。

1.1.2　盾构机与岩石隧道掘进机(TBM)的区别

全断面隧道掘进机包含了盾构机和岩石隧道掘进机(TBM),也有著作将盾构机和岩石隧道掘进机统称为隧道掘进机(tunnel boring machine,TBM)。在欧美地区,TBM 泛指软土和岩石地层的掘进机,在我国和日本,一般把适用于软土地层或软土地层为控制性地层的掘进机称为盾构机,而 TBM 一般特指岩石地层的掘进机(见图 1-3),本书所讲述的 TBM 就是指全断面岩石隧道掘进机。正是这种区域性的差异与不确定性的分类,在我国隧道工程界经常造成误解或混乱,因此有必要清楚在我国盾构与 TBM 的区别,从传统意义上讲,按照我国习惯性的理解,盾构与 TBM 的区别主要有以下三个方面:

图 1-3　全断面岩石隧道掘进机(TBM)外形

(1)稳定隧道开挖面的方式不同

稳定开挖面是盾构工作原理的最主要内容,也是盾构区别于 TBM 的主要方面。盾构法由稳定开挖面、盾构掘进和衬砌三大要素组成;现代盾构具备泥水压、土压等维护掌子面稳定的功能;而 TBM 主要用于围岩自稳性良好的岩石地层,是以岩石地层为掘进对象,因此 TBM 不具备泥水压、土压等维护掌子面稳定的功能,也没有主动稳定开挖面的机构。

(2)提供掘进推力的方式不同

盾构是依靠千斤顶顶推在管片上得到反作用力实现前进的,所以盾构的掘进推力靠隧道管片提供,而 TBM 大多是通过撑靴撑在围岩上,靠撑靴与隧道围岩之间的摩擦力得到掘进推力。

(3)刀盘形式不同

在刀盘旋转方式上,盾构刀盘可实现双向旋转,TBM 刀盘一般只单向旋转;同时,TBM 刀盘开口很少,除了铲拾岩渣出口外,刀盘上不设置其他开口;而盾构根据水文地质条件的不同,刀盘正面必须设置开口,保证一定的开口率便于工作面排渣,并且有些地层还要求中心开口率。

以上三方面的区别是从外形和构造上的不同来论述的,从当今隧道掘进的发展来看,由于技术的交叉与隧道工程的广泛应用,盾构与 TBM 的有些技术特点具有融合性,比如单护盾 TBM 的掘进推力就是依靠隧道管片提供,还有“一体多能”掘进机;如盾构、TBM 融合的双模式设备,可在一条复合地层掘进线路中,通过模式转换发挥各自的功能优点,达到更好的掘进效果。因此,我们应重点考虑其对隧道工程地质的适应性，通过盾构与 TBM 所关注的重点不同进行甄别与应用。

一般来讲，盾构与 TBM 的关注重点不一样，盾构关注的重点是隧道施工的开挖面稳定性问题与地层沉降控制问题，因此，盾构所面临的主要技术问题是如何持续平衡开挖面的压力从而保持开挖面的稳定性、安全高效地排渣和控制地层的沉降，从而保障安全和工程顺利进行。而 TBM 关注的重点是高效破碎岩体的问题，因此，TBM 所面临的主要技术问题是如何高效破岩，保持掘进的高效率。但是近些年来，随着我国地下工程的发展，特别是地铁建设的需要，稳定地层与掘进能力矛盾在同一个工程中复合在一起，成为必须同时关注的两个重点方面，因此又形成了“复合盾构”概念。

另外，现代盾构出渣方式主要以螺旋输送机或环流方式进行排渣，总体上掘进效率较之 TBM 低，且消耗电能较多，TBM 出渣方式为中心皮带机伸入开挖仓出渣，最大特点是对于围岩稳定性好的地层，一般刀盘转速较高，掘进效率高、消耗电能最少。

1.2　盾构的发展与应用

1.2.1　盾构的概念

盾构是一种用于隧道暗挖施工，具有金属外壳，壳内装有整机及辅助设备，在其掩护下进行土体开挖、土渣排运、整机推进和管片安装等作业，从而构筑隧道，并使隧道一次成形的特种隧道施工机械，实现了隧道快速、安全、环保施工的工厂化作业。盾构的外形及其结构如图 1-4 所示。

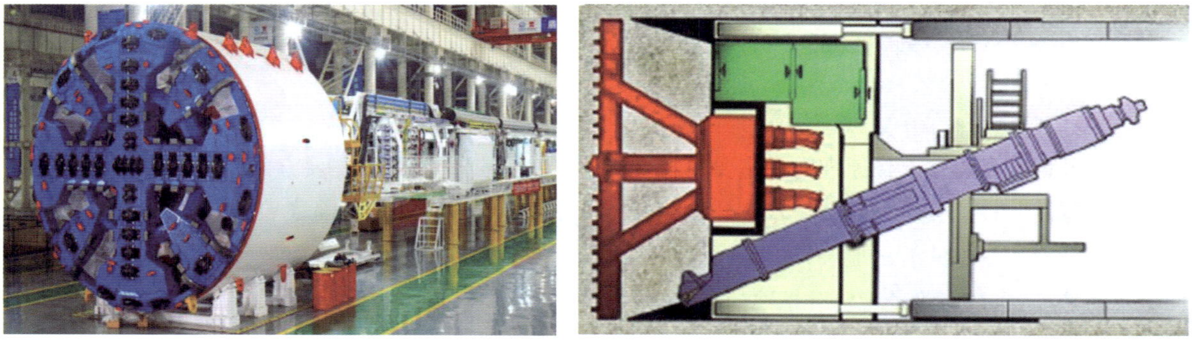

图 1-4　盾构机的外形及其结构

盾构是一种隧道掘进的专用工程机械，现代盾构集机、电、液、传感、信息技术于一体，具有开挖切削土体、输送土渣、拼装隧道衬砌、测量导向纠偏等功能。盾构已广泛用于地铁、铁路、公路、市政、水电隧道工程。

盾构的工作原理就是一个钢结构组件沿隧道轴线一边向前推进一边对土壤进行掘进。这个钢结构组件的壳体称为“盾壳”，盾壳对挖掘出的还未衬砌的隧道段起着临时支护的作用，承受周围土层的土压、承受地下水的水压以及将地下水挡在盾壳外面。掘进、排土、衬砌等作业在盾壳的掩护下进行。

“盾”——“保护”，是指盾壳。

“构”——“构筑”，是指管片拼装。

1.2.2 盾构的分类

1. 按断面形状分类

盾构根据其断面形状的不同可分为：单圆盾构（见图 1-5）、复圆盾构（又称多圆盾构）。其中复圆盾构又可分为双圆盾构（见图 1-6）、三圆盾构（见图 1-7）、多圆盾构（见图 1-8）。

图 1-5 单圆盾构

图 1-6 双圆盾构

图 1-7 三圆盾构

图 1-8 多圆盾构

非圆盾构可分为椭圆形盾构、矩形盾构（见图 1-9）、类矩形盾构（见图 1-10）、马蹄形盾构（见图 1-11）、半圆形盾构。

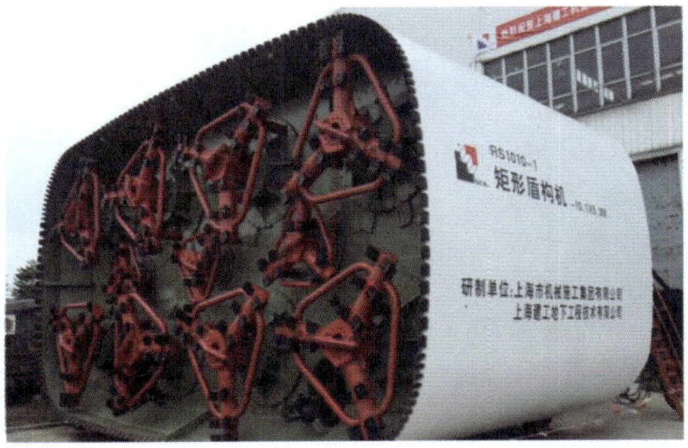

图 1-9 矩形盾构

图 1-10 类矩形盾构

图 1-11　马蹄形盾构

复圆盾构和非圆盾构统称为“异形盾构”。

2. 按直径大小分类

盾构根据其直径的大小分为微型盾构、小型盾构、中型盾构、大型盾构、超大型盾构。具体分类如图 1-12 所示。

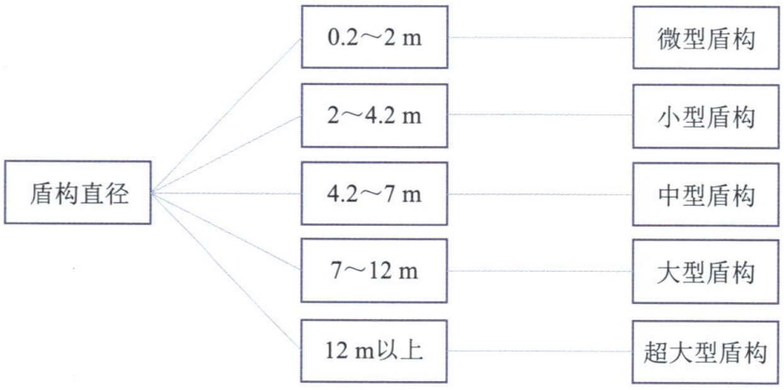

图 1-12　盾构按直径大小分类

3. 按支护地层的形式分类

盾构按支护地层的形式分类，主要分为自然支护式、机械支护式、压缩空气支护式、泥浆支护式、土压平衡支护式五种类型，如图 1-13 所示。

自然支护式	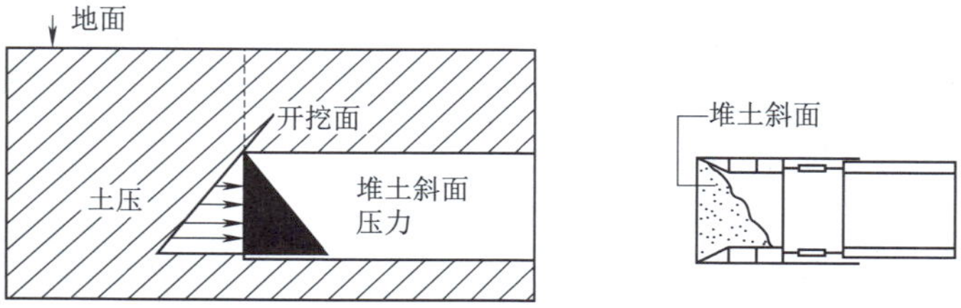

图 1-13　盾构按支护地层的形式分类

机械支护式	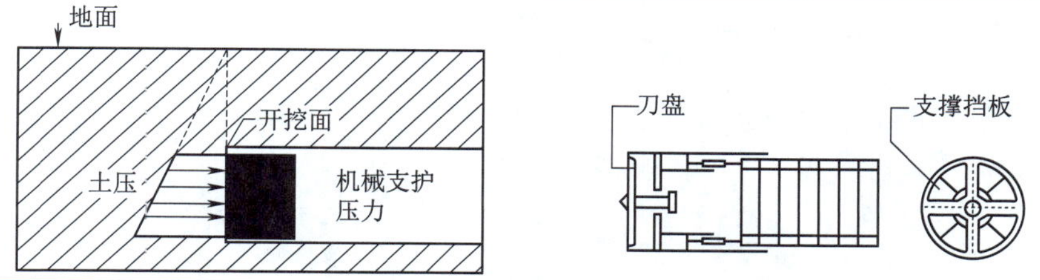
压缩空气支护式	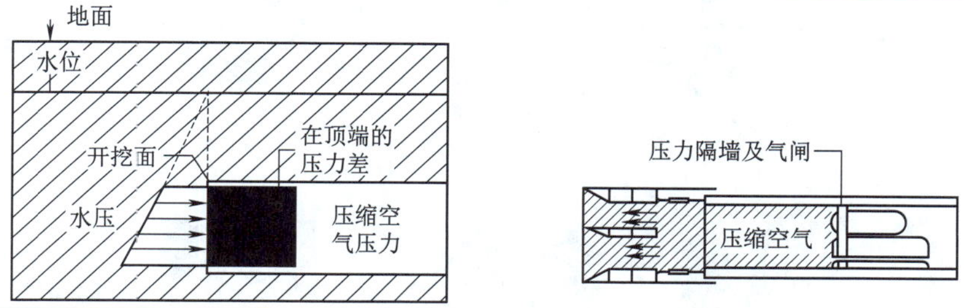
泥浆支护式	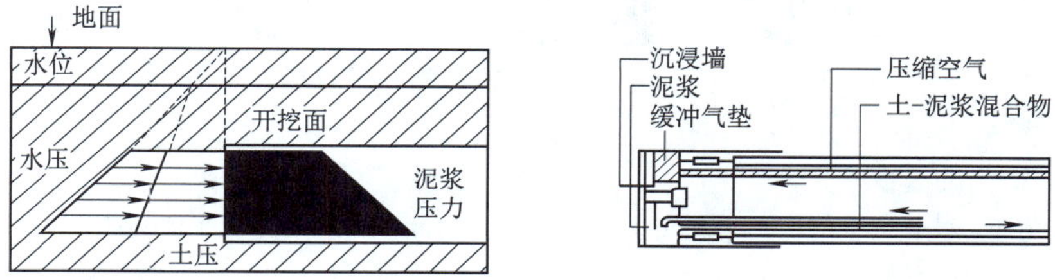
土压平衡支护式	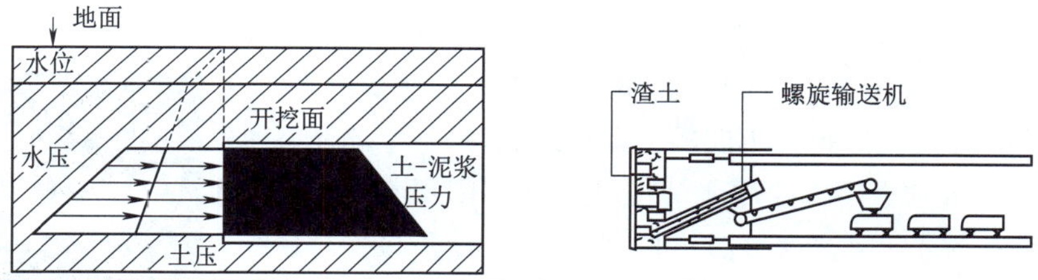

图 1-13　盾构按支护地层的形式分类(续)

4. 按开挖面与作业室之间隔板的构造分类

盾构按开挖面与作业室之间隔板构造可分为开敞式和闭胸式两种，开敞式又可分为全开敞式和部分开敞式。盾构的具体分类如图 1-14 所示。

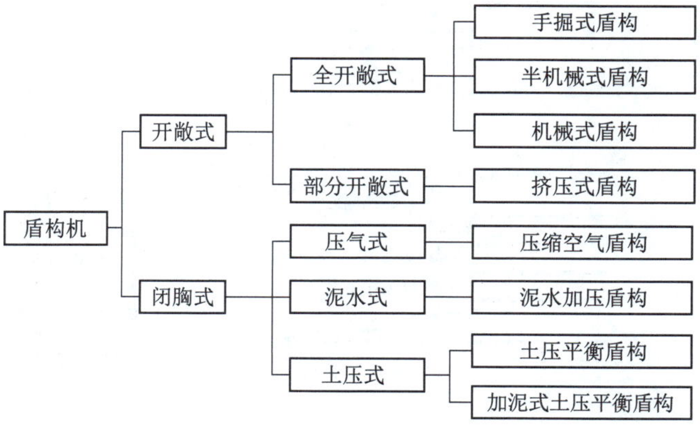

图 1-14　盾构按开挖面与作业室之间隔板的构造分类

1.2.2 盾构的起源及在我国的发展

盾构从问世至今，其发展历程可分为四个阶段，一是手掘式盾构；二是机械式、压气式盾构；三是闭胸式（土压、泥水）盾构；四是以高智能、多样化为特色的盾构。图1-15所示为盾构发展的四个阶段。

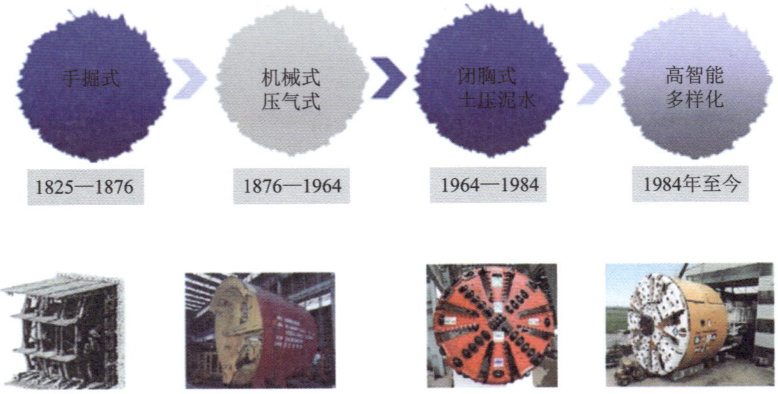

图1-15　盾构发展的四个阶段

1.盾构的起源与开发

(1)盾构的起源

1806年，法国工程师麦克·布鲁内尔（Marc Isambrd Brunel，1769—1849）发现船的木板中，有一种蛀虫（船蛆）钻出孔道，船蛆是一种蛤，头部有外壳，在钻穿木板时，分泌出液体涂在孔壁上形成坚韧的保护壳，用以抵抗木板潮湿后的膨胀，以防被压扁（见图1-16）。在蛀虫钻孔的启示下，布鲁内尔发现了盾构掘进隧道的原理，并在英国注册了专利，如图1-17(a)所示。

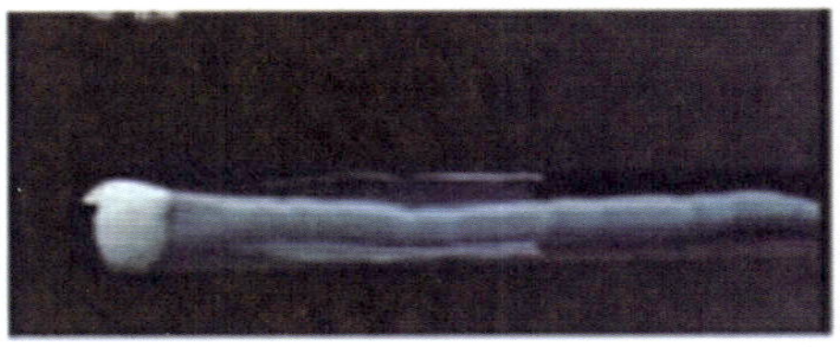

图1-16　蛀虫（船蛆）

布鲁内尔专利盾构由不同的单元格组成，每一个单元格可容纳一个工人独立工作并对工人起到保护作用，所有单元格牢靠地安装在盾壳上。当一段隧道挖完后，由千斤顶将整个盾壳向前推进。1818年，布鲁内尔完善了盾构结构系统，设计成全断面螺旋开挖的封闭盾壳，衬砌紧随其后，如图1-17(b)所示。

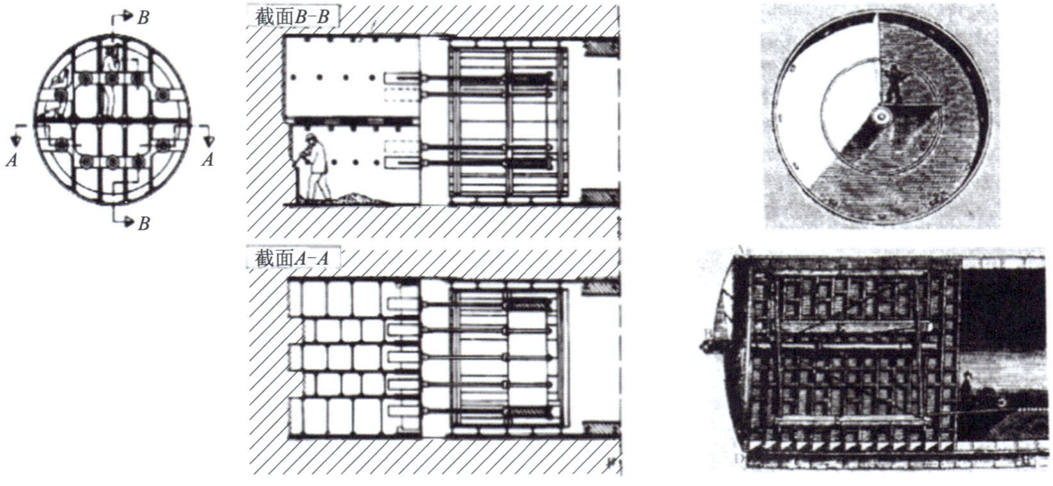

(a) 布鲁内尔专利盾构（1806年）　(b) 布鲁内尔螺旋盾构（1818年）

图1-17　布鲁内尔专利盾构和螺旋盾构

1825年，布鲁内尔和他的儿子伊桑巴德·金德姆·布鲁内尔(1806—1859)第一次在英国伦敦泰晤士河下用一个断面高6.8 m、宽11.4 m的矩形盾构修建了世界上第一条盾构法隧道，如图1-18所示。

图1-18 世界上第一条盾构法隧道(泰晤士河底隧道)

布鲁内尔矩形盾构由12个邻接的框架组成，每个框架分成3个工作仓，每个仓可容纳1位工人独立工作并对工人起到保护作用。每个工作仓都牢固地安装在盾壳上，当掘进完一段隧道后，由螺杆将鞍形框架向前推进，紧接着后部砌砖，如图1-19所示。

图1-19 泰晤士河底布鲁内尔矩形盾构掘进示意图

由于经验不足，开始掘进时没有掌握抵制泥水涌入隧道的方法，隧道施工因河水涌入而停工。在1828年1月12日，因洪水第一次出现停工后(见图1-20)，伦敦地下铁道公司的卡洛丹(Callodam)曾向布鲁内尔提出采用压缩空气的建议，但布鲁内尔没有采纳。在经历了五次特大河水涌入后，直到1843年才完成了这条全长只有370 m的隧道，于1865年归并于东伦敦铁路，是世界第一条水下铁路隧道。1913年实现电气化。

图1-20 泰晤士河底隧道施工涌水示意图

盾构最初称为小筒(cell)或圆筒(cylinder),1866 年,莫尔顿在申请专利中第一次使用了“盾构”(shield)这一术语。

(2)圆形盾构的开发

1869 年英国人詹尼斯·亨利·格瑞海德(Janes Heary Greathead)用圆形盾构再次在泰晤士河底修建了一条外径为 2.18 m、长 402 m 的隧道,并第一次采用了铸铁管。由于隧道基本上是在不透水的黏土层中掘进,所以在控制地下水方面没有遇到什么困难。格瑞海德圆形盾构后来成为大多数盾构的模型,如图 1-21 所示。

图 1-21　格瑞海德圆形盾构

(3)泥浆盾构的开发

1874 年,詹尼斯·亨利·格瑞海德开发了液体支撑隧道工作面的盾构,通过液体流,土料以泥浆的形式排出,如图 1-22 所示。

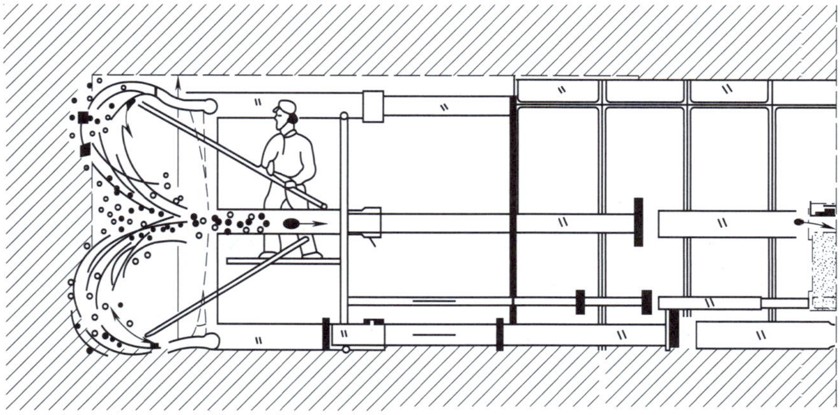

图 1-22　格瑞海德泥浆盾构

(4)压缩空气的使用

劳德·考克让施(Lord Cochrane)按照 1828 年卡洛丹向布鲁内尔提出的建议,于 1830 年发明了气闸，它能使人们从常压空间进入加压的工作仓中。1879 年，在安特卫普首次采用压缩空气掘进隧道，但未使用盾构。

1886 年，詹尼斯·亨利·格瑞海德在伦敦地下施工中将压缩空气方法与盾构掘进相结合使用。压缩空气在盾构掘进中的使用，标志着在承压水地层中掘进隧道的一个重大进步，填补了隧道施工的空白，促进了盾构在世界范围内的进一步推广。

(5)机械化盾构的开发

在布鲁内尔开发盾构之后的另一个进步是用机械开挖代替人工开挖。第一个机械化盾构的专利是 1876 年英国人约翰·狄克英森·布伦敦(John Dickinson Brunton)和姬奥基·布伦敦(George Brunton)申请的专利。这台盾构采用了半球形旋转刀盘，开挖土渣落入径向装在刀盘上的料斗中，料斗将土渣转运到皮带输送机上，如图 1-23 所示。

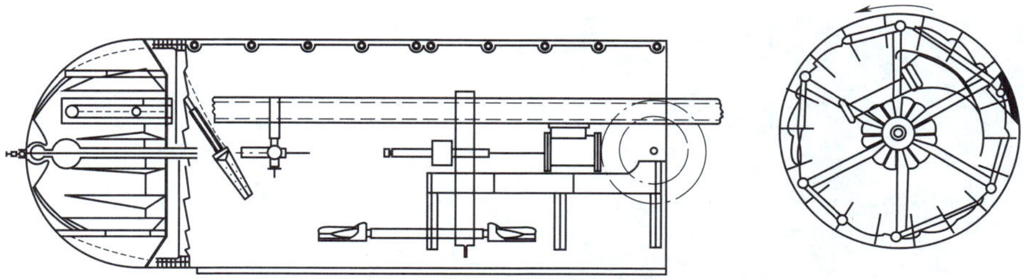

图 1-23 布伦敦机械盾构

1896 年，英国人普莱斯(Price)开发了一种幅条式刀盘机械化盾构，并于 1897 年起成功将其应用在伦敦的黏土地层施工中。它第一次将格瑞海德圆形盾构与旋转刀盘结合在一起，在辐条式刀盘上安装有切削工具，刀盘通过一根长轴由电动机驱动，如图 1-24 所示。

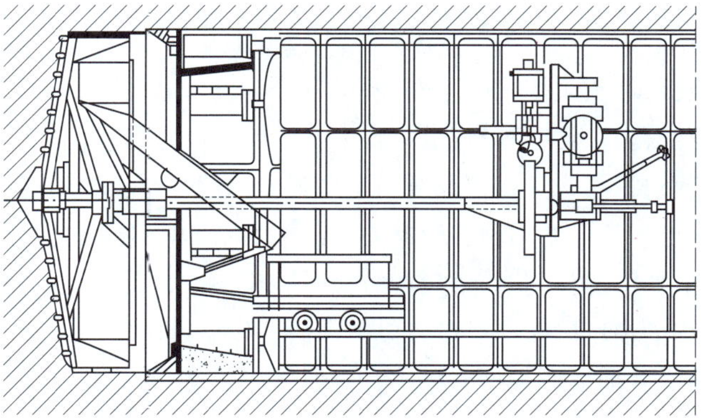

图 1-24 普莱斯机械盾构

(6)泥水加压盾构的开发

最初的泥浆盾构通过喷射水流，将土料以泥浆的形成排出，但水不能支护开挖面，无法阻止开挖面不停地流动。这种情况与充满水的挖槽类似，从而提出在开挖面用类同槽壁法的支护，而膨润土泥浆可在无黏聚力土槽沟中支护揭出的开挖面，这样就诞生了泥水加压平衡盾构。

1964 年，英国摩特·亥(Mott Hay)和安德森(Anderson)及约翰·巴勒特(John Bartett)申请了泥水加压平衡盾构的专利。但由于英国当时缺乏能适合促进这种技术进步的隧道工程，这种技术的发展受到了限制。

1967 年，第一台用刀盘切削土体和水力出渣的泥水盾构在日本投入使用，这台盾构由三菱公司制造，其直径为 3.1 m。

1970 年，日本铁道建设公司在京叶线森崎运河下的羽田隧道工程中采用了直径为 7.29 m 的泥水盾构施工，施工长度 1 712 m，施工获得了极大成功，这是当时直径最大的泥水盾构。

随后，德国沃斯富雷塔格公司(Wayss & Freytag)意识到膨润土技术所具有的潜在发展前景，开发了德国的第一台泥水盾构，并于 1974 年在德国汉堡首次使用了这种盾构开挖长 4.6 km 的污水管道。

(7)土压平衡盾构的开发

1963 年，日本佐藤工业株式会社(Sato Kogyo)首先开发出土压平衡盾构。1974 年第一台土压平衡盾构在日本东京使用，用于掘进长 1 900 m 的隧道，该盾构由日本石川岛播制造，其外径为 3.72 m，外形如图 1-25 所示。

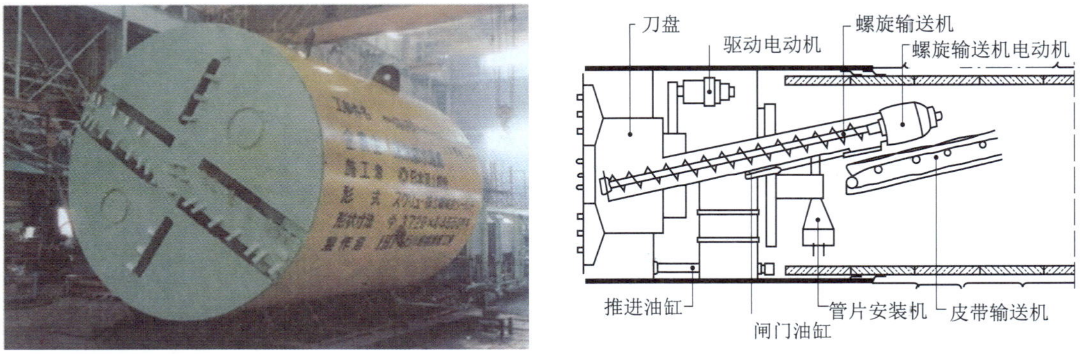

图 1-25　日本第一台土压平衡盾构机

(8)混合盾构的开发

根据开挖面稳定以及掘进、出土模式的不同，盾构可分为开敞式、半开敞式、土压平衡式、泥水式等，它们都适用于相应的土层结构。当某一段隧道穿越不同地层结构时，用以上任一形式的盾构都不适于单独将此段隧道掘进贯通，而根据相应土层情况要用两台或多台盾构，在隧道段掘进长度较短时很不经济，或由于条件限制使布置多台盾构非常困难。此时需将以上不同形式的盾构进行组合，在结构空间允许的情况下，将不同形式盾构的功能部件同时布置在一台盾构上，掘进过程中可根据地质情况进行功能或工作模式的切换，这种在不同的地层经转换后可以以不同的工作模式运行的盾构称为混合盾构。

混合盾构主要是针对欧洲的地质条件由德国开发的。1985 年，Wsyss & Freytay 公司和海瑞克公司申请了混合盾构的专利。它以 Wsyss & Freytay 公司拥有专利的泥水盾构为基础，有其独特的沉浸墙/压力隔板结构。通过转换，可以以土压平衡或压缩空气盾构模式运行。1993 年 9 月，第一台外径为 7.4 m的多模式混合盾构用于巴黎一段长 1 600 m、穿过三种完全不同地层的隧道施工，它可以从泥水式转换到土压平衡式或开敞式。混合盾构可以根据土层地质和水文条件进行调整，其本质上是对开挖面支撑方式以及刀具布置、排土机构进行调整。混合盾构的组合模式有压缩空气/开敞式、泥水式/开敞式、土压平衡式/开敞式、泥水式/土压平衡式、开敞式/泥水式/土压平衡式等。由于在隧道和盾构里空间有限，工作模式的转化一般在竖井里进行。在城市地铁的建造中，隧道掘进一般由车站分成长度为 0.5～2 km 的区间，可以在适当的站点进行工作模式转换。

2.盾构在我国的发展

盾构技术在我国的发展历程可以分为三个时期。第一个时期为1953—2002年，是中国盾构技术的黎明期；第二个时期为2003—2008年，是中国盾构技术的创新期；第三个时期是2009年至今，是中国盾构技术的跨越期。

(1)手掘式盾构开发与应用

我国盾构的开发与应用始于1953年，与国外相比，晚了一百多年，1953年，东北阜新煤矿用手掘式盾构及小混凝土预制块修建了ϕ2.6 m的疏水巷道，这是我国首条用盾构法施工的隧道。1962年2月，上海城建局隧道工程公司结合上海软土地层对盾构进行了系统的试验研究，研制了一台ϕ4.16 m的手掘式普通敞胸盾构(见图1-26)，在两种有代表性的地层进行掘进试验，用降水或气压来稳定粉砂层及软黏土地层。在经过反复论证和地面试验之后，选用由螺栓连接的单层钢筋混凝土管片作为隧道衬砌，环氧煤焦油作为接缝防水材料。隧道掘进长度68 m，试验获得了成功，并采集了大量的盾构隧道数据资料。

图1-26　上海城建局研制的手掘式普通敞胸盾构

(2)网格挤压式盾构开发与应用

1965年3月，上海隧道工程设计院设计，江南造船厂制造的两台ϕ5.8 m的网格挤压式盾构(见图1-27)投入使用，于1966年完成了两条平行隧道的掘进，隧道长660 m，地面最大沉降达10 cm。

1966年5月，中国第一条水底公路隧道——上海打浦路越江公路隧道工程主隧道采用由上海隧道工程设计院设计、江南造船厂制造的410.22 m网格挤压式盾构施工，铺以气压稳定开挖面，在水深为16 m的黄浦江底顺利完成隧道掘进(见图1-28)，掘进总长度1 322 m。打浦路隧道于1970年底建成通车。此次所用的网格盾构有所改进，开敞式施工可转换为闭胸式施工。

1973年，采用一台ϕ3.6 m的水力机械化出土网格盾构和两台ϕ4.3 m的网格挤压式盾构，在上海金山石化总厂修建了一条污水排放隧道和两条引水隧道。1980年，上海市进行地铁1号线试验段施工，研制了一台ϕ6.412 m网格挤压式盾构，采用泥水加压和局部气压工作，在淤泥质黏土地层中掘进隧道1 130 m。

1982年，上海外滩的延安东路北线越江隧道工程1 476 m圆形主隧道采用上海隧道股份、江南造船厂制造的ϕ11.3 m网格挤压水力出土盾构施工。盾构采用网格胸板承挤压、进土水力冲切和水力机械输送的挖土方式。盾构的推力依靠支承环周围的 48 只油千斤顶提供，千斤顶最大推力可达 10 800 t[①]。

图1-27　江南造船厂制造的网格挤压式盾构

图 1-28　上海打浦路越江公路隧道掘进

(3)半断面插刀盾构开发与应用

1986 年，中铁隧道集团研制出半断面插刀盾构(见图 1-29)，并成功用于北京地铁复兴门折返线工程。半断面插刀盾构将“盾构法”与“浅埋暗挖法”紧密结合，取消了小导管超前注浆，在盾构壳体和尾板的保护下，进行隧道上半断面的开挖。半断面插刀盾构能全液压传动、电控操作，可自行推进、转向、调头，能有效控制地面沉降，减轻工人劳动强度，施工速度较快，日均进尺达 3～4 m。

图 1-29　半断面插刀盾构

(4)土压平衡盾构开发与应用

1987 年 12 月，上海造船厂制造出我国首台 ϕ4.35 m 加泥式土压平衡盾构(见图 1-30)，由上海隧道股份于 1988 年 1～9 月成功应用于上海市南站过江电缆隧道工程，穿越黄浦江底粉砂层，掘进长度 583 m，填补了我国加泥式土压平衡盾构制造的空白，总体技术达到了 20 世纪 80 年代初国际先进水平，

① t 为力的单位，1 t=9.8×10^3 N。

1990 年获得国家科技进步一等奖。

图 1-30 我国首台加泥式土压平衡盾构

继自主开发 ϕ4.35 m 加泥式土压平衡盾构，并成功应用于上海市南站过江电缆隧道、福州路站电缆隧道之后，1988 年，上海又自主开发研制了当时我国直径最大的新一代土压平衡式盾构——ϕ5.64 m 土压平衡盾构（见图 1-31），盾构装备全部国产化，在较先进的加工、焊接、组装等技术方面反映出我国盾构制造技术已迈上了新的台阶。该机在隧道建设中，施工速度快、工程质量高，符合国家相关规定标准。1990 年 9 月 27 日上海科学技术委员会组织召开了技术鉴定会，经国际检索，该盾构的设计、制造和施工方面的各项技术经济指标都达到了国外同类产品当时先进水平。盾构主要技术参数包括：外径 5 640 mm，盾尾内径 5 560 mm，盾尾间隙 30 mm，主机长度 6 921 mm（加螺旋输送机 9 500 mm），总推力 35 280 kN，刀盘转速 0～0.74 r/min，扭矩 3 600 kN·m（最大），2 870 kN·m（额定）。ϕ5.64 m 土压盾构应用于上海吴泾热电厂排水隧道，隧道衬砌采用装配式钢筋混凝土管片，外径 5.5 m，内径 4.84 m。隧道到达尽端后，拆除盾构内部设备，将盾壳留在隧道，在终端约 35 m 范围设置 6 座立管出水口，出水口位于浦东潘家港上游 60 m 附近，用垂直顶升法建造排水口。

图 1-31 上海自主研制的加水型土压平衡盾构

上海自行开发研制的 ϕ5.64 m 土压平衡式盾构是在总结了 20 年来盾构设计、制造、施工经验的基础上，根据国际上盾构发展趋势而研制的一种新型盾构，也是当时国内直径最大的加水型土压平衡式盾构。盾构的总体设计合理，刀盘结构新颖，切削硬土能力强，螺旋输送机排泥性能良好，采用了具有自整定和预整定功能的土压平衡控制系统，性能稳定可靠。盾构采用了分解几个单元体制造和工地总装的简化工艺，降低了造价，缩短了加工周期。盾壳制造采用胎架上半圆成形、再半圆合拢的工艺，其精度达到设计要求。该盾构应用于吴泾热电厂六期扩建工程排水隧道，施工中推进 655 m，其中包括 326 m 暗绿色亚黏土硬土层，实践证明掘进施工性能良好，土压平衡效果良好，对周围土层扰动小，有效地控制了地面沉降，保护了邻近的煤码头免受影响。

1990 年，上海地铁 1 号线工程全线开工，18 km 区间隧道采用 7 台由法国 FCB 公司、上海隧道股份、上海隧道工程设计院、沪东造船厂联合制造的 ϕ6.34 m 土压平衡盾构（见图 1-32）。每台盾构月掘进 200 m以上，地表沉降控制在－3～＋1 cm 范围内。

1995 年，上海地铁 2 号线 24.12 km 区间隧道开始掘进施工，再次使用原 7 台土压平衡盾构，又从法国 FMT 公司引进了 2 台土压平衡盾构，外加由法国 FCB 公司、上海隧道股份上海隧道工程设计院、沪东造船厂联合制造的 1 台 ϕ6.34 m 土压平衡盾构，2 号线共使用了 10 台土压平衡盾构施工。

(5)可变网格式矩形顶管机研制与试验

上海隧道工程股份有限公司（以下简称“上海隧道股份”）于 1995 年研制了国内首台可变网格式矩形顶管机（见图 1-33），并进行了国内首条矩形隧道掘进。

图 1-32　上海隧道股份与法国 FCB 公司联合制造的土压平衡盾构“友谊号”

图 1-33　可变网格式矩形顶管机

试验工程位于南汇县航头地区，顶进距离为 60 m，覆土深度为 6.45 m。顶管机所穿越的土层为灰色淤泥质黏土、灰色淤泥质粉质黏土和灰色砂质粉土。工程采用了 2.5 m×2.5 m 矩形顶管机，利用网格切割土体，并挡住开挖面土体，有效防止正面土体坍塌，以人工出土方法进行开挖。顶管机包含 4 个可变网格，切口环处安装变角切口，还配备纠偏油缸和壳体纠转装置，可有效控制正面土体稳定、机头姿态，且有利于纠正转角。

矩形隧道工程试验的成功，标志着我国该项技术应用已进入实质性启动阶段，它填补了我国矩形顶管施工技术的空白，为该项技术的工程应用提供了设计依据和施工经验。

(6)矩形顶管机研制与应用

1999 年 3 月，上海隧道股份研制了一台 3.8 m×3.8 m 组合刀盘式土压平衡矩形顶管机（见图 1-34）。

该顶管机在大刀盘后侧一共安装了四把仿形刀，两把在刀盘正转时使用，另两把在刀盘反转时使用。另外，在机头壳体顶部安装浆管，并开设压浆槽，使土体与壳体上平面之间形成一泥浆膜，以减少土体与壳体之间的摩擦力，防止背土现象的发生。

图 1-34 上海隧道股份研制组合刀盘式土压平衡矩形顶管机

随后，该顶管机应用于我国首条矩形隧道工程——陆家嘴车站 5 号出入口地下通道工程，顺利穿越了延安东路隧道 2 条引道和陆家嘴路众多地下管线，建成了 2 条断面尺寸 3.5 m×3.5 m、长 62 m 的矩形人行地道。本工程的成功，是国内顶管施工史上的一个突破，极大地拓宽了顶管的使用功能，改变了以往仅做排水设施的局面；同时验证了矩形顶管法施工的可行性，为今后的矩形顶管法施工积累了宝贵的资料和经验。

工程实践证明，3.8 m×3.8 m 组合刀盘式土压平衡矩形顶管机施工性能优良，速度快，机化程度高，平均日推进 5 m，最高日推进 8 m。随后，该型号顶管机又陆续完成了上海地铁 4 街人行地道、昆山市长江南路地下人行通道和上海上中路箱涵排管等多项工程。

2002 年 11 月，上海隧道股份研制了一台 6 m×4 m 偏心多轴式刀盘土压平衡矩形顶管机（见图 1-35），在宁波市开明街—药行街地下通道和地铁车站过街人行地道等多项工程中得到应用。

图 1-35 偏心多轴式刀盘土压平衡矩形顶管机

(7)国家“863”计划与中国盾构研究设计

2002 年，国家科技部将盾构技术研发列入国家高技术研究发展计划（国家“863”计划），盾构的自主研发进入了实施阶段，也标志着中国盾构技术发展正式进入创新期。

2002 年 8 月，科技部将“ϕ6.3 m 全断面隧道掘进机研究设计”列入国家高技术研究发展计划（“863”计划），通过公开招标，课题由中铁隧道集团牵头，联合浙江大学、洛阳工学院、中国第一重型机械集团公司、西南交通大学等国内相关技术的优势单位，组成动态技术联盟，双 ϕ6.3 m 土压平衡盾构开展了技术攻关。在国家“863”计划的引导下，完成了 ϕ6.3 m 土压平衡盾构的主机结构、液压传动系统、电气系统、后配套系统等研究设计；完成了盾构系统刀具的研究设计、开发与制造；完成了盾构泡沫添加剂、盾尾密封油脂的开发应用研究，并实现了产品化。通过研究，完成主机设计文件 3 册，螺旋输送机设计文件 1 册，管片拼装机设计文件 1 册；完成主机设计图纸 5 册，管片拼装机设计图纸 1 册，螺旋输送机设计图纸 1 册，后配套设计图纸 3 册，流体传输设计图纸 1 册。

2002 年底，国家科技部将“盾构掘进机刀盘刀具与液压驱动系统关键技术研究及其应用”列入国家高技术研究发展计划（“863”计划），通过公开招标，课题由中铁隧道集团牵头，联合浙江大学、中信重工机械有限责任公司、洛阳九久技术开发有限公司、中铁隧道勘测设计院、上海隧道工程股份有限公司进行技术攻关，通过攻关，研究出具有宽泛地质适应性、开口率可调节的盾构刀盘，研究了刀具用钢合金元素的调整及热处理方法，研究了盾构液压推进系统与刀盘液压驱动系统的集成技术，采用负载敏感控制、液压泵恒功率控制、全局功率自适应等技术，实现了盾构液压动力传动与控制系统的优化设计，并开展了示范性应用。

2004 年 7 月 15 日研制的刀盘及刀具（见图 1-36）、液压系统成功用于上海地铁 2 号线工业试验，实现连续掘进 2 650 m，平均月掘进 331 m，最高月掘进 470 m，达到了项目要求的各项指标。2005 年 3 月 26 日，上海地铁 2 号线西延伸工程盾构区间隧道成功贯通，标志着中铁隧道集团牵头承担的国家“863”计划在刀盘刀具与液压驱动开发及应用方面取得阶段性成果。

图 1-36　中铁隧道集团牵头研制的刀盘及刀具

(8)中国首台具有自主知识产权的土压平衡盾构

2004 年 10 月，中国首台具有完全自主知识产权的地铁土压平衡盾构——“先行号”样机（见图 1-37）在上海地铁 2 号线西延伸段区间隧道始发掘进，打破了原来“洋盾构”一统天下的局面，结束了我国盾构长期依赖国外品牌的历史。

地铁土压平衡盾构“先行号”是上海隧道工程股份有限公司依托“十五”国家 863 项目研制出的国内首台全部自主设计、具有自主知识产权、属于“国家 863 先进制造与自动化领域机器人技术”的特种机器人，是中国地下掘进装备科技创新的代表作。该盾构外径为 6.34 m、最大总推力达 35 200 kN，推进速度达 6 cm/min，它的设计原则：追求产品的高可靠性、适用性、可维护性和长寿命。2004 年 10 月，“先行号”盾构应用于上海地铁 2 号线西延伸段古北路—中山公园区间隧道施工，并于 2005 年 6 月 28 日完成了首次掘进，创造了国内地铁盾构日推进 38.4 m(进口盾构最快单日推进 31.2 m)、单月推进 566.4 m(进口盾构最快单月推进 531 m)的纪录，安全穿越了内环线高架、明珠线一期轻轨高架、人防通道以及污水箱涵等保护要求极高的诸多建筑物。

图 1-37　具有自主知识产权的“先行号”土压平衡盾构

(9)砂砾复杂地层盾构关键技术研究

中铁隧道集团以国家“863”计划为依托，在完成针对上海软土地层土压平衡盾构关键技术研究的基础上，进一步扩大研究范围，以北京地铁 4 号线为工程对象，联合上海隧道工程股份有限公司、上海盾构设计试验研究中心有限公司、浙江大学、洛阳九久技术开发有限公司开展了适合砂砾复杂地层的刀盘刀具技术研究，通过掘进模拟试验、研制出了具有自主知识产权的复合式刀盘刀具切削系统及其磨损检测装置，研制出了盾构实时远程测控系统，以满足盾构在砂性土、卵石、砾岩交互的复杂地层条件下安全高效施工的要求。2005 年 12 月，中铁隧道集团牵头研制的适用于砂砾复杂地层的土压平衡盾构刀盘(见图 1-38)成功应用于北京地铁 4 号线 19 标段颐和园—圆明园区间工程。

图 1-38　适用于砂砾复杂地层的土压平衡盾构刀盘

(10)泥水盾构技术的创新研究

为缩小我国在泥水盾构的设计、制造技术方面与国际先进水平的差距。国家科技部于 2005 年 7 月将泥水盾构的研究列入"863"计划，对大直径泥水盾构消化吸收与设计课题进行了专题立项。在消化吸收国外大直径泥水盾构技术的基础上，依托南水北调中线一期穿黄工程，开展了泥水盾构的掘进系统和管片拼装机等设计制造的研究工作，以及泥水盾构刀盘刀具的结构设计、刀盘磨损极限检测系统和主驱动密封等关键技术的研究工作，完成了 ϕ9 m 泥水盾构总体设计图、电气控制和泥水系统等系统设计图，ϕ9 m 泥水盾构刀盘的设计，在泥水系统接管器方面有所创新，并申报了国家发明专利。

同时，研制出具有自主知识产权的 ϕ2.5 m 盾构控制系统模拟试验平台(见图 1-39)。申请了"盾构控制系统检测试验台"国家发明专利。盾构控制系统试验台的研制成功为盾构的研发奠定了基础。

图 1-39　具有自主知识产权的 ϕ2.5 m 盾构控制系统模拟试验平台

(11)复合式土压平衡盾构研制与应用

2008 年 4 月 26 日，依托国家"863"计划，由中铁隧道集团隧道设备制造公司(中铁工程装备集团有限公司的前身)牵头，浙江大学、华中科技大学、天津大学参与研制的复合盾构——中国中铁 1 号(见图 1-40)，成功实现了从"造中国人自己的盾构"到"造中国最好的盾构"历史性跨越的一步，"中国中铁 1 号"成为我国首台具有自主知识产权的复合盾构。

该盾构直径 6.4 m，最大推进速度 80 mm/min、最大推力 32 000 kN，液压缸推力 989 kN、总推力 31 650 kN，刀盘功率 630 kW，扭矩 4 377 kN·m、脱困扭矩 5 225 kN·m。该盾构在刀盘刀具适应性设计、分布式 V/O 系统控制技术、渣土改良系统技术等方面进行了突破创新，成功掌握了复合盾构设计与集成技术、六自由度管片安装机设计技术、螺旋输送机结构优化设计技术带压进仓安全系统设计技术、复合式渣土改良系统技术等关键技术，获国家发明专利 3 项，实用新型专利 8 项、软件著作权 1 项。

"中国中铁 1 号"成功应用于天津地铁 3 号线营口道站—和平路站盾构区间(见图 1-41)，成功穿越张学良旧宅、"瓷房子"、范竹斋旧居、天津电报总局、辽宁路住宅、久大精盐公司、渤海大楼等多座老式标志性建筑集中的复杂繁华城区，施工中最大掘进速度达到 18 m/d。"中国中铁 1 号"的研制填补了我国在复合盾构领域的空白，打破了国外技术垄断的局面，开启了中国盾构自主研发、设计、制造并应用于施工的新篇章，为我国盾构产业化迈出了关键性的第一步，为实现中国制造、大国重器中国梦奠定了基础。

图 1-40 “中国中铁 1 号”复合盾构

图 1-41 “中国中铁 1 号”盾构始发与贯通

(12)大直径泥水盾构研制与应用

2007 年 8 月,国家科技部在“十一五”“863”计划中,设立了大型泥水平衡盾构关键技术与样机研制的项目。由上海隧道工程股份有限公司牵头,联合浙江大学与中铁隧道集团,成功研制出具有完全自主知识产权的国产大直径泥水平衡盾构“进越号”(见图 1-42)。并于 2008 年 12 月 26 日,应用在上海世界博览会配套工程——上海打浦路复线隧道工程。

图 1-42 国产大直径泥水平衡盾构“进越号”

2009年9月9日，“进越号”盾构掘进的上海打浦路复线隧道顺利贯通，填补了我国在大直径泥水平衡盾构的设计制造核心技术的空白，改变了大直径盾构完全依赖于进口的局面。从此，我国进入了具备大直径泥水盾构自主设计、制造和施工技术的盾构大国行列。

3.中国盾构技术发展趋势

从2009年至今，中国盾构自主创新能力显著提高，在关键技术、实验平台研制、盾构产业发展、盾构技术教育教学等多方面取得了重大突破，并走向国际。中国盾构技术进入跨越发展期，正走在“造世界最好盾构”的道路上。

如今，中国盾构技术发展迅猛，主要有以下发展趋势。

(1)挑战极限

中国幅员辽阔，大江大河纵横，许多大城市沿江河建设甚至跨江河而建，随着中国经济的飞速发展，城市交通、轨道交通、铁路、综合管廊跨江越海的需求急剧增多，而城市里越来越难以找出适合建设桥梁的空间。与此同时，铁路的行车速度越来越快，单洞双线大截面隧道成为发展方向。并且，公路车流量越来越大，促使公路等级也越来越高，必然导致公路隧道断面越来越大。

在这些情况下，未来跨江越海的大直径盾构隧道工程会越来越多，会出现截面更大、地下水压更高、掘进距离更长、隧道埋深更深、地质变化更为多样等因素的隧道工程。因此未来盾构势必会向挑战极限方面发展，比如更大直径的盾构、耐水压更强的盾构、使用寿命更长的盾构、复杂地质适应性更强的盾构等。

(2)更安全、更环保

安全、环保是人类社会不能回避的问题，盾构施工也不例外，盾构机作为盾构施工最主要的执行设备，很多施工安全保障是由盾构机自身作为支撑的，所以具有更高安全性能的盾构是未来不可或缺的。同时，秉承“绿水青山就是金山银山”的理念，能够保障施工绿色环保才是未来需要的盾构。

(3)盾构数字化、高智能化

中国盾构技术的愿景就是数字化设计、智能化掘进、远程化管理。像无人驾驶汽车一样，盾构的未来发展方向也是数字化、智能化和无人化，实现盾构的智能自动掘进与管理。即输入地质参数和隧道结构参数，盾构可自行运转，实现无人化智能掘进，操作人员可在办公室远程控制盾构操作，从办公室计算机屏幕上获取远程施工的盾构参数和施工图像，并发出指令进行盾构的控制和操作；技术人员只需在办公室就能管理好分布在全世界所有正在使用的盾构。

1.3 盾构的选型与地质适应范围

1.3.1 盾构选型技术

盾构是根据工程地质、水文地质、地貌、地面建筑物及地下管线和构筑物等具体特征来“量身定做”的特种装备。盾构不同于常规设备，其核心技术不仅仅是设备本身的机电工业设计，还在于设备如何适用于各类工程地质。

盾构选型是一个综合的课题，需要综合考虑各方面的因素(见图1-43)。而盾构施工的成功率，主要取决于盾构的选型，决定于盾构是否适应现场的施工环境，所以盾构的选型正确与否决定着盾构施工的成败。

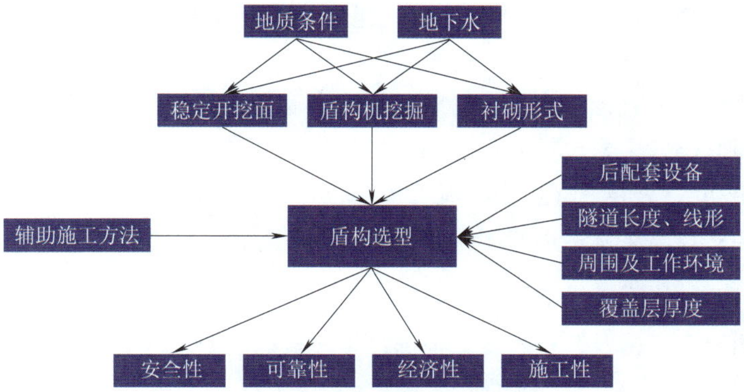

图 1-43　盾构选型需要考虑的因素

1. 盾构选型原则

盾构选型是盾构法隧道能否安全、环保、优质、经济、快速建成的关键之一。

盾构选型的原则是安全性、技术性、经济性相结合，其首要原则是安全性，即以确保开挖面稳定为中心；为此，应注意地质条件（种类、强度、渗透系数、细颗粒含有率、砾径）及地下水条件，同时应充分明确场地条件、竖井周边的环境条件、施工线路上的地上及地下建（构）筑物条件、特殊场地条件等所要求的功能；在此基础上，还必须连同技术性和经济性等一并考虑，才能选择出合适的盾构。如果选择错误，就不得不采用多余的辅助工法，还可能导致无法开挖及推进，甚至引发重大工程事故。盾构选型时主要遵循下列原则：

（1）应对工程地质、水文地质有较强的适应性，首先要满足施工安全的要求。

（2）安全可靠性、技术先进性、经济合理性相统一，在安全可靠的情况下，考虑技术先进性和经济合理性。

（3）满足隧道外径、长度、埋深、施工场地、周围环境等条件。

（4）满足安全、质量、工期、造价及环保要求。

（5）后配套设备的能力与主机配套，满足生产能力与主机掘进速度相匹配，同时具有施工安全、结构简单、布置合理和易于维护保养的特点。

（6）盾构制造商（专业制造、专业服务）的知名度、业绩、信誉和技术服务。

根据以上原则，对盾构的形式及主要技术参数进行研究分析，以确保盾构法施工的安全、可靠，选择最佳的盾构施工方法和选择最适宜的盾构。盾构选型是盾构法施工的关键环节，直接影响盾构隧道的施工安全、施工质量、施工工艺及施工成本，为保证工程的顺利完成，对盾构的选型工作应非常慎重。

2. 盾构选型步骤

（1）在对工程地质、水文地质条件、周围环境、工期要求、经济性等充分研究的基础上选定盾构的类型。根据围岩的自稳性对开敞式、密闭式盾构进行比选，根据地质条件对软土盾构、复合盾构进行比选。

（2）在确定选用密闭式盾构后，根据地层的粒径、渗透系数、地下水压以及环保、辅助施工方法、施工环境、安全等因素对土压平衡盾构和泥水盾构进行比选。

（3）在土压平衡盾构和泥水盾构都不能满足开挖面稳定的要求时，则应考虑选择多模式盾构。

(4)根据详细的地质勘探资料，对盾构各主要功能部件进行选择和计算、设计(如刀盘驱动形式，刀盘结构形式、开口率，刀具种类与配置，螺旋输送机的形式与尺寸，沉浸墙的结构设计与泥浆门的形式，破碎机的布置与形式，送排泥管的直径等)，并根据地质条件等确定盾构的主要技术参数。盾构的主要技术参数在选型时应进行详细计算，主要包括刀盘直径，刀盘开口率，刀盘转速，刀盘扭矩，刀盘驱动功率，推力，掘进速度，螺旋输送机功率、直径、长度，送排泥管直径，送排泥泵功率、扬程等。

(5)根据地质条件选择与盾构掘进速度相匹配的盾构后配套施工设备。

3. 盾构选型三角理论

近年来，中国盾构研究机构及其技术专家根据多年来盾构选型技术的实践经验得出了盾构选型三角理论。盾构选型三角理论总则是“以开挖面稳定为中心，以工程地质和水文地质为基本点，以地层粒径、渗透系数、地层水压为依据。并综合考虑具体工程实际，确保所选择的盾构满足稳得住(平衡工作面)、掘得进(切削工作面)、排得出(排出渣土)的总体目标”，即“一个中心、两个基本点、三依三实、三大目标”，如图 1-44 所示。

4. 盾构选型依据

盾构选型以渗透系数、地层粒径、地下水压为依据。

1)依据渗透系数选型

如图 1-45 所示，根据欧美的经验，当地层的渗透系数小于 10^{-7} m/s 时，宜采用土压平衡盾构；当地层的渗透系数大于 10^{-4} m/s 时，宜采用泥水盾构；当渗透系数在 10^{-7}～10^{-4} m/s 时，既可采用泥水盾构，也可采用土压平衡盾构。

特别应注意的是，在依据渗透系数进行盾构选型时，应考虑具体的工程地质情况，根据日本的经验，当地层中黏土含量不足 10% 时，泥膜很难形成，开挖面易坍塌，这时不宜采用泥水盾构，宜采用土压平衡盾构施工。

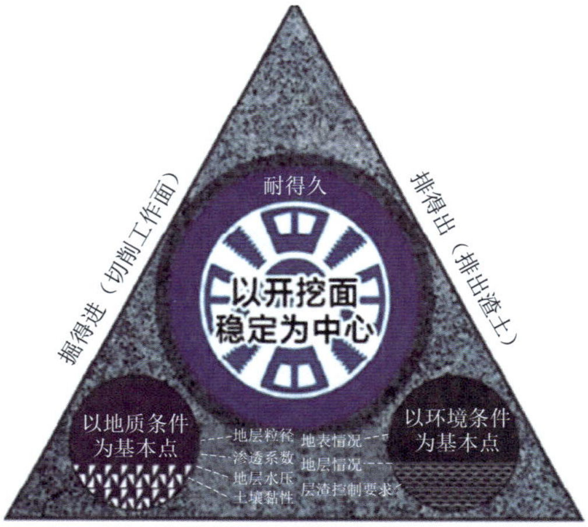

图 1-44　盾构选型三角理论示意图

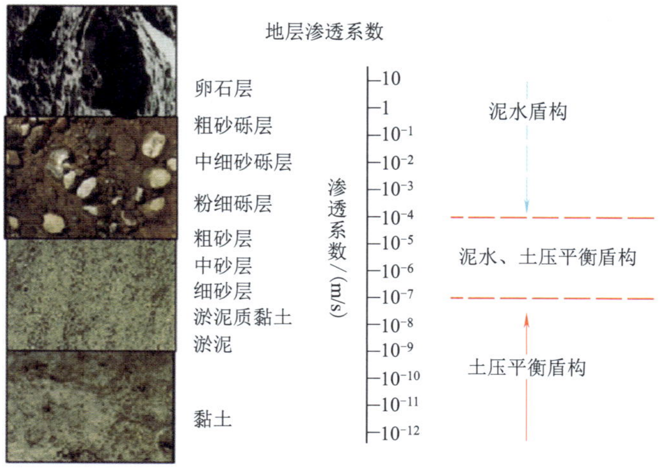

图 1-45　盾构类型与地层渗透系数的关系

2)依据地层粒径选型

土压平衡盾构在不进行渣土改良及泥水盾构在不使用添加剂时，盾构类型与地层粒径的关系如图1-46所示。图中，左边区域为黏土、淤泥质土及细砂区，为土压平衡盾构最适用的颗粒级配范围；右边区域为粗砂及砂砾区，为泥水盾构最适宜的颗粒级配范围。

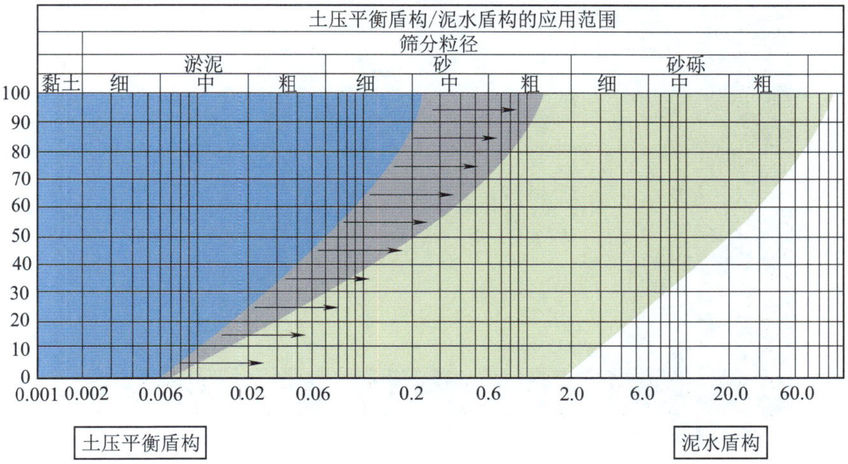

图1-46 盾构类型与地层粒径的关系

从图1-46可以看出，在不进行渣土改良的情况下，土压平衡盾构最适应的地层粒径范围为0.2 mm以下(蓝色区域)，最多可以上延到约1.5 mm(灰色区域)地层粒径范围；而泥水盾构的粒径适应范围下起0.01 mm，上至80 mm(黄色区域)。

土压平衡盾构主要适宜于粉土、粉质黏土、淤泥质粉土和粉砂等黏稠土壤地层施工，在黏性土层中掘进时，由刀盘切削下来的土体进入土仓后再由螺旋机输出，并在螺旋机内形成压力梯降，以保持土仓压力稳定；一般来说，细颗粒含量多，渣土易形成不透水流塑体，容易充满土仓每个部位，能够在螺旋机内形成土塞效应，在土仓中可以建立压力平衡开挖面的水土压力。一般来说，当岩土中粉粒和黏粒的总量达到40%以上时，通常宜选用土压平衡盾构；否则选择泥水盾构比较合适，粉粒的绝对大小通常以0.075 mm为界。

特别应注意的是，在依据地层粒径进行盾构选型时，应结合工程的具体情况，虽然土压平衡盾构和泥水盾构适应的地层粒径不同，如图1-47所示，在不进行渣土改良的情况下，土压平衡盾构适用于地层粒径范围为1.5 mm以下的黏土、淤泥、砂质地层；在不使用添加剂时，泥水盾构适宜的地层粒径范围为0.01～80 mm的淤泥、砂、砾石、卵石等多种地层。但若土压平衡盾构进行渣土改良或泥水盾构使用适当的添加剂时，则土压平衡和泥水盾构适应的范围是一样的。

3)依据地下水压选型

无论是地层粒径还是地层渗透系数，对土压平衡盾构的限制比对泥水盾构的限制要大，其根本原因是土压平衡盾构的压力平衡媒介是渣土，出渣方式是螺旋机。如果渣土的粒径太大、渗透系数太高就会造成两个主要后果：一是开挖面土层水的流失，不能建立压力平衡；二是螺旋机喷涌不能正常出渣。

如图1-48所示，土压平衡盾构采用螺旋输送机出渣，地层的压力经过土仓、螺旋输送机逐步衰减后，需要在到达螺旋输送机排渣口前压力降为大气压，否则就会发生喷涌。而泥水盾构前有泥膜防止地层中水的流失，后有排泥泵保压出渣，所以泥水盾构对高水压、高渗透性的地层，具有土压平衡盾构不具备的优势。

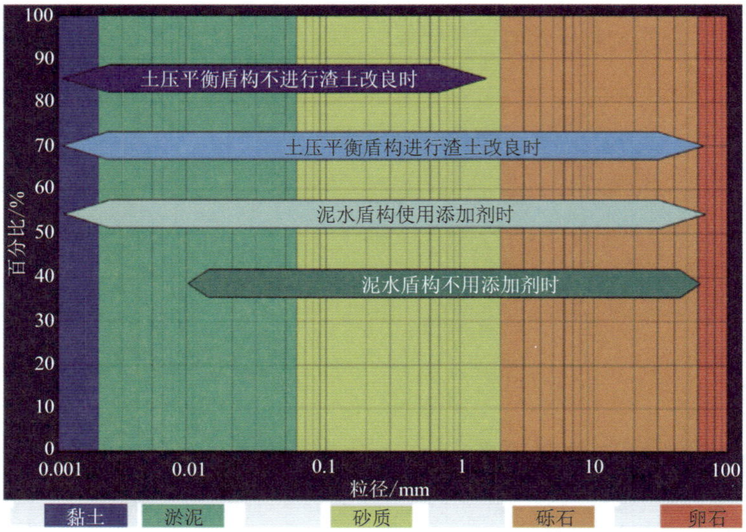

图 1-47 盾构类型与地层粒径的关系(考虑工程实际情况时)

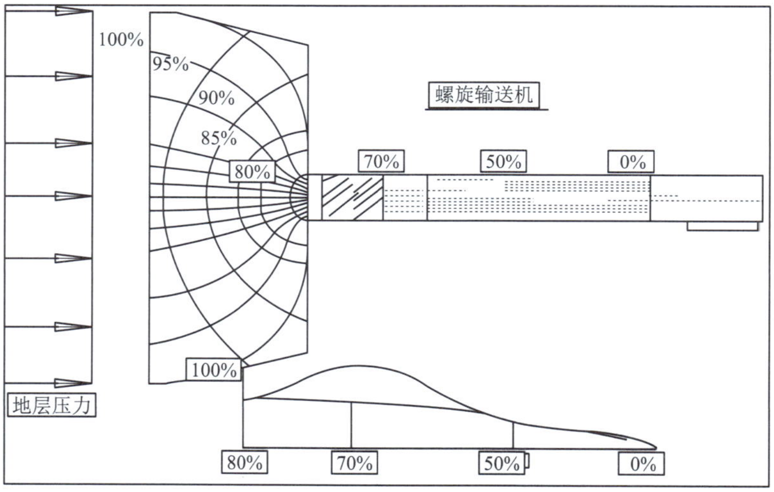

图 1-48 土压平衡盾构压力衰减示意图

根据地下水压进行选型时，一般地，当地下水压小于 0.3 MPa 时，宜采用土压平衡盾构；当地下水压大于 0.3 MPa 时，宜采用泥水盾构。

特别应注意的是，在依据地下水压进行盾构选型时，应考虑具体的工程地质情况。一是当水压大于 0.3 MPa 时，如因地质原因需采用土压平衡盾构，则需增大螺旋输送机的长度，或采用二级螺旋输送机；二是当渣土改良效果不能满足土塞效应时，在地下水丰富时，即使地下水压小于 0.3 MPa，也不宜采用土压平衡盾构。在这类地层进行盾构法施工，虽然地下水压小于 0.3 MPa，若采用土压平衡盾构，盾构在该地层下掘进时，渣和水处于分离状态，渣土在螺旋输送机内无法阻塞减压，无法形成土塞效应，即使使用双螺旋输送机，一旦螺旋输送机仓门开启出渣，依然会在水压的作用下发生螺旋输送机喷涌，导致开挖面压力无法稳定。若采用保压泵，虽然可以稳定开挖面压力，但螺旋机输出来的渣土含有大量的大粒径石块，保压泵无法处理，渣土同样无法排出。

5.盾构选型小结

盾构选型必须以开挖面稳定为中心，以工程地质和水文地质为基本点；以地层粒径、渗透系数、地下水压为依据，并综合考虑具体工程实际；确保所选择的盾构满足稳得住(平衡工作面)、掘得进(切削工作面)、排得出(排出渣土)的总体目标。

无论是土压平衡盾构还是泥水盾构，在其适宜的地层里均能发挥其应有的功效。

土压平衡盾构的优势是出渣能力强、土仓压力平衡直观、设备和操作相对简单；缺点是对高水压适应能力差，很难保持不稳定开挖面的稳定和防止渗透性强的地层中水的流失。

泥水盾构在控制地层沉降和防止地层中水的流失方面具有比土压平衡盾构较明显的优势，可以在高水压、高渗透性地层工作；缺点是在黏土地层容易结泥饼、易堵塞、难分离，在有大量大粒径物体地层中容易滞排、易受碎石器能力和寿命的限制；另外，相对土压平衡盾构，泥水盾构的采购成本、场地要求和施工水平要求较高。

地层粒径、渗透系数、地下水压是盾构选型最根本的依据，但具体选型时，应结合工程的具体情况进行选择，需要解决理论的合理性与实际的可能性之间的矛盾，必须考虑环保、地质和安全因素，必须根据地层粒径大小和分布、地层渗透系数、地下水压、洞径、开挖面稳定性、埋深、成本、工期、场地等因素综合考虑而定。

对泥水盾构而言，虽然经过过筛、旋流、沉淀等程序，可以将弃土浆液中的一些粗颗粒分离出来，并通过汽车、船等工具运输弃渣，但泥浆中的悬浮或半悬浮状态的细土颗粒仍不能完全分离出来，而这些物质又不能随意处理，就形成了使用泥水盾构的一大困难。降低污染保护环境是选择泥水盾构面临的十分重要的课题，需要解决的是如何防止将这些泥浆弃置江河湖海等水体中造成范围更大、更严重的污染。要将弃土泥浆彻底处理可以作为固体物料运输的程度也是可以做到的，国内外都有许多成功的事例，但做到这点并不容易，主要原因有：其一，处理设备费用昂贵，增加了工程投资；其二，用来安装这些处理设备需要的场地较大；其三，处理时间较长。

盾构施工段一般较长，工程地质的复杂性主要反映在围岩岩性和工程地质特性的多变方面。在一个盾构施工段或一个盾构合同标段中，某些区段的施工环境适合选用土压平衡盾构，但某些部分又很适合选用泥水盾构。盾构选型时应综合考虑并对不同选择进行风险分析后择其优者。

根据开挖面平衡的机理，从保持开挖面的稳定、控制地面沉降的角度来看，使用泥水盾构要比使用土压平衡盾构的效果好一些，特别是在江河湖等水体下、在密集的建筑物或构筑物下及上软下硬的地层中施工时。在这些特殊的施工环境中，施工过程的安全性是盾构选型时一项极其重要的选择，同时，采用泥水盾构还可以降低地质变化差异大造成的施工风险。在当土压平衡盾构和泥水盾构都不能满足开挖面稳定的要求时，则应考虑选择多模式盾构。

1.3.2 盾构的地质适应范围

1.土压平衡盾构地质适应范围

土压平衡盾构主要应用在黏稠土壤中，该类型土壤富含黏土、亚黏土或淤土，低渗透性。这种土质在螺旋输送机内压缩形成防水土塞，使土仓和螺旋输送机内部产生土压力来平衡掌子面的土压力和水压力。

土压平衡盾构用开挖出的土料作为支撑开挖面稳定的介质，要求土料具有良好的塑性变形、软稠度、内摩擦角小及渗透率小的特点。一般土壤不完全具有这些特性，需进行改良，改良的方法通常有加水、膨润土、聚合物或泡沫等，根据土质情况选用。

有软稠度的黏质粉土和粉砂是最适合使用土压平衡盾构的土层。根据土层的稠度，有时不需要水或只需要加很少量的水。通过搅拌装置在土仓内的搅拌，即使十分黏着的土层也能变成塑性的泥浆。

随着含砂率的增加，加水就显得不够，因为它不能减小内摩擦角。增大渗水性就必须解决好螺旋输送机的密封问题。细土粒含量的缺乏可以通过加入黏土和膨润土悬浮液来补偿。对非黏透水性土层可以通过注射泡沫进行改良处理。粒状结构中的气泡可以降低土浆密度减小颗粒摩擦，使土浆混合物在较宽的形变范围内有最理想的弹性，以利于控制开挖面的支撑压力。

由于土压平衡盾构良好而广泛的地质适应性，与泥水盾构相比，采购成本和施工成本相对较低，对环境污染小，对使用场地要求不高，从发明这种机型至今，技术越来越成熟，越来越先进，市场占有率越来越高，尤其是在城市地铁隧道领域，土压平衡盾构约占 80%。

2.泥水平衡盾构地质适应范围

泥水平衡盾构最初是在冲积黏土和洪积砂土交错出现的特殊地层中使用，由于泥水对开挖面的作用明显，因此在软弱的淤泥质土层、松动的砂土层、砂砾层、卵石砂砾层、砂砾和坚硬土的交互层等地层中均适用。目前，泥水加压盾构工法对地层的适用范围不断扩大，即使处于恶化的施工环境和存在地下水等的不良条件下，由于有相应的处理方法，因而几乎能适应所有地层。

1）黏性土层

黏土矿物经相互间电化学结合而形成黏性土层，近似变质了的琼胶块状体，由泥水相对密度和加压带来的力容易形成对开挖面的稳定，不论黏性土层的软弱状态如何，都适合于用泥水盾构施工。泥水盾构也适用于粉砂土地层施工。

2）砂层

不含水的砂层由于漏浆不能保持对开挖面的加压和稳定。通常，在含有某一数量的粉珍土、黏土的冲积层中，几乎都有一定的含水率，全部都是细砂的地层是少见的，干燥的松弛砂也很少有，由于砂层内摩擦角大多为 280°左右，所以大部分可用泥水加压来保持开挖面的稳定。松弛、含水率多的砂层，在其他盾构工法中很难保持土层稳定，可采用泥水盾构并提高其泥水相对密度、黏度和压力。

3)砾石层

对于水分多、不含有作为黏合剂的粉砂土及黏土等的砾石层和有大直径的砾石层，可采用泥水盾构施工，并在泥水仓内安装砾石破碎装置。

4)贝壳层

贝壳层很难被称为一种土层，但含有水，存在于土体中的贝壳很多，同上述砾石层一样，贝壳层更加坚硬，开挖面很难稳定，但使用泥水盾构并用大刀盘挖土，就可以成为能适应的地层。泥水盾构适用于各类地质的土层，对开挖面难以稳定的土质特别有效，还能克服地面条件和其他地下条件因素所造成的种种困难，譬如上部是河或海等有水体的地方，有道路、建筑物的地方，要减少沉降的地方等。在这些场所采用泥水加压盾构，无论在工法上还是经济上都是有效的。

1.4 岩石隧道掘进机（TBM）的发展与应用

1.4.1 岩石隧道掘进机的概念与分类

1. 岩石隧道掘进机的概念

岩石隧道掘进机是一种依靠刀盘旋转破岩推进，隧道支护与出渣同时进行，并使隧道全断面一次成形的大型专用装备，如图 1-49 所示。通常定义中的岩石隧道掘进机是指全断面岩石隧道掘进机，是以岩石地层为掘进对象。由于我国习惯上将用于岩石地层的全断面隧道掘进机称为 TBM，所以本书所出现的 TBM 均是指全断面岩石隧道掘进机（下文中均用 TBM 代替）。

图 1-49 岩石隧道掘进机（TBM）

现代的 TBM 采用了机械、电气和液压领域的高科技成果，运用计算机控制、闭路电视监视、工厂化作业，是集掘进、支护、出渣、运输于一体的成套设备。采用 TBM 施工，无论是在隧道的一次成形、施工进度、施工安全、施工环境、工程质量等方面，还是在人力资源的配置方面都比传统的钻爆法施工有了质的飞跃。

TBM 具有掘进、出渣、导向、支护四大基本功能，对于复杂地层，还配备超前地质预报设备。掘进功能主要由刀盘旋转带动滚刀在开挖面破岩以及为 TBM 提供动力的驱动系统和推进系统完成。出渣功能一般分为导渣、铲渣、溜渣、运渣四部分。导向功能主要包括确定方向、调整方向、调整偏转。支护功能分为掘进前未开挖的地层预处理、开挖后洞壁的局部支护以及全部洞壁的衬砌或管片拼装；超前地质预报系统一般由超前钻机和自带的物探系统组成。

2. TBM 的分类

TBM 主要分为以下三种类型，分别适应于不同的地质条件。

（1）开敞式 TBM，常用于硬岩。在开敞式 TBM 上，配置了钢拱架安装器和喷锚等辅助设备，以适应地质的变化；当采取有效支护手段后，也可应用于软岩隧道。

（2）双护盾 TBM，对地质具有广泛的适应性，既能适应软岩，也能适应硬岩或软硬岩交互的地层。

（3）单护盾 TBM，常用于软岩。单护盾 TBM 推进时，要利用管片作为支撑，其作业原理类似于盾构，与双护盾 TBM 相比，掘进与安装管片两者不能同时进行，施工速度较慢。单护盾 TBM 与盾构的区别有两点：一是单护盾TBM采用皮带机出渣，而盾构则采用螺旋输送机出渣或采用泥浆泵以通过管通出渣；二是单护盾TBM不具备平衡掌子面的功能，而盾构则采用土仓压力或泥水压力平衡开挖面的水土压力。

随着TBM技术的进步以及TBM适应复杂地质的需要，除了上述三种类型，目前还有通用紧凑型TBM、双护盾多功能TBM以及双模式TBM等类型。

1.4.2 TBM的起源及在我国的发展

1. TBM的起源与开发

1）TBM的起源

世界上第一台TBM是1846年由比利时工程师毛瑟(Maus)发明的。在19世纪中叶，西方的文明陶醉于铁路的修建。然而，人类的梦想一次又一次被大山阻隔。理想的方法是勇往直前，开凿隧道，但这意味着巨大的支出。隧道工程的工作面小，大部分时间浪费在工序衔接上，时间就是金钱，而隧道工程却费时费力。最有效的解决方法是建造一台大机器，加大机器动力，把工业革命带入地下。

毛瑟在1845年得到撒丁国王的许可修建一条连接法国和意大利的铁路。毛瑟在国际采矿业具有显赫名声和超强自信。他对爬越山口的方案不以为然，坚持要走直线，尤其是在著名的Cenis(塞尼)山附近，要以隧道穿越Frejus(弗雷瑞斯)山。

这是一个巨大的挑战。毛瑟的方案需要开凿长12 km的隧道，这在当时的技术条件下几乎是不可能的。当时隧道开凿的工序为钻爆法开挖，即在掌子面钻孔，装填炸药，点火，跑到角落里躲起来等着起爆，然后迅速带着支撑木跑回新开洞面，希望在洞顶塌方之前把支撑木架好，然后用铁锹把破碎的岩石运出。

问题是，在长隧道密闭空间中起爆会产生大量有毒气体，后续工作进行之前必须通风换气。对于当年的通风技术来说，需要很长时间才能完成换气。所以毛瑟计划设计制造世界上第一台隧道掘进机。

毛瑟的"片山机"(mountain-slicer)于1846年在都灵附近的一个军工厂组装成形(见图1-50)。庞大而复杂，体积超过一节火车头。它有一百多个钻头。整个机器俨然就是凸轮、拉杆、活塞和弹簧的丛林。不论实用与否，它确实是沉思的产物。机器建成后，来自各地的参观者络绎不绝，视其为历史的纪念碑。当年，人们更多的将它视为一件艺术品而非机械。

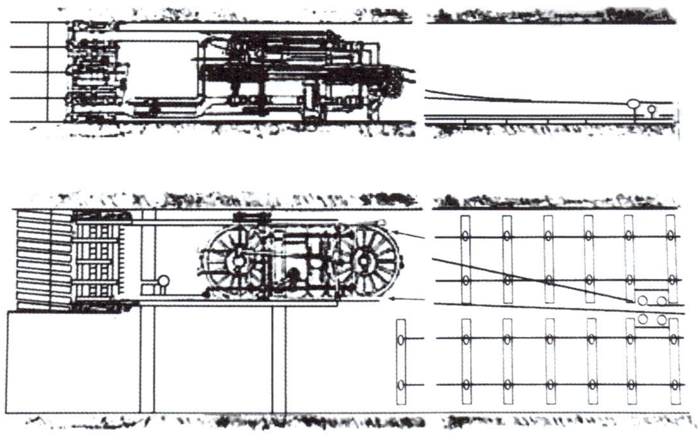

图1-50 毛瑟的"片山机"

人们认为掘进机需要巨大的推进力，这些能量是在隧道外产生的并通过复杂的机械连接到工作面。隧道越深，连接就越长，而传输过程中的能量损失也就越大。看起来“片山机”早晚会因为动力不足而僵死洞中。而自信的毛瑟相信车到山前必有路，但持怀疑态度的人也并没有被说服。1848年欧洲的政治动荡多少削弱了弥漫的乐观气氛，毛瑟的资助中断了。

10年之后，依赖于大为改进的隧道通风技术，一条隧道紧邻毛瑟路线（塞尼山隧道，长约14 km）采用钻爆法技术得以修建。毛瑟的“片山机”虽然没有经过实践检验，但却是公认的世界上第一台TBM。

1851年，波士顿南部的理查德穆恩公司，由美国人查理士·威尔逊开发了一台蒸汽机驱动的TBM，这台质量为75 t的巨大机器，用于马萨诸塞州西北胡塞克（Hoosac）隧道的花岗岩地层进行开挖。然而仅仅开挖了10 ft（ft为英尺，1 ft=0.304 8 m），机器就停止不动了。

1856年，美国工程师赫尔曼·豪普特宣布，他将以另一台TBM拯救胡塞克项目。然而，他的机器开挖了不到1 ft就寿终正寝，豪普特也破产了。

在以后的30年间，一些工程师设计试制了各式各样的TBM共13台，均有所进步，但都不能算成功。比较成功的是1881年波蒙特开发的压缩空气式TBM，应用于英吉利海峡隧道直径为2.1 m的勘探导洞，共掘进了3 mile（mile为英里，1 mile=1 609.344 m）多。

1881—1926年间，一些国家又先后设计制造了21台TBM，之后因受当时技术条件的限制，TBM的开发处于停滞状态。

2）现代意义的TBM开发

1930年，詹姆士·罗宾斯（Robbins）从当时的密西根采矿学校毕业，当时他对TBM的历史一无所知，后来的15年他四处漂泊，在加利福尼亚的坚硬岩石中开矿，在阿拉斯加淘金。第二次世界大战以后，罗宾斯在伊利诺伊成为一个采矿咨询工程师。

1952年，罗宾斯和隧道承包商Mittry见了面。当时，Mittry刚在南达科塔州皮尔中标了一个输水隧道工程项目。皮尔附近的基岩充满裂缝和断层，地质学家甚至特意将其命名为皮尔页岩。皮尔页岩的脆弱使得爆破施工极其困难，Mittry投标时义无反顾，他知道需要大量时间和精力解决皮尔页岩的开挖问题，但那是中标以后的事。现在他中标了，于是开始访问、咨询工程师。

罗宾斯给他出了一个主意。当时采矿业刚刚开始非爆破开掘技术的发展。基本思路是将一批金属齿或者镐，切入采煤工作面，然后旋转，在工作面上形成一个切口。而悬挂于金属尖齿之间的旋转轮则将表面的松散煤层带下。当然，其使用的隧道环境截然不同，隧道的精度要求远高于煤矿挖掘，而且断面尺寸也大为不同，但Mittry独具慧眼，一举选定罗宾斯的方案并委托其制造一台机器。

1953年机器研制成功，这是世界上第一台现代意义上的TBM（见图1-51），其直径为7.85 m，与以前不同的是，这台TBM的表现令人惊奇。大转盘将岩石像花生壳那样搅碎，隧道以每天160 ft的速度推进。这是一个惊人的数字，几乎十倍于同时代的钻爆法施工。罗宾斯虽然没有建造世界上第一台TBM，但他制造了第一台能在岩石中高效工作的TBM。

皮尔项目的成功掀起了一阵风潮，罗宾斯看到了TBM发展前景广阔，于是他创办了世界上第一家专门研究制造TBM的公司——S. Robbins&Associates公司[后来的罗宾斯（Robbins）公司]。

1955年，罗宾斯又为某坝的工程建设，连续制造了3台ϕ2.44 m的TBM，这3台TBM均不能认为是成功的，因为在对页岩、石灰岩的互层岩体及硬石灰岩的岩体掘进中，很快暴露出一些弱点。最难的问题是，碳化钨钻头经常会碰到硬岩而脱落，结果不得不停机进行维修，如此反复，浪费了大量时间，更不用说钻头本身非常昂贵。

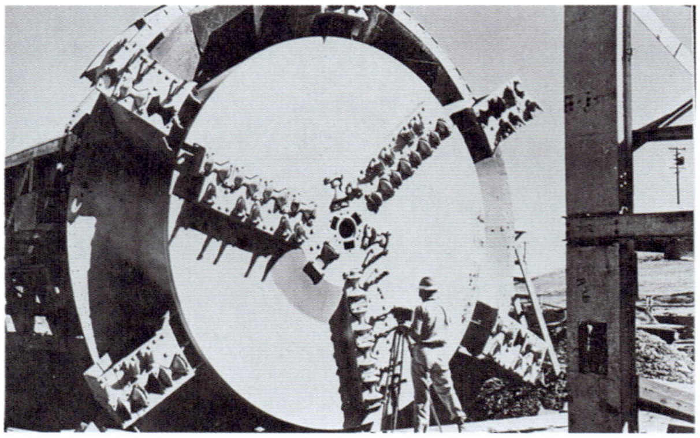

图 1-51　世界第一台现代意义上的 TBM

罗宾斯绞尽脑汁思索化解问题的办法。1956 年的某一天他突发奇想，决定去掉所有的钻头。这个想法乍一看似乎不合理，因为理论上，钻头主要负责切入岩石，而碟片则负责收集碎石。但他的直觉是对的，去掉钻头后，那些稍经改造的碟片(被罗宾斯称为破碎轮，即盘形滚刀)更能独立高效地完成作业，并能有效破碎单轴抗压强度 140 MPa 的岩石。

同年，罗宾斯制造的 ϕ3.28 m 中硬岩 TBM 成功地通过了工业性试验，盘形滚刀的应用是全断面硬岩 TBM 的重要标志，是硬岩 TBM 发展中的一个重要转折点。这一时期，罗宾斯又为某一大坝的输水隧道制造了 1 台 ϕ9 m 的全断面 TBM。

到了 1960 年，TBM 的发展进入新的阶段，罗宾斯公司为塔斯玛尼亚隧道工程制造 1 台 ϕ4.89 m 的 TBM，在结构设计上第一次把支撑和推进机构组合为一个全浮动的系统，采用了球铰式结构，通过支撑靴板压紧并固定在洞壁上，以此获取推进时 TBM 的反力。这是第一台创纪录(6 天掘进了 229 m)的罗宾斯 TBM。

罗宾斯公司是发展双护盾 TBM 的先驱。1972 年，意大利奥利凯拉项目的施工方 SELI 需要一个能保护在松软地层作业的工人，同时完成快速掘进并拼装管片的隧道掘进机全新方案。为了满足客户的需求，罗宾斯公司发明了第一台双护盾硬岩隧道掘进机，如图 1-52 所示。

图 1-52　第一台双护盾硬岩隧道掘进机

1988 年，罗宾斯为挪威北极圈水利发电项目发明制造了多个产品，包括 19 寸滚刀、第一台高性能掘进机和契锁式刀具。为了对抗极其恶劣的地质条件，应挪威施工方 Statkraft Anlegge 的要求，罗宾斯为该水力发电项目制造了 3 台高性能掘进机，如图 1-53 所示。高性能掘进机的核心是比其他同类型的硬岩隧道掘进机（$\phi3$～$\phi5$ m）具备更高载荷的主轴承，更大的刀盘功率和刀盘推力。同时，为了适应高性能掘进机的特性，罗宾斯还创新地发明了 19 寸滚刀和锲锁式刀具安装法。

图 1-53 罗宾斯为北极圈水力发电项目制造的高性能掘进机

截至 2001 年，罗宾斯公司已制造了 383 台开敞式 TBM，35 台双护盾 TBM、15 台单护盾 TBM。2006 年 8 月，罗宾斯公司又制造出了目前世界上最大直径的 $\phi14.44$ m 硬岩 TBM（见图 1-54），用于加拿大尼亚拉加隧道工程，同时在这个项目里也首次应用了背装式 20 寸滚刀。

图 1-54 罗宾斯公司 $\phi14.44$ m 硬岩 TBM

德国维尔特（Wirth）公司于 1967 年开始制造 TBM，其生产的第一台 TBM 的直径为 2.14 m，用于奥地利长 263 m 的 Ginzling 隧道。1982 年 1 月，为南美金矿制造了 1 台 $\phi3.4$ m 的 TBM，应用较成功，其自制的滚刀也有较高的承载力。1983 年，维尔特公司开始制造双护盾 TBM；为瑞士长 19.062 km 的弗莱娜（Vereina）隧道制造了 1 台 $\phi7.64$ m 的开敞式 TBM；为我国秦岭隧道制造了 2 台 $\phi8.8$ m 的开敞式 TBM；为西班牙制造了 1 台 $\phi12.5$ m 的开敞式 TBM。截至 2001 年，维尔特公司已制造了 112 台开敞式

TBM,10 台双护盾 TBM,8 台扩孔式 TBM。

目前,在世界范围内的 TBM 生产商有 30 余家,已生产 TBM 700 多台,最具实力的是美国罗宾斯公司、德国维尔特公司、德国海瑞克公司等。国外硬岩 TBM 技术已经相当成熟,结构上不断完善,有开敞式、单护盾、双护盾等不同类型,以适应不同的地质条件。在国外使用 TBM 施工隧洞已很普遍,尤其是 3 km以上的长隧洞,建设单位在招标书中往往明确规定投标商必须采用 TBM 施工。

2. TBM 在我国的发展

TBM 在我国的发展共分为三个时期。1966—1984 年,是我国 TBM 技术的黎明期,1966 年研制的我国首台 $\phi3.5$ m 的 TBM 用于云南西洱河水电站引水隧道施工;1985—2012 年,是我国 TBM 技术的引进消化期,1985 年,天生桥二级水电站引水隧洞工程引进了美国罗宾斯公司 $\phi10.8$ m 开敞式 TBM;从 2013 年开始,我国进入了 TBM 技术的自主创新期,开始设计制造具有完全自主知识产权的 TBM。

1)我国 TBM 技术发展的第一阶段——黎明期(1966—1984 年)

国内 TBM 的研究开发始于 1964 年,由上海勘测设计院机械设计室、北京水电学院机电系分别进行方案设计。1965 年,TBM 的研制列入国家重点科研项目,当时的水电部抽调技术力量,以上海勘测设计院机械设计室为主,集中在上海水工机械厂进行现场设计,1966 年制造出了 1 台 $\phi3.5$ m 的 TBM,是我国第一台 TBM。该 TBM 在云南下关的西洱河水电站引水隧道进行工业性试验,开挖隧道的地质为花岗片麻岩及石灰岩,抗压强度 100~240 MPa,最高月进尺为 48.5 m。

1969 年,广州市机电工业局制造了 1 台 $\phi4$ m 的 TBM,在花岗岩及石灰岩中施工掘进,岩石的抗压强度为 30~240 MPa,掘进长度 245 m,最高月进尺为 20 m。

1970 年,萍乡矿务局机修厂制造了 1 台 $\phi2.6$ m 的 TBM,应用于萍乡青山矿的巷道掘进施工,掘进长度 622 m,掘进开挖的岩石类型为石灰岩和灰砂岩,抗压强度为 20~120 MPa,最高月进尺为 252.6 m。同年西安煤矿机械厂也试制了 1 台 $\phi3.5$ m 的 TBM,由铜川矿务局开展工业性试验,掘进长度 669 m,开挖的岩石类型为石灰岩,抗压强度为 56~160 MPa,最高月进尺为 179 m。

1971 年试制的 TBM 直径分别为 $\phi2.5$ m、$\phi5.5$ m、$\phi3.8$ m 和 $\phi5.9$ m;制造单位为广州市机电工业局、铁道兵、抚顺矿务局以及上海水工机械厂,使用单位分别是贵州省铁路二局、京西煤矿、抚顺老虎台矿及北京落坡岭水电部第二工程局;掘进的岩石类型为白云质石灰岩、矽质石灰岩、花岗片麻岩和石灰岩,最高月进尺为 123 m。

此后,由上海水工机械厂制造的 $\phi5.8$ m 的 SJ-58 型 TBM,曾于 1977 年 4 月至 1978 年 4 月在云南西洱河水电站的水工隧道中进行工业性试验,共掘进了 247.3 m,1981 年,SJ-58 型 TBM 经过优化设计后,于同年 11 月 25 日投入引滦入唐工程古人庄隧道施工,共掘进 2 747.2 m,穿越的岩层系白云质的质灰岩,最高日进尺为 19.85 m,最高月进尺为 201.5 m,该工程于 1983 年 3 月 15 日贯通,这是我国第一条用国产 TBM 施工的中型断面隧道。

这一时期,上海重型机器厂制造的 EJ50 型 TBM 在山西古交东曲煤矿进行的工业性试验中,掘进长度为 3 600 m,开挖直径为 $\phi3$ m,穿越的岩层为灰岩和砂页岩,平均月进尺为 78 m,最高月进尺为 202 m,最高日进尺为 12.7 m。

1965—1984 年,国产 TBM 投入使用共计 10 余台,工程项目 20 余个,掘进总长度约 20 km,但掘进能力与国外同类 TBM 相比还有很大差距。

2)我国 TBM 技术发展的第二阶段——引进消化期(1985—2012 年)

(1)天生桥二级水电站引水隧洞工程。在我国,水利水电工程是最早应用 TBM 施工的领域,1985—1992 年,天生桥二级水电活引水隧洞工程使用了美国罗宾斯公司制造的开敞式 TBM,直径为 ϕ10.8 m。由于选型与地质条件不适应,且设备故障率较高,进度较慢,平均月进尺仅 65 m,累计掘进仅 7.5 km。

(2)引大入秦工程。甘肃省引大入秦工程是将大通河水引入兰州秦王川的一项大型跨流域调水工程,总干渠全长 86.9 km。1991—1992 年,引大入秦工程 30A 号和 38 号输水隧洞,总长约 17 km,相继采用了美国罗宾斯公司制造的 ϕ5.53 m 双护盾 TBM 施工。TBM 应用较成功,平均月进尺为 980 m,最高月进尺为 1 400 m。30A 隧洞长 11 649 m,地层自进口至出口依次为前震旦系结晶灰岩、板岩夹千枚岩、砾岩、砂砾岩、泥质粉动砂岩及出口长约 150 m 的黄土。38 号隧洞长 5 400 m,围岩为砂岩。

(3)引黄入晋工程。1993—2000 年,山西省万家寨引黄入晋工程相继使用了 5 台美国罗宾斯公司的 TBM,1 台法国 NFM 公司的双护盾 TBM,开挖了总长为 122 km 隧道,创造日掘进 113 m、月掘进 1 637 m的纪录;其中,总干 6 号、7 号、1 号隧洞采用 1 台罗宾斯双护盾 TBM 施工,开挖直径为 ϕ5.125 m;南干 4 号、5 号、6 号、7 号隧洞采用 4 台双护盾 TBM 施工,其中 3 台为美国罗宾斯公司制造、1 台为法国 NFM 公司制造,直径为 ϕ4.82～4.94 m。

(4)秦岭Ⅰ线隧道。秦岭Ⅰ线隧道全长 18.456 km,采用 TBM 法和钻爆法施工,由铁道部 1996 年引进两台 ϕ8.8 m 开敞式 TBM,秦岭北口 TBM 掘进长度为 5.244 km,秦岭南口 TBM 掘进长度为 5.621 km,1998 年平均月进尺为 252.36 m,1999 年平均月进尺为 290.64 m,最高月进尺为 528.48 m。

(5)台湾新武界引水隧道。台湾新武界引水隧道自武界水库跨流域引水至日月潭水库,其中 7.1 km 以 TBM 施工,于 2005 月 14 日开挖,现已贯通,其通过之岩盘 89%为佳阳层板岩,11%为达见砂岩。该 TBM 为 1994 年罗宾斯公司制造的开敞式 TBM,直径为 ϕ46.2 m,长 222 m,是二手 TBM,此 TBM 经承包商于我国香港特别行政区改装及维护后,于 2000 年 4 月运抵工地,5 月开始组装,6 月下旬推进至预定开挖位置并进行试运转、7 月始初斯开挖,9 月初开始全功能开挖;初期开挖期间,因油压及电力系统故障率高、调校耗时,备料不足,致使进度无法展开,两个月仅开挖 154.2 m。自 9 月起开始全功能掘进开挖,机具故障降低,使用率上升至 30%以上。自 10 月 19 日起隧道进入佳阳层板岩地段,进度渐入佳境,日进达 44.3 m,月进尺最高曾达 659.3 m。

(6)青海引大济湟工程。青海引大济湟引水隧洞从青海省内大通河与湟水河基本平行处引水,引水处两河相距 25～30 km,隧洞围岩有泥质夹砂岩、泥质粉砂岩、花岗闪长岩、石英岩等。隧洞平均埋深 480 m,最大埋深 1 020 m。采用双护盾 TBM 开挖,施工长度 20.0 km,开挖直径 5.93 m,成洞直径 5.0 m。该工程 2007 年开始施工,至 2015 年 6 月 30 日完工。隧道长度 24.17 km (TBM 19.9 km),衬砌外径 5.7 m;使用双护盾 TBM,该 TBM 由德国维尔特提供技术支持,北方重工制造;由于地质情况复杂,并存在许多软土地段,不适应 TBM 施工,造成停机超 5 年,对 TBM 设备进行了改造;从引洮供水项目上撤下的另一台 TBM 也在本工程中投入使用,从另一端反方向掘进。

(7)云南那邦水电站工程。该工程建于 2009—2012 年,直径为 4.5 m,TBM 掘进长度为 10 km;地质情况为强度超过 220 MPa 的极硬岩层掺杂泥土。属最小直径开敞式 TBM 在我国使用案例,最高月进尺为 581 m。

(8)重庆轨道交通 6 号线。重庆轨道交通 6 号线一期 TBM 试验段为五里店—山羊沟水库段,全长 12.122 km,泥质砂岩和砂砾岩,岩石的抗压强度约 30 MPa,施工过程中采用 2 台美国罗宾斯公司生产的

ϕ6.36 m 开敞式 TBM，这是我国首次在城市地铁中采用 TBM 施工。最高日掘进 46.8 m、月掘进 862 m。

(9)辽西北供水工程。辽西北供水工程是现阶段我国东北地区采用 TBM 施工的两条输水隧洞之一。2010 年开工，隧道直径为 8.5 m，隧道长度为 100 km+130 km+40 km；采用 8 台直径 ϕ8.53 m 开敞式 TBM 施工，首次使用 20 寸滚刀，最高月进尺为 1 078 m。

(10)引汉济渭工程。引汉济渭工程属于陕西境内南水北调前期工程，2012 年开工，总长 98.3 km。该工程岭北段由中铁十八局集团使用德国海瑞克公司开敞式 TBM 施工，长 16 km；2014 年 6 月 15 日试掘进，2015 年 8 月 11 日首段 7 272 m 贯通。岭南段由中铁隧道局集团采用美国罗宾斯公司生产的开敞式 TBM 施工，长 18 km，2015 年 2 月 17 日试掘进，主要以花岗岩和石英岩为主，抗压强度较高(100～240 MPa)，刀具磨损严重，且存在岩爆和突涌水。两台 TBM 开挖直径均为 ϕ8.02 m。

3)我国 TBM 技术发展的第三阶段——自主创新期(2013 年至今)

从 2013 年开始，我国进入了 TBM 技术的自主创新期，开始设计制造具有完全自主知识产权的 TBM。

(1)铁建重工双模式 TBM。新街台格庙煤矿斜井工程位于内蒙古鄂尔多斯新街台格庙矿区，围岩主要为砂质泥岩和粉砂岩，强度在 40～60 MPa。施工中采用由中国铁建重工集团、神华集团和中国铁建十三局联合研制的双模式 TBM，2013 年 8 月 3 日，铁建重工研发出世界首台长距离大坡度煤矿斜井 TBM，如图 1-55 所示。该 TBM 开挖直径 47.62 m，具有土压平衡盾构和单护盾 TBM 两种模式。

(2)中信重工小直径 TBM。2013 年 8 月，国内首台 ϕ5 m 开敞式 TBM 在中信重工下线，于 2015 年应用于洛阳故县引水工程 1 号隧道施工，如图 1-56 所示。

图 1-55　铁建重工双模式 TBM(土压/TBM)

图 1-56　中信重工研制的小直径 TBM

(3)中船重工双护盾 TBM。青岛地铁 2 号线一期工程全程总长为 25.2 km，采用 TBM 和钻爆法联合施工。工程中采用了 4 台由意大利 SELI 公司与中船重工(青岛)轨道交通装备有限公司联合生产的 DSUC 型双护盾 TBM，开挖直径为 46.3 m。这是国内首次将该类型 TBM 应用于地铁建设项目。2014 年 12 月 22 日，由中船重工制造的 DSUC 型双护盾 TBM"贯龙号"成功下线，如图 1-57 所示。于 2015 年 1 月 23 日运抵青岛地铁 2 号线海安路站组装调试，于 2015 年 3 月 21 日始发掘进。

(4)中铁装备自主研制开敞式 TBM。中铁装备集团在成功购买了德国维尔特 TBM 及竖井钻机相关知识产权后，于 2015 年中铁装备自主研制出用于吉林引松工程的“永吉号”开敞式 TBM，直径为 ϕ8.03 m，如图 1-58 所示，最高月进尺 1 226 m。

图 1-57　中船重工制造的 DSUC 型双护盾 TBM“贯龙号”

图 1-58　中铁装备自主研制开敞式 TBM“永吉号”始发掘进

(5)中铁装备自主研制的世界最小直径 TBM

2016 年 1 月，由中铁装备研制的 2 台世界最小直径 TBM，直径为 ϕ3.53 m，在郑州成功下线，如图 1-59 所示。该 TBM 应用于黎巴嫩大贝鲁特供水隧道和输送管线建设项目。

(6)铁建重工研制的可变径 TBM。2016 年 5 月 5 日，铁建重工研制的“大埋深、可变径”TBM，如图 1-60 所示，开挖直径可在 ϕ6.53～ϕ6.83 m 调整。该 TBM 用于新疆某重大输水隧洞工程(全长约 42 km)，开挖洞径为 ϕ6.53 m，沿线穿越有“大埋深、围岩大变形、强岩爆、穿越大断层破碎带、高地温、岩体蚀变破碎带”等世界级工程地质难题，是目前 TBM 施工最具挑战性的隧洞。

图 1-59　中铁装备自主研制的世界最小直径 TBM 准备始发

图 1-60　铁建重工制造可变直径 TBM

(7)北方重工并购美国罗宾斯公司。2016 年 6 月 28 日，北方重工成功并购美国罗宾斯公司。这是继 2007 年并购法国 NFM 公司后，北方重工的又一大并购力作，标志着北方重工打造全球化全断面 TBM 产业格局实现了历史性跨越。

(8)中铁装备研制的双护盾 TBM 用于深圳地铁施工。深圳地铁 10 号线梅林东站—创新园站区间全长 3 869.5 m，其中 TBM 正常掘进段 2 688 m，空推段 463 m，矿山法施工段 718.5 m，该区间为深圳市首次选用双护盾 TBM 设备进行地铁施工的项目，TBM 主要穿越岩层为微风化花岗岩、微风化混合岩及局部中风化花岗岩，其中微风化占 95%。微风化花岗岩单轴抗压强度为 33.4～127.3 MPa，中风化为 20.8～54 MPa。中铁装备为该项目研制的双护盾 TBM，开挖直径为 ϕ6.5 m。

(9)中铁隧道局与中铁装备联合研制的大直径 TBM。高黎贡山隧道是大瑞铁路最重要的控制性工程，全长 34.5 km，隧道穿越险峻的高黎贡山，地质结构极为复杂，存在高温热害、软岩大变形、涌水、断层破碎带、高烈度地震带等多种地质环境。该工程出口段正洞施工采用由中铁隧道局集团和中铁工程装备集团联合研制的 ϕ9.03 m 开敞式 TBM，如图 1-61 所示。

图 1-61　中铁装备与中铁隧道局联合研制的大直径 TBM“彩云号”

1.5　TBM 的选型与地质适应范围

1.5.1　TBM 的选型

1. TBM 的选型依据

隧道施工前，应对 TBM 进行选型，做到配套合理、充分发挥施工机械的综合效率、提高机械化施工水平。TBM 选型依据如下：

(1)隧道工程地质、水文地质条件，包括地层岩性、岩石强度、完整性、节理发育程度、石英含量、地下水发育程度、地下水位、隧道涌水量及不良地质等多项参数。

(2)隧道断面的形状、几何尺寸，隧洞长度、坡度、转弯半径、埋深等设计参数。

(3)线路周边环境条件、沿线场地条件、周边管线、建筑物及地下洞室的结构特性、基础形式、现状条件及可能承受的变形。

(4)隧洞进出口是否有足够的组装场地，是否具有大件运输、吊装条件，施工场地气候条件、水电供应、交通情况等地理位置环境因素。

(5)TBM 一次连续掘进隧道的长度以及单个区间的最大长度。

(6)隧洞施工总工期、准备工期、开挖工期等隧洞施工进度要求。

(7)同一区域类似钻爆法施工隧道的变形监控量测资料。

(8)处理不良地质的灵活性、经济性。

(9)TBM 制造商的业绩与技术服务能力。

(10)施工队伍的专业技术水平和管理水平等。

2. TBM 的选型原则

TBM 的性能及其对地质条件和工程施工特点的适应性是隧道施工成败的关键,选用技术先进、质量可靠的 TBM 和经验丰富、服务专业的 TBM 制造商是 TBM 工程成功的关键因素。在 TBM 选型设计时,各个系统、各个部件的选型按照性能可靠、技术先进、经济适用相统一的原则,做到安全性、可靠性、先进性、经济性相统一;依据招标文件提供的地质资料,满足隧道外径、长度、埋深和地质条件、沿线地形以及洞口条件等环境条件;并参考国内外已有的 TBM 工程实例及相关的技术规范;满足安全、质量、工期、造价及环保要求;后配套设备与主机配套,满足生产能力与主机掘进速度相匹配,工作状态相适应,且能耗小、效率高的原则,同时应具有施工安全、结构简单、布置合理和易于维护保养的特点。进入隧道的机械,宜优先选择动力为电力的机械。

TBM 选型主要遵循下列原则:

1)安全性、先进性、经济性相统一

TBM 选型应首先遵循安全性、可靠性原则,并兼顾技术先进性和经济性的原则进行。所选 TBM 技术水平先进可靠,并适当超前,符合工程特性、满足隧道用途,做到安全性、先进性、经济性相统一。

2)满足环境条件

TBM 设备选型应满足隧道外径、长度、埋深和地质条件、沿线地形以及洞口条件等环境条件。TBM 设备选型应根据隧道施工环境综合分析,TBM 的地质针对性非常强,TBM 性能的发挥在很大程度上依赖于工程地质条件和水文地质条件,工程地质及水文地质条件是影响 TBM 隧洞施工质量的重要因素,也是 TBM 设备选型的重要依据。地质勘查资料要求全面、真实、准确,除有详细而尽可能准确的地质勘查资料外,还应包括隧址地形地貌条件和地质岩性,过沟地段、傍山浅埋段和进出口边坡的稳定条件等。TBM 对隧道通过的地层最为敏感,不同类型的 TBM 适用的地层不同,一般情况下,以Ⅱ、Ⅲ级围岩为主的硬岩隧道较适合采用开敞式 TBM,以Ⅲ、Ⅳ级围岩为主的隧道较适合采用护盾式 TBM,当地层多变,存在软土地层、地表结构复杂且对沉降控制要求较高时,多采用盾构法施工。

3)满足安全、质量、工期及造价要求

TBM 设备的配置应尽量做到合理化、标准化;应依据工程项目的规模、难易程度、安全、质量、工期、造价、环保以及文明施工等要求,在充分调研的基础上进行选型。工程施工对 TBM 的工期要求包括 TBM 前期准备、掘进、衬砌、拆卸转场等全过程;TBM 的前期准备工作包含招标采购、设计、制造、运输、场地、安装、调试、步进等;开挖总工期应满足预定的隧道开挖所需工期的要求;对边掘进边衬砌的 TBM,TBM 成洞的总工期应满足预定的成洞工期的要求;TBM 的拆卸、转场应满足预定的后续工期的要求。

4)后配套设备与主机配套

后配套设备与主机配套,满足生产能力与主机掘进速度相匹配,工作状态相适应,且能耗小、效率高的原则,同时应具有施工安全、结构简单、布置合理和易于维护保养的特点。进入隧道的机械,其动力宜优先选择电力机械。配套应合理，其生产能力首先应满足施工组织设计所要求的工期，能确保进度目标的实现。后配套设备的选型应满足劳动保护和环境保护等职业健康安全的要求，且满足文明施工的要求。后配套设备选型时，应满足操作者劳动强度和劳动条件的改善，应配备污染少、能耗小、效率高的施工机械，以减少作业场所环境污染，有利于环境保护。同时，施工管理者要有强烈的劳动保护和环境保护意识，应自始至终把环境保护工作列入现场管理的最重要内容，应强化环境管理，制定环境保护措施。

3. TBM 的选型步骤

TBM 选型一般按下列步骤进行：根据地质条件、施工环境、工期要求、经济性等因素确定 TBM 的类型；进行开敞式 TBM 与护盾式 TBM 之间的选择；根据隧道设计参数及地质条件进行同类 TBM 之间结构、参数的比较选型，确定主机的主要技术参数；根据生产能力与主机掘进速度相匹配原则，确定后配套设备的技术参数与功能配置。

在确定了 TBM 类型后，要针对具体工程的隧道设计参数、地质条件、隧道的掘进长度，确定主机的主要技术参数，选择对地层的适应性强、整机功能可靠、可操作性及安全性较强的主机。开敞式 TBM 还要特别重视钢拱架安装器、喷锚等辅助支护设备的选型和配套，以适应隧道地质的变化。

TBM 设备由主机和后配套设备组成，形成一条移动的隧道机械化施工作业线，主机主要实现破岩和装渣，后配套设备的技术参数、功能、形式应与主机相匹配，应以主机能力、进度为标准进行核算，为了充分发挥出 TBM 的优势，保证工程顺利完成，还要适当扩大匹配设备的能力，按满足正常施工进度和可能扩大的施工进度需要，留有适当余地。后配套系统大致分为轨行型、连续带式输送机型、无轨轮胎型三种类型，连续带式输送机型由于结构单一和运渣快捷逐渐得到推广。

TBM 主要分为开敞式、双护盾式、单护盾式三种类型，并分别适用于不同的地质。在选型时，主要应根据工程地质与水文地质条件、施工环境、工期要求、经济性等方面按表 1-1 综合分析后确定。

表 1-1　开敞式 TBM 与护盾式 TBM 对比

对比项目	开敞式 TBM	双护盾式 TBM	单护盾式 TBM
地质适应性	一般在良好地质中使用，硬岩掘进时，适应性好，软弱围岩需对地层超前加固。较适合于Ⅱ、Ⅲ级围岩为主的隧道	硬岩掘进的适应性同开敞式，软弱围岩采用单护盾模式掘进，比开敞式有更好的适应性。较适合于Ⅲ级围岩为主的隧道	隧道地质情况相对较差的条件(但开挖工作面能自稳)使用。较适合于Ⅲ、Ⅳ级围岩为主的隧道
掘进性能	在发挥掘进速度的前提下，主要适用于岩体较完整、有较好自稳性的硬岩地层(50～150 MPa)。当采取有效支护手段后，也可适用于软岩隧道，但掘进速度受到限制	在发挥掘进速度的前提下，主要适用于岩体较完整，有一定自稳性的软岩、中硬岩地层(30～90 MPa)	适用于中等长度隧道有一定自稳性的软岩(5～60 MPa)
施工速度	地质好时只需进行锚网喷，支护工作量小，速度快；地质差时需要超前加固，支护工作量大、速度慢	在地质条件良好时，通过支撑靴支撑洞壁来提供推进反力，掘进和安装管片同时进行，有较快的进度；在软弱地层，采用单护盾模式掘进，掘进和安装管片不能同时进行，施工速度受到限制	掘进与安装管片不能同时进行，施工速度受限制
安全性	设备与人员暴露在围岩下，需加强防护	处于护盾保护下，人员安全性好。在地应力较大和破碎地层时，有被卡的危险	处于护盾保护下，人员安全性好。在地应力较大和破碎地层时，有被卡的危险

续表

对比项目	开敞式TBM	双护盾式TBM	单护盾式TBM
掘进速度	受地质条件影响大	受地质条件影响比开敞式TBM小	受地质条件影响比开敞式TBM小
衬砌方式	根据情况可进行二次混凝土衬砌	采用管片衬砌	采用管片衬砌
施工地质描述	掘进过程可直接观测到洞壁岩性变化，便于地质图描绘。当地质勘查资料不详细时，选用开敞式TBM施工风险较小	不能系统地进行施工地质描述，也难以进行收敛变形量测。地质勘查资料不详细时，施工风险较大	不能系统地进行施工地质描述，也难以进行收敛变形量测。地质勘查资料不详细时，施工风险较大

1.5.2　TBM的地质适应范围

在充分发挥掘进速度的前提下，TBM适用的主要地质范围如下：

(1)开敞式TBM主要适用于岩石整体较完整～完整、有较好自稳性的硬岩地层(50～150 MPa)。当采取有效支护手段并经论证，也可适用于软岩隧道，但掘进速度应予以限制。

(2)双护盾式TBM主要适用于较完整，有一定自稳性的软岩～硬岩地层(30～90 MPa)。

(3)单护盾式TBM主要适用于有一定自稳性的软岩地层(5～60 MPa)。

以Ⅱ、Ⅲ级围岩为主的硬岩隧道较适合采用开敞式TBM施工。开敞式TBM采取有效支护手段后也可用于软岩隧道。在开敞式TBM上，可配置钢拱架安装器和喷锚等辅助设备，以适应地质的变化。开敞式TBM有顶护盾及指形护盾可以进行安全施工，如遇有局部不稳定的围岩，由TBM所附带的辅助设备通过打锚杆、加钢丝网、喷混凝土、架圈梁等方法加固，以保持洞壁稳定。当遇到局部地段软弱围岩及破碎带时，则TBM可由所附带的超前钻及灌浆设备，预先固结前方上部周边的围岩，待围岩达到自稳后，再进行掘进。采用开敞式TBM施工时，永久性的衬砌一般待全线贯通后集中进行。采用开敞式TBM施工，掘进过程可直接观测到洞壁岩性变化，便于地质图描绘。当所掌握的水文地质资料不很充分时，选用开敞式TBM，可充分发挥出它能运用新奥法理论及时进行支护的优势。此外，小直径开敞式TBM可配合钻爆法进行双线(大断面)隧道的先行掘进。

以Ⅲ级围岩为主的隧道较适合采用护盾式TBM施工。双护盾式TBM一般适应于在中～厚埋深、中～高强度、稳定性基本良好的围岩中掘进的隧道，对岩石强度变化有较好适应性。

双护盾式TBM具有两种掘进模式，既适用于软岩隧道掘进，也适用于硬岩隧道掘进，当岩石的单轴饱和抗压强度在30～90 MPa时最为理想。

在围岩稳定性较好的硬岩隧道中掘进时，撑靴紧撑洞壁为主推进油缸提供反力，使TBM向前推进，刀盘的反扭矩由两个位于支撑盾的反扭矩油缸提供，掘进与管片安装同步进行。此时TBM作业循环为：掘进与安装管片→撑靴收回换步→再支撑→再掘进与安装管片。

在软岩隧道中掘进时，洞壁岩石不能为水平支撑提供足够的支撑力，支撑系统与主推进系统不再使用，伸缩护盾处于收缩位置。刀盘掘进时的反力由盾壳与围岩的摩擦力提供，刀盘的推力由辅助推进油缸支撑在管片上提供，TBM掘进与管片安装不能同步。此时TBM作业循环为：掘进→辅助推进油缸缩回→安装管片→再掘进。

单护盾式TBM较适应于Ⅲ、Ⅳ级围岩的隧道，常用于有一定自稳性的软岩及中等长度隧道施工，在围岩级别稍差时，它可发挥出较快的掘进速度，比双护盾式TBM投资少。

习　　题

1. 什么是盾构？其工作原理是什么？
2. 什么是岩石隧道掘进机(TBM)？
3. 岩石隧道掘进机与盾构的主要区别是什么？
4. 盾构按支护地层的形式可分为哪几类？
5. 盾构按断面形状可分为哪几类？
6. 盾构按直径大小可分为哪几类？
7. 世界盾构的发展历程分为哪几个阶段？
8. 我国盾构的发展历程分为哪几个阶段？
9. TBM 主要分为哪几类？
10. 简述 TBM 施工的优点与缺点。
11. TBM 在我国的发展主要分为哪几个时期？

第2章 盾构构造原理

盾构法是建造地下隧道最先进的施工方法之一。自从1825年开始，法国人布鲁内尔在英国伦敦泰晤士河下首次使用手掘式矩形盾构开挖世界上第一条盾构法隧道以来，盾构机已经发展到以大推力、大扭矩和高智能化为特色的隧道掘进装备。盾构机作为完成盾构法施工不可缺少的设备，是一种用于隧道暗挖施工的筒状机械，由金属外壳、刀盘、出渣系统、推进系统以及导向系统等组成，可以同步完成土体开挖、土渣排运、整机推进和管片安装等作业，实现隧道一次开挖成形。

2.1 盾构的组成及工作原理

盾构是利用全断面刀盘切削土体使隧道沿设计的轮廓与轴线向前推进的大型机械设备。在盾构前端，采取压缩空气、泥浆、土压及机械等方式对开挖面予以支护，以确保开挖面的稳定；在盾构周围，利用封闭的筒状金属外壳承受来自地层的压力，并防止水土入侵；在后端，通过预制或现浇的衬砌构筑物来支撑地层，确保洞室的稳定。因此，盾构法施工隧道较其他暗挖法更为安全。现代盾构采用先进的电气、液压、传感及信息技术，实现了作业的机械化与全自动化，使得施工更加精确和快速。

动画

盾构的基本构成

2.1.1 盾构的基本构造

1. 土压平衡盾构基本构造

土压平衡（earth pressure balanced）盾构，简称EPB盾构，是通过刀盘开挖工作面的土体，并在土仓中将刀盘切削下来的渣土作为主要介质来平衡隧道开挖面地层压力，再由螺旋输送机排出渣土，从而实现开挖工作面压力稳定的平衡式盾构。土压平衡盾构是在机械式盾构的前部设置隔板，使土仓和排土用的螺旋输送机内充满切削下来的渣土，依靠推进油缸的推力给土仓内的渣土加压，使渣土土压作用于开挖面以保持其稳定。

土压平衡盾构由刀盘、盾体、刀盘驱动（主驱动单元）、人仓、推进油缸、铰接密封、管片拼装机、螺旋输送机、中心回转接头、土仓、铰接油缸、盾尾密封、管片输送装置、皮带输送机、螺旋输送机闸门及后配套系统等组成，如图2-1所示。

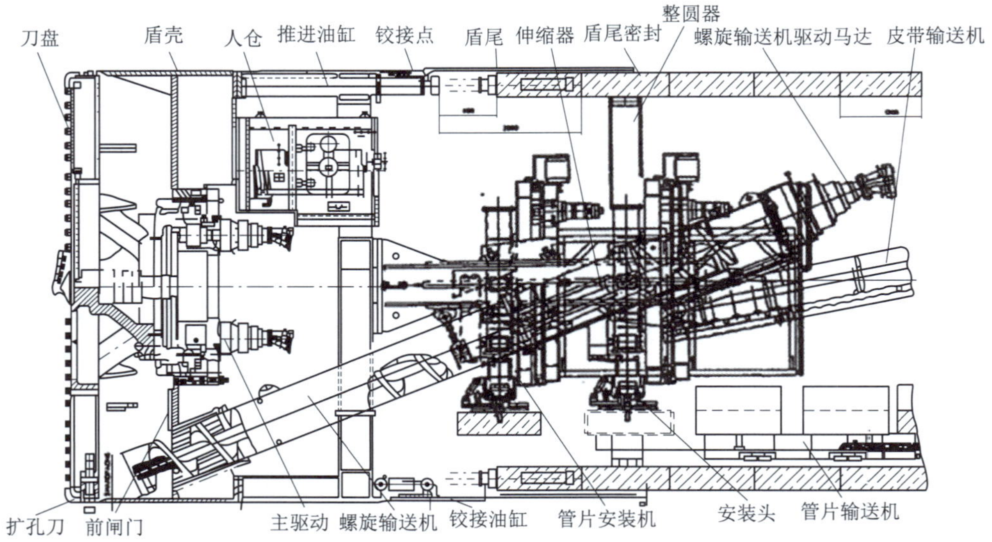

图 2-1　土压平衡盾构系统构成

2. 泥水盾构基本构造

泥水平衡盾构(Slurry Pressure Balance Shield),简称SPB盾构,中文简称泥水盾构,是以泥浆为主要介质平衡隧道开挖面地层压力、通过泥浆输送系统出渣的压力平衡式盾构。泥水盾构是一种通过控制泥水仓压力来平衡掌子面水土压力的盾构机。泥水盾构在机械式盾构的前部设置隔板,装备刀盘及输送泥浆的送排泥管和推进油缸,在地面上还需配备有泥水处理设备。

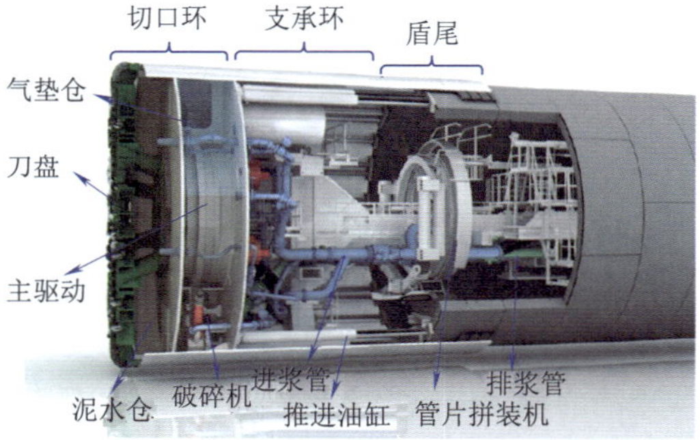

图 2-2　泥水盾构系统构成

泥水盾构由盾壳、刀盘、刀盘驱动、气垫仓、进浆管、排浆管、破碎机、管片安装机、人仓、推进系统、泥水仓、管片输送装置、铰接密封、铰接油缸、盾尾密封、后配套系统等组成,如图 2-2 所示。

2.1.2　盾构的工作原理与平衡原理

1. 工作原理

1)土压平衡盾构工作原理

土压平衡盾构的工作原理:刀盘旋转切削开挖面,破碎的泥土通过刀盘开口进入土仓,待泥土落到土仓底部后,被螺旋输送机运到皮带输送机上,然后输送到停在轨道上的渣车上(或直接通过连续皮带输送机输送到洞外);土仓和螺旋输送机内充满了切削下来的泥土,依靠推进油缸的推力给土仓内的开挖土渣加压,使土仓内的渣土产生土压并作用于开挖面以使其保持稳定;此外,盾壳对挖掘出的还未衬砌的隧道起着临时支护作用,承受周围土层和地下水的水土压力,还需要把地下水和土层挡在盾壳外面;管片拼装机在盾尾安装管片作为隧道的衬砌结构,拼装好的管片为盾构向前推进提供反作用力。掘进、排渣、衬砌、注浆等作业均在盾壳的保护下进行。

2)泥水盾构工作原理

泥水盾构工作原理为:通过进浆管将泥浆送入泥水仓,在开挖面上形成不透水的泥膜,通过该泥膜作用,平衡开挖面的水土压力;开挖的渣土在泥水仓内与膨润土混合后被排泥泵以泥浆形式从排浆管排出,并输送到地面,然后通过泥浆处理设备进行分离;分离后的泥水进行重新调浆,再通过送泥泵输送到开挖面。泥水盾构适用的地质范围较大,从软弱砂质土层到砂砾层都可以使用。

2. 平衡原理

1)土压平衡盾构平衡原理

开挖面的土体被旋转的刀盘上的刀具切削下来,然后通过刀盘开口进入土仓,与土仓内已有的渣土搅拌混合。推进油缸在管片的反作用下推动盾体和刀盘向开挖面的土壤挤压,随着土仓内渣土的积累,土仓内压力逐渐上升,如图 2-3 所示。

动　画

土压平衡原理

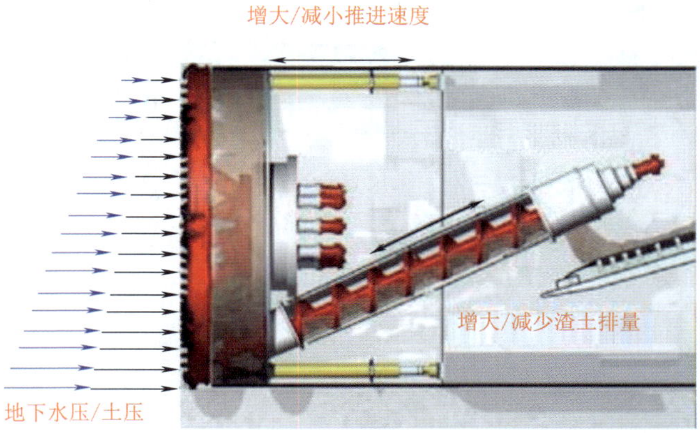

图 2-3　土压平衡盾构平衡原理

开挖面的水土压力是由土壤中水的高度产生的水压和不能自稳的土壤产生的土压叠加面成的。如果土仓中渣土的压力正好与开挖面的水土压力相同,开挖面就会保持稳定,直到被刀盘上的刀具开挖进入土仓。如果开挖面的压力大于土仓的压力,开挖面就可能坍塌导致地面下沉;如果开挖面的压力小于土仓的压力,开挖面原来的结构就会在压力下被破坏而向掘进方向挤压,从而造成地表隆起。

无论是地面下沉还是隆起都是应当避免的,其中的关键就是在掘进的过程中始终保持开挖面的水土压力与土仓内的渣土压力的动态平衡。那么,如何才能保持这个动态平衡呢?

由于土仓的压力是由渣土的堆积形成的,所以可以通过控制土仓中渣土的堆积来控制用来平衡水土压力的土仓压力;而渣土的堆积与掘进速度和螺旋输送机出渣的速度相关,调节推进油缸的推进速度和螺旋输送机出渣速度就可以控制土仓的压力。如果保持推进油缸的推进速度不变,提高螺旋输送机出渣的速度就会使土仓内的渣土逐渐减少,土仓内的压力也会相应减少;如果降低螺旋输送机出渣的速度就会使土仓内的渣土逐渐增多,从而土仓内的压力也会相应提高。

另外,如果保持螺旋输送机的出渣速度不变,提高推进油缸的推进速度就会使土仓内的渣土逐渐增加,土仓内的压力也会相应提高;如果降低推进油缸的推进速度就会使土仓内的渣土逐渐减少,土仓内的压力也会相应降低。

一般情况下,盾构操作人员会保持掘进速度不变,通过改变螺旋输送机的出渣速度来控制土仓内渣土的堆积,以达到保持土仓压力与开挖面水土压力动态平衡的目的。

2)泥水平衡盾构平衡原理

根据压力平衡控制方式的不同,泥水盾构可分为直接控制型泥水盾构(日系)和间接控型泥水盾构(德系)。

(1)直接控制型泥水盾构(日系)。直接控制型泥水盾构的前部设置压力隔板,隔板与开挖面之间形成泥水仓,内部充满泥浆,排泥口和进泥口均设置在隔板上,如图 2-4 所示。与土压平衡盾构的平衡原理类似,泥水仓中的压力是由盾构的推进速度、进泥的速度和排泥的速度决定的。一般情况下,盾构司机会保持推进速度和进泥速度不变,只是改变排泥的速度来控制泥水仓的压力就可以达到动态平衡。排泥速度增加,水仓的压力就降低,反之,排泥速度减小,泥水仓的压力就会升高。

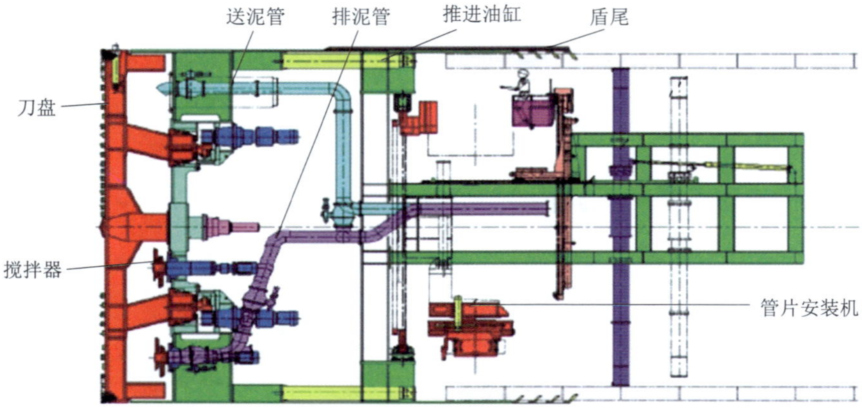

图 2-4　直接控制型泥水盾构(日系)

(2)间接控制型泥水盾构(德系)。间接控制型泥水盾构的泥水压力控制系统由泥浆和空气双重回路组成,因此又称 D 模式或气压复合模式,如图 2-5 所示。间接控制型泥水盾构在泥水仓内插装一道半隔板。在半隔板前充以压力泥浆,在半隔板后盾构轴心线以上部分充以压缩空气,以形成空气缓冲层。气压作用在半隔板后面与泥浆的接触面上。由于接触面上气、液具有相同压力,因此只要调节空气压力,就可以确定和保持在开挖面上相应的泥浆支护压力。

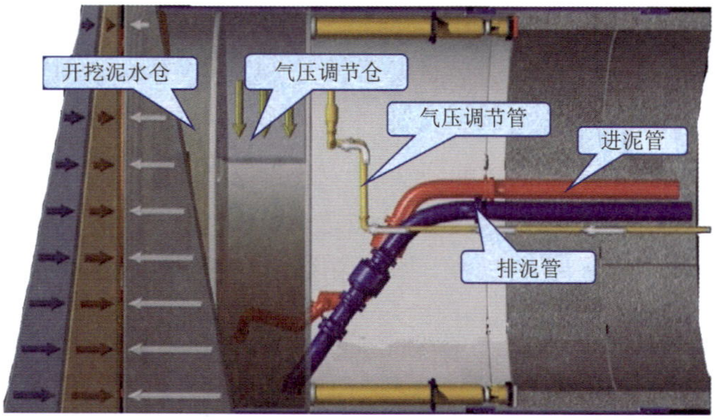

图 2-5　间接控制型泥水盾构(德系)

当盾构掘进时,有时由于泥浆流失,或推进速度变化,送、排泥浆量将会失去平衡,气液接触面就会出现上下波动现象。这时通过液位传感器,根据液位高低变化来操纵送泥泵转速使液位恢复到设定位置,以保持开挖面支护压力稳定。送泥泵输出量随液位下降而增加，随液位上升而减小。在液位最高和最低处设有限位器，当液位达到最高位时，停止送泥，当液位降低到最低位时，则启动送泥；正是由于空气缓冲层的弹性作用，当液位波动时、对支护泥浆压力变化无明显影响。

此外，压缩空气具有反应速度快、填充速度快、容易实现远程精确自动控制的特点，间接控制性泥水盾构可以更快速、更准确地平衡压力，更有利于控制地表沉降。

2.1.3　盾构开挖面稳定机理

1.土压平衡盾构开挖面稳定机理

土压平衡盾构就是将刀盘开挖下来的土渣填满土仓，借助盾构推进油缸的推力通过隔板进行加压，产生泥土压力，这一压力作用于整个开挖面使其保持稳定，刀盘切削下来的渣土量与螺旋输送机向外输送量相平衡，维持土仓内压力稳定在预定范围内。土仓内的土压力通过土压传感器进行测量，并通过调整推进力、推进速度、螺旋输送机转速来控制。

土压盾构在粉质黏土、粉质砂土和砂质粉土等黏性土层中掘进时，由刀盘切削下来的土体进入密封土仓后，可对开挖面地层形成被动土压力，与开挖面上的主动土压力相抗衡。在密封土仓和螺旋输送机内有足够多的切削土体时，产生的被动土压力即可与开挖面上的主动土压力大致相等，使开挖面的土层处于稳定。在密封土仓的土压与开挖面的土压保持平衡的状态下，盾构向前推进的同时，启动螺旋输送机排土，使排土量等于开挖量，即可使开挖面的地层始终保持稳定。排土量一般通过调节螺旋输送机的转速和出土闸门的开度予以控制。

在黏性土层推进时，如果含砂量超过某一限度，泥土的塑流性将明显变差，土仓内的土体因固结作用而被压密，导致渣土难以排送，此时就需要向土仓内注水或泡沫、泥浆、聚合物等，以改善土体的塑流性。

在砂性土层施工时，由于受砂性土流动性差，砂土的摩擦力大、渗透系数高，地下水丰富等因素的影响，土仓室内压力不易稳定，所以需进行渣土改良。向开挖的土仓里注入膨润土或泡沫剂，然后进行强制搅拌，使砂质土泥土化，具有塑性和不透水性，使土仓内的压力容易稳定。

土压平衡盾构开挖面的稳定由以下各因素的综合作用而维持：

- 土仓内的土压力平衡地层压力和水压力。
- 螺旋输送机调节排土量。
- 适当保持泥土的流动性，根据需要调节添加剂的注入量。

开挖面稳定系统必须保持填充在土仓内的泥土压力，调节排土量，以便能平衡开挖面的地层土压力和水压力。

土仓内的土压力与开挖面的土压力和水压力之间存在着以下三种平衡情况：

(1)当土仓内的土压力大于开挖面土压力和水压力之和时，地表将隆起，如图 2-6 所示。

(2)当土仓内的土压力小于开挖面土压力和水压力之和时，地表将下沉，如图 2-7 所示。

(3)当土仓内的土压力等于开挖面土压力和水压力之和时，地表稳定，如图 2-8 所示。

土压平衡盾构开挖面稳定机理具有以下特征：使刀具切下的渣土呈塑性流动，充满于土仓内以控制开挖面；用螺旋输送机和排土调整装置来调整排土，使之与切削土量保持平衡，并使土仓内的渣土有一定压力，以抵抗开挖面的土压力、水压力；用土仓内和螺旋输送机内的渣土获得止水效果。

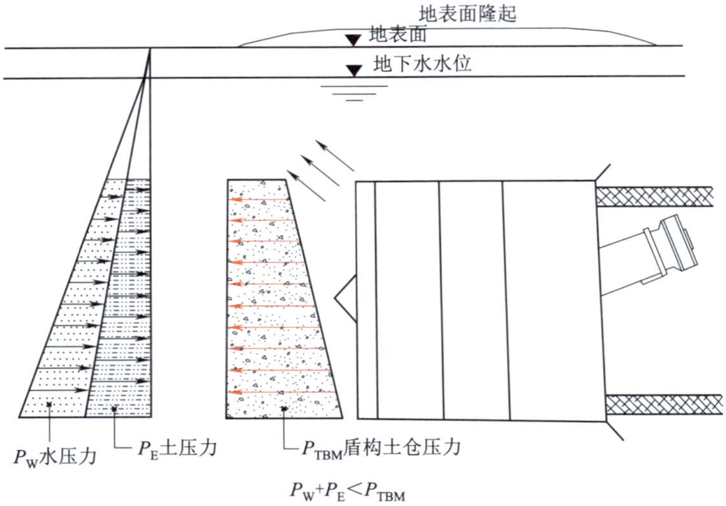

图 2-6　土仓压力大于开挖面水土压力之和时地面隆起

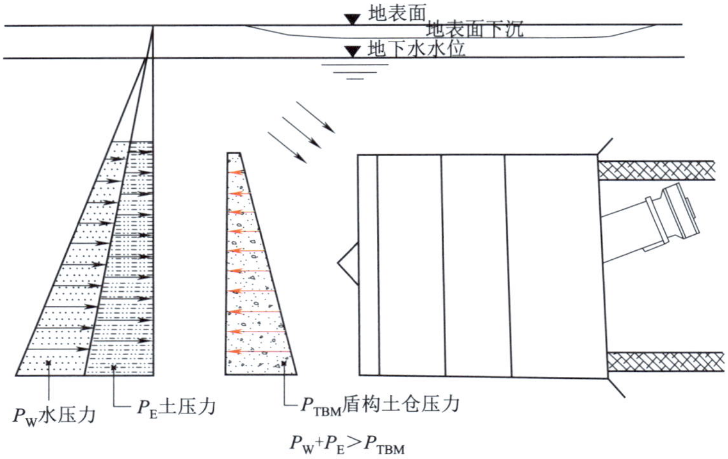

图 2-7　土仓压力小于开挖面水土压力之和时地面下沉

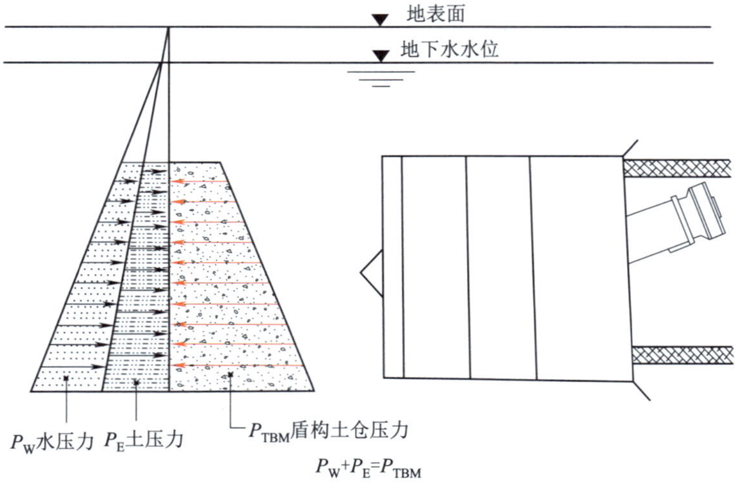

图 2-8　土仓压力等于开挖面水土压力之和时地面稳定

2.泥水盾构开挖面稳定机理

泥水盾构稳定开挖面的机理是:以泥水压力来抵抗开挖面的土压力和水压力以保持开挖面的稳定,同时控制开挖面变形和地基沉降;在开挖面形成弱透水性泥膜,保持泥水压力有效作用于开挖面。

在泥水盾构开挖面稳定机理中,泥膜形成是至关重要的。当泥水压力大于地下水压力时,按达西定律渗入土壤,形成与土壤间隙呈一定比例的悬浮颗粒,并被捕获积聚于土壤与泥水的接触表面,泥膜就此形成。随着时间的推移,泥膜的厚度不断增加,渗透抵抗力逐渐增强。当泥膜抵抗力远大于正面土压时,产生泥水平衡的效果。

因此,在泥水盾构施工中,开挖面尽快形成弱透水的泥膜是一个相当关键的环节。而且由于泥膜形成后减小了开挖面的压力损失,泥水压力可有效作用于开挖面,从而可防止开挖面的变形和崩塌,确保开挖面的稳定。所以,为了保持开挖面稳定,必须可靠而迅速地形成泥膜,以使压力有效作用于开挖面,利用泥水压力来抵抗开挖面土压力和水压力。

泥膜形成的基本要素主要有:

1)泥水密度

为保持开挖面稳定,即把开挖面的变形控制到最小限度,泥水密度应比较高。从理论上讲,泥水密度的提高能使泥水屈服值升高,同时能使泥膜的稳定性增强。实验证明,高密度沉水可以产生高质量的泥膜,泥水密度最好能达到开挖土体的密度。但是,高密度的泥水会引起泥浆泵超负荷运转以及泥水处理困难;而低密度的泥水虽可减轻泥浆泵的负荷,但因泥水渗走量增加,泥膜形成慢,对开挖面稳定不利。因此,在选定泥水密度时,必须充分考虑土体的地层结构,在保证开挖面的稳定的同时也要考虑设备能力。一般情况,泥水相对密度为 1.05～1.30。

2)含砂量及渗透系数

根据开挖面地层含沙量和渗透系数的不同,可以把开挖面泥膜形态分为三种类型,如图 2-9 所示。

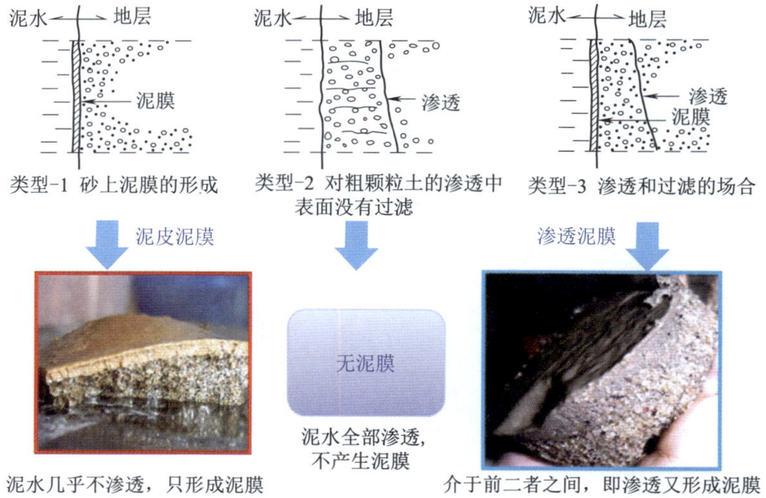

图 2-9　开挖面泥膜形态的三种类型

类型 1:泥水几乎不产生渗透,只形成泥膜。

类型 2:土体孔隙大,泥水全部渗走不产生泥膜。

类型 3：介于类型 1 和类型 2 之间，即泥水渗走的同时也形成泥膜。

其中：类型 1 的过滤形态多发生在渗透系数小的黏性土层；类型 2 则多出现在渗透系数大的砂砾层中；类型 3 多在砂质土层中发生。

3)泥水黏性

为了达到良好的泥膜效果，泥水必须具有适当的黏性。具有适当黏性的泥水，具有三方面作用：①防止泥水中的黏土、砂粒在泥水仓底部沉积，保持开挖面稳定；②提高黏性，增大阻力，防止逸泥；③使开挖下来的弃土以流体输送，经泥水处理设备将泥水分离。

4)泥水压力

土体一经盾构开挖，其原有的应力即被释放，并将产生向应力释放面的变形。虽然渗透体积随泥水压力上升而上升，但它的增加量远小于压力的增加量，此时，为控制地基沉降，保持开挖面稳定，必须向开挖面施加一个相当于释放应力大小的力，即泥水盾构通过增加泥水压力来提高作用于开挖面的有效支承压力。实践证明，特别是在高质量泥水条件下，增加泥水压力会显著提高开挖面的稳定性。但是，为了通过泥水压力来抵消开挖面的释放应力，决定泥水压力时，必须考虑开挖面的水压力、土压力和预留压力。

①水压力。水压力是指开挖面的孔隙水压力，根据事前的地质勘探，可准确得到。但有些地区的地下水水位随季节变幅较大，因此，在研究泥水压力时，必须考虑施工季节这一因素。

②土压力。在考虑泥水压力时如何考虑土压力目前尚无固定方法，主要靠现场技术人员的判断。

5)掘进速度

泥水盾构处于正常掘进状态时，刀具并不直接切削土体，而是对刀盘正面已形成的泥膜进行切削。在切削后的一瞬间，又形成了下一层泥膜。由于盾构刀盘转速是一定值，而且盾构推进速度最大能力又受到一定限制，因此掘进速度只与切入土体的深度有关，而与泥膜无关。但是当泥水盾构处于不正常掘进状态时，特别当泥水质量和泥水压力达不到设计要求时，泥膜需经过较长时间才能形成，这样就约束了掘进速度。高质量泥水形成泥膜的时间为 1～2 s。理想的泥膜是既可以快速填充土壤中的缝隙，达到防止地下水流失的目的，又要成膜速度快，在刀盘切削的同时在土壤里形成的泥膜有足够的厚度。

6)其他要素

泥膜的形成还受到其他多种因素影响，如泥水具有抑制土体塌方和泥水劣化的机能、具有一定的温度和压力稳定性、不易受盐分和水等电解质影响、对细菌和有机物具有免疫及不变化等性质。

2.2 刀盘刀具系统

2.2.1 刀盘的构造与功能

刀盘系统包括了刀具(如滚刀、切刀、弧形刮刀、仿形刀等)和刀盘主体结构。其中，刀盘主体又配置有泡沫口、开口槽、周边开口、耐磨条和搅拌棒等结构，如图 2-10 所示。

刀盘装置在盾构的最前方，是最先接触开挖土体的装置，其结构形式和整体强度都直接影响着施工进度，是盾构的核心组件。并且在施工过程中，一旦出现故障，维修和更换都比较困难。

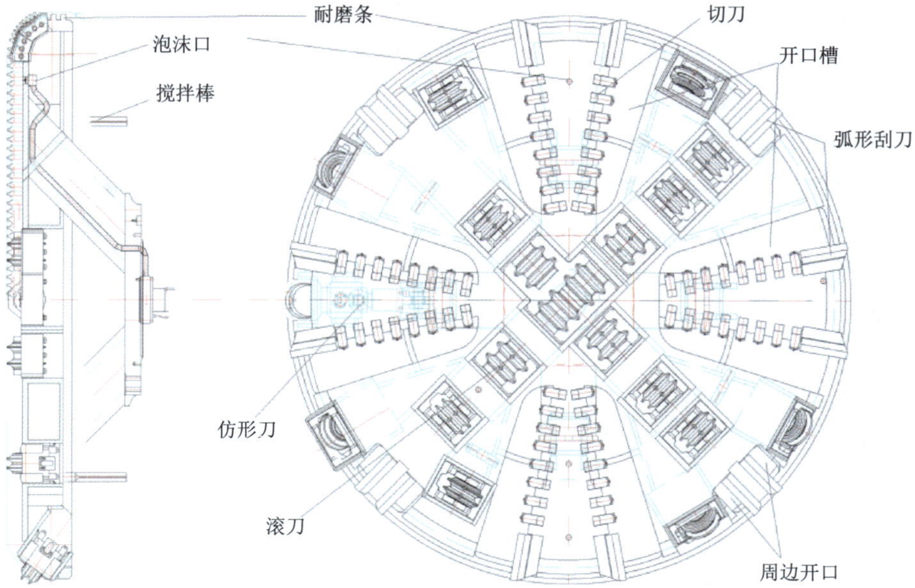

图 2-10　盾构刀盘构造

动画

盾构刀盘的构造

刀盘系统具有以下三大主要功能：

1)开挖功能

刀盘旋转时，刀具切削隧道掌子面土体，使开挖后渣土通过刀盘开口进入土仓。

2)稳定功能

支撑和稳定掌子面。

3)搅拌功能

①对于土压平衡盾构而言，刀盘对土仓内渣土进行搅拌，使之具有一定塑性，然后通过螺旋输送机将其排出。

②对于泥水盾构而言，利用刀盘旋转搅拌作用，将切削下来的渣土与膨润土泥浆充分混合，优化泥水压力控制和改善泥浆均匀性，并通过排泥管道将开挖渣土以流体形式泵送到设在地面上的泥水分离站。

同时，刀盘作为盾构的核心组件，应满足以下要求：

①具备足够的强度和刚度。

②能够实现合理的贯入度。

③具备最优刀盘开口率。

④实现 2 个旋转方向(左/右)。

⑤具备合理的渣土改良通道。

⑥配置足够的渣土搅拌装置。

⑦具备足够的耐磨强度。

⑧可实现刀具更换。

另外，刀盘上开口的大小通常用开口率来表示，刀盘开口率是指刀盘面板开口部分面积与刀盘面积的比值。由于刀盘开口是渣土从刀盘向土仓流动的唯一途径，因此其开口位置、形状尺寸、配置等参数必须根据地质条件、开挖面稳定性和挖掘效率等因素来综合决定，并最终形成了满足一定要求的刀盘开口率。刀盘开口率标准如下：

①对于泥水盾构而言，刀盘的开口率一般取10%～30%。而土压平衡盾构的开口率范围较宽。

②对于胶结黏性土之类的高黏附性土质而言，宜加大开口率。

③对于易坍塌性围岩，开口率需慎重选择。

④刀盘开口位置应尽量靠近刀盘中心，以防止渣土在刀盘中心部位流动不畅形成泥饼。

⑤由于刀盘中心部位的线速度较低，黏土、粉土、膨润土等黏稠土体在中心部位的流动性较差，黏性土容易在中心部位沉积，因此应适当加大中心部位开口率。

⑥刀盘开口槽一般设计成楔形结构，使开口逐渐变大，以利于渣土向土仓内流动。

2.2.2 刀盘的类型

1.按结构形式划分

1)面板式刀盘

面板式刀盘由面板、辐条、刀具、沟槽等组成，如图2-11所示。因安装滚刀比较方便，适用于开挖包含岩石地层的隧道。刀盘支承将土仓分隔成两个区域。其优缺点为：

(1)盾构掘进时，土仓内土压力与开挖面土压力之间产生压力降，且压力降大小受面板开口影响不易确定，从而使得开挖面土压力不易控制。

(2)由于受面板开口率影响，渣土进入土仓不顺畅、易黏结和易堵塞，且刀具负荷大，使用寿命短，特别是在黏土层施工时虽然刀盘中心区域以外部分的土体流动顺畅，但中心区域内的土体流动较差，易长期积聚形成泥饼。

(3)可通过设置刀盘开口大小限制进入土仓的卵石粒径。

2)辐条式刀盘

辐条式刀盘由辐条、刀具等组成，如图2-12所示。因开口率较大，有利于渣土快速进入土仓，但一般不利于对大粒径岩石的破碎，所以适用于砂层、砂砾层、小粒径砂卵石地层。其优缺点为：

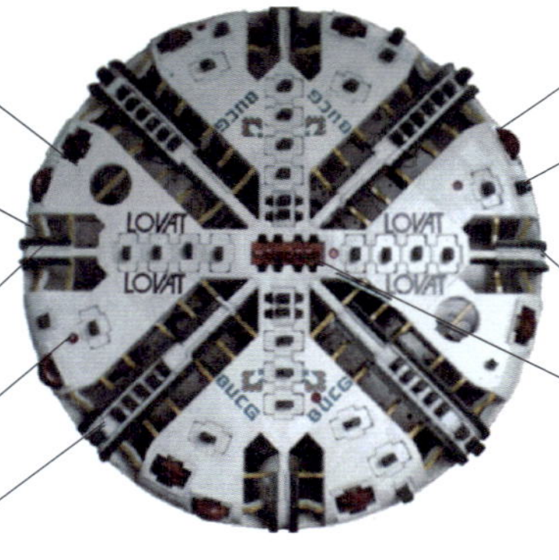

图2-11　面板式刀盘

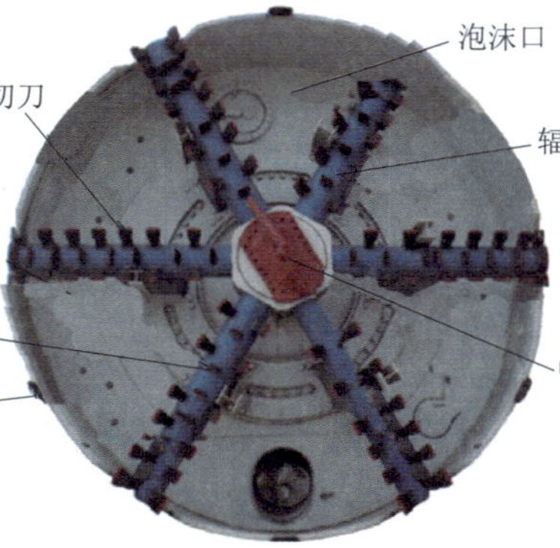

图2-12　辐条式刀盘

(1)仅有几根辐条，具有50%～75%的大开口率，且在辐条后设有搅拌叶片，使得土、砂进出流动顺畅，有利于防止黏土附着，不易黏结和堵塞。

(2)由于没有面板阻挡，渣土从开挖面直接进入土仓，不存在土压力衰减，即开挖面土压等于测量土压，故能对土压进行有效管理，可有效控制地面沉降。

(3)刀具负荷小，寿命长。

(4)能在辐条上安装滚刀，可变为复合刀盘在软硬不均的地层掘进。

(5)在辐条之间安装可拆卸小面板，可变为面板式刀盘。

(6)切削刀分层布置，可加大切刀的合金尺寸以加强其耐磨和耐冲击性能。

(7)刀盘刀具磨损较大，渣土改良较困难。

对比来看，辐条式刀盘对砂、土等单一软土地层的适应性比面板式刀盘较强。因此泥水盾构一般都采用面板式刀盘，而土压平衡盾构则根据土质条件不同可采用面板式或辐条式刀盘。

3)复合式刀盘

复合式刀盘主要有辐条式复合刀盘、面板式复合刀盘等类型。其优缺点为：

(1)软土地层施工时易形成泥饼而堵仓，故宜采用小面板幅条式刀盘(见图 2-13)和中心管柱支撑结构，以减少中心泥饼的产生。

(2)卵石地层施工时易磨损刀盘，特别是存在大直径卵石不易破碎，故宜采用以辐条式为主的复合刀盘结构，如图 2-14 所示。并采用“排破结合”的方式利用滚刀破碎大卵石。

图 2-13　小面板辐条式刀盘

(3)在岩石地层施工时，刀盘需具有较强破岩能力，宜采用面板式复合刀盘，如图 2-15 所示。

图 2-14　辐条式复合刀盘

图 2-15　面板式复合刀盘

2. 按刀盘支承方式划分

按照刀盘的支承方式进行划分，可以将刀盘分为中心支承方式刀盘、中间支承方式刀盘、周边支承方式刀盘，如图 2-16 所示。

1)中心支承方式

中心支承方式刀盘一般用于中小型直径盾构。该型刀盘旋转切削土体时，土仓内土体的流动空间和被直接搅拌的范围大，土体流动顺畅，土体搅拌混合效果良好，黏土附着的可能性小，不易引起堵塞，开挖面压力较稳定，因而盾构掘进效果较好，改善了盾构控制地面沉降的性能。但由于机内空间狭小，处理大石块、卵石比较困难。

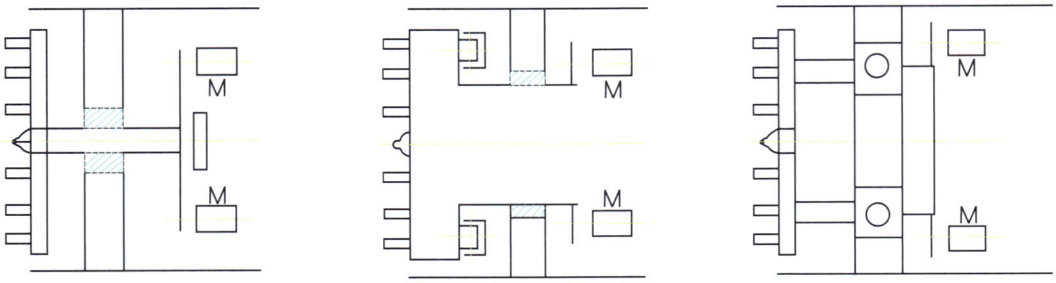

(a) 中心支承方式　　(b) 中间支承方式　　(c) 周边支承方式

图 2-16　刀盘的支承方式

2)中间支承方式

中间支承方式刀盘结构上较为平衡，主要用于中大型直径盾构。当用于小直径盾构时，应认真考虑防止中心部位黏结泥饼等问题。由于中间支承的存在，将盾构土仓分隔成两个区域，中心区域占土仓内相当大的空间，当刀盘旋转切削土体时，中心区域以外部分的土体流动顺畅，易于搅拌。中心区域内的土体流动较差，当切削土体黏性较大并长期积聚于中心区域时，中心区域土体逐渐增多并最终形成泥饼，会完全丧失流动性，内外两个区域的土体流动性差异较大，土体搅拌混合的效果难以确保。刀盘采用中间支承方式的盾构在黏性土(包括粉细砂)中施工时，若处理不好，土仓内切削土体搅拌效果不易满足要求，并可能会因黏附堵塞形成泥饼，造成出土不畅、阻力增大、开挖面压力控制不稳定。因而，盾构掘进效果受到影响，且对控制地面沉降不利。

3)周边支承方式

周边支承方式刀盘一般用于小直径盾构。机内空间较大，砾石处理较为容易，该方式易在刀盘的外周部分黏结泥土，因此在黏性土中使用时，应充分研究如何防止黏附的问题。

2.2.3　刀具的种类与构造

盾构刀具种类可大致分为破岩土刀具与辅助刀具，破岩土刀具主要根据其对岩土的力学作用形式进行命名，可分为滚压破岩刀具(简称滚刀)、剪切破岩土刀具(简称切刀)和冲剪破岩刀具(简称撕裂刀)三类。辅助刀具主要根据其功能作用进行命名，也可分清渣刀具(简称刮刀)与局部扩展刀具(简称仿形刀)，如图 2-17 所示。

在这里要特别说明一下，目前在盾构行业中对刀具的称谓比较混乱，有时将切刀与刮刀混淆。切刀是一种主要的破岩土刀具，而刮刀主要用于清理底部周边的渣土，其作用不是用于破岩土。同样，对于撕裂刀的称谓也很多，一般根据其形状又可成为:贝壳撕裂刀、方形撕裂刀。撕裂刀的主要作用是将岩土体切割分成块，为切刀创造更加优越的剪切条件，其原理是利用刀具随刀盘旋转产生的侧向冲撞，对岩土体进行切割或撞击破碎。针对教学和应用中容易混淆的称谓，在本书中一并更正。

1.滚刀

滚压破岩刀具称为滚刀，是通过盾构推进的挤压力和刀具滚动来破碎岩石的。在刀盘掘进转动中，滚刀在刀盘的带动下发生公转，同时由于和岩石的摩擦力使滚刀围绕自身刀轴发生自转，通过不断连续的挤压岩石，完成对岩石的破碎作用。

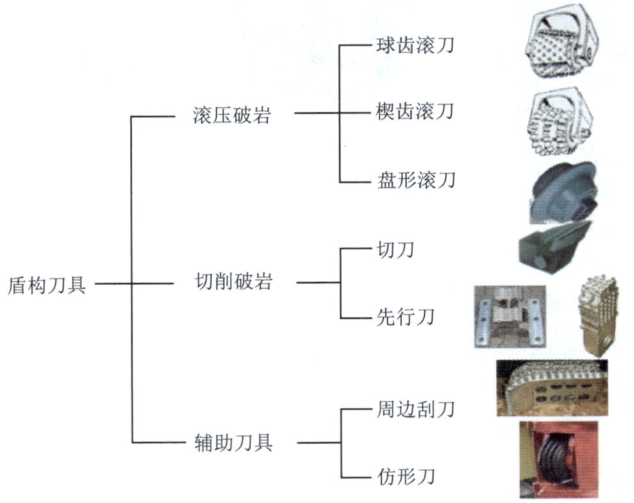

图2-17　盾构刀具分类

1)滚刀分类

按切削刃形状划分，滚刀分为齿形滚刀和盘形滚刀，如图2-18所示。

图2-18　齿形滚刀和盘形滚刀

其中，齿形滚刀主要有球齿滚刀和楔齿滚刀两种。盘形滚刀按刀圈材质主要分为耐磨层表面刀圈滚刀、标准钢刀圈滚刀、重型钢刀圈滚刀、镶齿硬质合金刀圈滚刀等。并分别适应于如下不同地层：

(1)耐磨层表面刀圈：适用于掘进硬度40 MPa的紧密地层，硬度80～100 MPa的断裂砾岩、砂岩、砂黏土等地层。

(2)标准钢刀圈：适用于掘进硬度50～150 MPa的砾岩、大理石、砂岩、灰岩地层。

(3)重型钢刀圈：适用于掘进硬度120～250 MPa的硬岩，硬度80～150 MPa的高磨损岩层，如花岗岩、闪长岩、斑岩、蛇纹石及玄武岩等地层。

(4)镶齿硬质合金刀圈：适用于掘进硬度高达150～250 MPa的花岗岩、玄武岩、斑岩及石英岩等地层。

另外，按同一个刀毂上配置刀圈数量划分，滚刀又分为单刃滚刀、双刃滚刀、多刃滚刀等三种形式，如图2-19所示。其中，在风化砂岩及泥岩等较软岩地层时，一般采用双刃滚刀。较硬岩层采用单刃滚刀。

（a）单刃滚刀　　（b）双刃滚刀　　（c）三刃滚刀

图 2-19　刃数不同的滚刀

2)刀圈截面形状

盘形滚刀刀圈截面形状从最初的尖楔形(刀刃角为 60°、75°、90°和 120°)和钝楔形(刀刃角同上),再至近似常截面刀圈(刀刃角 θ_0<20°,包括窄形平刃、窄形弧刃和宽形弧刃等)、镶齿刀圈和敷焊刀圈等多种形式,如图 2-20 所示。

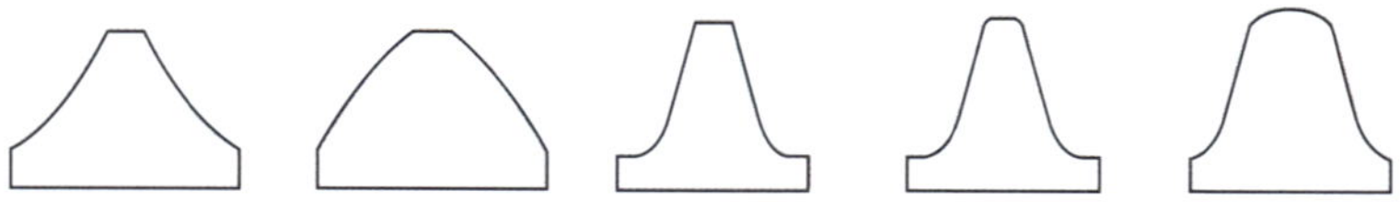

（a）尖楔形　　（b）钝楔形　　（c）窄形平刃　　（d）窄形弧刃　　（e）宽形弧刃

图 2-20　刀圈刃形示意图

2.切刀

1)切刀功能

切刀是利用剪切作用进行切削岩土的,它与刮刀的作用完全不同,主要用于切削未固结土壤和软岩地层,并将切削渣土刮入土仓中。既可用于软土盾构刀盘,如面板式刀盘和辐条式刀盘。也可用于卵砾石地层及风化岩地层盾构刀盘。

2)切刀结构形式

切刀主要由矿山用硬质合金刀刃和刀体组成。其中,刀刃焊接在刀体上。根据刀刃焊接方式不同可分为附着式和嵌入式。

附着式(又称板式)切刀的刀刃平焊于刀体上,如图 2-21(a)所示。切削时刀刃的切削面全部暴露在土砂中,多适用于黏土、粉土、粉砂等地层。采用特殊形状刀刃制造的强化型板式切刀,其耐冲击性能显著提高,越来越多地应用于砂卵石地层。

嵌入式切刀是在刀体上开槽,刀刃嵌入槽内并与刀体焊接,只有参与切削的一部分刀刃暴露在槽外,如图 2-21(b)所示。嵌入式切刀的刀刃不易脱落,具有较强的耐冲击能力,适用于砂卵石地层。

根据切刀与刀盘安装连接形式不同又可分为栓接式、销接式和焊接式,如图 2-22 所示。

(1)栓接式。即用螺栓将切刀安装在刀盘上,其特点是容易更换,但必须采取措施防止螺栓松动和磨损,适用于掘进中途需要更换切刀的场合。

(2)销接式。即用圆柱销将切刀安装在刀盘上,其特点是切刀能围绕圆柱销适当转动,当刀盘回转切削时,用于相反方向回转切削的切刀脱离开挖面,以避免磨损。且便于更换,但必须采取措施防止紧固圆柱销的螺钉松动和磨损,适用于掘进中途需要更换切刀的场合。

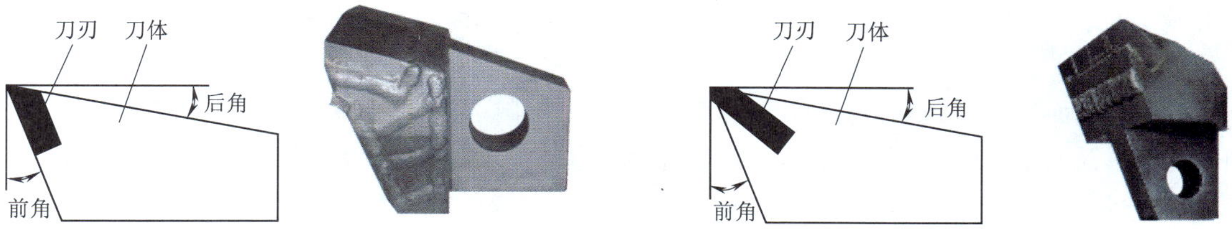

（a）附着式切刀　　（b）嵌入式切刀

图 2-21　附着式和嵌入式切刀

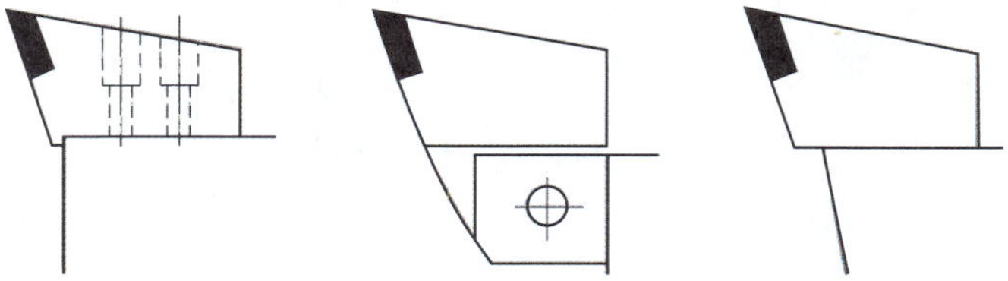

（a）栓接式　　（b）销接式　　（c）焊接式

图 2-22　切刀与刀盘的连接形式

(3)焊接式。即切刀直接焊接在刀盘上,其特点是安装牢固,不易脱落。但不方便更换切刀,适用于在黏土、粉土、粉砂等地层掘进且不需要中途更换切刀的地层工况。

3. 撕裂刀

1)撕裂刀功能

在砂卵石等松散地层下掘进时,由于地层对卵石缺少约束力,不能为滚刀提供足够的转动力矩和滚刀破岩支撑力,故导致滚刀无法破岩,此时宜采用撕裂刀配合切刀开挖地层。撕裂刀一般采用背装式,安装于辐条中间的刀箱中,且超前于切刀布置,由于撕裂刀切削宽度较窄,故用于在切刀接触地层(特别是较硬地层)之前松动致密地层,从而使切刀在砾石地层等较硬的地层中有更高的切削效率。此外,利用撕裂刀随刀盘高速旋转产生的冲击惯性能量对卵石、砾石和漂石等进行“锤击”破碎,以延长切刀寿命。

2)结构形式

撕裂刀主要有两种形式:贝壳形撕裂刀(见图 2-23)和方形撕裂刀(见图 2-24)。

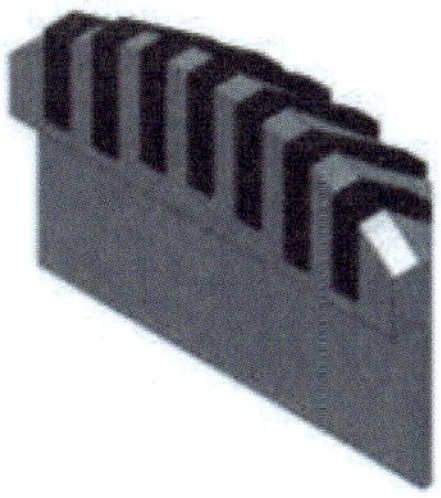

图 2-23　贝壳形撕裂刀

图 2-24　方形撕裂刀

考虑到盾构掘进期间,刀盘驱动所需扭矩应大于克服刀盘旋转摩擦力所需扭矩、克服刀盘切削力所需扭矩和克服旋转部件惯力所需扭矩之和,因此在砂卵石地层掘进时,若刀盘转速偏低或扭矩不足,撕裂刀只能起到松土器的作用,还不能有效击碎卵石。

4. 刮刀

1)刮刀功能

刮刀主要用于清除边缘部分开挖渣土,防止渣土沉积,确保刀盘开挖直径以及防止刀盘外缘间接磨损。刮刀一般采用背装式设计，安装于刀盘外圈，可在土仓内进行更换。

2)结构形式

刮刀的切削面上设有一排连续的碳钨合金齿和一个双排碳钨合金柱齿，用于增强刀具耐磨性，以确保即使在掘进几千米之后刀盘仍然有一个正确的开挖直径。对刮刀而言，单排连续碳钨合金刀齿是足够的，因为刮刀仅其端部切削地层，而切刀在整个宽度范围切削地层。不同类型的刮刀如图 2-25 所示。

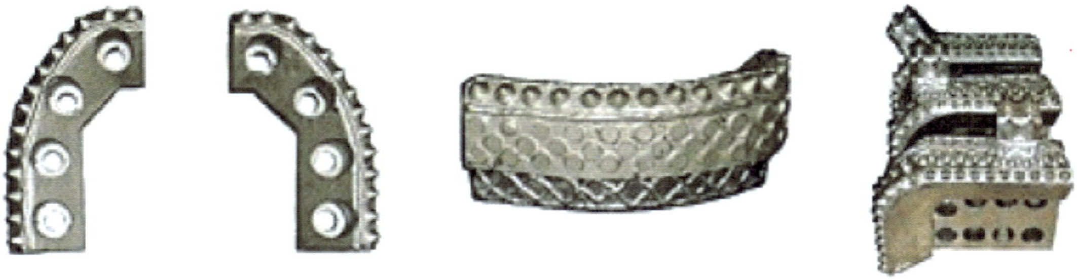

图 2-25　不同类形的刮刀

5. 仿形刀

仿形刀安装在刀盘外缘上，如图 2-26 所示。盾构司机可借助刀盘回转传感器，利用可编程控制器控制液压缸动作，以控制仿形刀开挖的深度(即超挖的深度)以及超挖的位置。

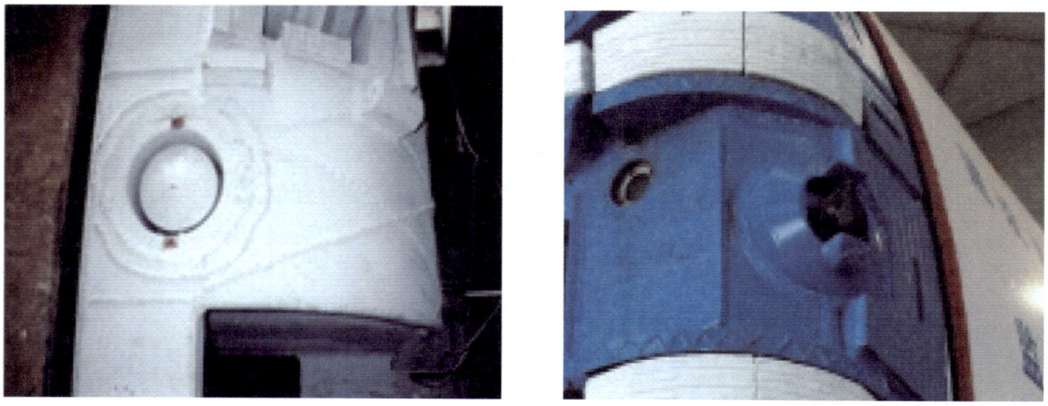

图 2-26　仿形刀实物图

6. 鱼尾刀

安装在盾构刀盘中心。通常用于砂卵石地层或强度较高的黏土地层，鱼尾刀高出刮刀 200～300 mm，用于先行刮刀盘中心部位土体，改善中心部位土体的流动性，防止结泥饼，同时减小其他刮刀切削阻力，降低磨损。安装在盾构刀盘中心鱼尾状刀具，尺寸较大，一般长 1 200～1 500 mm、高 400～500 mm，高出普通刮刀 200～300 mm。鱼尾刀的布置原理是鱼尾刀与其他刀具不在一个平面上，故鱼尾刀最先切削土体，松动原始地层。鱼尾刀根部设计成锥形，使刀盘旋转时随鱼尾刀切削下来的土体增加一项翻转运动，这样既解决了中心部分土体的切削问题，又改善了切削土体的流动性，如图 2-27 所示。

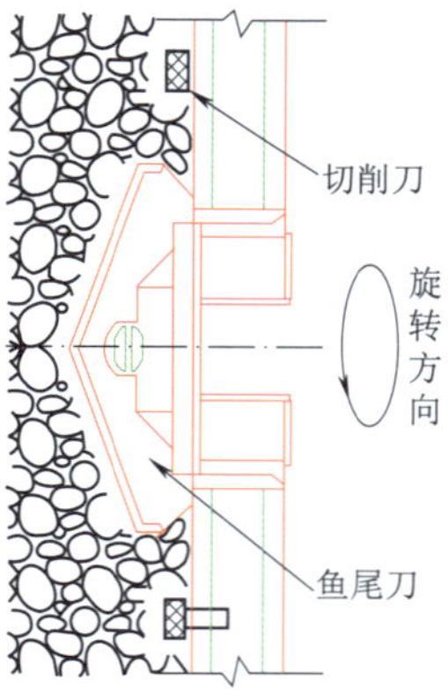

图 2-27　鱼尾刀

2.2.4　刀具的破岩机理

1. 滚刀破岩机理

滚刀滚压破岩是一种破碎量大、效率高的机械破岩方法。其运动过程是滚刀绕刀盘中心轴公转，并绕自身轴线自转。在刀盘强大的推力作用下，安装于刀盘上的滚刀紧压岩面，当刀岩接触应力超过岩石单轴抗压强度时，滚刀直接挤压破碎岩石，并在刃底形成由致密岩粉构成的密实核；同时，在扭矩作用下，滚刀在掌子面中心切缝上滚动而形成隧道同心圆沟槽，随着沟槽深度的进一步增加，岩体表面裂纹加深扩大，当超过岩石剪切和拉伸强度时，相邻同心圆沟槽间侧向裂纹交汇，岩石成片剥落，形成较大块的剪切破碎块。可见，滚刀是靠滚动来产生冲击压碎和剪切碾碎破岩效应的，如图 2-28 所示。

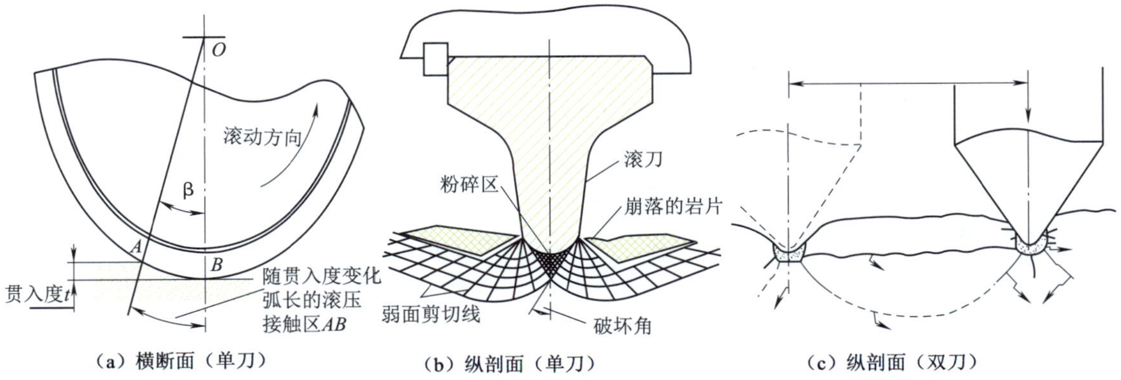

图 2-28　滚刀破岩机理示意图

值得注意的是，滚刀不能对漂石或卵石进行有效破碎，除非隧道掌子面为基岩。一般情况下，在滚压破岩过程中，刀盘推力是主要的参数，因为它决定了扭矩(滚动力)以及其他参数。

2. 切刀切削机理

随着盾构刀盘的旋转以及沿隧洞方向的推进，切刀对开挖面土体产生沿隧洞方向的剪切力和沿刀盘旋转切线方向的切削力，使得刀刃和刀头部分插入到地层内部，像农田犁地一样，不断地将开挖面的土体剥离下来。根据开挖面土体的组成成分、力学特性以及切刀的结构参数和切削参数的不同，被剥离的土屑分为流动型、裂断型、剪断型和剥离型四种形态。切刀与土体的作用符合朗肯被动土压理论，切刀前方的土体将受到被动土压力的作用。

另外，切刀前后角具有等斜面结构，不但可用于在硬岩层中刮渣，而且有利于软土切削时的导渣作用，以便将切削下来的渣土导入土仓内。

3. 撕裂刀破岩机理

重型撕裂刀主要用在砂卵石地层，其原理是利用撕裂刀随刀盘高速旋转产生的冲击惯性能量，对卵石、砾石和漂石等进行“锤击”破碎。撕裂刀将土体切割分成块，为切刀创造更加优越的切削条件，除为切刀创造切削条件外，还可显著提高切削土体的流动性，大大降低切刀所受的扭矩，提高切刀切削率以及减少切刀的磨耗等作用。在松散地层，特别是在砂卵石、漂石地层使用效果十分明显。在漂石地层，撕裂刀需要有足够的强度来承受锤击漂石时的冲击载荷，否则容易导致撕裂刀损坏。

由于在砂卵石地层，卵石属松散体，地层对卵石缺少约束力，不能提供给滚刀足够的转动力矩和滚刀破岩的支撑力，导致滚刀破岩无效。因此，此类地层不宜采用滚刀，更适合采用撕裂刀。

撕裂刀破岩方式为锤击破岩，锤击是造成破碎的主要原因，锤击载荷下岩石的破碎形态包括破碎坑、断裂破碎区、无损区三种形式，如图 2-29 所示。此外，相邻两把撕裂刀随刀盘旋转，促进了相邻破碎坑间脊部岩石的裂纹形成，剪切裂纹扩展延伸造成岩石的大块崩裂。

1)破碎坑

撕裂刀随着刀盘的旋转，对岩石产生强烈的锤击，在撕裂刀与岩石的接触区域产生很大的冲击力，当冲击力达到或大于岩石抵抗破碎的阻力时，岩石发生体积破碎，造成大块岩石破碎。

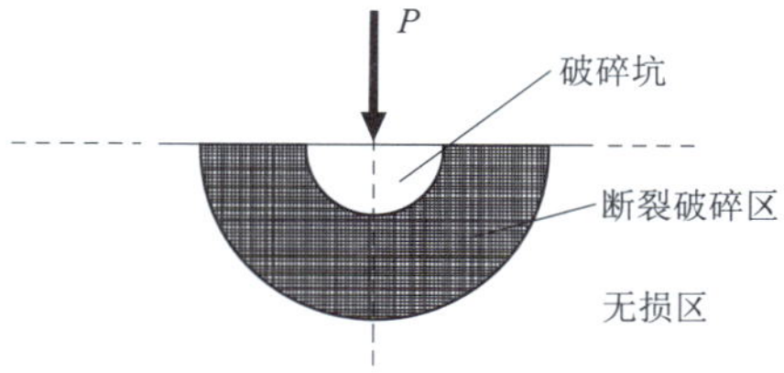

图 2-29　撕裂刀锤击岩石破碎形态示意图

2)断裂破碎区

断裂破碎区又称损伤区，当撕裂刀的锤击力没有达到岩石抵抗破碎的阻力时，岩石也会发生一定的损伤。岩石中存在许多缺陷，在锤击力的作用下，岩石出现裂纹并发生扩展，当扩展达到一定程度时，裂纹相互贯穿也会造成岩石的体积破碎。

3)无损区

撕裂刀的锤击力小于岩石的疲劳强度，加载的能量不参与裂纹扩展，岩石没有损伤，锤击能量作无用的耗散，只能对该区域岩石产生研磨。

2.3　盾构壳体与主要配置

盾构壳体简称盾壳，它的主要作用是承受地层压力，对已经掘进但还未衬砌的部分起到临时支护作用，保护操作人员和施工设备安全运行；并且承受千斤顶水平推力，实现在土层中向前行走；同时，它也是盾构各机构的骨架和基础。

盾壳从前至后分为三部分，分别称为切口环、支承环、盾尾，在施工现场也常称为前盾、中盾、盾尾。盾壳包括钢制外壳、铰接装置、盾体密封系统、人闸仓装置等主要配置。

2.3.1　切口环(前盾)

图 2-30 所示为盾壳的切口环(又称前盾)，位于盾构的最前端，切口部分装有掘削机械和挡土机械，因是盾构切削土体的结构所在部位，故称为切口环。起开挖和挡土作用，施工时最先切入地层并掩护开挖作业，部分盾构切口环前端还设有刃口以减少切入地层的扰动。

切口环是一个具有足够刚度和强度的铸钢或焊接环。为便于制造、运输和拆卸，根据盾构外径尺寸的大小，一般将切口环分成几块铸造，结合面一般选在盾壳受力为反弯点的附近，组装时用螺栓连接。但由于铸件质量较大，制造时变形也大，成品率较低，焊接性差。所以，目前国内多采用钢板焊接切口环。在切口环上，对应于每一个千斤顶的中心线处

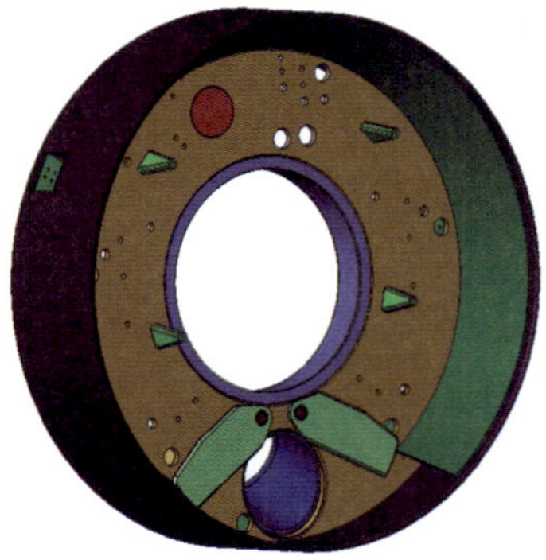
图 2-30　切口环(前盾)示意图

有三角形肋板，通过这些三角形肋板，将千斤顶水平推力传至包在它上面的钢壳上。

若工程在砂砾地层中掘进，不可避免地需要在掘进过程中更换刀具，砂砾地层开挖面的不稳定性就需要在换刀时对换刀处的地层进行加固，使开挖面不会坍塌，因此，在盾构主机土仓壁部、切口环外周前端设有超前探测孔，可以通过注入管对开挖面土体进行加固及探测。

1. 切口环结构

切口环形状必须适应地层条件，如保证掌子面稳定、作业空间的安全等。因此，采用土压平衡式、泥水加压式盾构时，应根据开挖下来土砂的状态，确定切口环的形状、尺寸。切口环前端常切成锐角，便于切入地层，减少顶进阻力。切口的形状有阶梯形、斜承形、垂直形三种，如图 2-31 所示。

（a）阶梯形　（b）斜承形　（c）垂直形

图 2-31　切口环形状示意图

2. 切口环长度

切口环的长度主要取决于盾构正面支承、开挖的方法。并且对于泥水加压、土压平衡等盾构切口环内按不同的需要安装各种不同的机械设备，这些设备是用于正面土体的支护及开挖，因此切口环长度的确定还受到内部设备的安置空间等因素的影响。而切口环内主要设备情况根据盾构类型也不同，具体如下：

(1)泥水盾构：安置有切削刀盘、搅拌器、碎石器、格栅和吸泥口等。

(2)土压平衡盾构：安置有切削刀盘、搅拌器和螺旋输送机等。

同时，因切口内压力高于隧道内常压，所以在切口环处还需布设密封隔板及人行仓的进出闸门和物料闸门，这些因素也会影响切口环长度的确定。

2.3.2　支承环(中盾)

1. 支承环结构

支承环(又称中盾)紧接于切口环，支承环与切口环相似，如图 2-32 所示，也是具有一定厚度的铸钢件。支承环即盾构的中央部位，是盾构的主体构造。因为要支承盾构的全部载荷，所以称为支承环，该部位的前、后均设有环形肋板和纵向加强筋来支承其全部载荷。其上开有安装盾构千斤顶的圆孔，通常是一个刚性很好的圆形结构。地层压力、所有千斤顶的反作用力以及切口入土正面阻力、衬砌拼装时的施工荷载均由支承环来承受。

在中盾壳体外布置有膨润土润滑注入孔，配置独立的膨润土注入润滑系统，用于在不良地层中掘进减少盾体摩擦。

支承环与切口环间用螺栓连接，同样按盾构外径大小分成几块，块数较切口环多些，各块之间用螺栓连接。在支承环的每两条纵向加强筋之间，即是盾构千斤顶的安装位置。千斤顶的水平推力通过支承环传递至切口环。

支承环的前部和后部均设置环状的刚性结构件，在大、中型盾构上，大多采用柱、梁进行加固。设计柱、梁时，应确保其能支承由支承环传递来的载荷，同时，也能支承组装机、排土装置、后方作业平台等荷载。

2. 支承环长度

支承环长度变形根据盾构千斤顶、刀盘轴承、驱动装置、中折装置和排土装置等的安装空间决定，其结构变形有足够的刚度。同时还确保油压设备、电气设备、配管、配线等的设备空间和维修等作业空间。当切口环压力高于常压时，在支承环内还需要布置人行加、减压仓。

2.3.3 盾尾

1. 盾尾结构

盾尾在盾壳的尾部，由环状外壳与安装在内侧的密封装置构成，如图 2-33 所示。其作用是支承坑道周边，防止地下水与注浆材料被挤入盾构隧道内。同时也是机械衬砌组装的地方。在盾尾部内留有管片拼装的空间，该空间内装有拼装管片的举重臂。盾尾的环状外壳大都用高强度的薄形钢板制作，以减少盾构向前推进后留下的环状间隙。

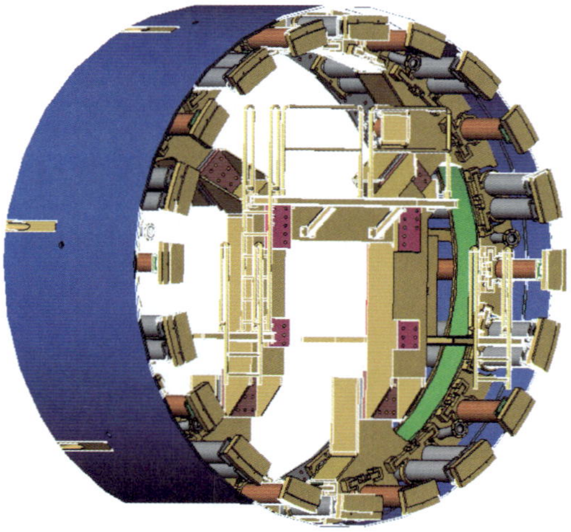

图 2-32　支承环(中盾)示意图

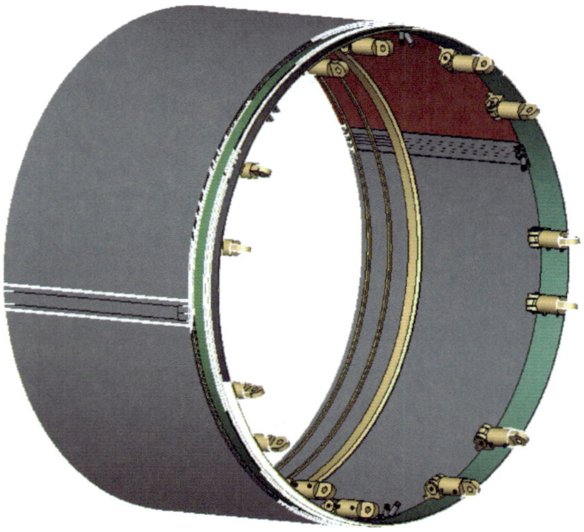

图 2-33　盾尾(后盾)示意图

盾尾厚度应尽量薄，可以减小地层与衬砌间形成的建筑空隙，从而减少压浆工作量，对地层扰动范围也小，有利于施工，但盾尾也需承担土压力，在遇到纠偏及隧道曲线施工时，还有一些难以估计的载荷出现，所以盾尾是一个受力复杂的圆筒形薄壳体，所以其厚度应综合上述因素来确定。

2. 盾尾长度

盾尾的长度取决于衬砌形式，必须根据管片宽度及盾尾的道数来确定。对于土压平衡式盾构、泥水加压式盾构，还要根据盾尾密封的结构来确定，必须保证管片拼装工作的进行；由于存在修理盾构千斤顶和在曲线段进行施工等因素，故必须有一些余量。

2.3.4 盾体密封系统

盾体密封系统是盾构正常掘进的关键系统，盾构法隧道施工所发生的安全事故常常在铰接部位和盾尾，由于密封失效造成涌水涌砂危及盾构安全。铰接式盾构的盾体密封系统包括铰接密封和盾尾密封。

1. 铰接密封

盾构铰接密封是在盾体铰接部分设置的防水密封装置。铰接密封一般有以下三种形式：

(1)采用一道或多道橡胶唇口式铰接密封。

(2)采用石墨石棉或橡胶材料的盘根加气囊式铰接密封，如图 2-34 所示。

(3)双排气囊式铰接密封，如图 2-35 所示。

根据国内外盾构施工经验，一般情况下盾构铰接密封常采用多种形式搭配使用，可以达到更好的密封效果和安全保障。

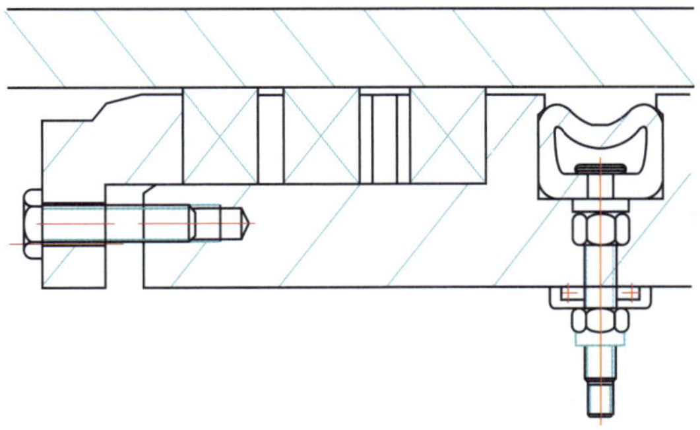

图 2-34　盘根加气囊式铰接密封示意图

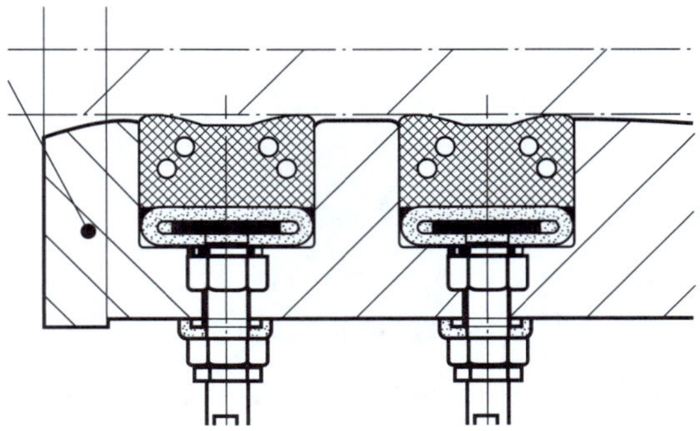

图 2-35　双排气囊式铰接密封示意图

以中铁系列盾构机常用的被动铰接形式为例，其铰接密封是在中盾和尾盾之间设计有两道密封，一道为橡胶密封，一道为紧急气囊密封，如图 2-36 所示。其铰接密封工作原理是：在正常情况下，依靠橡胶密封起密封作用。在异常情况下，或者橡胶密封需要更换时，使用紧急气囊密封。在橡胶密封之间设置挡环，端部设置压紧块，在端部利用螺栓使压紧块压紧橡胶密封，压紧的程度可用拧动螺栓进行调整。

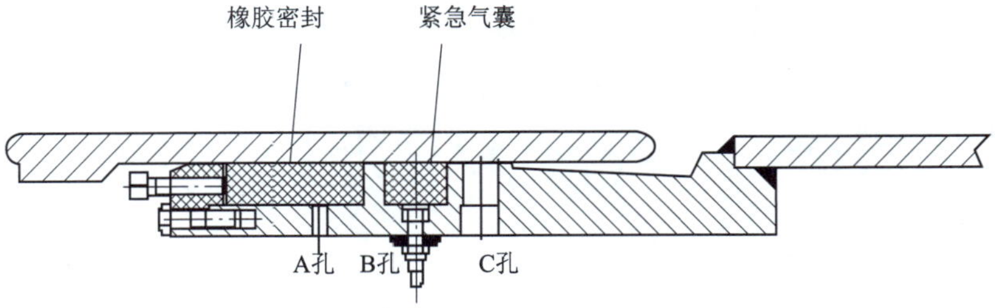

图 2-36　铰接密封工作原理示意图

铰接部位设有三种注入孔：

A 孔：用于向铰接密封加注油脂，防止铰接密封的渗透泄漏，沿圆周有 6 个。

B 孔：使用气囊式密封时，从 B 孔向气囊注入工业压力气体。

C 孔：紧急情况下用于加注聚氨酯密封，沿圆周有 6 个。

2. 盾尾密封

尾部密封是为了防止周围地层的土砂、地下水及背后的填充浆液、掘削面上的泥水、泥土从盾尾间隙流向盾构掘削仓而设置的密封措施。盾尾密封由盾尾钢丝密封刷和盾尾油脂组成。

目前，盾尾密封采用多道、可更换的盾尾密封装置，密封的道数根据隧道埋深、水位高低来定，通常设置为三道钢丝刷密封，盾尾油脂泵向每相邻的两道钢丝刷密封之间供应油脂，以提高整个密封的止水性能。盾尾密封作用原理如图 2-37 所示。

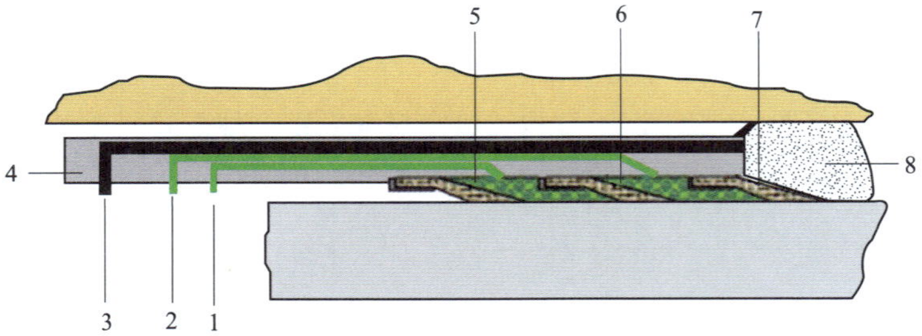

图 2-37　盾尾密封原理示意图

1—油脂/前仓；2—油脂/后仓；3—砂浆；4—盾尾；5—密封刷 1；6—密封刷 2；7—密封刷 3；8—砂浆

盾尾密封装置要能适应盾尾与衬砌间的空隙，由于施工中纠偏的频率很高，因此，要求密封材料要富有弹性、耐磨、防撕裂等，其最终目的是要能够长效止水。同时，盾尾密封性能的好坏对管片的拼装精度的影响较大，通常要求即使在错位和曲线部位等管片易发生偏心的场合下，也必须保证盾尾密封的质量。

此外，对于泥水盾构来说，盾尾密封装置则更为重要，因为盾构外壁充满压力泥水，一旦密封装置损坏或密封不良，压力泥水便会从盾尾内与衬砌环结合处大量涌入盾构内，使盾构无法操作。由于盾构不断顶进，盾尾内壁与衬砌环外圈间摩擦力很大，极容易将密封损坏。目前国内外在各类型盾构的密封上都采取了各种措施，试验了各种结构，已完全可以解决渗漏问题。

2.3.5　铰接装置

盾构机本体（简称盾体）在壳体前后之间采用铰接液压油缸将盾体连接成一个整体，通过调整铰接液压油缸的行程之间的差来实现弯曲盾体的一种装置，这个装置称为铰接装置。铰接装置由铰接油缸、行程传感器、铰接密封等组成。此装置可以通过液压油缸的动作，在上下、左右方向上调整盾构本体弯曲角度。

1. 铰接装置的作用

铰接装置是为顺利进行曲线施工的一种辅助手段，在进行曲线施工时，一定要结合推进油缸的单侧推进、转弯管片的使用、超挖的实施共同进行，以便更好地实现工程设计要求的曲率半径。当盾构机灵敏系数（机长/外径）大于 1.5 或隧道曲率半径小于 250 m 时，应采用铰接装置。盾构铰接装置的作用是：

（1）有利于盾构机转弯或修正蛇形。

（2）使盾体易于保证与管片环的同轴度，保护盾尾钢丝密封刷免受偏心载荷损坏。

（3）可防止盾构机主体挤压管片，致使管片碎裂损坏。

（4）当盾构机盾体被注浆体凝固“箍死”时帮助推进千斤顶松动盾构机脱困。

2. 铰接装置的类型

铰接的结构形式分为主动铰接和被（随）动铰接两种。铰接油缸连接在前盾和中盾间，推进缸固定在中体上为主动铰接,如图 2-38 所示。铰接油缸连接在盾尾与中盾间,推进缸支承在中盾上为被动铰接,如图 2-39 所示。

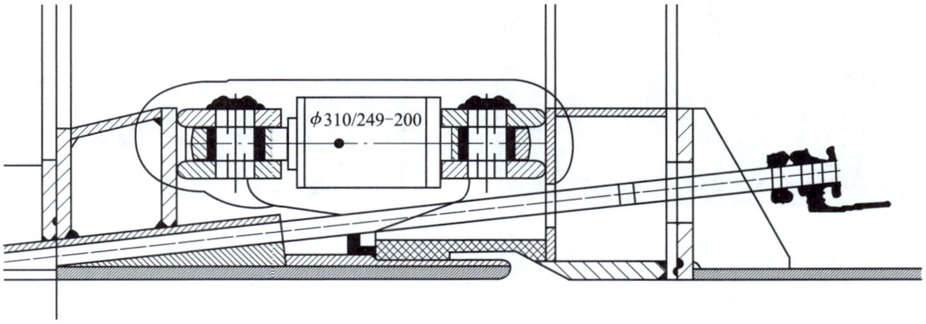

图 2-38 主动铰接示意图

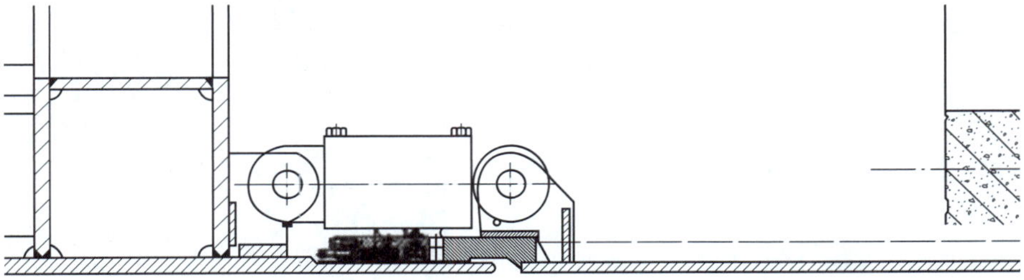

图 2-39 被动铰接示意图

(1)主动铰接:具有调向功能,铰接缸在推进缸前面,可直接迫使刀盘转向。调向时可采用主动转向方式也可采用被动转向方式。调向性能好,岩层换刀方便,铰接与推进依次动作利于脱困,不利于人闸仓(简称人仓)在顶部布置,造价较高。

(2)被动铰接:铰接油缸随动,不能直接控制油缸行程,角度不易控制,拉力相对较小,脱困能力弱。操作简便,转弯容易实现,利于人仓布置,造价较低。

2.3.6 人闸仓装置

在前方土仓有压力的情况下,如果需要进入土仓进行换刀、维修等作业,就需要人闸仓装置进行加压或减压程序后才能进出土仓。人闸仓安装在前盾上,结构与盾体和刀盘驱动装置的半径相对应,通过人闸仓使人穿过仓壁密封门进入土仓,人闸仓的中间通过一个供人进出的压力门隔开。人闸仓分为双仓式人闸仓和单仓式人闸仓两类,如图 2-40 所示。

单仓式人闸仓和双仓式人闸仓各有优缺点:单仓式人闸仓结构尺寸小,径向占用空间小,可以选用更大的主轴承,属于日系设计。双仓式人闸仓可以实现人与材料分开,容量大,效率高,属于德系设计。双仓式人闸仓更均衡,在工程实践中的应用比单仓式人闸仓多。

双仓式人闸仓与盾体相连,人闸仓的形状与尺寸取决于盾构机安装条件,右边的通道作进出土仓的正常通道,左边的通道用来运送材料,在紧急情况下也可以作为运人使用。

（a）双仓式人闸仓

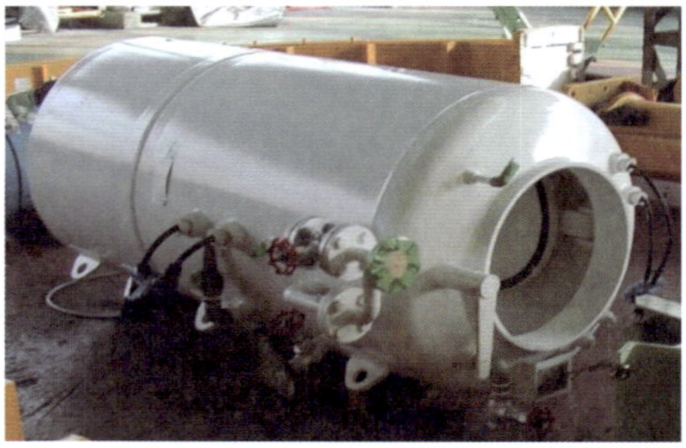

（b）单仓式人闸仓

图 2-40　双仓式与单仓式人闸仓

双仓式人闸仓配置设备有：闸门、阻尼器、压力计、计时仪、温度计、绝缘椅子、照明装置（包括紧急照明）、压力记录仪、供热设备等。人闸仓内部如图 2-41 所示。

图 2-41　人闸仓内部

人闸仓配以压缩空气调节系统进行使用，压缩空气调节系统可以用于调节开挖面的支撑压力和调节人闸仓的空气压力。压缩空气调节系统包括：空气压缩机、压力调节器、压力传感器、储气罐、控制阀、可呼吸空气滤芯。

依靠安装在土仓内的压力传感器用来监测土压的实际值，通过压缩空气调节系统中的压力调节器对预设参考值与实际值进行比较，并打开供气阀门校正压力。压缩空气调节系统只能调节所供应的空气，土仓内过高的压力则由溢流阀来调节，最终实现合理压力，确保工作人员安全带压进仓作业。

2.4　刀盘驱动系统

2.4.1　刀盘驱动系统的构成

刀盘驱动系统是用于支承盾构正面土压，并以一定扭矩和转速带动刀盘回转并切削岩土，是盾构动力输出中心，是盾构机最重要、最核心的组件之一，如图 2-42 所示。刀盘驱动安装在前盾中央，前部与刀盘用螺栓连接，其作用是向刀盘提供必要的旋转扭矩，驱使刀盘旋转对掘进面进行切削。同时，刀盘被卡住时还可以为之提供必要的脱困扭矩，实现刀盘脱困。

刀盘驱动系统由主轴承、主驱动器、减速器、主轴承密封、驱动小齿轮、马达、刀盘安装法兰等组件构成。其中，轴承外圈通过连接法兰用螺栓与前盾固定，内（齿）圈用螺丝和刀盘连接，借助动力带动马达、减速器、轴承内齿圈直接驱动刀盘旋转。

刀盘驱动力传递路径按照电动机→减速器→小齿轮→带大齿圈大口径轴承→刀盘滚筒→中间梁→刀头的顺序进行传递（见图 2-43），从而实现刀盘的转动。

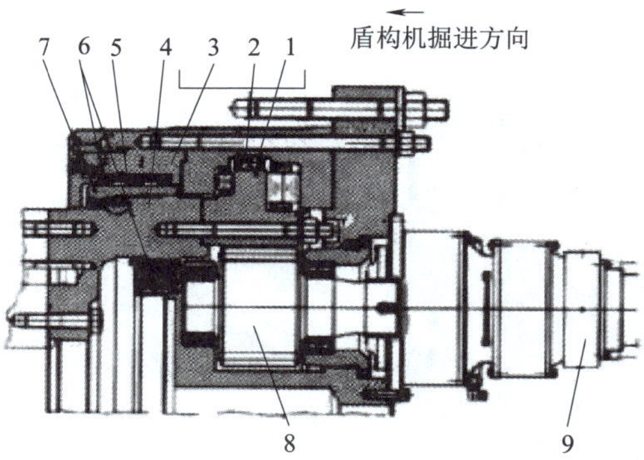

（a）刀盘驱动系统原理图

（b）刀盘驱动系统实物图

图 2-42 刀盘驱动系统

1—大齿圈；2—主轴承滚柱；3—密封支承；4—环形法兰(用以支承刀盘)；5—密封隔套；
6—外部和内部密封系统；7—密封衬套；8—驱动小齿轮；9—减速器和液压马达

目前，能够生产最为可靠的刀盘驱动主轴承(见图 2-44)的厂家并不多，国内外对刀盘驱动主轴承的使用寿命要求的标准是不小于 10 000 h。

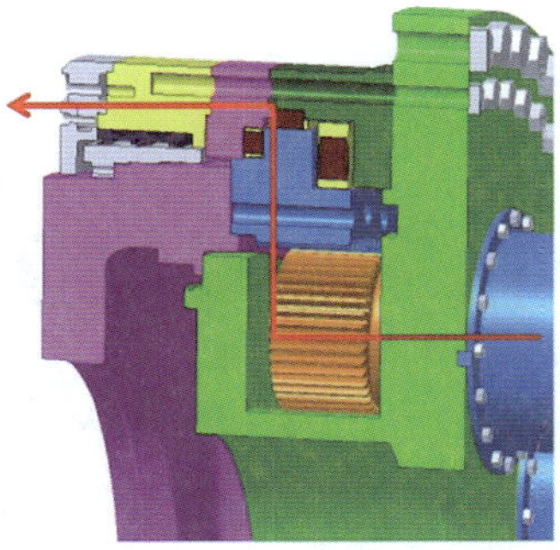

图 2-43 驱动输出示意图

图 2-44 主轴承示意图

2.4.2 刀盘驱动系统的分类

刀盘驱动系统可按结构形式、驱动形式等方式进行分类。

1. 按结构形式进行划分

1)中心封闭式结构

中心封闭式结构多用于常规地铁盾构，如图 2-45(a)所示，主驱动中心隔板封闭，可在隔板上增加喷水、泥饼探测和被动搅拌装置。此外，土仓中心相对运动对渣土流动起到了很好的搅拌和冲刷作用，故能有效防止土仓中心泥饼产生。

2)中心开敞式结构

中心开敞式刀盘驱动系统，如图 2-45(b)所示，土仓中心无相对运动，渣土流动性较差，特别是在部分黏土、粉质黏土、泥岩等细颗粒成分多的地层中掘进时，极易形成泥饼且难以处理，因此应用较少。

2. 按驱动形式进行划分

刀盘驱动按照驱动形式总体上可以分为电动机驱动、液压驱动。其中电动机驱动还可细分为变频电动机驱动、定速电动机确定、永磁电动机驱动等。

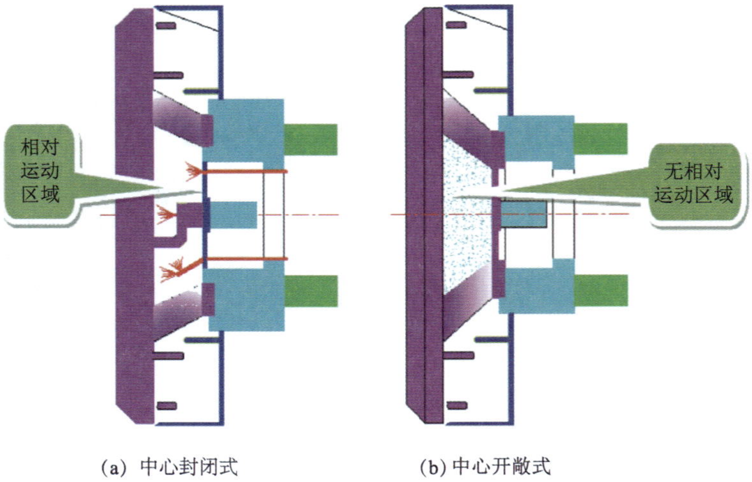

图 2-45　刀盘驱动按结构形式划分

1)电动机驱动

电动机驱动通常需要 6～20 个大功率电动机共同驱动刀盘,如图 2-46 所示,每台电动机由一台变频器对应控制,可在 0～50 Hz 范围内达到全额扭矩,电动机功率恒定,相对液压驱动抗冲击能力差。电动机驱动在大扭矩或刀盘承受冲击较大时,为保护传动系统采用扭矩限制器保护装置,载荷变化频繁,转动状态易频繁脱开,需要人工手动复位,影响施工效率。

图 2-46　刀盘电动机驱动

2)液压驱动

液压驱动是通过液压马达对刀盘进行驱动的,如图 2-42(b)所示。液压驱动可以承受频繁的冲击荷载,结构紧凑,但效率较低,维护工作较多。当处于脱困情况下时,溢流阀处于溢流状态,使得刀盘驱动扭矩始终保持在额定值附近,有利于刀盘脱困。特别是在上软下硬地层掘进时,载荷变化较大,电动机不及液压马达适应性优越。

2.4.3　刀盘主驱动密封

刀盘驱动系统是盾构机重要核心组件之一,是盾构机刀盘顺利有效掘进土体的重要保障。由于刀盘驱动所在的位置紧邻土仓(或泥水仓),因此为了防止掘进面渣土、水进入刀盘驱动系统内,在刀盘驱动的旋转部位与盾体固定部位中间(间隙处)设置密封装置,这个密封装置称为刀盘主驱动密封。

刀盘主驱动密封按安装位置及功能作用分为内部密封系统和外部密封系统。同时,也可按截面形状分为单唇口密封和多唇口密封;按密封材质不同可分为夹布橡胶、丁腈橡胶和聚氨酯密封。

主驱动密封工作原理:图 2-47 所示为一种常见的主驱动密封,该密封的内部密封系统由双唇形密封系统组成，双唇形密封系统与轴承座圈成 X 形排列，这样可以保护主轴承的小齿轮空间不会受到来自盾构内的污染，外部密封系统由 3 排唇形密封系统组成，可以防止盾构土仓内的渣土、地下水等进入主轴承内，提高主轴承的使用寿命。第一排与第二排唇形密封件之间自动注入润滑脂，可以提高密封和润滑效果；第二排与第三排唇形密封件之间是泄漏室，可以检查主轴承的密封是否失效。为了尽最大可能防止盾构土仓内的渣土、地下水等外部杂质侵入 3 排唇形密封，在第一排唇形密封前部填加密封油脂 HBW。

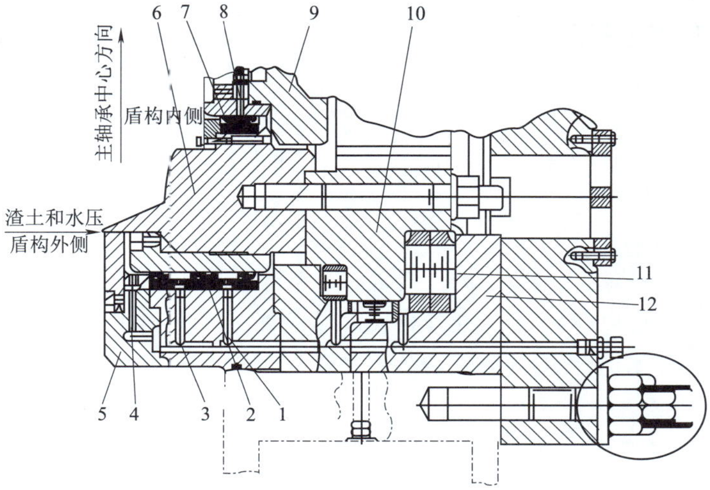

图 2-47　主驱动密封示意图

1—泄漏室；2—外部密封系统；3—注润滑油；4—注 HBW 脂；5—与盾体固定；6—与刀盘固定，旋转；7—内部密封系统；8—注润滑脂；9—盾体固定；10—主轴承旋转部分；11—主轴承滚柱；12—主轴承与盾体固定部分

目前，根据盾构机掘进地层条件的不同，各型号主驱动密封的保护形式也存在不同。以下三种类型的密封做法比较常见。

1)A 类型密封

该类型密封为丁腈橡胶材质唇形密封，其内、外密封分别负责密封齿轮箱内部油液和开挖仓内渣土，其主要特征为：内密封系统由一道迷宫密封和三道唇形密封组成，外密封系统由一道迷宫密封和四道唇形密封组成，如图 2-48 所示。其中，第一道迷宫密封使用的是 HBW 油脂密封，第一道和第二道之间密封腔注入 EP2 油脂，主驱动第二道与第三道密封之间为齿轮油加压腔，主驱动第三道与第四道密封之间为泄漏检测腔。这种设计使得 HBW 和 EP2 不断向外挤压，最大程度保护了主轴承安全。

同时，单唇口密封可以通过增加密封数量来提高整个密封系统的承压能力，并且通过检测土仓压力波动来调整密封腔压力，很好地起到保护主轴承的作用。且橡胶本身材质耐温范围是 −30～+100 ℃，耐磨性能好，一般不会对回转轴产生磨损，降低了密封和轴的更换次数，应用比较广泛。

2)B 类型密封

该类型密封采用多唇式密封，材料为聚氨酯，内、外密封系统主要是防止开挖仓内的渣土进入主轴承，并且对主齿轮箱内滑润油的密封，外密封系统由 1 道 VD 密封和 3 道四指唇形密封组成，采用油脂 EP1 密封，如图 2-49 所示。刀盘驱动第一道四指唇形密封与第二道四指唇形密封之间使用 EP1 密封，考虑密封腔体的压力比土仓压力大 0.1 MPa 左右时，可使 EP1 不断往外挤出，防止土渣进入密封腔，3 道四指唇形密封相当于 12 道密封腔，可更有效地防止渣土进入主轴承。

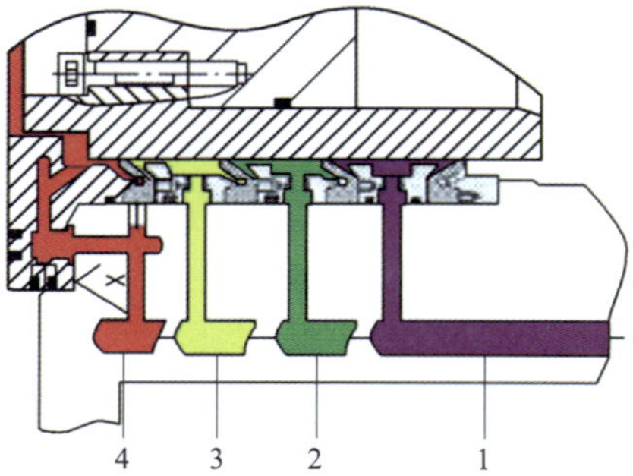

图 2-48　A 类型外密封示意图

1—检测腔；2—齿轮油；3—EP2；4—HBW

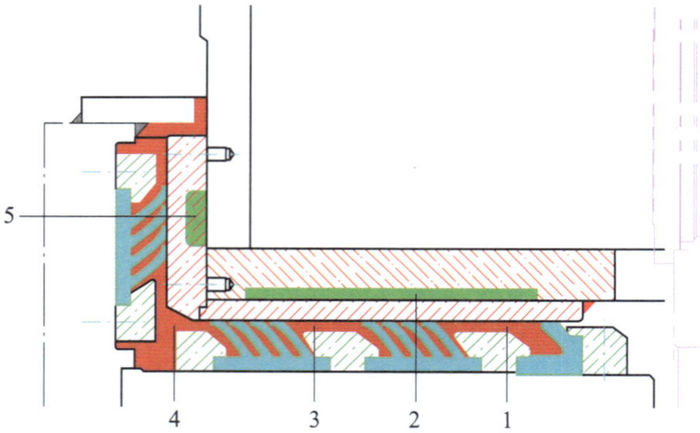

图 2-49　B 类型(多唇口+冷却)密封示意图

1—EP1；2—冷却水腔；3—EP1；4—EP1；5—冷却水腔

并且，考虑到刀盘在高速运行过程中内外周密封摩擦产生热量，从而引起接触面发热，温度过高进而会影响密封使用寿命。所以，为了尽可能地延长密封寿命，在内外圈密封及端面密封设有冷却水腔，并对冷却水进行内外冷却循环，可有效降低滑动面温度，从而对密封起到保护作用，尽可能地延长密封寿命。

3)C 类型密封

该类型密封采用丁腈橡胶材质的唇型密封，如图 2-50 所示。其结构特征为：最外道密封为 HBW 油脂密封，其余密封采用液压油系统润滑，由于土压盾构掘进时土压不稳定，易造成液压油外泄，且压力不易调节，特别是当渣土突破第一道密封 HBW 后，渣土可能会污染整个液压系统，增加了主轴承损伤风险，所以此类型密封一般仅应用于硬岩掘进。

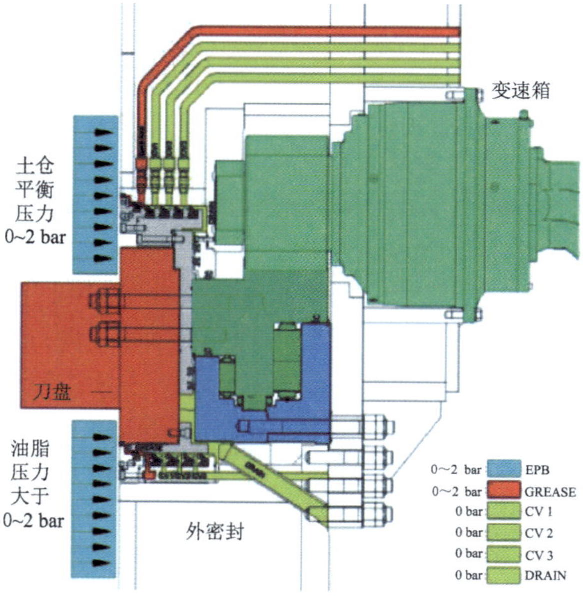

图 2-50　C 类型密封示意图

2.5　液压推进系统

2.5.1　液压推进系统的作用及组成

盾构为实现隧道开挖有两项主要工作：一是刀盘切削；二是盾体的推进。盾构的推进动力就是靠液压系统带动若干个千斤顶所组成的推进系统来提供的，因此它是盾构重要的基本构造之一。

1. 推进系统的作用

盾构液压推进系统是为盾构在土层中向前掘进提供动力的系统，是一种集机、电、液技术于一体的复杂系统，承担着整个盾构的推进任务，使盾构能沿着事先设定好的线路前进。并且，可以防止盾构后退，同时具有纠偏和爬坡功能。

推进油缸能分组和单独控制，能手动和自动控制。能够满足施工要求的最小转弯半径需要具有一定的爬坡能力。推进油缸在增加辅助装置后能满足掘进中更换盾尾刷的能力。分组推进油缸上安装行程传感器、压力传感器，可以准确、直观地显示盾构机千斤顶伸缩的数值及速度。在液压推进系统中设置可靠的液压闭锁装置，防止盾构在施工过程中由于拼装管片等非推进情况下发生后退现象。

当盾构推进装置在曲线段施工时，通过推进控制方式，把液压推进油缸进行分区操作，使盾构按预期的方向进行调向运动。结合采用安装楔形环（又称转弯环）与伸出单侧千斤顶的方法，使推进轨迹符合设计线路的弯道要求，配合盾构的铰接系统使曲线施工更容易控制。

2. 推进系统的组成

盾构的液压推进系统主要由液压泵、推进千斤顶、控制阀件和液压管路等组成，如图 2-51 所示。

（a）推进系统三维图　　（b）推进系统实物图

图 2-51　液压推进系统

动　画

液压推进系统

盾构推进是靠液压系统带动推进油缸（千斤顶）的伸缩动作驱使盾构在土层中向前掘进的。推进油缸（千斤顶）活塞的前端安装顶块，顶块采用球面接头，以便将推力均匀、分布在管片的环面上。并且，在顶块与管片的接触面上安装橡胶或柔性材料的垫板，对管片环面起到保护作用，同时还能够充分对应管片与盾构的倾斜，保证撑靴平面与管片密贴，如图 2-52 所示。为了能使推进油缸的推力均匀地传递给管片，推进油缸撑靴面积要适当大些。撑靴表面的聚胺脂胶垫，可以使推进油缸撑靴在与管片接触时能保证推力缓和均匀地作用在管片上，确保管片衬砌环面的完整。

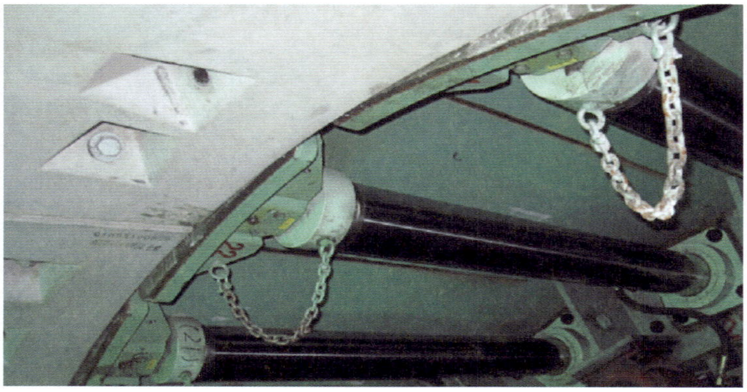

图 2-52 推进油缸(千斤顶)顶推在管片上

2.5.2 液压推进油缸的布置与控制

1. 推进油缸布置要求

盾构推进油缸的布置一定要满足圆周上受力均匀。在盾构推进时，由于推进油缸直接作用于管片上，因此推进油缸的布置主要考虑管片的结构形式、分布方位、受力点布置、管片组装施工方便性等方面的因素，同时应满足下列要求：

(1)径向分布使管片受力均衡；

(2)环向布置与管片的分块相匹配；

(3)考虑管片在整个衬砌环受力均匀，油缸布置应沿垂直轴线、水平轴线均匀对称布置。

同时，根据理论计算和实践经验，推进油缸的布置方式分为单油缸均匀布置、双油缸均匀布置、单双油缸间隔布置三种。当单双油缸按间隔布置，封顶块(K 块)位于正上方时，油缸的推力中心线与管片中心重合。并且每组油缸间有充分的空间布置铰接油缸和超前注浆管。

推进油缸沿盾构机中盾壳体内侧应均匀分布，油缸的布置在设计时考虑了避开管片接缝，封顶块在管片圆周的正常衬砌位置不会发生油缸靴板同时骑压在两块管片之间接缝上的情况。

2. 推进油缸分区控制

考虑到盾构液压推进系统具有大功率、变负载、工作条件恶劣等特点，且推进油缸数量较多，系统既要实现对每个油缸的单独控制和对所有油缸的同时控制，又要保证所有油缸具有协调性和同步性。若对每个油缸实行单独控制，必然会增加控制成本及系统复杂性，因此可将推进油缸沿圆周方向划分成三分区、四分区、五分区或六分区等控制形式。

目前，常用的推进油缸分区控制形式是四分区，如图 2-53 所示，盾构推进液压缸分为上、下、左、右 4 组。其中，一般左、右两

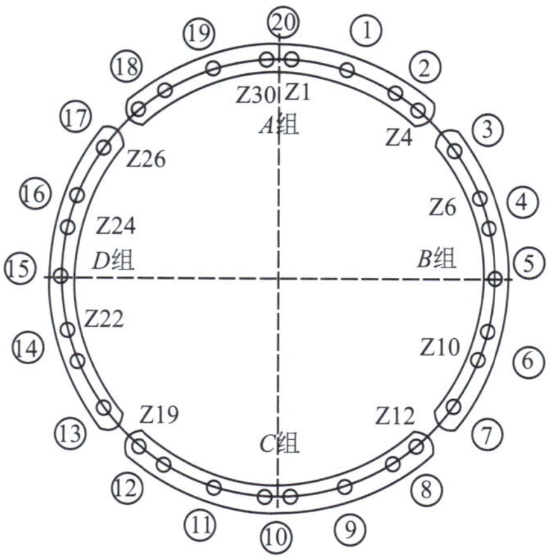

图 2-53 推进油缸分区控制示意图

组的推进液压缸数量和布置方式相同，下分区液压缸数量多于上分区液压缸数量。操作人员驾驶盾构时，当 4 个分区同时工作，则盾构向前直行推进。当上、下两区正常工作，左、右两区实现差动，则盾构将左转或右转。当左、右两区正常工作，上、下两区实现差动，则盾构将上倾或下斜。

2.5.3　液压推进油缸的结构与性能

1. 推进油缸的结构

推进油缸的结构要求紧凑，质量应尽量小，耐久性要好，易于维修和便于更换，应充分考虑其工作性能，常用的类型一般为双向直线运动活塞式液压油缸，如图 2-54 所示。

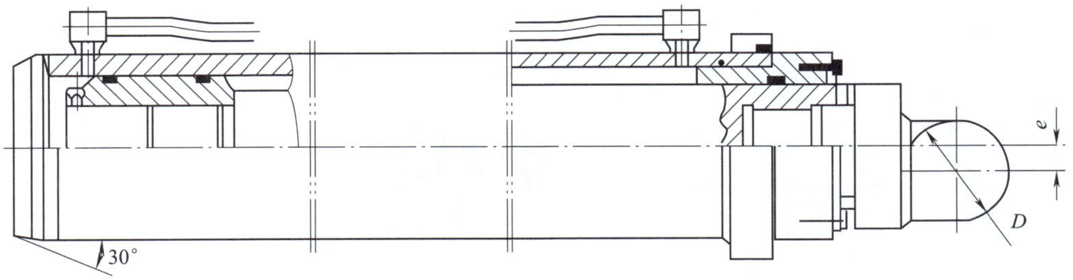

图 2-54　常用的推进油缸结构图

盾构推进液压缸与一般液压油缸的结构差异在于活塞杆的密封。活塞杆密封除了采用一道 Y 形密封圈和一道橡胶防尘密封圈外，还要考虑复合地层盾构在塑性较小或无塑性土压掘进中，平衡刀盘切土破岩扭矩的反扭矩将由活塞杆端部导向套与管片环端面的摩擦力以及由活塞杆与活塞杆导向套接触面压力来承受，需在导向套内孔增设多道耐磨导环来减少导套的磨损。

2. 推进油缸的性能

1)工作压力

对于中小型盾构，推进油缸推力一般为 600～1 500 kN。对于大型盾构，推进油缸推力一般为 2 000～4 000 kN。由于盾构总推力大，安装推进油缸的支承环内部空间狭小，固定尺寸大受限制，因此推进油缸应选择高工作压力，工作压力通常为 30～40 MPa。

2)工作速度

推进油缸的工作速度根据盾构开挖推进速度和施工效率来确定。一般推进油缸的工作速度为 20～60 mm/min，对于复合地层掘进一般为 40～80 mm/min。推进油缸回程速度应尽可能快，以提高施工效率。

3)油缸行程

应根据管片宽度加上所需富余量来确定推进油缸的行程。当在盾尾内拼装管片时，需要一定的行程富余量。当在曲线段掘进时，推进油缸也必须有足够的行程富余量。所以，一般推进油缸的行程为管片宽度加 100～150 mm 的行程富余量。对于轴向插入型 K 管片，则根据管片高度、管片宽度、K 管片圆周方向长度、插入角等来确定推进油缸的行程，需要的行程富余量会更大。

2.6 土压盾构出渣系统

土压平衡盾构掘进的同时需将挖掘下来的渣土及时输送到地面渣土堆放区域。因此土压盾构设备上都安装有出渣系统。土压盾构渣土输送过程是:通过盾构机上的出渣系统将渣土传送到盾构后配套下料口处的渣土车(电瓶轨道运输车)上,由渣土车运送到隧道端头始发竖井处,再由龙门吊(或吊车)将渣土吊出并倾倒在地面渣土堆放区域,最后再由自卸汽车进行外运,如图 2-55 所示。土压平衡盾构机上的出渣系统包括螺旋输送机和皮带传输机。

动画

土压盾构出渣系统

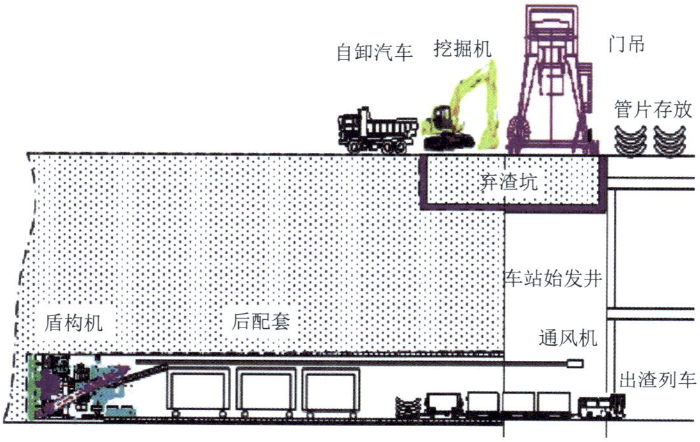

图 2-55 土压盾构渣土输送示意图

2.6.1 螺旋输送机

1. 螺旋输送机的组成及分类

螺旋输送机穿过盾构机土仓隔板安装在与盾体的连接法兰上,可以把土仓内的渣土从土仓底部运送到盾构连接桥架前端的皮带输送机进料端。螺旋输送机主要部件包括:螺旋叶片、伸缩油缸、螺旋壳体、驱动装置、卸料口闸门、连接保压泵的接头、耐磨保护、与盾体的连接法兰、泡沫注入口、土压传感器等。

螺旋输送机按照螺旋轴形式的不同,可将螺旋输送机分为轴式螺旋输送机和带式螺旋输送机两种类型。两种类型的螺旋输送机各有特点,可针对不同的地层使用。

(1)轴式螺旋输送机:是指螺旋叶片带有旋转轴的螺旋输送机。其结构紧凑,便于相邻部件的布置,刚性好,可以传递较大的扭矩,排渣能力强,在实际使用中比较广泛。但尺寸较大的渣土难以排出,如图 2-56(a)所示。

(2)带式螺旋输送机:是指螺旋叶片没有旋转轴的螺旋输送机。其出渣口在后部,提高出渣位置,渣土通过无轴区时利用自身重力堆积密实,形成土塞,使渣土具有一定连续性,并能起到一定止水作用,同时也有利于排出尺寸较大的物体。但是由于旋转叶片上没有中心轴,刚性较小,能够传递的扭矩较小,容易被卡住甚至叶片断裂,如图 2-56(b)所示。

（a）轴式螺旋输送机

（b）带式螺旋输送机

图 2-56　螺旋输送机分类(一)

此外，螺旋输送机还可按照驱动结构的不同分为中心驱动螺旋输送机和周边驱动螺旋输送机。当采用用中心驱动装置时，土料经侧方闸门排出，优点是止水性能好，缺点是可排出的砾石粒径小，可排出的砾石的最大直径为螺杆直径的 0.7 倍，如图 2-57(a)所示。当采用周边驱动方式时，土料可以从螺旋箱的后端部直接排出，喷涌风险高，如图 2-57(b)所示。

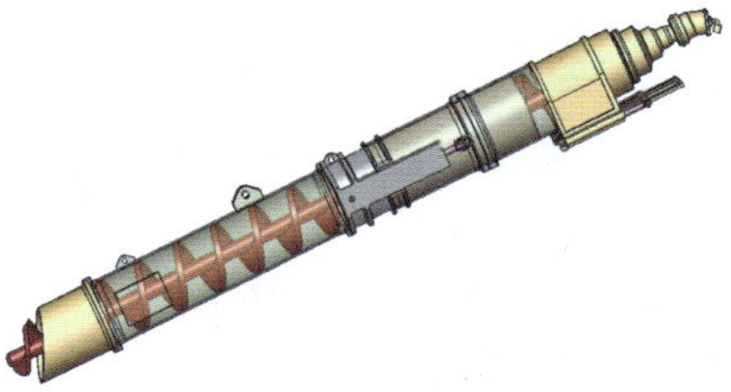

（a）中心驱动螺旋输送机

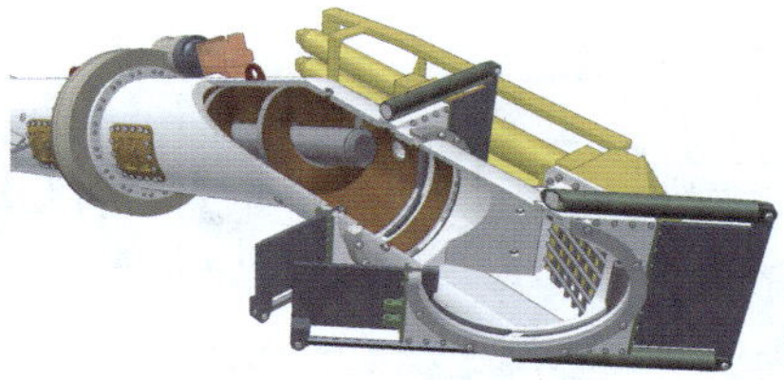

（b）周边驱动螺旋输送机

图 2-57　螺旋输送机分类(二)

2. 螺旋输送机的作用与功能

螺旋输送机的主要作用是将土仓内的渣土向外连续排出。渣土在螺旋输送机内向外排出的过程中形成密封土塞，阻止土体中的水分散失，保持土仓内土压的稳定；盾构操作人员将盾构土仓内的土压值与设定土压值进行比较，随时调整向外排土的速度，控制盾构土仓内压力以实现连续的动态土压平衡过程，确保开挖面的稳定和盾构连续正常掘进，如图 2-58 所示。

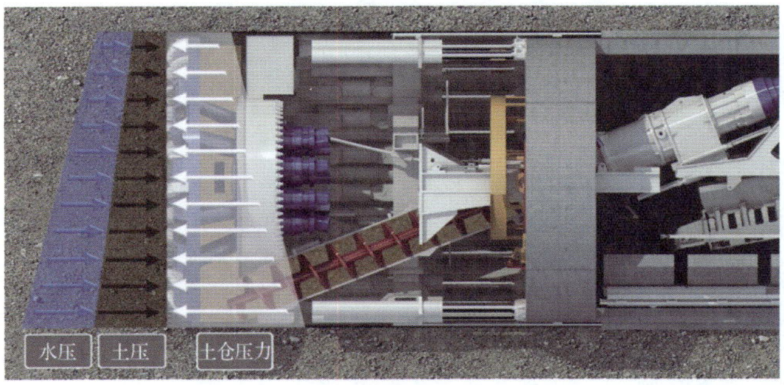

图 2-58　螺旋输送机作用示意图

土压平衡盾构机需要土仓的压力与开挖面水土压力达到动态平衡，这个动态产生的原因可以是开挖面压力发生了波动或者出渣的变化导致土仓压力发生变化而造成的。另外，土仓是有压力的，但是在螺旋输送机的排渣口位置压力是常压，所以，从土仓到螺旋输送机的出口必然是一个压力降低的过程，在开挖面压力保证得到平衡的同时，渣土的压力也需要在排出过程中平稳下降，最终控制到达出口的压力。如果出口压力太大，就会发生喷涌现象。

如果一个螺旋输送机的长度不能完全有效控制渣土喷涌，可以采用双螺旋输送机系统。双螺旋输送机系统不但可以提供螺旋输送机降压的能力，还可以把水从第二螺旋输送机底部的排水管中排出，进一步降低喷涌的风险和渣土的可排性。

1）螺旋输送机的后闸门（出渣门）

螺旋输送机后闸门（出渣门）的作用是在需要时可以彻底关闭螺旋输送机，把螺旋输送机、土仓和开挖面与盾构内部完全隔开。由于开挖面往往有压力，在停机时或者发生“喷涌”时为了保持开挖面的压力和盾构机内设备和人员的安全，可以关闭螺旋输送机出渣门。并且，还可以通过控制螺旋输送机出渣门的打开程度来控制排渣量。

通常情况下，螺旋输送机后闸门是采用液压油缸驱动的闸板式闸门。根据需要，可以制造成单闸门式和双闸门式，如图 2-59 所示。

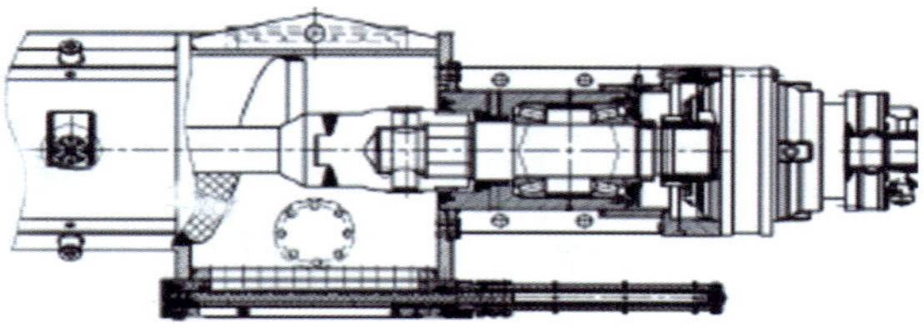

（a）单闸门式

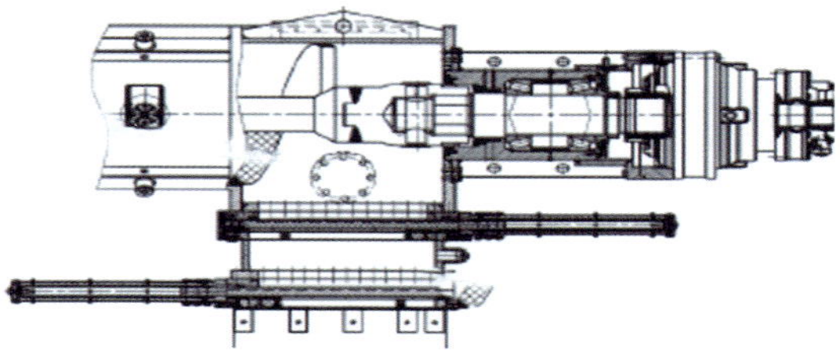

（b）双闸门式

图 2-59　螺旋输送机后闸门（出渣门）

在水压较高、渗透性系数较大同时含有较大粒径的物体的地层中，螺旋输送机很容易发生“喷涌”危害，单闸门的螺旋输送机无法有效防止“喷涌”现象，即便发生喷涌时关闭后闸门，螺旋输送机内的高压状态也很难通过排出渣土做降压处理。而双闸门的螺旋输送机在可能出现喷涌的情况下可以关闭双闸门，在螺旋输送机尾部预留的排泥口上接上泥浆泵，通过泥浆泵出渣并排至皮带输送机上，较大的石块可以通过双重闸门取出。

在停机及维护期间，螺旋输送机出渣口闸门需要迅速关上。为了安全，出渣口闸门具备在停电时自动关闭的应急功能。

2）螺旋输送机前闸门

螺旋输送机前闸门位于前盾仓板上螺旋输送机进口的位置，由左右两侧的两个闸板组成，通过安装在仓壁后面的两个液压油缸来控制开闭。但是，前闸门关闭前，需要把螺旋输送机缩进盾体内，而且此闸门只能挡住渣土，不能挡住水，如图 2-60 所示。

3）螺旋输送机的伸缩功能

正常工作时螺旋输送机的螺旋前端伸入土仓内。为了关闭土仓里的螺旋输送机前闸门，需要通过伸缩油缸缩回螺旋输送机。伸缩机构在螺旋输送机的中部设置，包括伸缩油缸、内筒、外筒及伸缩密封等组成。伸缩机构在螺旋输送机停机时或工作时都可以使用，可以把螺旋缩回到前盾盾体内，或者伸出到土仓内。通过反复伸缩，还可以处理渣土黏结或螺旋输送机被卡住的情况。

4)螺旋输送机的耐磨处理

土压平衡盾构中，刀盘开挖下来的所有渣土都需要通过螺旋输送机排出，所以螺旋输送机的磨损是不可避免的。螺旋输送机容易出现叶片磨损现象，在一些特殊情况下，甚至出现断轴、螺旋筒体磨穿等故障，如图 2-61 所示。因此，要对螺旋输送机进行耐磨处理，以延长使用寿命。常用的螺旋输送机耐磨处理有：

(1)螺旋轴与叶片母材采用耐磨性好的材料。

(2)螺旋叶片外沿镶嵌耐磨块。

(3)螺杆堆焊耐磨材料。

(4)筒体内部堆焊耐磨层或焊接耐磨钉与耐磨条。

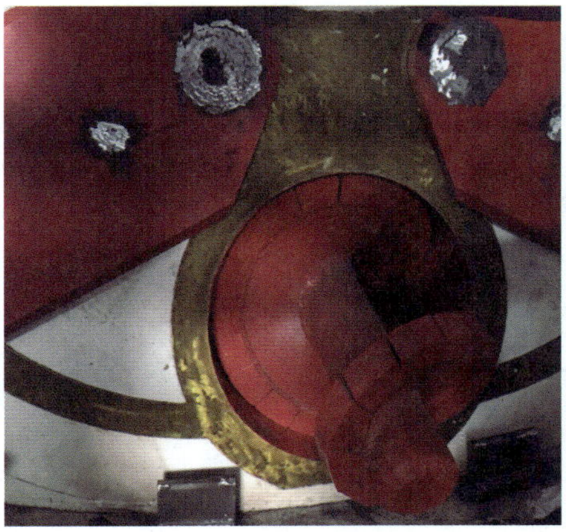

图 2-60　螺旋输送机前闸门

图 2-61　螺旋输送机断轴

但是，尽管采用了多种耐磨设计，也只能减缓磨损的进程，而不能彻底避免磨损，尤其是前部的叶片由于处在压力高的区域会首先发生磨损。一旦前部叶片磨损，螺旋轴在重力的作用下始终贴在筒体下部，就会使螺旋轴的轴心与筒体的中心线不再重合，而是存在一个越来越大的夹角，最终导致渣土无法有效地输送出去。为了适应这种情况，螺旋输送机的轴心轴与驱动端通过一个球铰连接，使螺旋轴与筒体不重合，螺旋机的驱动端也不承受支撑力。

2.6.2　皮带传输机

皮带传输机由皮带传输机支架、前随动轮、后主动轮、上下托轮、皮带、皮带张紧装置和带减速器的驱动电动机等组成，安装布置在后配套连接桥和拖车上，用于将螺旋输送机输出的渣土传输到盾构后配套的渣车内，如图 2-62 所示。

皮带传输机采用电动机驱动或液压驱动。为保证安全，皮带传输机上设有多处急停开关，或全程设置急停拉线装置。并且，为了更好地适应隧道曲线，皮带传输机上有曲线调节和防跑偏装置。皮带传输机的运输能力一般按照螺旋输送机运输能力的 1.1～1.3 倍设定。

图 2-62　皮带传输机工作时

2.7　泥水盾构泥水循环与分离系统

2.7.1　泥水循环系统

泥水循环系统如图 2-63 所示，是指将新泥浆和调整后的泥浆通过进浆泵与进浆管道输送至盾构开挖面，同时将刀盘切削下来的渣土和浆液混合成泥水，通过排浆泵与排浆管道送往地面的泥水分离处理系统进行调整。

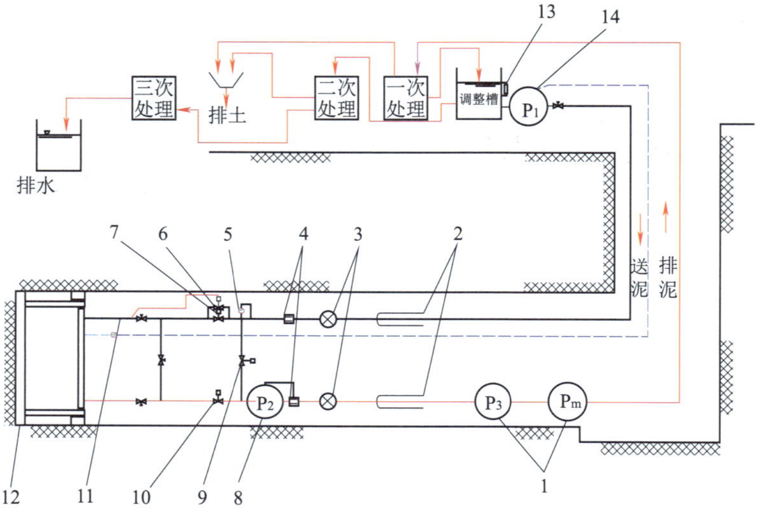

图 2-63　泥水循环系统示意图

1—排泥中继泵；2—伸缩管；3—密度计；4—流量计；5—水压计；
6—压力控制阀；7—送泥管；8—排泥泵；9—迂回管阀；10—排泥管；
11—开挖面水压；12—泥水加压式盾构；13—密度计；14—送泥泵

1. 泥水循环系统的组成

泥水循环系统主要由泵、阀、管道及配套部件等组成，通过泥水控制系统进行自动化操作。其中，泥浆管线必须具有足够的能力以满足开挖面的稳定控制和渣土的流体输送。泥浆管线主要由以下几部分构成。

(1)送泥管线。可将调好的泥浆输送至开挖面，控制开挖面泥浆压力。

(2)排泥管线。可将携带渣土的泥水稳定地输送至分离处理设备。

(3)压力保持管线。在推进停止期间和管线延伸等条件下使用，以保持开挖面稳定。

(4)开挖面水压管线。控制推进停止期间保持开挖面泥浆压力稳定。

送泥和排泥的管线上设置泵和阀门，依据管线上设置的压力表、流量表、密度计的测量值能够稳定地控制、调节开挖面的泥水压力，保证泥水循环正常。

由于刀盘掘削下来的渣土混入泥浆中，在排泥泵的吸力作用下，携带掘削的渣土经排浆管道输至地面的泥水调整槽中。因为携带掘削渣土的原因，故该泥水的密度、黏度均有较大的增加，所以流经管道时的内壁摩擦阻力较大，排放压力损失随之增大，随着排浆管路越来越长，导致使排浆效率下降。因此，在排浆管道途中设置中继泵（又称增压泵），保证排浆通道的通畅。

此外，在送浆管道中输送至掘削面的泥浆黏度、密度均不大，故尽管因掘进距离增长，送浆管的长度也不断加长，但是送浆管中的泥浆压力下降较小，所以送浆管道通常不设中继泵。

并且，当地层可能出现掘削下来的渣土中砾石的直径比排泥管径大时，还需要配备破碎机，对砾石进行破碎处理。

2.泥水循环系统的主要设备

(1)送泥泵：从泥水处理设备（调整槽）中向掘削面输送可用泥浆。通常选用定置式泥浆泵设置于地面泥浆池。

(2)排泥泵：把携带掘削渣土的混合泥水排向地面的泥水分离处理设备。通常选用转数可调的泥浆泵，设置在盾构机后方台车上。该泵可以处理砾石、砂、黏土、煤和其他磨损性物料，如图 2-64 所示。

图 2-64　排浆泵

(3)中继泵：弥补掘进距离增加造成排泥压力损失。通常选用定置定速泵，一般每 200～300 m 设置一台。

(4)送泥管：为减小压力损失，通常送泥管的直径比排泥管的直径大 50 mm 左右。但是，在靠近盾构机的部位、阀门部位、伸缩管部位等位置时，可使送泥管径与排泥管径相同。

(5)排泥管：排泥管径取决于输送的砾径、渣土颗粒的沉淀极限流速、盾构的掘进速度、盾构外径等因素。通常情况下，在砂砾层中排泥管径不小于 200 mm。

另外，泥水加压平衡盾构中使用的管材，要求具有良好的耐磨损性和光洁度。由于泥水中的土砂砾石成分是在摩擦管壁的过程中被输送的，因而不适合使用螺旋钢管等薄壁管材。管路的连接和切断工作是在掘削停止时进行，通过旁通管来防止压力下降。

(6)伸缩管装置：伴随盾构机掘进距离的延伸，掘进循环达到一定距离，需要延伸泥浆管，延伸装置如图 2-65 所示。泥浆管延伸装置分为两种：一种是活塞式；一种是软管式。

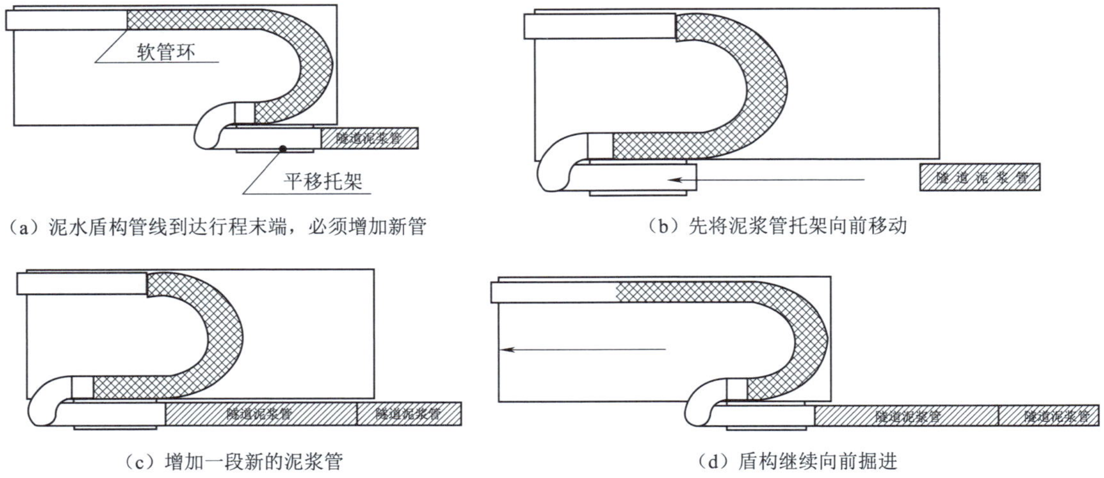

图 2-65　伸缩管装置示意图

①活塞式延伸时，先将泥浆管内泥浆泵送到刀盘里，再进行活塞收缩，然后安装泥浆管，再重新进行连接。

②软管式延伸时，先用清水将延伸管内的止浆塞推入隧道内的泥浆管内，然后移动收回软管，此时因为止浆塞的在隧道内的泥浆管内，能够阻止泥浆倒流进入隧道。这时安装新的泥浆管后，重新连接，再将止浆塞打回原有的延伸系统内。

(7)阀门：控制泥水流向的阀门切换装置，设在盾构机的台车上。在关闭和流量调节时需要使用阀门，且大部分为自动阀控制。

(8)破碎机，一般配置在泥水盾构的气仓底部排浆管的入口处，包括碎石器和格栅。是为了保证泥水循环的顺畅，把大粒径的石块破碎到可以通过格栅，顺利通过排泥管道输送到地面泥水处理设备。

3.泥水循环模式

泥水盾构的泥水循环模式分为开挖模式、旁通模式、反循环模式、隔离模式和长时间停机模式。

1)开挖模式

开挖模式在开挖掘进时使用，如图 2-66 所示。根据气垫室里泥浆的液位以及所要求的排渣流量，对伺服的泵 P. 1. 1 和 P. 2. 1 的转速分别进行调整。调整 P. 1. 1 泵的转速用以校正泥浆\气垫界面液位达到所要求的值，同时确保它沿程的下一个泵的超载压力要大于所要求的净吸压力。

调整 P. 2. 2 泵的转速，用以校正排渣流量达到所要求的排渣模式的值，同时确保沿程的下一个泵的超载压力要大于所要求的净吸压力。P. 2. 2 泵的转速必须能确保排渣的流体能被泵送到地面的分离厂。调整 P. 2. 2 泵的转速以便在泥浆分离厂入口处达到必要的压力。

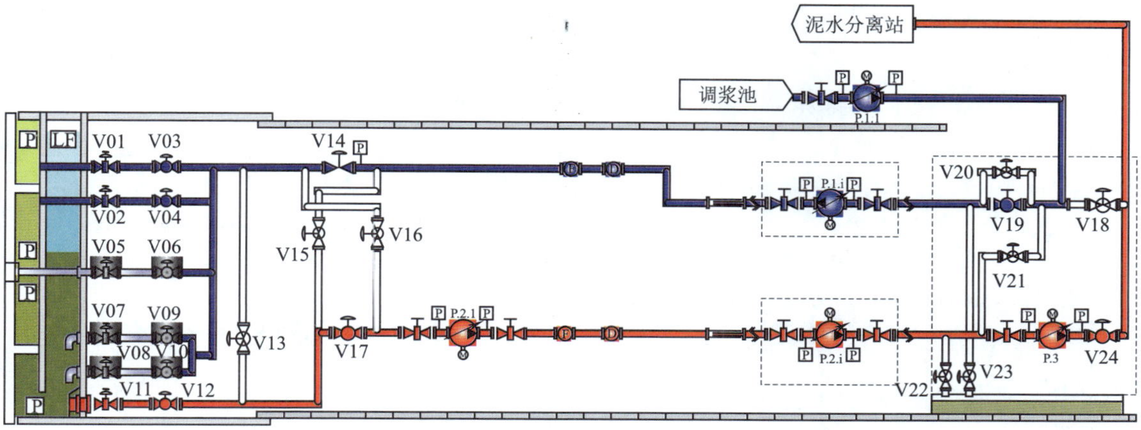

图 2-66　开挖模式示意图

2)旁通模式

旁通模式在泥水盾构不进行开挖而执行其他功能时使用,又称待机模式,如图 2-67 所示。旁通模式也用于当泥水盾构从一种功能切换到另一种功能时使用,尤其是旁通功能用于安装管片衬砌时可使开挖室被隔离。在旁通模式,各泥浆泵都根据泵的超载压力和所要求的排渣流量所控制的转速保持旋转。由于此时开挖室没有泥浆的供给,因此理论上并不需要控制泥浆/气垫界面高度。然而泥浆/气垫界面高度可能由于水从开挖面上流失或进入而发生变动。在这些情况下,可能需要补充泥浆(只要注入管道压力许可的话)或排出泥浆,以调整这个高度。

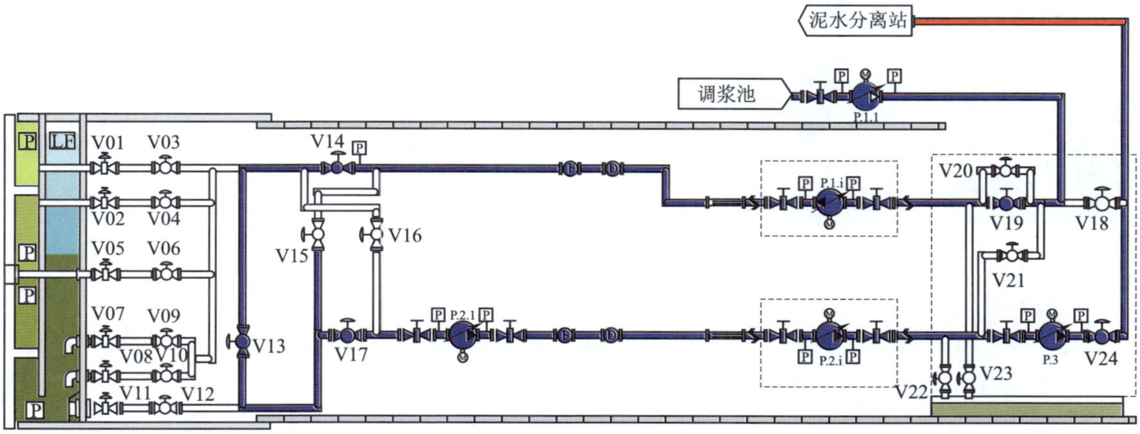

图 2-67　旁通模式示意图

3)反循环模式

反循环模式使开挖室里的泥浆逆向流动,如图 2-68 所示。仅用于一些特殊情况,例如,开挖室内发生阻塞,或用于清理盾构内的排渣管道。为了不让泥浆充满开挖室,气垫压力与泥浆/气垫界面液位的控制仍需维持。

4)隔离模式

隔离模式使隧道里的泥浆管道系统与地面泥水处理系统处于完全隔离状态,但此时设在地面的泥浆分离处理设备和泥浆制备设备之间的回路仍保持连通。隔离模式多用于隧道泥浆管道延伸时的情况，如图2-69所示。各排渣泵(P.2.1、P.2.2)停止运转。而P.1.1仍保持运行，以保持泥浆制备设备和泥浆分离设备之间回路的循环。始发井中的旁通阀V18控制着这个回路。

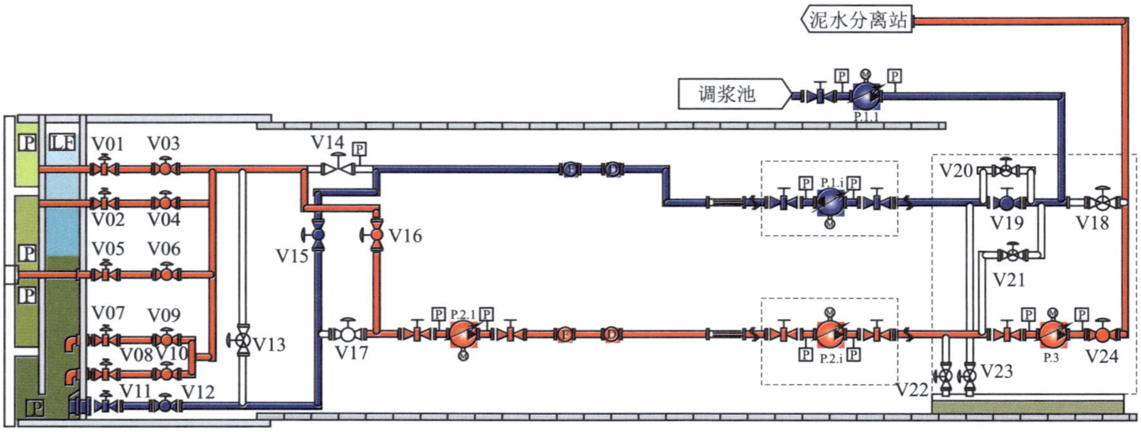

图2-68　反循环模式示意图

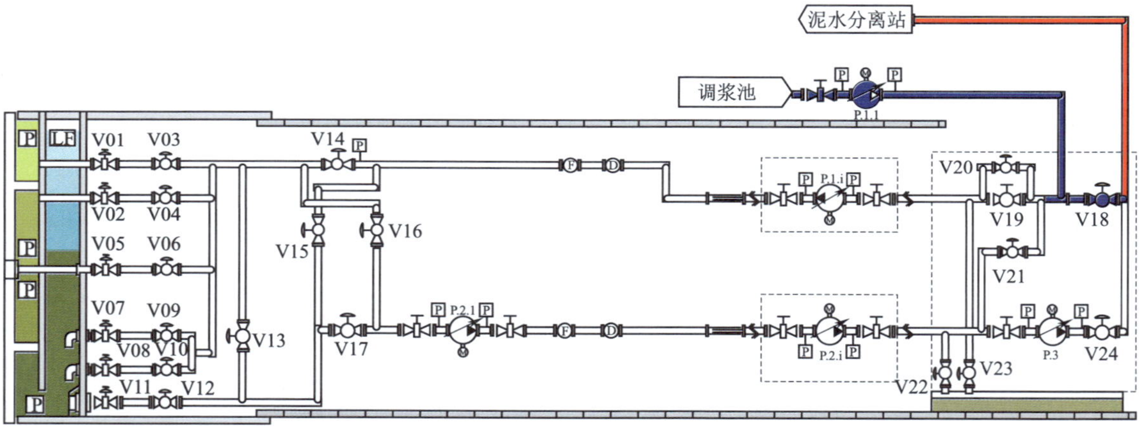

图2-69　隔离模式示意图

5)长时间停机模式

长时间停机模式是自动控制的，常用于长时间停机时使用，如图2-70所示。此时所有泵都停止运转。开挖面压力由压缩空气回路来控制。当气垫室泥浆液位低于预定的低限时，便进行校正。

4.泥水循环堵塞的防范措施

在泥水盾构的泥水循环系统中，防止排浆管路堵塞的措施主要是对泥水仓不同部位设置冲刷装置。

1)刀盘冲刷

从地面上进来的膨润土泥浆可以通过中心回转接头泵送到刀盘区域，分别在刀盘后部、在刀盘开口和中心区域设置冲刷点，防止刀盘中心和开口处发生结泥饼问题。

2)泥水仓冲刷

在隔板的上部和中部两侧，设置向下的冲刷点，在搅拌、混合泥水仓中的膨润土和渣土的同时，把混合后的泥浆导向下部的开口。

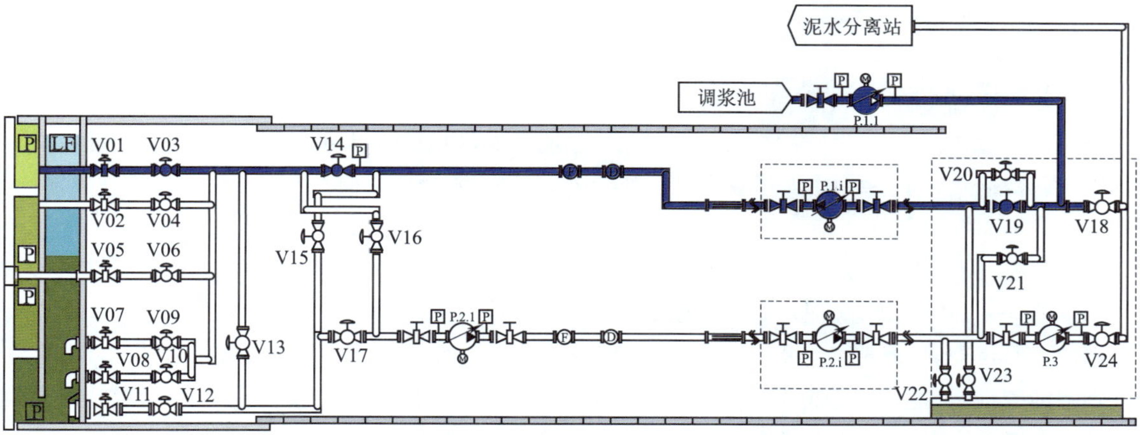

图 2-70　长时间停机模式示意图

3)隔板开口冲刷

隔板下部的开口是最容易发生渣土沉积、堵塞的区域，所以在开口的两侧各设置一个大流量的冲刷口，扰动开口位置的渣土并使之向开口后方流动。

4)调压仓底部冲刷

调压仓底部也是容易发生渣土聚积、堵塞的区域，所以在底部区域的两侧各设置一个大流量的冲刷口，冲刷这一位置的渣土并使之向碎石器、格栅方向流动。

5)碎石器、格栅冲刷

碎石器的作用是破碎渣土里的大石块，使之可以用泥浆泵和管道排出到地面上，但是碎石器破碎大石块是需要时间的。此处的冲刷就是保证在破碎期间排泥流量的连续以及在石块破碎后第一时间被泥浆带走，防止堆积造成堵塞。当然，在没有岩石的地层里，盾构就不需要安装碎石器，而是用搅拌器代替，但是其目的也是相同的，即防止渣土在此处沉淀堆积造成堵塞。

格栅的作用是限制进入排浆管渣土的粒径，在碎石器没有破除到可以通过格栅时石块不能进入排浆管。冲刷格栅就是为了防止石块在格栅前沉淀下来，堵在格栅前部，造成排渣不畅。

通过以上一系列的冲刷处理，达到防止刀盘结泥饼、防止泥水仓结泥饼、使渣土和膨润土充分混合均匀，防止隔板开口堵塞、防止调压仓底部区域堵塞、防止碎石器和格栅堵塞，最重要的是通过冲刷口方向的设置和排泥管的抽吸作用，使泥水仓内的泥浆向隔板开口流动、隔板开口的泥浆向碎石器流动、碎石器的泥浆向格栅流动、格栅的泥浆向排泥口流动，从而形成一个单向的、持续的排渣通道。

5. 泥水循环的控制管理

泥水循环的控制管理主要包括：流量和液位的控制、泥浆压力的控制和泥浆相对密度的控制等方面。

1)流量和液位的控制

对于掘进循环，泥浆的循环流量的目的是携带渣土。为能够携带渣土避免沉淀，必须具备一定的流速，对于不同的地质，其要求的流速是不同的，与渣土的相对密度、泥浆的黏度有关。对于泥浆的液位，为避免泥水仓压力波动太大，需要保证泥浆液位的相对稳定，液位的稳定通过调节进浆和出浆的流量差值来实现。流量的调节，通过增大进浆泵和出浆泵的转速来实现。由于携带渣土的原因，进浆流量和出浆流量存在一定的差值，操作时，其流量调节的基准是调节出浆泵的转速，确保最低的出浆流量(根据理论计算和实践证实相结合确定)，此时根据液位变化，调节进浆流量，使气垫仓液位保持在某一个中间的稳定位置。

2)泥浆的压力控制

泥浆的压力调整是个被动参数，为能够保证足够的流量，调整泥浆泵的转速，其泥浆泵的进出口的压力均因之而变化。对于系统压力，根据泵的工作能力，一般只限制最高值。泵的压力随着管路的延长，延程损失的增加而增加。

3)泥浆相对密度的调整

泥浆的进浆相对密度，由泥水处理厂控制。为达到开挖面上的稳定，须将开挖面的变形控制在最低限度以内，则希望泥水相对密度要相当高。但相对密度高的泥水使得送泥泵处于超负荷状态，将招致泥水处理上的困难；而相对密度低的泥水虽具有减低泵的负荷等优点，但却产生了逸泥量的增加、推迟泥膜的形成。对于盾构掘进而言，对既有的进浆比重，只能通过掘进速度的改变来调整出浆的相对密度。如果出浆相对密度很高，可以通过降低推进速度来降低泥浆相对密度。一般进浆相对密度为 1.05～1.25，出浆相对密度为 1.1～1.4。

2.7.2 泥水分离处理系统

泥水盾构开挖过程中，将掘削下来的渣土与泥浆进行混合形成泥水，通过泥水循环系统进行输出。为了达到渣土外弃的要求，必须对排出的泥水进行分离处理。泥水分离处理系统就用于将盾构排出的泥水中的水和渣土进行分离。

泥水分离处理系统设置于地面，由泥浆制备和泥水分离两部分组成。其中，泥水分离站主要由振动筛、旋流器、储浆槽、调整槽、渣浆泵等组成；泥浆制备设备由沉淀池、调浆池、制浆系统等组成。

1.泥水分离处理的工序过程

如图 2-71 所示，泥水分离处理过程就是将盾构机排出的泥水，经由排泥泵送入泥水分离站，进行第一步筛分器的粗筛振动筛选后，将粒径在 3 mm 以上的渣土分离出来；筛余的泥水由渣浆泵加压，沿输浆软管从旋流除砂器进浆口切向泵入，经过旋流除砂器分选，74 μm 以上粒径微细的泥砂由下端的沉砂嘴排出落入细筛；细筛脱水筛选后，干燥的细渣料分离出来；经过筛选的泥浆经渣浆泵泵送，循环再进入二级旋流器，分选 30 μm 以上的颗粒，由细筛脱水分离。分离后的泥浆进入储浆池，再经过处理后进入盾构机。

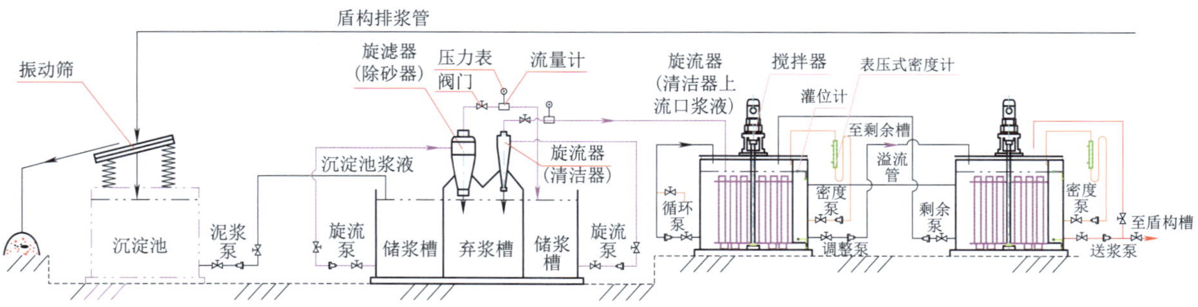

图 2-71　泥水分离处理过程示意图

通过以上工艺过程，对泥水盾构泥水循环系统排出的含有渣土的泥水做一系列的处理、调整，使之符合再利用标准或废弃物排放标准的处理、调整过程，称为泥水分离处理。其中，包含一级处理、二级处理、三级处理。

1)一级处理

即携带掘削土砂的排泥中的砾、砂、淤泥及黏土结块等粒径大于 74 μm 的粗颗粒，从泥水中分离出去，并用运土车运走。

2)二级处理

使一级处理后的多余的泥水进一步作土(细粒成分)、水分离(凝集脱水)。原则上 74 μm 以下的小颗粒土砂(粉砂土、黏土、胶体)，呈电化学结合。由于作机械性分离困难，并且粒子小，沉降速度慢，所以自然沉淀需要很长时间，而且要有大规模的沉淀池。目前多数采用添加凝集剂，使其形成团粒(絮凝)，成为便于处理的大颗粒后再强制脱水，处理成可以搬运的状态，然后运出。

3)三级处理

把二级处理后产生的水和坑内排水等 pH 值高的水处理成达到排放标准的水，然后再排放。通常经过二级处理后的废水均显碱性，可利用硫酸等进行中和，在排放之前把 pH 值调整到符合排放水质标准后，再进行排放。

2. 泥水分离处理系统的设备构成

如图 2-72 所示，泥水分离处理系统的设备主要用于将含有渣土的泥水进行分离处理，使渣土被分离脱水后直接外运，分离后的可用泥浆经过调整重新回到盾构使用，达到废弃标准的泥浆处理至符合排放标准进行排放。一般分离处理系统有振动筛、旋转分离器、离心机、压滤机、调整槽、剩余槽等。

图 2-72　泥水分离设备

1)渣土振动筛

采用振动筛作为首道初级分离比较合适，振动筛的作用是对泥水作预处理，去除团状和块状等粗大颗粒。对于不同粒径和级配的物质分离，振动筛是最基本的设备，振动筛是由一个或多个筛板组成，每个筛板的筛孔逐级减小。振动筛一般用于粗糙材料的筛分。其孔眼小至 60 μm。

2)旋转分离器

旋流处理分系统的主要功能是将经过分离以后的中细颗粒浆液再次进行细化处理，逐次降低浆液粒径，处理系统一般采用多级旋流分离器进行处理。

旋流分离器的工作原理是依据水动力高速旋转产生的离心力达到处理目的，利用旋流泵在旋转过程中使旋流器产生负压力，迫使旋流器内部悬浮的细微颗粒，通过离心作用产生螺旋式上升，通过上溢口被负压力挤出，浆液中粗重颗粒在自重的重力作用下落入下溢口弃浆槽内。旋流器不同的内径和颈长比以及不同的工作压力，会起到不同的处理效果。

旋转分离器由一固定的锥体组成，它的进料口紧挨其壳体，在圆锥体的顶部设有一上溢流出口，底部设一下溢流出口，开挖料以较大速度抽入旋转的锥体中，使之产生涡流作用，泥水进入锥体中的螺旋体。尺寸大、质量大的粒状物通过离心作用，以一定速度分离出来，集中到锥体的内壁上，最后通过底部出口排出；细小的颗粒，保留在泥水中，经螺旋体从上溢口排出。旋转分离器广泛应用于地表分离站，它可以从废弃泥水中分离出砂和淤泥，甚至可以有效地分离出 10 μm 的颗粒。

3)凝聚分离设备

把剩余的泥水在凝聚沉淀槽中搅拌，同时添加絮凝剂使细粒结合形成絮凝物，促进沉淀。

4)压滤机

主要作用是进行脱水处理，脱水即取出絮凝的凝聚物的大部分孔隙水，将废弃的泥浆经压滤机处理后更适于运输处置，使之成为可以搬运的结块。常用脱水方式有以下两种：

①加压脱水方式：利用泵和空压机对絮凝物加压，通过滤布脱水。

②真空脱水：使绷紧滤布的旋转鼓筒内加负压，利用其压力差进行脱水。

5)离心机

通常使用的离心机是由两个围绕一静止室旋转的同轴部件组成。它用于净化膨润土泥浆很有效，只把 6 μm 的颗粒保留在泥浆中。

6)各类处理槽

从开挖面排送到地面的泥水，经一级处理和二级处理的渣土分离后，分成渣土和水两部分。渣土运往弃土场，水则再次循环到开挖面。当泥水被送往开挖面前，需要调整其相对密度和黏度指标。为此，在调整槽中利用仪器量测后，投放新泥原料或调整剂，将相对密度、黏度等调整至符合开挖面使用要求后再使用。此外还需要储存溶解和混合化学药品用槽。所以在整个分离处理系统中设置有调整槽、剩余泥水槽、有机和无机凝集剂槽、有机和无机溶解槽、混合凝集槽、过滤水接收槽、清水槽、黏土溶解槽、储泥槽、稀释槽、过滤水槽等多种用槽。

3.泥水分离处理的管理

泥水处理过程需要对一级处理、二级处理、三级处理进行有效管理。包括对凝聚剂添加、砾石处理设备等泥水分离处理设备的启动、停止、运转状况、槽内泥水量以及化学剂量等进行量测和监视，并对其处理量和整体进行监视。

根据分离处理设备的运转状况和能力，改变运转速度，稀释或浓缩泥水，以便适应开挖面状况，并且在最适当的状态下进行掘进管理。泥水槽内的泥水，根据比重计指示，由泵自动进行泥水稀释和浓缩增减操作。

使用的凝聚剂要适合开挖面土质，通过调试试验来变换化学剂增减使用的剂量，得到最经济的使用量。

2.8 管片拼装系统

2.8.1 管片拼装系统的构成及工作过程

管片拼装系统主要由管片拼装机、管片吊机、管片输送车等组成，如图 2-73 所示，用于吊运、平移和拼装管片。从而形成隧道衬砌，支护已经掘进好的隧道，并为盾构推进提供反作用力支撑点，其性能好坏直接关系到隧道施工速度与隧道质量安全。

管片拼装系统的工作过程是：

(1)先用管片拼装机将由管片吊机和管片输送车输送来的管片夹持锁紧，通过举升机构的升降液压油缸提升管片，平移机构将提起的管片移到拼装的横断面位置，回转机构将该管片旋转到管片安装的径向位置，以完成管片在隧道中的初步定位。

(2)用偏转液压缸、仰俯液压缸和举升液压缸的不同步伸缩微调定位，使待装管片的螺栓孔与前一环、前一片管片的螺栓孔同时对齐。

(3)当一片管片安装完成后，用螺栓将环向及轴向相邻的管片按一定的力矩进行连接，完成管片的拼装。

在上述拼装过程中，管片拼装机能够实现管片抓取、平移(X)、回转(Y)、升降(Z)、横摇(θ_x)、仰俯(θ_y)和偏转(θ_z)7 种动作。其中，除管片抓取动作外，其余 6 种动作与管片 6 个自由度相对应，如图 2-74 所示。

图 2-73　管片拼装系统实物图

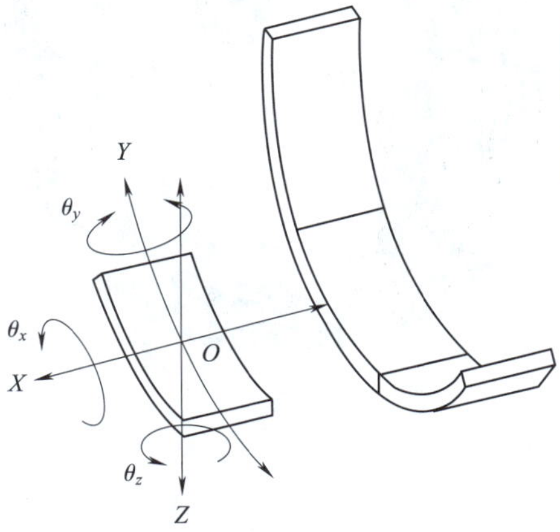

图 2-74　管片的 6 个自由度

动画

管片拼装过程

2.8.2　管片拼装机的组成

管片拼装机的结构形式通常有盘式和中心环式。盘式拼装机一般以挡拖轮定位，中心环式一般以回转支承定位，由于中心环式具有定位精度高、结构相对简单等特点，是目前主要使用的结构形式。

管片拼装机主要由支撑主梁、平移机构、回转机构、提升机构、微调机构、管片抓持机构、工作平台和液压系统组成。

1)平移机构

平移机构主要由托梁、液压马达及减速器、平移液压缸和移动架等部分组成，如图 2-75 所示。两根托梁安装在盾构中盾部位的米字梁上，整个管片拼装机呈悬臂梁布置，两个平移液压缸安装在托梁上，推动移动架及安装在移动架上的回转机构、举升机构、举重钳、抓取机构、管片等一起沿隧道轴线方向平动。

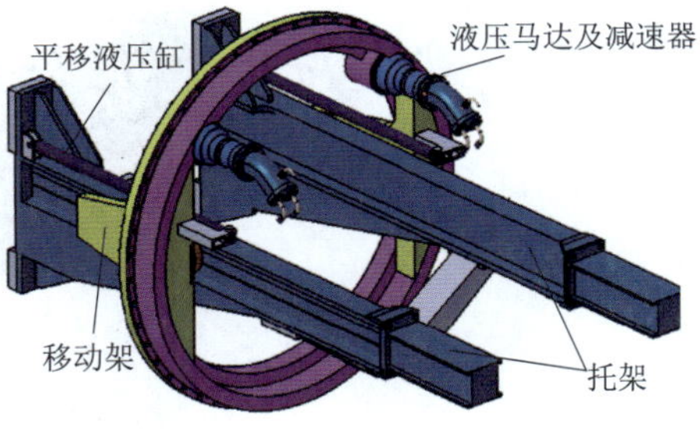

图 2-75　平移机构示意图

2)回转机构

回转机构通过回转支承将回转架与移动架相连接,其驱动形式为一级圆柱齿轮传动,如图 2-76 所示。液压马达输出的扭矩和转速通过行星减速器传给驱动轮仓中的小齿轮,再由小齿轮与回转支承内齿圈组成的一级圆柱齿轮传动传递给回转架,带动安装在回转架上的举升机构、管片抓取机构和管片一起动作,执行绕隧道轴线的回转运动,可实现±200°旋转。

3)举升机构

举升机构主要由一组液压缸、举升梁及其附属配件组成,并通过举升梁上的球形关节轴承与管片抓取机构相连,如图 2-77 所示。

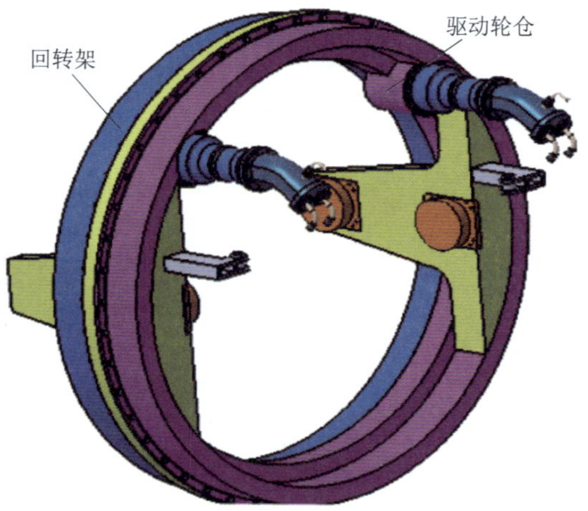

图 2-76 回转机构示意图

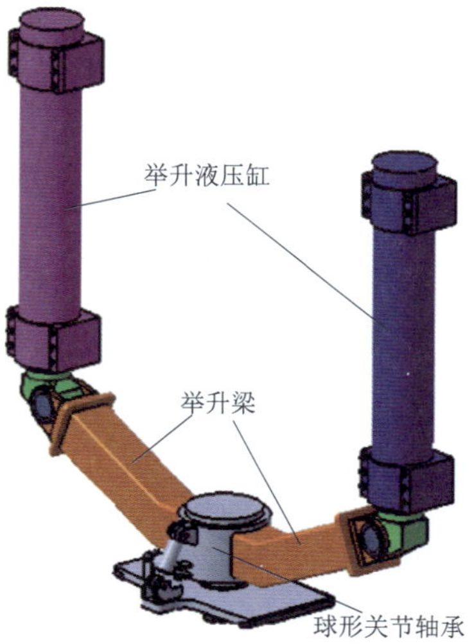

图 2-77 举升机构示意图

举升机构主要完成管片在竖向轴(Z轴)上的移动。举升机构能完成两个动作:一个是通过举升机构的两个液压缸同步动作完成管片沿 Z 轴方向的移动,另一个是通过这两个液压缸的不同步供油完成管片的侧翻动作。

举升机构的侧翻动作的实现是通过举升油缸、举升梁、球形关节轴承的相互姿态配合来实现的,在侧翻过程中两个举升油缸不同步供油。

4)抓取机构

抓取机构能实现的动作有俯仰、横摇和锁紧,如图 2-78 所示。当抓取头勾住预装在管片上的抓取螺栓后,缩进机构动作,将抓取螺栓锁紧,保证管片不会晃动,然后再依靠其他机构各个动作互相配合,将管片装到指定的位置。抓取机构上的几个动作幅度并不大,其中俯仰和横摇动作属于管片的微调动作。

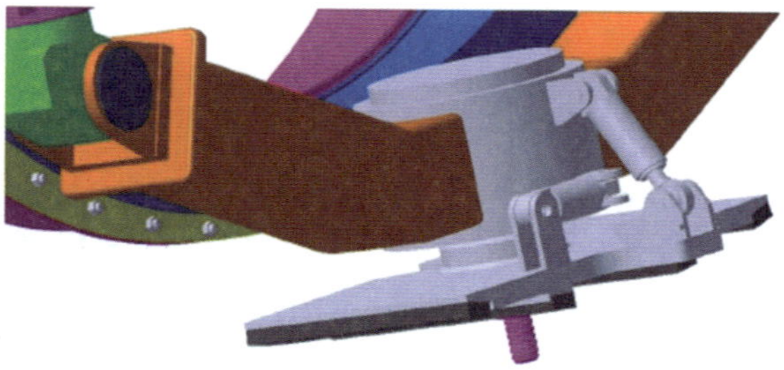

图 2-78 抓取机构示意图

常见的抓取机构有两种形式，分为机械抓取式和真空吸盘式。机械抓取式的抓取机构适用于体积较小、质量较小的管片。真空吸盘式抓取机构一般多用在大直径隧道管片，确保管片能够安全、迅速被抓取。

2.8.3　管片拼装机的控制原理

要实现管片拼装的准确定位，就必须实现管片拼装的 6 个自由度运动及 1 个抓持运动。液压系统作为管片拼装机的动力源和控制中枢，它的好坏直接决定了管片拼装机能否良好地工作。并且，为了更好地进行拼装作业，在实际应用中管片安装机需要具备遥控和本地控制两种方式。

1. 管片拼装机液压控制原理

1）周向回转运动控制

管片安装机周向回转运动采用发动机作为执行机构，通过电液比例多路阀无极控制回转速度，多路阀带有进口压力补偿器，可使运行速度不受负载变化影响。发动机平衡制动模块的使用有效降低了由于管片质量较大而引起的超越负载现象，保证回转运动安全可靠。

2）同步提升控制

管片安装机的提升动作采用比例多路阀控制，每次提升液压缸可以通过遥控手柄单独控制伸缩，以保证动作的平稳性、连续性和准确性。此外，液压缸两腔设有自锁式平衡阀，其具有双向液压锁和平衡阀的组合功能，可以解决负向负载和锁紧保持问题。

3）轴向移动控制

管片拼装机轴向移动液压缸通过电液比例多路阀控制其伸缩，既满足了大范围快速移动要求，又兼顾了轴向精确定位要求。液压缸伸缩设有安全保护阀，用来防止运动过程中出现卡死和损坏设备等现象。

4）摆动及回转运动控制

管片摆动和回转运动分别由安装于抓举头上的两只小液压缸的伸缩来实现。由于调整行程很短，选用小流量的电磁换向阀就可满足其对姿态调整精度的要求。平衡阀用来解决负向负载和锁紧保持问题。

2. 管片拼装机协同控制原理

1）相互作用

在推进系统控制流程中穿插有管片拼装的环节。在推进回路控制过程中。推进泵首先要进行盾构推进动作，推进结束后才开始进入管片拼装环节。所以在盾构施工过程中，管片拼装系统和推进系统是相互作用的。

盾构在掘进一环管片的距离后，需要停下来拼装管片。根据管片封顶块的位置，按照一定顺序缩回液压缸进行拼装管片作业。待完成一环管片拼装后，拼装模式结束，盾构转换为掘进模式。

其中，缩回推进液压缸时，可以通过无线遥控器对推进液压缸进行单组伸缩或者区域伸缩。这样做的目的是使管片拼装过程中管片的定位控制变得简单、快捷。此时，主控室禁止对推进系统及刀盘驱动系统进行操作。由于推进液压缸通常成双数退回从而预留出拼装 1 片管片的空间，待该管片拼装完成后再将其他无管片区域的推进液压缸成对缩回。如此缩回、拼装交替进行，最后将管片拼满隧道圆周。

2）协同控制

在盾构完成一环管片掘进后，需要拼装一环管片来支撑土体和地下水带来的压力。同时，需要推进液压缸来配合拼装管片，使之达到工程要求。根据管片拼装工序流程，管片拼装系统和推进系统间的协同控制有以下要点：

(1)拼装点位选取。所谓拼装点是指管片拼装时封顶块(K 块)所在位置,其选取依据为盾尾间隙和管片拼装型号。对于一环管片,它是由几块管片拼装而成的。一环管片的数量是由建设方确定的。每环管片由标准块、相邻块、封顶块组成,根据掘进时盾构的姿态情况来决定封顶块拼装位置,从而确定其他块拼装位置,也就明确了推进液压缸缩回顺序。

(2)推进液压缸选择。一旦确定了封顶块的位置,就可以明确控制哪几个推进液压缸先进行伸缩,其他推进液压缸就不会有动作。当该块管片拼装完毕,这几个推进液压缸也将退出管片拼装模式,这样就提高了工作安全性。

(3)拼装管片。根据拼装管片时推进液压缸选择的特点,在不增加推进液压缸选择开关及不增加管片选择旋钮的情况下,实现了推进液压缸的自动控制。而且在一块管片没有拼装完之前,可以任意使用推进液压缸调整管片的位置,一旦该块管片拼装完成,相应的推进液压缸不会再有伸缩的动作。这样既节省了拼装手拼装管片的时间,同时也简化了操作的烦琐程度,又保证了施工安全。

3)安全互锁

在盾构机上,最危险的地方就是管片安装区域。因此,整个管片拼装系统及其控制都经过专门的设计把风险降到最小。为了便于操作和遥控器控制,以及管片拼装过程中的安全管控,在操控系统中集成了安全互锁关系。

(1)盾构完成掘进后,操作员选择管片安装模式。这样,推进油缸的控制权交给了管片拼装系统。操作员就不能控制推进油缸,液压系统也换为低压大流量模式。控制权只有从管片安装区域返回到控制室一条路径。

(2)对于吸盘式抓取机构,抓取头位的真空吸盘里装有管片接近识别开关,可以在起动真空泵之前识别当前在真空板下的管片。真空度的互锁功能可以防止真空度低于 80%时抓取管片。真空度连续显示,在真空度低于 75%时发出警报,以防止不安全事故的发生。

(3)管片拼装机上安装有声光信号指示装置。信号是自动发出的,如果管片拼装机旋转,红色警报灯将启动。

2.8.4 管片吊机与管片输送车的功用

1.管片吊机

1)功能

管片吊机设置在连接桥和 1 号台车梁下,可将电瓶车运来的管片逐个吊起运送至管片拼装机下方的管片输送车上进行存放,如图 2-79 所示。由于 1 号台车端头设有防撞梁,因此电瓶车运来的管片只能通过管片吊机运送至管片输送车上。

动 画

管片吊机与管片小车

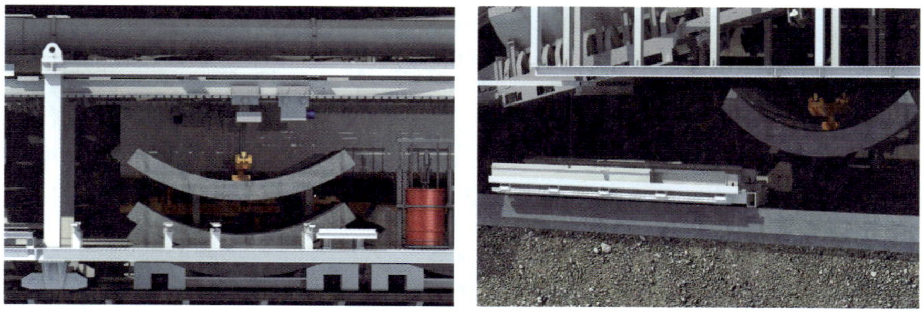

图 2-79 管片吊机示意图

2)分类

管片吊机按照轨道梁形式不同分为:单梁式、双梁式。通常情况,使用的双梁式管片吊机比较多。按照行走形式又可分为:齿轮齿条式、链轮链条式、摩擦轮式等。按照起吊机构形式还可分为:葫芦提升、卷扬牵引式。按照吊具的不同可分为:机械机构式、真空吸盘式。

3)作用

管片吊机行走轨道由直线段、斜线段、弧形过渡段、直线段组成,可以将管片直接从电瓶车卸载位置吊运至管片输送车上。在吊运过程中,管片吊机主起升机构中的防摆机构在斜线段、直线段自动将主起升机构的起吊架、行走架锁定,防止吊运过程中紧急制动时管片晃动,防摆机构在弧形过渡段处于自由状态,依靠管片吊具自重摆动到水平位置。电缆行走小车依靠单独电缆轨道行走。

4)注意事项

管片吊机在电瓶车卸载位置起吊管片时,必须将管片与吊具起升至电瓶车卸载的上方,否则回转机构有被撞坏的风险。回转机构上安装有防撞保护装置,但操作人员必须严格按规定操作,否则将出现回转电动机被损坏的安全事故。管片吊机为一体,所有起吊葫芦必须同时使用,严禁使用单个起吊葫芦吊运管片。

2. 管片输送车

1)功能

管片输送车设置在连接桥下方,由盾体拖拽前进,可存放由管片吊机卸下的管片,并由管片输送车转运到管片拼装机可以抓取到的范围内,如图 2-80 所示。并且管片输送车可实现上下和水平的移动控制,以完成管片的换位。

2)基本结构

管片输送车主要由固定支架、滑移支架(滑移油缸)、顶升支架(顶升油缸)等组成。

图 2-80　管片输送车示意图

2.9　导向系统

2.9.1　导向系统的分类与功用

1. 导向系统的发展与分类

盾构机发明后相当长的一段时间,对其导向定位与传统隧道测量方法并无根本上的区别,主要是采用卷尺和经纬仪等原始测量工具。卷尺可以测量距离，经纬仪可以测量仰角和水平角，再通过三角关系与坐标换算便可以得到所测量点的位置。

随着技术的发展，距离测量经历了光学测距仪和电子测距仪两个阶段。光学速测仪就是指带有视距丝的经纬仪，所测距离是通过三角换算得出的。电子速距仪是通过准确测量电磁波在仪器与目标点之间的传输时间来确定。

直到 20 世纪 80 年代，人们把光学测距和电子测距两种方法整合到一起才出现了真正意义上的全站仪，即使这样，盾构测量人员仍然有很大的工作量，要不断地奔波于地面与机器之间。对目标的照准、测量、计算、比较都要人工完成，才可以得到机器的准确位置。

到了 20 世纪 90 年代初，瑞士的 Leica 公司首先在测量仪器上实现 ATR(Auto Targets Recognition)功能，即自动目标识别技术。此后，真正具有实用价值的自动盾构导向系统才在此基础上逐渐发展起来。这时全站仪被称作测量机器人，因为它代替了人工的照准、测量、计算等烦琐的程序。软件程序通过端口实现对全站仪的控制，在此基础上实现了对盾构的自动导向。

根据导向实现的手段不同，盾构导向系统大致可以分为陀螺仪方法和全站仪方法。其中，全站仪方法又经历了三棱镜法、双棱镜法、激光靶法的发展历程，如图 2-81 所示。

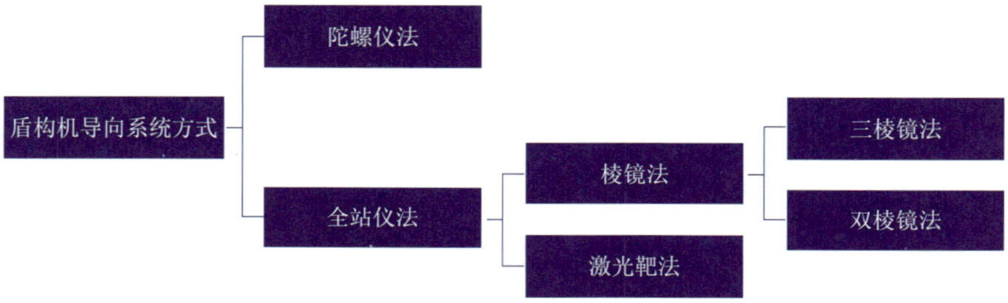

图 2-81　盾构导向系统方式

(1)陀螺仪法：主要是利用陀螺仪测量出机器的水平角，再用倾斜仪测量机器的滚角与仰角，通过对机械部件的伸长量(如油缸)或其他测距手段得到掘进距离，再利用三维关系换算出机器的位置。它虽然不受测量空间的限制，但测量精度不理想，同时，高精度的陀螺仪造价非常昂贵，也限制了它的应用。

(2)全站仪法：主要是通过软件控制全站仪实时地对目标点进行监测，再加上滚角与仰角信息，通过三维关系换算出机器的实际空间位置。它具有精度高、刷新快等优点。目前被应用于所有主流盾构导向系统中，所有利用全站仪的导向系统都属于此类。

全站仪法导向系统发展到现在，经历了三棱镜法到双棱镜法再到激光靶法等发展历程，如图 2-82 所示。其中，激光靶法由于技术先进、测量精度高、所需要的测量空间较小、故障出现概率低等优点被施工单位和业主单位优先选用。双棱镜法和三棱镜法则慢慢被市场淘汰。本书中导向系统的讲解以全站仪法导向系统为主。

棱镜法导向系统的技术核心是参数坐标系转换，初始确定好棱镜 1、棱镜 2、倾斜仪与盾构的相对关系后，在盾构推进过程中实时测量棱镜 1、棱镜 2、倾斜仪的值通过参数坐标系转换来求得盾构的位置信息和姿态信息，棱镜法导向系统原理如图 2-83 所示。

激光靶法导向系统的技术核心是确定全站仪的入射激光与激光靶轴线之间的夹角，激光靶内置相机可以感应入射激光在相机内的成像位置，通过相关算法可以计算出入射激光与激光靶轴线的夹角，进而得到激光靶的方位角。通过测量激光靶上的棱镜可以得到激光靶的坐标，同时激光靶内置双轴倾斜仪可以得到激光靶的滚动角和俯仰角，通过初始激光靶和盾构的刚体关系可以求得盾构的位置信息和姿态信息，激光靶法导向系统原理如图 2-84 所示。

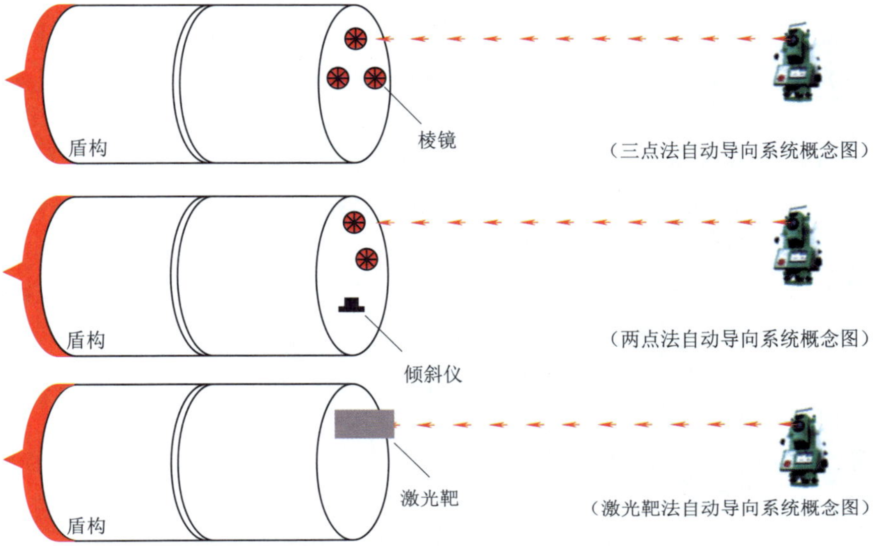

图 2-82　全站法导向系统发展过程

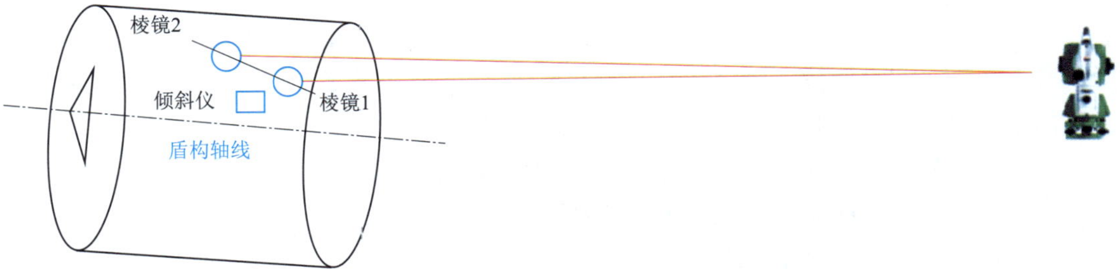

图 2-83　棱镜法导向系统工作原理示意图

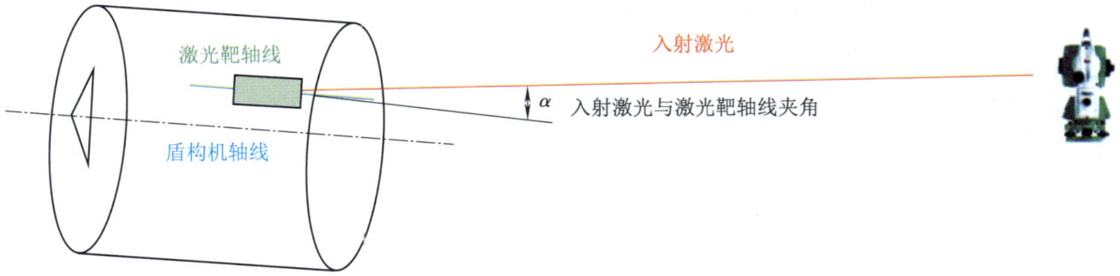

图 2-84　激光靶导向系统工作原理示意图

2. 导向系统的组成与作用

目前，世界上应用最为广泛的就是全站法导向系统，因其可发射激光，故又称为激光导向系统，其主要构成有激光发射装置、检查和转换装置、控制装置等部分。

1)激光发射装置

激光发射装置包括两部分，即激光器和光学仪器。主要作用是向前方激光接收靶发射激光，来确定盾构姿态状况。

2)检查和转换装置

检查和转换装置由在盾构支承环后端隔板上的接收靶、接收器、放大器和测量倾斜的摇摆倾斜计等组成。

接收激光的靶板有两种：一种仅在靶板上绘有掘进设计中心图线，以观察激光点与该设计中心线的差距，供盾构操作人员调整盾构方向。另一种则具有光电转换功能的靶板，这种光电转换功能的靶板又分为两种形式。

第一种是带有 X 轴和 Y 轴伺服随动机构的光电板，当光点射到光电板时，通过光敏元件转换成电量，经过放大器输入变换器，通过电子计算机实现全自动控制的导向功能。

第二种是激光靶板的受光板分为 A、B 和 C、D 四个区域，A、B 和 C、D 的受光面积和电量的输出率成比例。受光板靠伺服电动机在水平、垂直两个方向移动，伺服电动机用齿轮与同步电动机啮合。伺服电动机的移出量就是同步电动机的移动量，同步电动机的输出电信号显示偏差，并控制调向装置。

3)显示和控制装置

在盾构后方台车的盾构操作间内装有变换器、显示器、打印机，彼此以电路连接。从接收器传来的 Y 轴、X 轴和倾斜计的信号，经变换器转换成数字显示在操作台上位机显示屏上，其中 X、Y 以毫米表示，倾斜角以度、分表示。

盾构在掘进中，由于地层阻力、刀盘切削反作用力及推进千斤顶作用力的不均匀，使盾构偏离既定中心。盾构的导向系统可以随时指出盾构的前进方向与设计线路的偏差量，使盾构操作人员能够及时调整掘进方向，最终按预定的设计线路掘进。导向系统具有如下作用：

(1) 可以通过隧道设计的几何元素计算出隧道的理论轴线。

(2) 通过测倾仪测量盾构机的滚动和俯仰角度并予以显示。

(3) 在显示屏上随时以图形直观显示盾构机轴线相对于隧道设计轴线的准确位置，便于盾构操作人员根据偏差随时调整盾构机掘进的姿态和位置，使盾构机的掘进轴线逼近隧道设计轴线。

(4) 掘进一环后，从盾构机 PLC 自动控制系统获得推进油缸的伸长量数值，依此计算出上一环管片的管环平面位置，输入盾尾间隙数据后，计算出这一环适合拼装的管片类型。

(5) 从数据库中可以查阅各环的掘进姿态及其他相关资料。

(6) 通过调制解调器和电话线与地面办公室的计算机建立联系，将盾构机掘进数据传输到地面，便于工程管理人员实时监控盾构机的掘进情况。

2.9.2 导向系统的工作原理和盾构姿态控制原理

盾构运动轨迹与隧道设计轴线的位置偏差大小直接影响隧道施工质量。由于盾构掘进过程中因地层不均和盾构自身结构原因，盾构会发生俯仰、横摆、扭转三种姿态运动轨迹，如图 2-85 所示。盾构轨迹失准问题是困扰盾构施工的众多难题之一，对施工过程中盾构的姿态进行测量和控制是确保盾构按设计轴线掘进的关键。

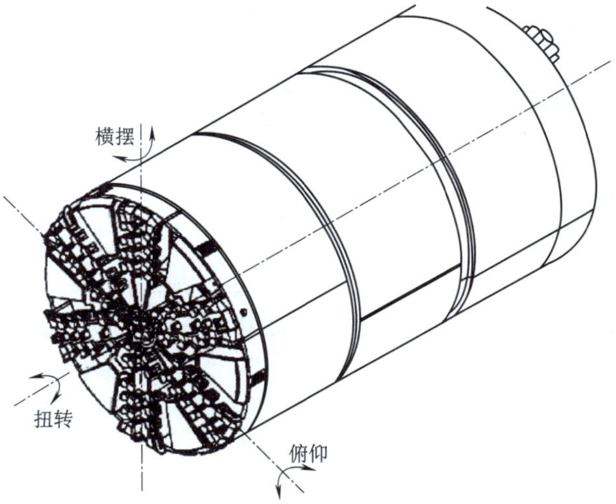

图 2-85　盾构姿态运动轨迹示意图

为了描述盾构当前的位置和姿态，需要知道盾体在坐标系中的位置，并且要测定盾体的俯仰角、横摆角、扭转角。其中，俯仰角描述盾构轴线与水平面之间的夹角，盾构抬头时俯仰角为正，反之为负。横摆角是在隧道轴线设计平面内盾构轴线与隧道设计轴线切线之间的夹角，反映盾构在水平面内的方位，沿盾构掘进方向盾构轴线向右偏转时，横摆角为正。当刀盘驱动力矩较大且长时间同一个方向旋转时会使盾构产生绕自身轴线的转角，该转角为盾构扭转角，沿前进方向，当盾构绕自轴线顺时针旋转时，扭转角为正。

盾构姿态测量是对盾构姿态纠偏调整和控制的前提条件，目前盾构姿态控制主要由导向系统为主，人工复测为辅的方式进行。

1. 导向系统的工作原理

盾构姿态控制主要由执行机构、控制机构和软件平台共同配合进行。执行机构是姿态控制的信息源之一，包括盾构掘进状态、铰接千斤顶状态、推进液压缸状态、掘进分区油压状态；执行机构的动作直接改变盾构掘进方向，包括铰接千斤顶的不同控制长度、推进液压缸的不同油压、推进液压缸选择使用的不同状态。在控制机构中，过程逻辑控制器是纠偏控制器与现场设备信号的接口，是形成纠偏策略的核心。软件平台是操作显示和控制的主要途径。

导向系统的工作原理如图 2-86 所示，在盾体上安装有标靶和倾斜仪，用电缆与配电箱和控制单元相连，配电箱为传感器提供电源。利用全站仪发射出来的直线激光束，投射到盾体内的靶板上，可测出激光击中的位置及其入射角，同时倾斜仪测量掘进机两个方向上的偏转角度。再通过系统软件结合已知点坐标进行计算得到盾构的位置信息，最终在显示器上显示盾构掘进的方向。设备以固定参考点激光器发出的光束为基准计算掘进机的位置，从而计算出与设计轴线的偏差。盾构操作人员根据与隧道设计轴线的相对位置偏差量来调整盾构上、下、左、右的位置，使之控制在合理的掘进范围内。

2. 盾构姿态的控制原理

在掘进过程中，是以推进液压缸位置变化作为控制周期。由导向系统的目标靶位置和设计轴线比较后得出偏差值和工程特点构建的虚拟目标值为盾构姿态控制设定值。根据模糊控制输出得出纠偏向量增量，并建立纠偏向量和纠偏执行机构的关系。最后在软件平台上显示实现掘进机姿态控制的参数建议,供盾构操作人员参考。

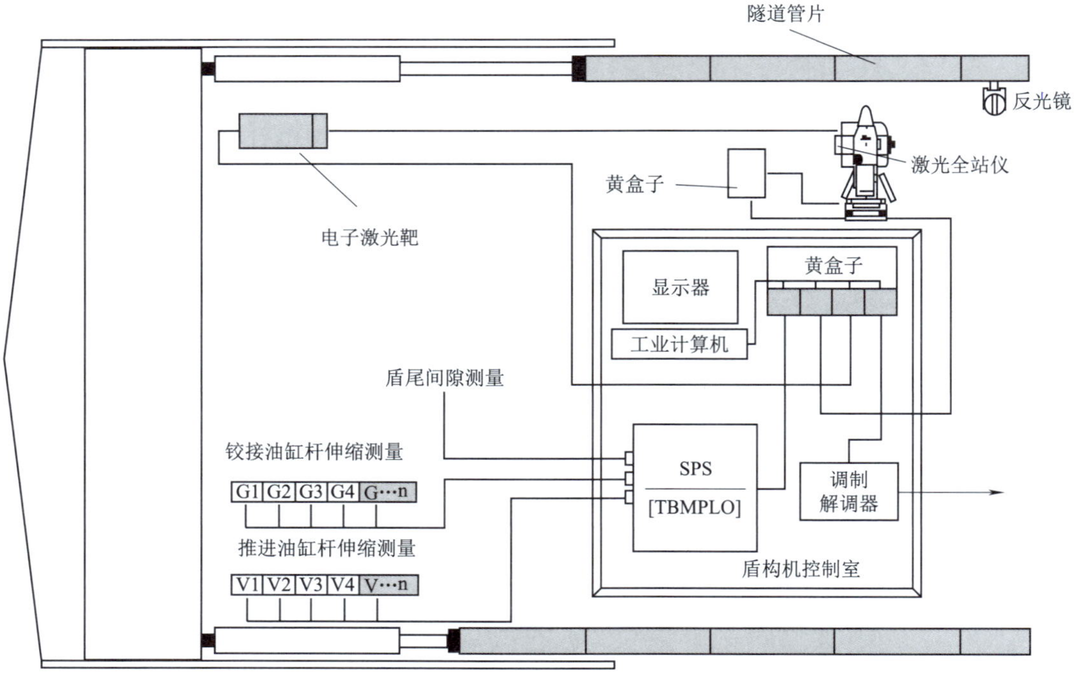

图 2-86　导向系统工作原理示意图

1)纠偏信息

输入纠偏控制器的信息主要有 3 类,即隧道设计轴线数据、盾构姿态测量数据和盾构设备状态数据。涉及盾构纠偏控制的输出信息主要有 2 类,即掘进液压缸启用或停用的开关量建议值含铰接千斤顶长度,和推进液压缸油压设定模拟量建议设定值。

2)设计轴线数据

隧道设计轴线是盾构姿态控制的目标。在掘进过程中,及时掌握盾构所处位置的隧道设计线型和设计坐标,是有效控制盾构姿态的基础。地铁区间隧道设计轴线线形主要有 3 种:直线、缓和曲线、圆曲线。根据地铁区间隧道轴线设计文件提供的线形和关键点数据,编制由掘进里程为自变量,以盾构切口平面坐标、切口高程坐标、铰接平面坐标、铰接高程坐标、盾尾平面坐标、盾尾高程坐标为应变量的函数。因此,盾构在掘进过程中任一掘进里程,总有确定的设计轴线空间位置相对应。

3)盾构姿态测量数据

盾构姿态测量主要有 7 组数据,分别是盾构掘进里程、切口平面误差、切口高程误差、铰接平面误差、铰接高程误差、盾尾平面误差、盾尾高程误差。

4)盾构设备状态数据

过程逻辑控制器,即 PLC 采集的盾构设备状态信息包括盾构掘进状态、推进液压缸状态、掘进分区油压状态。其中,盾构掘进状态分为掘进状态、拼装状态、停止状态和液压缸的伸、缩、停状态,掘进液压缸油压状态为推进液压缸分区的油压数值。

5)纠偏策略模型

由盾构姿态连续测量系统检测的盾构位置信号与隧道的设计轴线比较,得出盾构方向偏差值。由盾构方向偏差值计算出下一控制周期的动态控制目标值，由此得出下一控制周期相对的方向误差和方向误差变化，转换为纠偏向量增量，结合当前掘进机向量和相关纠偏执行机构的状态，构建纠偏向量和执行机构的关系。

6）盾构方向纠偏控制

在掘进状态下，输出盾构纠偏控制状态或控制数据建议，包括铰接千斤顶长度设定建议值、掘进液压缸状态启用或停用建议、掘进液压缸油压人工设定建议值。

2.9.3　常见导向系统的构成及导向原理

1. VMT 导向系统

1）导向原理

由激光经纬仪发射出一束可见红色激光束，激光束照射到 ELS 靶，光束相对于 ELS 靶的位置已精确测定，水平角是由激光经纬仪照射到 ELS 靶的入射角决定的，在 ELS 靶内部安装有一个监测 ELS 靶倾角和转角的双轴传感器，可以分别测 ELS 靶的上下倾角、左右倾角和入射点相对于 ELS 靶的中心线的旋转角。激光照射到 ELS 靶的间距由 TCA 全站仪的 EMD 测定。这样，当测站坐标和后视坐标确定后，ELS 靶的方位和坐标就确定下来了。根据 ELS 靶的中心和盾构机的主机轴线平面几何关系，就可以确定盾构机的轴线。

2）系统组成

VMT 导向系统由激光全站仪、黄色盒子、电缆鼓、激光标靶、工业计算机、隧道掘进软件、控制盒、调制解调器、PLC、盾尾间隙自动测量控制器等组成，如图 2-87 所示。

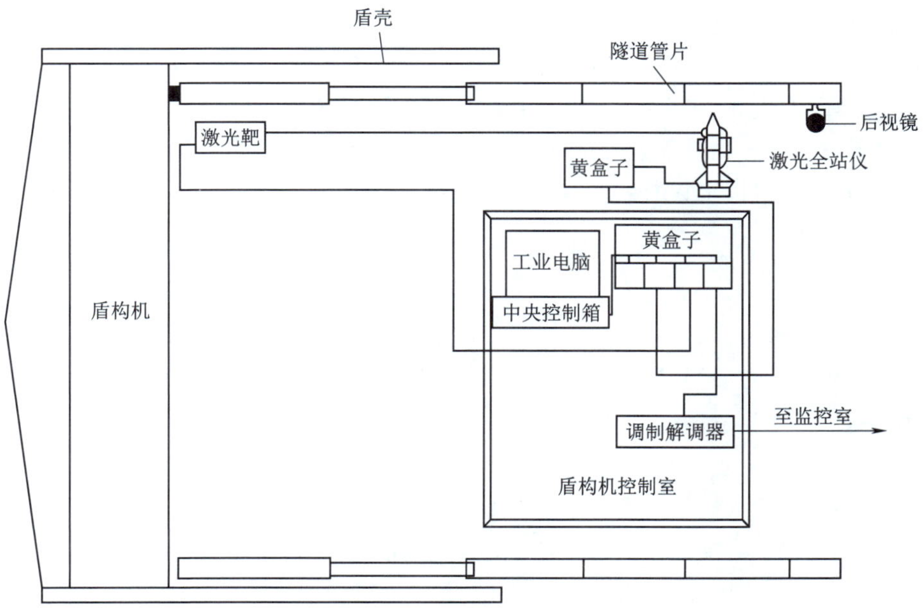

图 2-87　VMT 导向系统组成示意图

（1）激光全站仪。激光全站仪（Leica TCA1103/ART/GUS64）是同时测量角度和距离的测量仪器，并能发射出一束可见红色激光。激光全站仪临时固定在安装好的管片上，随着盾构机的不断向前掘进，激光经纬仪也要不断地向前移动，这被称为移站。

(2)黄色盒子。主要是为全站仪和激光器提供电源，也连接全站仪和主控室的计算机的通信数据传输。

(3)电缆鼓。当盾构机向前推进时。激光全站仪和安装在盾构机上的其他设备间的距离会增大，因此需要用带有滚动装置的电缆鼓。

(4)激光标靶。激光靶则被固定在中盾之内，用来接收激光束。激光靶平面上布满传感元件，可以传递入射角的上下倾角、左右倾角和入射点对于激光靶的中心线的旋转角。激光全站仪发射出激光束照射在激光靶上，激光靶可以判定激光的入射角及折射角，另通过激光靶内测倾仪，用来测量盾构机的滚动和倾斜角度。

(5)工业计算机。由隧道掘进软件计算所有的数据，并用图表和数字表格两种形式显示在监视器上，使盾构的位置一目了然。

(6)隧道掘进软件。隧道掘进软件是VMT导线系统的核心。通过其附带的通信装置接收数据，由隧道掘进软件计算盾构机的方位和坐标，并以图表和数字表格显示出来。

(7)控制盒。控制盒用来组织隧道掘进激光导向系统计算机与激光经纬仪和激光靶之间的联络，并向黄盒子和激光靶供电。控制盒连接系统的各种传感器，并将这些输出信息输入工业计算机内。来自工业计算机的控制信号也可以转换到传感器上。

(8)调制解调器。通过现场安装的电话线经调制解调器可以把盾构机的位置动态传递到主控室和地面办公室，形成一个小局域网，地面上可以随时知道盾构机的状态。

(9)程序逻辑控制器(PLC)。盾构机的数据是从程序逻辑控制器输入的。程序逻辑控制器独立于导向系统。

(10)盾尾间隙自动测量控制器。最新安装管片和盾构机的盾尾之间的间隙由安装在管片安装机区域的仪器测得。VMT提供的控制器单元连接由安装在安装机区域的仪器所测的测量结果和工业计算机内的管片选择软件组成。测量盾尾间隙的仪器是手持式测距仪。当测距仪发射出的激光照射到管片和盾壳内侧时，就可以直接读出它的距离。

2. PPS导向系统

1)导向原理

在测量盾构的位置和方向时，必须从盾构上的两个固定点棱镜表示三维空间向量，相对于盾构轴线以及刀盘的确切位置必须在盾构安装时确定。在掘进过程中，由于盾构的滚动和移动会发生变化，因此必须进行精确测量。这个测量过程将由安装在盾构内部的两轴向倾斜仪电子化完成。全站仪将自动测量盾构上每个棱镜的两极位置，全站仪的站点和方位已被预先确定。通过测量从固定的全站仪到这些点的倾斜距、水平和垂直角度来确立盾构上两个主要点的坐标。由于棱镜在盾构坐标系统中的位置在盾构设置时已经被确定，盾构的滚动和移动的实际时间通过测量也知道，而隧道中线在坐标系统中也是已知的并已经被输入计算机中。因此，盾构相对于中线的位置及方位就可以容易地计算出来。

2)系统组成

PPS导向系统由激光全站仪、黄盒子、棱镜、工业计算机、调制解调器、PLC、盾尾间隙自动测量控制器等组成，如图2-88所示。

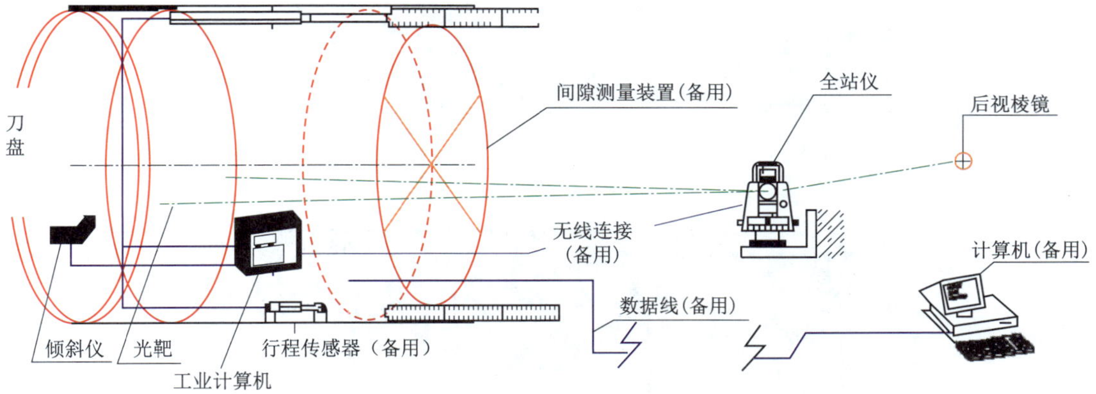

图 2-88　PPS 导向系统组成示意图

(1)激光全站仪。激光全站仪是同时测量角度和距离的测量仪器,并能发射出一束可见红色激光。

(2)黄盒子。主要是为全站仪和激光器提供电源,也连接全站仪和主控室的计算机进行通信。

(3)棱镜。系统允许最多连接 4 个棱镜,棱镜 1 和 2 连接到倾斜仪上,使用一个可选择的棱镜驱动也可以连接到棱镜 3 和 4。导向系统一次只使用 4 个可用棱镜中的两个,使用的棱镜被定义为逻辑棱镜 1 和 2,每个棱镜都可能被选择成为逻辑棱镜 1,剩余的棱镜中的一个可被选择为逻辑棱镜 2,对于最高精确度,建议选择离刀盘最近的棱镜作为逻辑棱镜,同时,棱镜 1 和 2 应当接近垂直平面与盾构中线平行。盾构内部棱镜的局部坐标应在局部坐标系统中确立(水平、垂直和长度)。

(4)工业计算机。由隧道掘进软件计算所有数据,并用图表和数字表格两种形式显示在监视器上,使盾构的位置一目了然。

(5)隧道掘进软件。隧道掘进软件是 PPS 导向系统的核心。通过其附带的通信装置接收数据。由隧道掘进软件计算盾构机的方位和坐标,并以图表和数字表格显示出来。

(6)调制解调器。通过现场安装的电话线经调制解调器可以把盾构机的位置动态地传递到主控室和地面办公室,形成一个小局域网,地面上可以随时知道盾构机的状态。

(7)PLC。盾构机的数据是从程序逻辑控制器(PLC)输入的。

(8)盾尾间隙自动测量控制器。最新安装管片和盾构机的盾尾之间的间隙由安装在管片安装机区域的仪器测得。

3. 上海立信导向系统

上海立信导向系统的组成如图 2-89 所示,全站仪采用无线数据链通信,交、直流双重模式供电;测距采用进口瑞士徕卡自动全站仪,前视标靶为自主研发激光靶。

其导向原理是:激光靶内置相机和倾斜仪,在盾构掘进中全站仪测量激光靶的坐标,同时通过内置相机和倾斜仪,获取盾构滚动角和俯仰角的变化量以及红色激光与激光靶轴线的夹角。综合以上参数,根据激光靶相对于盾构空间位置关系固定不变的原理,计算出在大地坐标系下盾构盾首和盾尾的坐标,与隧道设计线比较,计算出盾构姿态。

4. 演算工坊导向系统

演算工坊导向系统主要由全站仪、后视棱镜、前视棱镜、倾斜仪、通信线、电源线、黄盒子、白盒子、中央控制箱、计算机等组成,如图 2-90 所示。

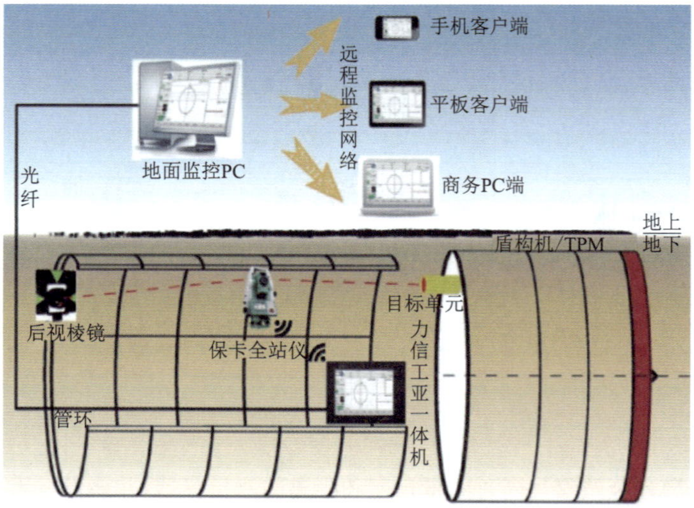

图 2-89 上海立信导向系统组成示意图

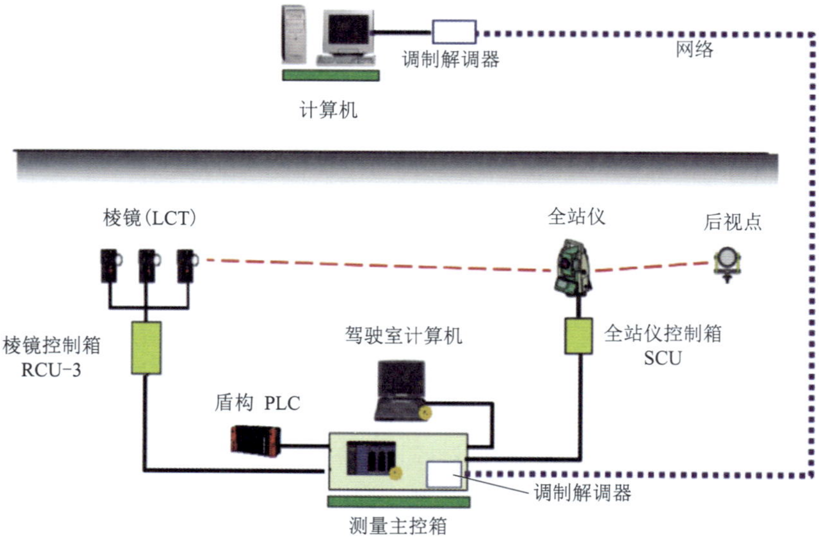

图 2-90 演算工坊导向系统组成示意图

其导向原理是：一般在盾构中盾上方设置三个目标棱镜，其中一个为备用，三号棱镜均为必测目标。通过全站仪测量设置在盾构中盾上方固定座子上的三个目标棱镜的三维坐标，根据预先设定棱镜与盾构切口和盾尾的相对位置关系以及盾构的俯仰角、滚动角推算出切口和盾尾的三维坐标，和设计线进行对比计算出盾构姿态。

2.9.4 盾构姿态纠偏技术及发展趋势

1.盾构掘进姿态的影响因素

1)工作面地层结构及物理力学特性

盾构掘进过程中，当同一断面中出现两种及以上不同性质的地层时肯定会引起姿态变化，特别是当岩层物理力学特性差异较大时问题更为突出。比如，上软下硬地层中，盾构的轴线方向易向上偏移。

2)推进系统平衡性和稳定性

盾构掘进过程中，应保持土压力稳定，防止突变。当推进系统平衡性和稳定性较差时，会导致排渣不良，盾构掘进参数波动，进而可能导致盾构姿态发生变化。

3)人为控制因素

盾构操作人员的技术水平与经验直接影响到盾构姿态演化趋势，盾构操作人员通过盾构现有姿态、盾尾间隙及千斤顶行程等因素判断是盾构姿态趋势发展好坏的关键。

2.关键参数与技术要点

在盾构施工过程中，盾构姿态的方向不一定是盾构前进的方向。当盾构的水平位置或高程偏离设计轴线20 mm时，便要进行盾构姿态的纠偏，且在纠偏过程中，每一循环盾构的纠偏值水平方向不超过9 mm，竖直方向不超过5 mm。掘进过程中，严格控制和记录好各组推进液压缸的行程。在直线段，各组推进液压缸的行程差每循环不宜超过20 mm，且其推力必须在考虑围岩情况、盾构类型、超挖量、隧道曲线半径、坡度和管片反力等情况下，确保盾构掘进时的推力大小始终保持在适当的数值上。

在盾构掘进过程中，要防止盾构的趋势突变，水平和高程的趋势改变量不能超过2‰。在每个循环掘进之后，必须由技术人员对盾尾间隙进行测量，将测量数据记录下来并将其输入导向系统，通过导向系统计算后预测出下几环管片的布置形式。盾构操作人员必须严格执行掘进指令以及管片指令，对盾构初始出现的偏差应及时纠正，绝对不能使偏差累积造成超限。盾构纠偏时，纠偏量不要太大，以避免管片发生错台和减少对地层的扰动。

3.纠偏方法选用

1)分区操作推进液压缸

根据线路条件所做的分段轴线拟合控制计划、导向系统反映的盾构姿态信息，结合隧道地层情况，通过分区操作盾构的推进液压缸来控制掘进方向。推进液压缸编组是通过选用推进液压缸，使液压缸合力位置和外力合力位置组成一个有利于纠偏的力偶，从而调整高程位置和平面位置。编组时必须注意以下几点：

(1)纠偏量数值不得超过操作规程的规定值，应避免一次性大幅度纠偏，纠偏要做到“勤纠、少纠”避免大幅度纠偏。

(2)不得停用作用于封顶块的液压缸，因为作用于封顶块的液压缸只有一个，一旦停用，则在盾尾摩擦作用下，封顶块环缝就会出现开裂现象。

(3)液压缸数应尽量多，每块管片(除封顶块外)保证至少2个液压缸受力。

(4)管片纵缝处骑缝液压缸一定要用，防止相邻管片纵缝两侧受力不同，产生环面不平整。

盾构将推进液压缸分为上、下、左、右四个区域，每个区域为一个油压系统。通过对各区域油压开度的调整，并结合各区段显示的推力值，增加或减小各区域油压。具体分区控制策略如下：

(1)当增加某区域或减小某区域油压的方法无法达到纠偏量时，采取降低其他3个区域油压，以此来进一步增加纠偏力偶。

(2)当盾构处于水平线路掘进时，应使盾构保持稍向上的掘进姿态，以纠正盾构因自重而产生的低头现象。

(3)在上坡段掘进时，适当加大盾构下部液压缸的推力；在下坡段掘进时则适当加大上部液压缸的推力；在左转弯曲段掘进时，则适当加大右侧液压缸推力；在右转弯曲线掘进时，则适当加大左侧液压缸的推力；在直线平坡段掘进时，则应尽量使所有液压缸的推力保持一致。

(4)在均匀地质条件下，保持所有液压缸推力一致；在软硬不均地层中掘进时，则应根据不同地层在断面的具体分布情况，遵循硬地层一侧推进液压缸的推力适当加大，软地层一侧液压缸的推力适当减少的原则来操作。

(5)竖直方向纠偏。盾构出现下俯时，可加大下侧液压缸的推力；上仰时可加大上侧千斤顶的推力来纠偏。

(6)与竖直方向纠偏原理类似。左偏时应加大左侧液压缸推进压力，右偏时则应加大右侧推进压力。

2)使用超挖刀

当无法通过千斤顶区域油压的调整和编组方法完成纠偏时，通常采用超挖刀来改变前方阻力的合力位置，得到一个理想的纠偏力偶，来达到控制盾构轴线的目的。这种方法对在加固区域推进时非常有效。但超挖刀的使用要注意以下几点：

(1)在加固区刚开始开启超挖刀时，超挖刀的伸出量应该由小到大逐级调整，避免超挖刀的损伤。

(2)由于超挖区域设定时，起始点为超挖刀开始伸出的位置，终点为超挖刀开始缩进的位置，在设定超挖区域时，应充分考虑超挖刀伸出和缩进对起始点超挖产生的滞后性和超挖终点区域扩大性影响。

(3)当超挖区域较小，超挖刀伸出设定值较大时，如刀盘转速太快，会产生超挖刀还未伸至设定值就已经转过设定区域开始收缩，造成无法完成预期超挖量。

3)使用铰接千斤顶

铰接千斤顶是安装在盾构推进液压缸前方，用于改变刀盘切削方向。操作员可通过控制铰接千斤顶伸缩量，来完成盾构纠偏。此方法纠偏效果良好，灵活性强，但由于在开启铰接千斤顶时对周围土体扰动比较大，不利于地面沉降控制。

4)反转刀盘

当滚动超限(允许滚动偏差≤1.2°)时，盾构会自动报警，此时应采用盾构刀盘反转方法纠正滚动偏差。

4.姿态纠偏技术发展趋势

盾构施工过程中，受施工环境和盾构运行工况等不确定因素影响，盾构推进轨迹实际上由多条折线组成，盾构推进位姿的高精度控制一直是隧道工程施工的重点和难点，它直接关系到隧道成形质量。要实现高水平的姿态实时控制，除须具备高精度的盾构姿态测量手段外，如何实施高精度控制手段是关键。

1)模糊理论的掘进姿态控制技术

盾构应按照隧道设计轴线进行施工。目前，主要采用人工方法控制盾构掘进方向。自20世纪80年代开始，基于自动控制理论的发展，人们开始将模糊控制理论应用于盾构姿态自动控制当中。一般利用二维模糊控制策略控制盾构沿隧道设计轴线施工。现有的模糊纠偏控制不能适应不同的工况条件，无法达到纠偏线型渐近性和纠偏过程缓慢性的要求，难以保证施工轴线对设计轴线的逼近效果和工程施工质量。未来有望考虑设备状况、施工作业、土质环境、质量标准等工况条件，利用虚拟轨迹对地下掘进机掘进方向进行自动控制，使得模糊控制的输出能通过若干控制周期跟踪虚拟轨迹上的目标值，实现施工轴线在时间上以缓慢的方式、在轨迹上以渐近的形态逐步达到设计轴线。

2)智能控制算法研究

为进一步提高自动轨迹跟踪控制效果，缩短调整时间，提高不同施工地质条件下的适用性，尤其是找到当地质条件和轨迹偏差超出盾构纠偏能力时等一系列非线性问题的解决方案，需要研究高级智能的控制算法。

3)实体建模的掘进姿态控制技术研究

随着控制理论的进一步发展，在模型研究的基础上，提出相应控制方法已经成为盾构位姿实时控制的一种趋势。此外，由于盾构的推进系统不能直接提供垂直于掘进方向的平移运动，使得盾构具有高维位形空间运动受限和欠驱动关节的二阶非完整运动特征，纠偏过程受到二阶非完整运动约束。掘进系统的自动导向实质上是一个二阶非完整欠驱动系统的运动规划和轨迹跟踪控制问题。因此，关于非完整系统的掘进方向控制模型、可控性分析、运动轨迹规划及轨迹跟踪控制技术水平的提升也是一个热点问题。

2.10　同步注浆系统

由于盾构刀盘的开挖直径大于管片外径，管片拼装完毕并脱出盾尾后，与土体间形成一环形间隙，称为施工间隙。为了避免或减少盾构后部的沉降，在掘进隧道期间，必须回填此环状施工空隙。施工间隙如果不能及时得到填充，势必造成地层变形，使地面的建筑物、构筑物、地下管线沉降或隧道本身偏移。因此，盾构管片背后注浆是盾构施工中必不可少的关键性辅助工法，这个管片背后注浆的辅助工法称为同步注浆。同步注浆所注入的材料一般为水泥砂浆的单液浆，或加入水玻璃的双液浆。

如果对刚形成的空隙没有立即填充，盾壳的锥形、曲线掘进中的土层的位移及超挖等因素的原因，使得环状施工间隙可能增加。为防止地表沉降的发生，在施工间隙中注入压力浆液，从而在很大程度上能保持地层的自然应力状态。应力变化愈少则引起的地层变化和地面沉降也愈少。

2.10.1　同步注浆系统的构成及作用

动　画

同步注浆作用原理

1. 同步注浆系统的设备构成

注浆系统主要由注浆材料储存设备、计量设备、拌浆机、贮浆槽、注浆泵、注入管、注入控制装置、传感记录装置等组成，如图 2-91 所示。因浆液具有流动性，注浆系统所用的设备应保证浆液流动畅通，接点连接牢固，防止漏浆。

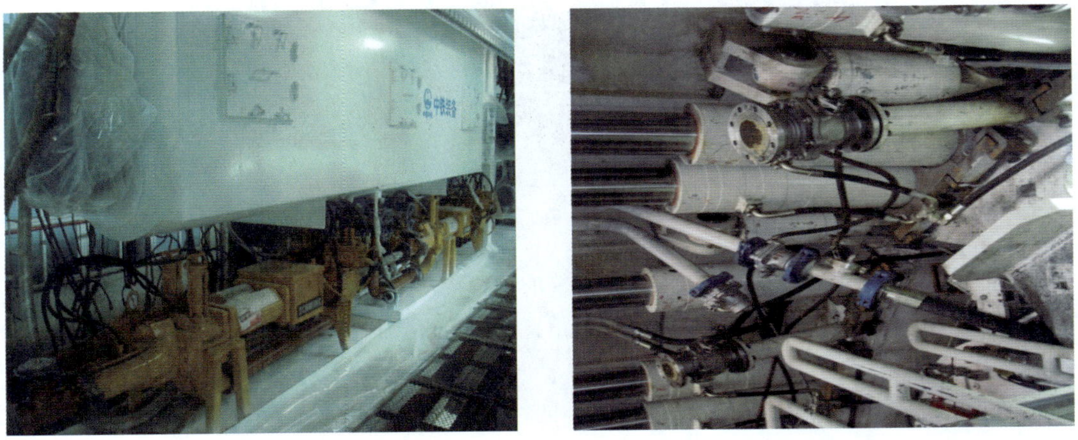

(a) 注浆泵站　　(b) 注浆管路、球阀、传感器

图 2-91　同步注浆系统实物图

拌浆机多采用强制式搅拌机，其容量要与施工用浆量相适应。拌浆站必须配有浆液质量测定的稠度仪，随时测定浆液流动性能。

同步注浆系统必须根据注浆材料、注浆方法、注浆量等选用能够将注浆材料有效填充到管片施工间隙处，并且容易维护管理的设备。

1)浆液材料储存设备

筒仓大致分为纵型筒仓和横型筒仓两种。

2)计量设备

多采用计量质量和容积两个参数。通常情况下，粉体计量质量，液体计量容积。也有计量粉体容积的测量系统。计量器应经常检查其计量精度。

3)拌浆机

混拌水泥、砂、膨润土和水等材料的搅拌机。从结构上分为搅拌式、旋喷式两种。目前以搅拌式为主。搅拌式拌浆机由圆筒形的罐和旋转叶片构成。

4)贮液槽

拌浆机拌好的砂浆在向洞内压送之前或者运输之前需用料仓或贮液槽贮存。由于砂浆可用时间增长，贮液槽需配置搅拌器，搅拌器的旋转数以 20～30 r/min 低速为好。

5)注浆泵

注浆泵的作用是向管片环向间隙中压送浆液。用于隧道衬砌背后注浆的注浆泵，有往复式活塞泵、柱塞泵、单轴螺杆泵和挤压泵等，目前多采用柱塞泵。

(1)往复式活塞泵：最具有通用性，可适用于普通砂浆和充气砂浆的长距离压送。

(2)柱塞泵：适用于高压注浆。可实现两个以上泵体的多联式泵送，而且行程也多，所以很少出现波动，机械磨损少，如图 2-92 所示。

图 2-92　柱塞泵实物图

(3)单轴螺杆泵：适用于普通砂浆和加气砂浆等的短距离压送；因是二冲程形式，所以无波动。

(4)挤压泵：适用于普通砂浆和加气砂浆的短距离压送；压送时会产生波动；容易保养。

6)输浆管、注入装置

(1)输浆管：输浆管的口径不同，管的阻力也不同，同时泵的功能也受影响，通常按施工经验而定。

(2)注入管：从管片注浆孔注入的场合，必须使用注入旋塞。最好在注入旋塞上安装减压球阀和压力表。

(3)控制、传感记录装置：背后注入操作盘应设置在靠近注入口的地方，用来控制泵的流量、压力、注入量等操作指令。

2. 同步注浆的原理与方式

同步注浆的原理是随着盾构的推进管片脱出盾尾，在管片和土体之间会出现施工间隙，为了填充这些间隙，在盾构机推进的同时，保持一定压力，综合考虑注入量，不间断地从盾尾直接向管片背后注浆，当盾构机推进结束时，注浆停止。这种方法是在环形建筑空隙形成的同时用浆液将其填充，如图 2-93 所示。

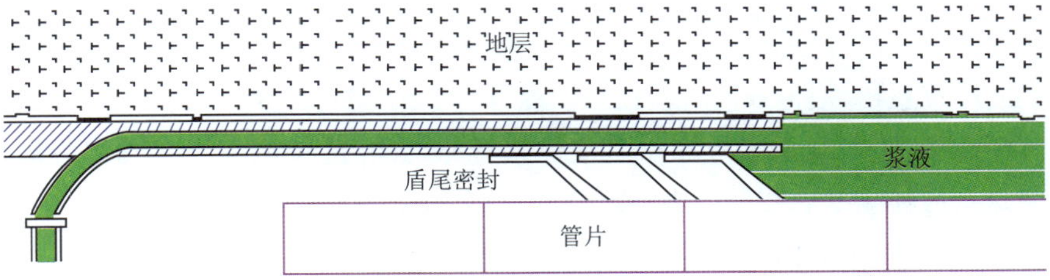

图 2-93　同步注浆原理示意图

同步注浆方式有多种分类方法，可按照浆液输送形式分类、按照注浆位置与盾体关系分类、按照注浆材料种类分类。如果采用双液注浆系统，还可按照双液在盾体混合位置进行分类。

1)按浆液输送形式分类

(1)直接压送式。由地面拌浆设备直接把浆液压送到管片等注入口处，适用于推进距离较短的小直径盾构应用场合。

(2)中继设备式。由地面拌浆设备把浆液压送到放置在后方台车上的中继设备上，再由装在台车上的注浆泵注入，适用于推进距离较长的大直径盾构应用场合。

(3)洞内运输式。利用坑外拌浆设备将浆液压入到水平列车砂浆罐中，经洞内运输，再由台车上的注浆泵注入，不用担心输浆管堵塞和水清洗，适于定量注入。

(4)洞内拌浆。将各种浆液材料搬到装在洞内后方台车上的洞内拌浆设备上，然后混拌注入。

2)按注浆管位置与盾体关系分类

按注浆管布置位置与盾体关系划分为内置式和外置式注浆管方式，其特征为：前者一定程度上消弱了盾体结构强度，后者增强盾体结构强度，却容易出现卡盾现象，因此在特殊地层逐渐被淘汰。而无论同步单液和同步双液注浆方式，都存在这两种结构形式。

3)按注浆材料种类分类

为了应对各种土质条件，同步注浆系统设计应既可以采用双液注浆，也可以采用单液注浆的系统。

(1)单液注浆方式。单液注浆方式下，为了保证管路不堵塞，调出的配比通常比较稀，凝固时间比较长，凝固后收缩很大，会造成拱部空洞，引起管片上浮，或使隧道成形后的实际中心线与设计中心线发生较大偏差，影响隧道建造质量。单液注浆方式的优点为施工成本低，输送注入及清洗设备配置要求低，对施工工序延误要求低，使得该方式在国内被广泛采用。

值得注意的是，对于同步单液注浆作业完毕后，搅拌机、运输罐、泵、注浆管路一定要及时清理干净，否则浆液干结后会造成堵管等问题。原则上每一工作班次清理一次，若发生堵管情况，可在拆除注浆软管和检修窗口后，插入高压水管，利用高压水分段快速清洗管路，如图 2-94 所示。此外，当遇特殊情况需要浆液在泵和注浆管路中停留超过 1.5 h 以上时，就必须用膨润土充满管路，以避免浆液造成管路堵塞。

(2)双液注浆方式。双液注浆方式的缺点是系统制造成本高，尤其是壳体造价昂贵，且易堵管，一旦管路堵塞后就很难清除固结浆液。由于堵管风险大，需要设置自动闭环反冲洗功能，且在停止注浆时需要立刻启动冲洗程序，直到洗净为止，设备操作复杂，劳动强度大。双液注浆方式的优点是双液浆凝固时间短，浆液黏性大，保水性强，对地层的止水效果较好。

综合上述优缺点可以看出，双液注浆一般与单液注浆交替使用，多用于在单液注浆还未凝固强化前及时固定管片在地层中的位置，其多适用于穿越江河隧道施工，或对管片环的复位校正和管片后二次注浆补强，总体要求缩短浆液凝固时间的情况，以及对于地层地质及地面构建物沉降要求高的时候。

4)按双液在盾体混合位置分类

对于同步双液注浆系统，根据双液材料在盾体混合位置的不同，双液混合注浆可分为如下三种：

(1)洞内混合方式。盾体内设有A液和B液注浆管路，并在盾体尾部设计有相应的单向阀结构，A液和B液分别泵送到盾体尾部后在洞内进行混合，如图2-95所示。其中，A液管路设计有橡胶板十字口单向阀，B液管路尾部设计有球形单向阀机构。由于该设计采用洞内混合方式，一方面造成A液和B液混合不均匀导致局部强度薄弱，另一方面由于单向靠近盾尾外侧，混合液极易在管路末端固结导致单向阀无法开启。且无法维修，因此该方式也逐渐被废弃。

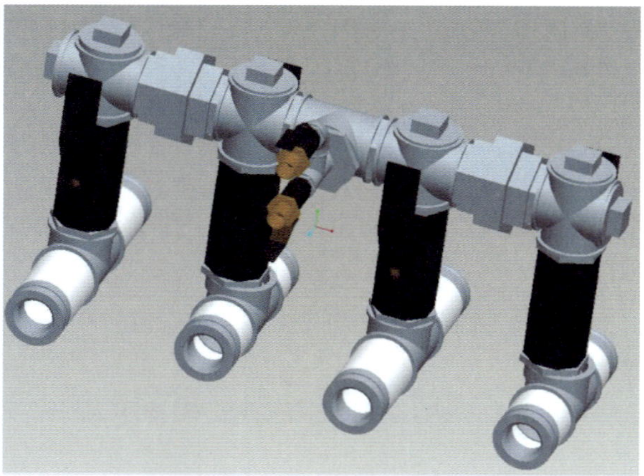

图2-94 清洗装置示意图

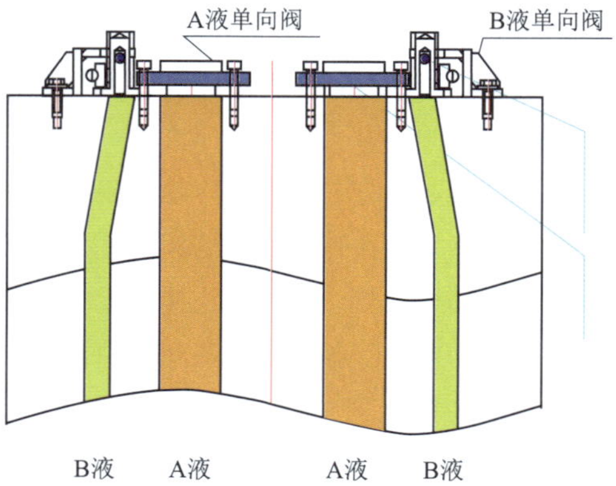

图2-95 洞内混合方式示意图

(2)壁前混合方式。盾体内部设置有双液混合浆注浆管路，且在注浆管路末端连接有A液和B液的混合器，A液和B液经由该混合器混合之后，通过注浆管路后达到盾体尾部，如图2-96所示。由于混合器构造能使得水玻璃以层流状态与水泥浆混合，能确保注入背隙内的水玻璃与水泥浆混合液均匀混合，可使双液浆达到施工所需求的设计配合比，大大提高了双液注浆的可靠性。但是在一定的注浆配比下水泥凝结速度过快，达不到一定的扩散半径就凝固了，而且注浆泵稍微停顿就会发生堵管现象，因此该方式注浆仍需要设计优化。

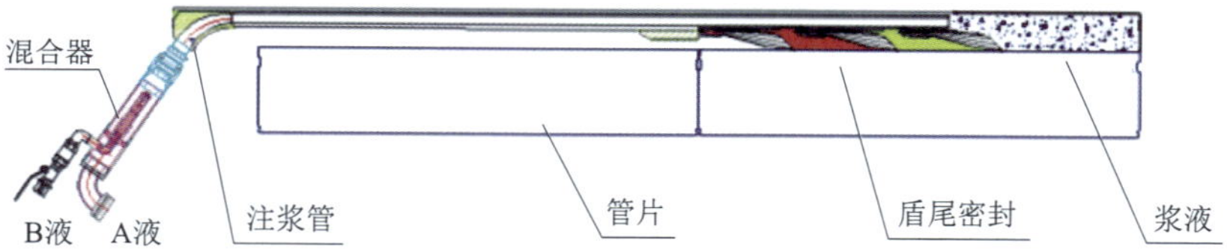

图2-96 壁前混合方式示意图

(3)壁后混合方式。在盾体尾部内集成了A液、B液、清洗水和清洗活塞管路，A液和B液在盾尾尾部处混合之后注入开挖缝隙中，B液由紧胀性橡胶中喷出，可均匀地分散到A液当中，如图2-97所示。由于混合位置在盾体尾部，从而减少了堵管的风险，再加上合理管理即系统在停止注浆后，A 液要继续泵送一段时间，可以将残留 B 液带出，避免过早凝结。当 A 液停止泵送后，清洗活塞向前推出，堵住混合浆出液口，此时清洗水开启泵送到 A 液管路中完成闭式管路全部的清洗。由于该设计一方面减少了堵管的风险，另一方面减少人员施工强度且自动化程度高，因此得到广泛使用。然而该方式的盾尾厚度必须大于 70 mm。

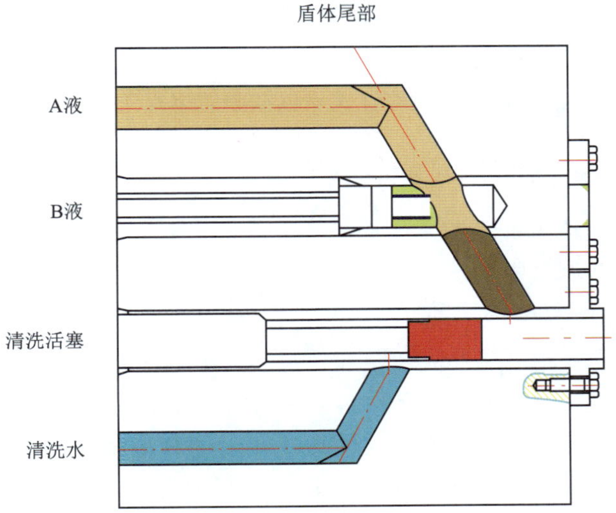

图 2-97　壁后混合方式示意图

3. 同步注浆的功用

盾构向前推进，开挖地层与管片之间形成施工缝隙，盾构同步注浆系统通过注浆泵和注浆管路向管片背部进行注浆，可以实现以下目的和功能：

(1)极短的时间内将前述缝隙填充密实，建立注浆支撑体系，使周围土体获得及时支撑。同时确保管片衬砌早期稳定性，有效防止洞室岩壁坍陷与地下水流失造成地层损失，有效控制地面沉降值。

(2)改善管片的受力状况，如图 2-98 所示。压浆后防止了地层变形和地层压力的增加，浆体便附在管片圆环的外周，使两者共同变形，从而改善了管片的受力状况。盾构隧道是一种管片与围岩共同作用的结构稳定的构造物，均匀、密实地注入和充填管片背面空隙是确保土压均匀作用的前提条件。

(3)充填密实的注浆体将地下水与管片相隔离，避免或大大减少地下水直接与管片的接触，如图 2-99 所示。从而作为管片保护层，避免或减缓了地下水对管片的侵蚀，提高管片衬砌耐久性。

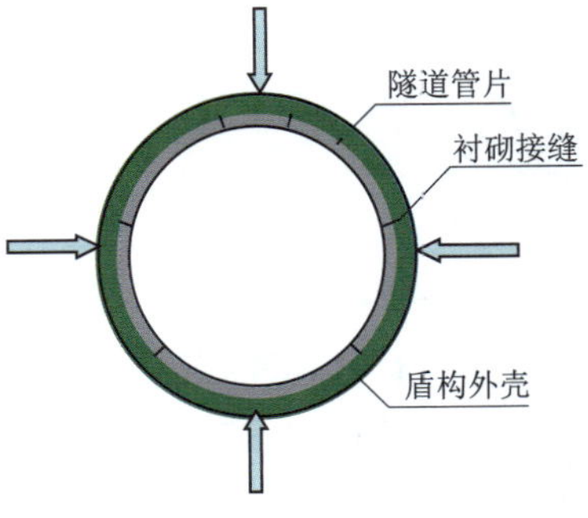

图 2-98　改善管片受力状况示意图

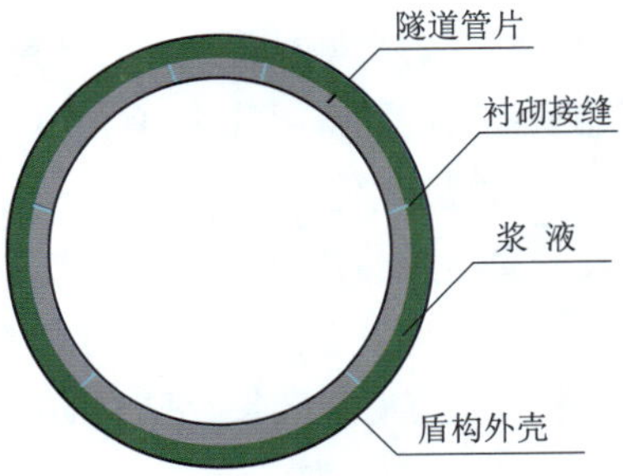

图 2-99　隔绝地下水示意图

(4)有利于盾构推进纠偏。盾构推进纠偏效果与管片相对位置有较大关系，有时由于管片位置不佳，限制了盾构纠偏运动，对推进纠偏效果不仅无利，同时有可能损伤管片。如果用压浆的压力来调整管片与盾构的相对位置，可选择在管片外周单侧注浆的方法，迫使衬砌移动来纠偏。所以说合理地选择压浆位置可有利于盾构推进纠偏，控制盾构的施工轴线，从而保证隧道总体轴线。

(5)预防盾尾水源流入密封土仓而造成喷涌。在复合地层施工时，如果施工间隙没有得到良好填充，在很长的一段距离内与地下水系连成一体，该水系通过盾壳与土体之间的缝隙流至开挖面，将对开挖面形成一股较大的水压，造成喷涌。良好的衬背注浆可以截断盾尾水源，减少喷涌发生的机会。

2.10.2 同步注浆系统控制要点及发展趋势

由于在不同的地层中渗透系数相差较大，同步浆液容易向渗透系数大的地层中渗透。因此，对浆液质量、注浆量、注浆压力的控制需要充分注意。还要根据地层条件、地下水情况及周边条件等因素，通过现场试验不断优化浆液配比参数。

根据地层特性地层孔隙及地层注入系数，同步注浆系统要严格控制注浆量以减少地面的沉降。同步注浆时的流量控制主要是通过改变泵的排量来控制注浆需要量，在每路注浆路径上都安装有流量传感器可以统计浆液的注入量，并记录注浆环累计量和总累计量，以方便指导施工。

注浆压力的设定不能太小，如果太小就不能平衡水压及土压而导致地层变形。但又不能过大，过大会造成注浆层切入地基的情况，特别是在软黏土地基中，允许压力值较低，这种现象更容易出现。注浆压力过大也会导致管片结构破坏，导致浆液通过盾尾密封刷渗透进入盾尾。因此在盾尾或盾体管路处要设置注浆压力传感器进行监测，通过控制注浆压力来进行注浆控制，压力检测点位于注浆管与尾盾的连接处，可更准确的反映注入管片背部的注浆压力。

1.同步注浆控制要点

无论是单液注浆还是双液注浆应同时做到压力和流量同时控制，以减少地层的变形。具体控制措施如下：

1)合理选择衬背注浆方式

在盾构机设计制造时，应根据地层情况选择不同的衬背注浆方式。

(1)在条件允许的情况下，尽可能采用水平衬背注浆方式进行同步注浆的自动控制注浆系统，而将垂直衬背注浆方式作为备选注浆方案或应急补充方案。

(2)在岩层施工时，水平衬背注浆管尽可能不要设计成外凸式；如果一定要设计成外凸式，考虑足够的超挖量，确保该部分不会发生磨损。

(3)在盾构机尾壳的水平衬背注浆管上设置疏通口，以便堵塞时疏通。

(4)每套注浆管路设置备用管，一旦出现堵塞而无法疏通的情况，可以立即启用备用管路。

2)合理选择注浆浆液类型

(1)根据浆液的性能差异合理选择浆液。惰性浆液初凝时间长，制备成本低，在以软地层为主的地区应用较为广泛，但由于其强度较低，抗渗性能差，不利于隧道衬砌的早期稳定和隧道防渗效果。硬性浆液制备成本相对较高，初凝时间较长，早期具有一定强度，对于隧道衬砌的稳定较为有利，双液浆初凝时间很短，强度高，相对另外两种浆液而言，注入量少，沉降量少，注浆效果较好，广泛适用于各种地层，但施工工艺较为复杂，施工过程控制要求较高。

(2)根据隧道区段变化调整浆液种类和浆液配比。在曲率半径小的区段,应采用早强快凝型浆液;在靠近硐门和联络通道前后,应提高浆液强度和抗渗性能;在硐门结构和联络通道施工前,采用双液浆等进行二次注浆补强;在盾构机长时间停机前,应采用惰性浆液注浆,防止盾壳被卡。

(3)根据地质情况变化而调整浆液配比。在正式掘进前,应根据地质勘探和补充地质勘探和补充地质勘探成果,进行浆液配合比试验,最好是每种地层准备单液浆和双液浆配比各两组以上;浆液初凝时间、早期强度和28天强度均应满足与围岩共同作用的要求;在液化地层,还应进行浆液抗液化试验。

(4)根据盾尾渗漏情况调整浆液类型。在掘进过程中要严格控制盾尾油脂的注入压力和注入量,尽可能保护盾尾不发生渗漏,一旦出现局部渗漏,可采用手动和自动结合的油脂注入方式。如果渗漏量较大,衬背注浆应调整为初凝时间很短的双液浆。

(5)根据盾构种类改变注浆液类型。在采用泥水盾构时,多采用双液注浆液。

(6)根据浆液运输方式选择浆液类型。

3)合理选择注浆参数

在正常施工阶段,以注浆压力控制注浆量。在沉降控制要求相当高的地段,采用注浆压力和注浆量双重控制标准。为防止盾尾被击穿,注浆压力不能大于盾尾密封所能承受的设计压力。

同步注浆时要求在地层中的浆液压力大于该点的静止水压及土压力之和,做到尽量填补同时又不产生劈裂。注浆压力过大,管片周围土层将会被浆液扰动而造成后期地层沉降及隧道本身的沉降,并易造成跑浆;而注浆压力过小,浆液填充速度过慢,填充不充足,会使地表变形增大。

4)合理选择注浆位置

(1)为控制管片上浮,并防止因浆液流动性好而造成隧道顶部出现无浆液填充现象,在通过水平衬背注浆方式进行同步注浆过程中,顶部注浆管压力不宜低于底部注浆管压力;在通过垂直衬背注浆方式操作中,除非纠偏的需要,否则注浆点应选择在隧道上半断面。

(2)在地下水丰富的岩层施工时,每隔数环应采用双液注浆的方式全环二次注浆,将盾尾后方的水源截断,减小喷涌发生的机会。

5)合理调整注浆参数

加强管片沉浮的监测。摸清盾构机通过不同地质断面的沉浮规律,相应调节盾构机姿态和注浆参数。

6)合理选择管片外弧面接缝的构造形式

管片外弧面接缝的构造形式选择合理,可以防止因管片构造不合理而造成的浆液流失及盾尾渗漏。

7)合理增加衬背注浆量

通过地面沉降监测结果指导衬背注浆施工,当盾构机某环掘进过程发现出土量远远超出理论方量时,则有可能前方地层发生坍塌,应增加衬背注浆量。

8)制订详细的施工方案

在注浆时,要制订详细的注浆施工设计和工艺流程及注浆质量控制程序,严格按要求实施注浆、检查、记录、分析,及时做出P(注浆压力)——Q(注浆量)——t(时间)曲线,分析注浆效果,反馈指导下次注浆。

9)注意指令的配合

盾构掘进指令要和浆液拌制指令相配合,避免过早拌制浆液后发生堵管。盾构机停机前应用膨润土等将注浆管充满,以防浆液回流而堵塞注浆管。同时,配备专用的高压疏通器具,制定有效的疏通措施,使注浆管堵塞时能得以及时疏通。使用双液浆时，还应注意 A 液、B 液混合形式的选择，A 液、B 液压力差应较小。

10)注意逆止阀的埋设

在砂层或透水性高的地层掘进时，若通过管片注浆孔进行注浆，应在管片制造过程中就考虑在注浆孔位置能埋设逆止阀。

2. 同步注浆技术发展趋势

同步注浆对盾构周围土体获得支撑，确保管片衬砌稳定，有效防止洞室岩壁坍陷与地下水流失而导致地面沉降有重要意义。目前，在同步注浆技术未来发展上，主要集中在开发先进的成套化注浆设备和开发新型注浆材料。大体可以归纳以下几点：

(1)同步注浆理论的突破

①岩体结构理论方面。岩体裂隙是天然条件下形成的随机破裂面，其不规则特征强烈地影响着浆液渗流过程。完善岩体结构理论有助于获得与岩体裂隙随机分布规律相符的浆液渗流机制。

②注浆引起的管片衬砌结构变形模式及机制研究。在充填盾尾间隙和加固土体时，对管片也产生了一定压力，该压力达到一定程度时，可能引起管片局部或整体上浮、错台、开裂、压碎或其他形式的破坏。对注浆引起的管片衬砌结构变形模式及机制进行研究，可获得基于管片整体及纵横向变形的注浆临界压力，对指导注浆施工具有极大的工程应用价值。

(2)注浆设备和注浆材料的突破

在注浆设备方面，为满足更加严苛的地表沉降控制需求，研发注浆新设备、新工艺。在注浆材料方面，现有注浆材料存在环保、耐久性及地层适应性等问题，如传统水泥和黏土类颗粒材料由于粒度大，可注性低等问题，难以满足不同地层类型要求。水玻璃类注浆材料固结强度低，且生成的凝胶产物对环境有一定污染。新型高分子化学浆液施工成本较高，且有一定的毒性，难以大量使用。因此，开发出渗透性强、可注性好、无污染、固结体强度较高、凝胶时间易控制和施工方便的绿色新型注浆材料将是一个未来的发展方向。

(3)同步注浆监测及检测技术的突破

目前，针对同步注浆效果检测与评估技术，应由常规压水试验、目测样品等方法逐步向使用电子显微镜、声波等多种微观检测手段发展。

2.11 渣土改良系统

渣土质量较差时，将使刀盘所受摩擦力增大，工作负荷增加。同时，因渣土塑流状态差，在压力和搅拌作用下土仓内易产生泥饼，并最终导致盾构难以形成与开挖面上主动土压力相抗衡的被动土压力，从而发生地层沉降等事故。为此，需通过盾构配置的渣土改良系统向刀盘前面、土仓及螺旋输送机内注入添加剂，并利用刀盘、土仓搅拌装置及螺旋输送机的旋转搅拌使添加剂与土渣充分混合，以达到稳定土压的目的。为使刀盘切削下来的渣土具有好的流塑性、合适的稠度、较低的透水性和较小的摩擦阻力，土压平衡盾构在高渗水性土壤中开挖时，需要进行渣土改良来保证土压平衡。所以，渣土改良是保障渣土形成“土塞效应”可以顺利排出，以及稳定掘进面的有效途径。

2.11.1　渣土改良系统的组成及功用

渣土改良系统一般包括泡沫注入装置、膨润土注入装置以及高分子聚合物注入装置。各装置相互之间管路可以共用。

动画

渣土改良作用原理

1.泡沫注入装置

泡沫注入系统主要由泡沫发生器、混合液流量计、空气流量计、空压机、输送泵和调节阀等组成，如图 2-100 所示。用于向渣土中注入泡沫以改善渣土流塑性，降低土体渗透性和减少机具磨损。喷出的泡沫是在泡沫发生器内用空气对液体进行搅拌混合而获得。其中，泡沫剂装在可更换的罐中通过变量泵供给，水从工业用水管路获得，二者混合后再通过流量控制装置供给到相关管路。空气和混合液的剂量通过流量传感器计量出来，其值由掘进速度、压力和配比决定。

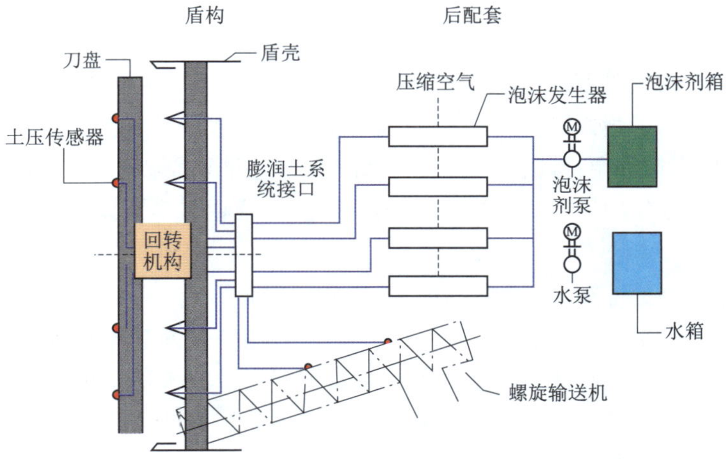

图 2-100　泡沫注入装置示意图

泡沫发生器对于生产稳定性泡沫至关重要。目前，泡沫发生器有以下几种类型：

(1)如图 2-101(a)所示，此类型为不锈钢钢片层做成的网格，泡沫生成气泡较大，发泡效果差。

(2)如图 2-101(b)所示，此类型是通过气体和液体改变流场来增强泡沫的发泡效果，由于内部中空，发泡效果也大打折扣，但是流动阻力小，适合清理。

(3)如图 2-101(c)所示，此类型为填充料进行发泡，先改变两相流动状态后利用管内填充细小颗粒来形成发泡，生成的泡沫气泡直径小，稳定性好，但是相对阻力较大，在现场使用效果好，因此得到广泛使用。

1)泡沫注入装置操作方式

泡沫注入装置可由控制板设置或操作，可以实现以下操作方式：

(1)手动控制。可任意操作一路的混合液或空气流量，调试系统参数最佳配比。

(2)半自动控制。在半自动操作方式中，要求的泡沫流体流量将根据开挖仓中的支承压力注入。

(3)自动控制。泡沫注入量可根据掘进速度和开挖仓压力等参数实现自动调整。

2)泡沫注入装置结构形式

泡沫注入装置有单泵多管和单管单泵两种形式：

（a） （b） （c）

图 2-101 各种泡沫发生器实物图

（1）单管单泵系统。刀盘单个改良剂喷口直接对应一个泵，当各路泡沫管道与喷口阻力不同时，泡沫仍能按其设定量喷注，可减少喷口堵塞问题，是目前盾构的主流配置。混合液流量主要通过变频技术来改变泵的排量来调节混合液的用量，因此可以根据系统压力进行自动调整，省去人工操作过程。单管单泵系统中，两种物料在混合箱中通过机械搅拌充分混合之后，再由泵送系统输送，因此不存在人工操作问题。

（2）单泵多管系统。在原液和水混合过程中，单泵多管系统设计为两个泵送相应的物料之后在管路中混合，其混合液的流量调节主要通过调节阀完成。其缺点为：一是调节阀容易出现因杂质卡住阀芯而无法进行有效调节，从而影响系统使用，造成泡沫原料浪费。二是由于采用调节阀使开关量控制精度差，与单管单泵系统相同，控制方案采用闭环反馈控制系统，当系统压力升高时非单管单泵系统需要通过手动调整压力阀来提供系统的注入压力。

3）泡沫的形成

通常情况，泡沫的形成是泡沫剂泵将泡沫剂从泡沫剂储罐中泵出，并与水按操作指令要求的比例混合形成溶液，溶液的流量可以在 PLC 上通过水泵出水口处的液体流量计测量，并根据这一流量来控制泡沫剂的泵送量。混合溶液随即被分别输送到泡沫发生器中，同时输入压缩空气到泡沫发生器中，在泡沫发生装置中用压缩空气使泡沫溶液打旋与之混合产生泡沫。泡沫剂溶液与压缩空气的混合比例按盾构机的操作指令要求进行混合。其控制的参数有泡沫剂的用量比、泡沫的注入率和泡沫的膨胀率等项。最后，泡沫沿泡沫管路通过刀盘旋转接头，到达刀盘正面的每个注入口，盾构操作人员可以根据需要在控制室从每条泡沫管路中任意选择，向开挖面注入泡沫，如图 2-102 所示。使用泡沫剂的目的是改善土体的和易性，保持密封土仓内土压力的稳定和出土的顺畅，泡沫具有如下作用：

图 2-102 泡沫喷射实物图

（1）减少刀头相对地体的摩擦，可降低刀盘扭矩，提高进给量，减少刀具的磨损和堵塞，并使盾构机掘进驱动功率减少。

(2)减少水的渗漏。加到工作面上去的泡沫,会形成一个不透水层,降低土体的渗透性,减少渗漏,增强工作面的密封性。使工作面压力变动小,有利于稳定密封土仓压力。

(3)降低土体间的黏着力,减少密封土仓中土体压实形成泥饼。

(4)改善土体的流动性,保持开挖面稳定,使挖出的废料均匀,从而使其容易充满密封土仓和螺旋输送器的全部空间,便于螺旋输送器出土。

(5)可以增加土体的可压缩性,这样更易于土压平衡的控制。

4)泡沫加强剂注入装置

泡沫加强剂是用以加强注入刀盘的泡沫强度。在没有加入泡沫加强剂前,泡沫抗压强度约为 0.2 MPa,当土仓内的压力大于 0.2 MPa 时,可能由于泡沫破碎而影响渣土改良和堵水的效果。通过加入泡沫加强剂,可以使泡沫强度达到 0.2 MPa 以上,这样可以保证泡沫系统在盾构通过硬岩和软岩段时能够保证良好的渣土改良及堵水效果。

2.膨润土注入装置

膨润土注入装置主要由搅拌罐、输送泵、流量计及相应阀门组成。在确定不使用泡沫剂的情况下,关闭泡沫输送管道,同时将膨润土输送管道打开。通过输送泵将膨润土压入刀盘、渣仓和螺旋输送机内,以达到改良渣土的目的。根据实际需要,也可以将膨润土箱内装入泥浆,并泵送注入土仓内。

(1)搅拌罐。由于膨润土需要膨化及静置,因此搅拌罐用于膨润土的搅拌。搅拌类型有气吹搅拌和机械搅拌两种方式。其中,气吹搅拌能够快速使物体颗粒分散,而机械搅拌只能通过场流来分散颗粒,相关研究表明:只要投料速度合理,都能够制出合理膨化型浆液。

(2)输送泵。多采用挤压泵(见图 2-103)、螺杆泵,由于柱塞泵压力大,流量波动大,对土仓冲击也大,因此在渣土改良中较少使用。

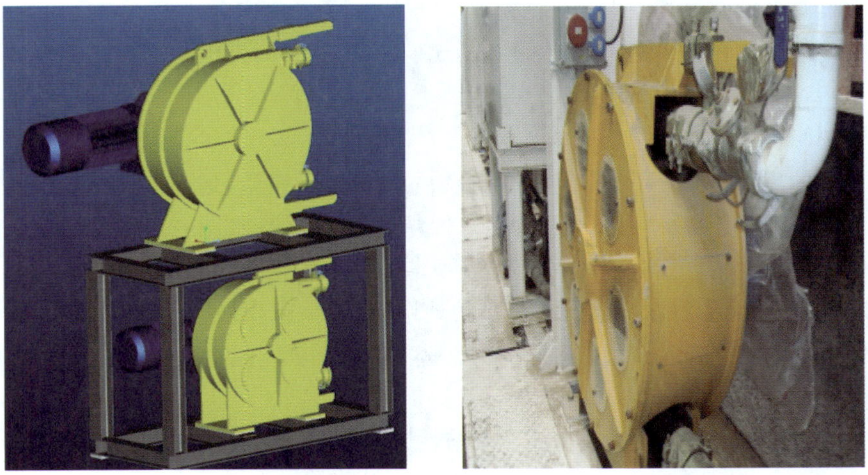

图 2-103　膨润土输送泵

(3)注入材料。注入材料分为钠基膨润土和钙基膨润土。其中,钠基膨润土具有优良的分散性和膨胀性,造浆率高,失水率低,以及具有胶体性能和剪切稀释能力,在盾构施工中应用较多。钙基膨润土性能与钠基土相似,但它的造浆率略低于钠基膨润土。注入膨润土的作用如下:

①利用膨润土的润滑性和黏性改良渣土，增加渣土的流动性和和易性，防止其在刀盘面、密封土仓或螺旋输送器内结泥饼。

②同步注浆停止时泵入膨润土以置换砂浆，防止注浆管路内砂浆液沉淀、凝固而发生堵塞。

③可以在工作面上形成低渗透性的泥膜，这样有利于给工作面传递密封土仓的压力，以便平衡更大的水土压力。

④可以改变密封土仓内渣土的和易性，提高砂性土的塑性，以便于出土，减少喷涌。

⑤盾壳周边充满膨润土，可以减少盾构机的推进力，提高有效推力；同时，可以降低刀盘扭矩，节约能耗。

3.聚合物改良剂注入装置

聚合物改良剂注入装置与膨润土注入装置组成基本相似，只是注入材料和输送泵选择上存在差异。一般在遇到黏性土地层需要配置分散剂聚合物注入装置，以减少该地层掘进结泥饼问题。在遇到富水地层时，需要加入高吸水性树脂，以减少掘进喷涌问题。

2.11.2 渣土改良材料的种类与特性

渣土塑流性因地层颗粒级配和细粒组分的含有率的不同而不同，当流动性差时必须注入渣土改良材料进行改良。通常使用的渣土改良材料有膨润土、黏土、陶土等天然矿物类材料，以及高吸水性树脂类材料、水溶性高分子类材料、表面活性类特殊气泡剂材料等。

1.渣土改良材料的种类和特点

1)矿物类

矿物类渣土改良材料又称泥材。其主要使用膨润土、黏土、陶土等天然矿物。注入该类渣土改良材料的目的是补充微、细粒成分，使黏土内的内摩擦角变小，可在土压作用下发生变形和破坏，即流动性、止水性均有一定程度的提高。

加入渣土改良材料的浓度和注入量可据粒度级配算出。矿物类渣土改良材料适用的土质范围宽，故广泛应用。与其他渣土改良材料相比，注入设备的规模较大。另外，排出的混入渣土改良材料的土多为废弃渣土。

2)高吸水性树脂

高吸水性树脂的用料是高分子类、不溶性聚合物的高吸水性树脂，是可吸收自重几百倍水的胶状材料。这种材料吸水但不溶于水，所以不会被地下水稀释劣化，故在高水压的地层中使用这种材料可以防止地下水的喷出。由于树脂填充土砂颗粒间隙，使所谓的轴承效应得以发挥，故提高了泥土的流动性。

但是，对于含盐浓度高的海水和金属离子多的地层，或者强碱和强酸性地层而言，吸水能力大为降低。另外，自然分解需要的时间长，所以有必要讨论盐类扩散的强制脱水和固化处理。

3)纤维类、多糖类、负离子

使用材料是水中溶解的黏稠性的高分子类水溶性聚合物。以钠羧甲基纤维素(CMC)为代表的纤维素类。此类渣土改良材料可把土砂颗粒间隙中的自由水挤走，使颗粒间发生黏结，即内摩擦角减小，流动性提高。

负离子类乳胶渣土改良材料可在土砂颗粒与水之间形成絮状凝聚物，使其发生黏结，即内摩擦角减小，流动性提高。这些材料与掘削土搅拌混合提高泥土塑流性和止水性的同时，还呈现用泵压送的有效性。并且，在掘削土的处理中，需要喷洒可以解除胶化的分解处理材料。

4)表面活性材料

表面活性材料使用的材料是特殊气泡剂,也有在特殊气泡剂中添加高分子类水溶性聚合物的气泡添加剂。特殊气泡剂与压缩空气产生气泡和掘削土经搅拌混合后,气泡剂挤走土砂中的自由水,并靠气泡的轴承作用,可以提高掘削土的塑流性和止水性。

同时,还可以防止泥土的压密黏附。因为混入气泡的掘削土可以消泡,所以掘削土的处理容易。但是,当计划用泵排出泥土时,气泡成为缓冲材致使排土效率低,应特别注意。

5)复合渣土改良材料

根据渣土改良材料的特性和掘削地层的性状,研究发现使用两种渣土改良材料发挥其优势互补,比使用单一的渣土改良材料效果更好。如纤维类和负离子类乳胶复合使用时的土颗粒与各渣土改良材料颗粒相互作用的机理。还有膨润土+气泡类复合渣土改良材料,膨润土+有机酸类复合渣土改良材料。不过,虽然注入复合渣土改良材料时的稳定掘削面和排土稳定效果好,但工序复杂,施工设备较单一渣土改良材料的情形多一套,故成本升高。

2.常用渣土改良材料的特性及选择方法

目前,常用的渣土改良材料主要有膨润土、泡沫、高分子聚合物等。具体特性如下:

1)膨润土

膨润土是一种层状含水硅酸盐。膨润土的矿物学名称为蒙脱石,民间俗称胶泥。由于其钾、钙、钠元素含量的不同,其性质也略有不同。天然膨润土主要以钙基为主,可经人工改性为钠基膨润土、有机膨润土和活性白土。膨润土具有遇水膨胀的特性,钙基膨润土膨胀时,为自身体积的 3 倍左右,钠基膨润土膨胀时约为自身体积的 15 倍左右。蒙脱石为层状结构,易吸水膨胀,并具有润滑性。膨润土泥浆与渣土结合后的微观表现如图 2-104 所示。

2)泡沫

与膨润土相比较,使用发泡剂的优势是体积小,能分离黏结在一起的黏土矿物颗粒。发泡剂产生的泡沫中 90%是空气,另外 10%中的 90%~99%是水分,剩下的才是发泡剂。在数小时内,渣土中泡沫里的大部分空气就会逃逸而恢复原来的黏结状态,泡沫与渣土结合后的微观表现如图 2-105 所示。泡沫适用于细颗粒土层中,一般情况在渗透系数超过 10^{-5} m/s 的较粗颗粒土层中不适用。

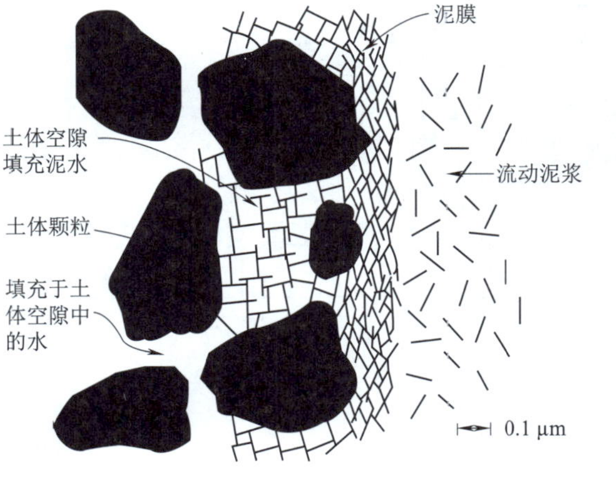

图 2-104　膨润土泥浆与渣土结合后微观表现示意图

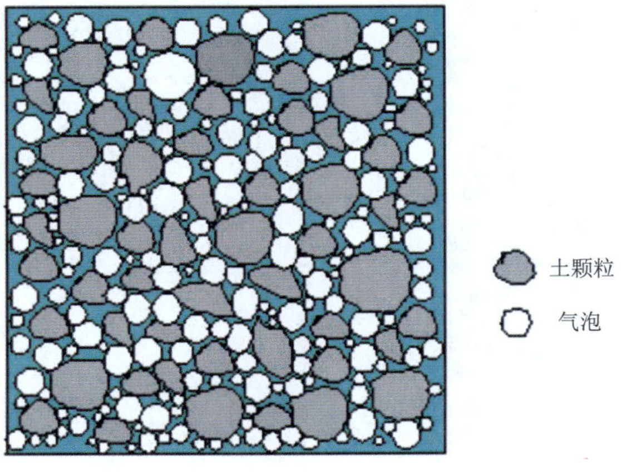

图 2-105　泡沫与渣土结合后微观表现示意图

3)高分子聚合物

聚合物是一种长链分子的有机化合物。它可以单独使用,也可以与膨润土及泡沫混合使用。当聚合物与渣土混合时,聚合物的分子就会附着在土的颗粒表面,当这些颗粒相互碰到一起时,聚合物的分子就将颗粒黏结在一起,聚合物与渣土结合后的微观表现如图 2-106 所示。

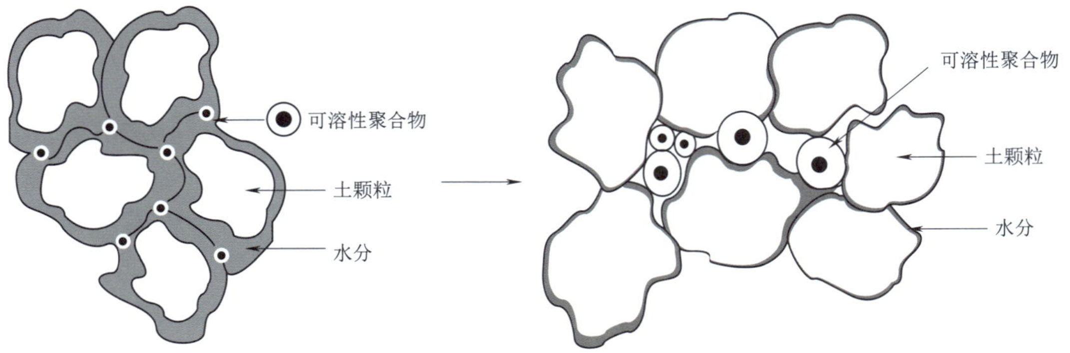

图 2-106 聚合物与渣土结合后微观表现示意图

渣土按照颗粒直径可以划分为黏土、粉质、黏土粉土、亚砂土、细沙、中沙、粗沙、砾石、卵石、漂石、岩石。在工程实践中,渣土改良材料的选择有多种方法,比较常见的选择方法有两种,一种是根据不同粒径渣土的渗透系数选择渣土改良材料,如图 2-107 所示。另一种是按照地层特性进行选择渣土改良材料,如表 2-1 所示。

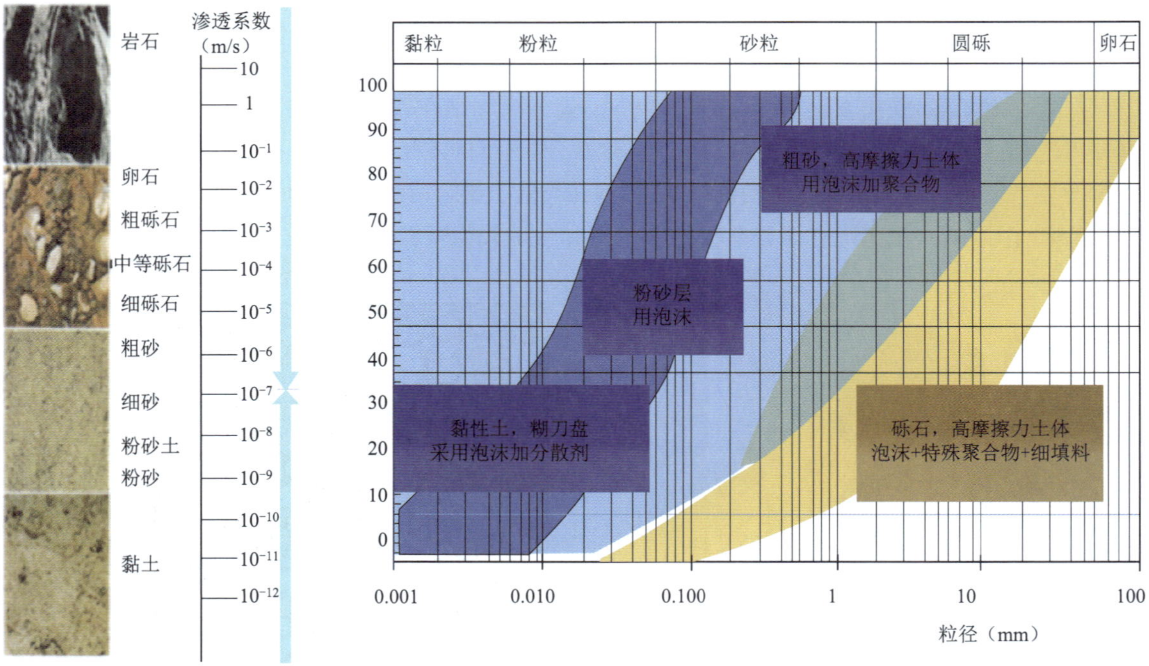

图 2-107 根据土体渗透系数选择改良材料示意图

表 2-1　按照地层特性进行选择渣土改良材料对照表

类别	矿物类	界面活性剂	高吸水性树脂	水溶性增黏剂
作用	补充细小颗粒胶质减摩	润滑土体使开挖土体塑性流动	利用材料的吸水能力达到止水目的	增加开挖土体的黏性
材料	膨润土	泡沫	PAM(聚丙烯酰胺)	CMC(羧基甲基纤维素)
特性	pH:7.5～10.0 黏度:0.005 Pa·s	pH:7.3～8.0 黏度:0.0011 Pa·s	pH:6～7 黏度:0.005 Pa·s	pH:6.5～8 黏度:2 Pa·s
适用	砂～砂砾地层	黏土～粗砂地层	黏土～砂砾地层	粗土地层
特征	制泥需要膨化时间	在砂砾层中要同时使用膨润土	在黏性软土层有时会因黏土变硬而出现堵塞	开挖容易堵塞

2.11.3　渣土改良效果与新技术

渣土改良效果主要可以通过试验的方法进行检验，试验方法有塌落度性能试验、摩擦性能试验、渗透性能试验、黏度性能试验等，工程中比较常用的是塌落度性能试验。

渣土坍落度是指渣土的和易性，即渣土是否易于施工操作和均匀密实的性能。体现了渣土塑化性能和出渣性能，其影响因素主要有级配变化、含水量、衡器称量偏差、外加剂用量等。实践证明，土体坍落度在 150～200 mm 时，可以认为渣土满足塑性流动状态要求。软土地质渣土改良前后坍落度变化如图 2-108所示。

(a) 渣土改良前

(b) 渣土改良后

图 2-108　渣土注入改良材料前后对比

目前，渣土改良多采用注入不同的渣土改良材料来解决开挖土体的性质不良所导致的施工难题。经过改良后的土体流动性和止水性都得到提高，不黏附于刀盘和压力仓内壁，且提高了塑性。随着施工技术的需要，渣土改良系统也在不断提升，渣土改良新技术不断发展。主要体现在以下方面：

1)渣土改良系统与新材料

目前，除了泡沫和膨润土改良材料外，其他种类的渣土改良材料也不断涌现，比如衡盾泥、克泥效等新材料。但是，也存在着价格略高的缺点，应用并不广泛。由于盾构结构空间限制，各类渣土改良材料注入装置只能共用管路，无法利用自身管路泵送到开挖面形成充分改良，且易造成管路堵塞。因此在渣土改良方面还需要不断优化渣土改良系统，以满足各类地层掘进需要。

2)新型渣土改良系统的应用

在盾构施工过程中，难免会遇到特殊地层，盾构渣土系统单纯地设计单一的改良剂已无法满足现有地层施工需要。随着渣土改良材料不断的开发和应用，种类越来越多，随着各类渣土改良材料成功在土压平衡盾构上应用，也促使着新型渣土改良系统的出现，并且应用于盾构、顶管和硬岩掘进机施工领域。目前，已成功应用的有掌子面支持系统(AFS)，在部分的富水沙层、卵、砾石地层掘进时，土仓顶部往往存在改良盲区，地下水可渗入土仓稀释渣土，土仓额外膨润土保压系统向土仓顶部额外注入膨润土在土仓顶部形成泥膜，可有效防止地下水从顶部渗入土仓。同时在长时间停机时，该系统可自动注入膨润土，弥补土仓外渗失压，实现停机自动保压功能。

2.12　后配套系统及辅助设备

盾构作为庞大而又复杂的大型隧道施工设备，除了主机外，还需要后配套系统与主机构成完整的施工作业系统才能完成隧道施工任务。后配套系统由一系列后配套台车及安装在台车上的辅助设备构成，包括供电、供水、供气、通风以及出渣、除尘等设备，在后配套设备的布置中不仅要考虑到设备的选型、设备的布置、作业是否方便，还要考虑是否相互干涉。

2.12.1　后配套系统

1.后配套的构成

动　画

后配套拖车

盾构类型不同，其后配套设备组成和配置也不同。对于一般直径6 m级地铁盾构而言，后配套系统主要包括连接桥、台车和其他附属设备，负责渣土运输、管片运输和砂浆运输设备等工作。其中管片起重机包括两个电动葫芦和驱动装置，其功能是从管片车上将管片吊运到管片运输小车上，管片运输小车放置在设备桥下部，能够将管片起重机运送过来的管片临时存储，并能将管片转运到管片安装机能够抓取到的范围内，并在牵引台车的作用下随主机前进。

1)后配套拖车

后配套拖车又称后配套台车。其配置应考虑以下因素：

(1)隧道断面、隧道曲线和隧道坡度。

(2)安装设备、维护管理的方便。

(3)渣土的运出和管片的运入方式。

(4)各种作业施工场所、各种安全设施如安全通道和扶手、栏杆等。

在曲线半径小或陡坡施工区间，后配套拖车行驶需确保台车与管片间的距离，牵引时需防止台车倾覆、脱轨等。后配套拖车主要有以下三种分类方式：

➢ 如图2-109所示，根据形状可以分为门形拖车、单侧配置拖车和平板形拖车等，目前比较常用的形式是门形拖车。

➢ 如图 2-110 所示，根据行走方式分为专用导轨拖车、无轨轮式拖车和滑履式拖车，较为常用的是导轨式拖车。

➢ 如图 2-111 所示，根据牵引方式可以分为盾构牵引式拖车和自行式台车等，目前多为牵引式拖车。

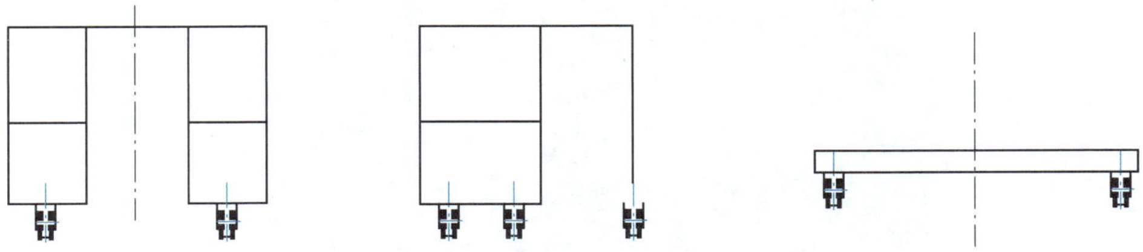

(a) 门形拖车　(b) 单侧配置拖车　(c) 平板形拖车

图 2-109　后配套拖车按照形状分类

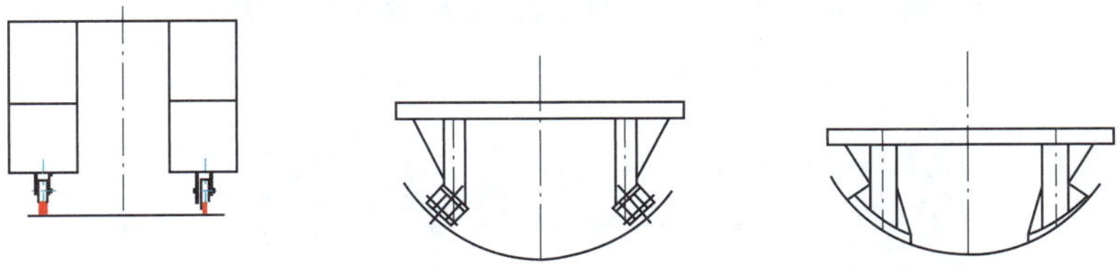

（a）专用导轨拖车　（b）无轨轮式拖车　（c）滑履式拖车

图 2-110　后配套拖车按照行走方式分类

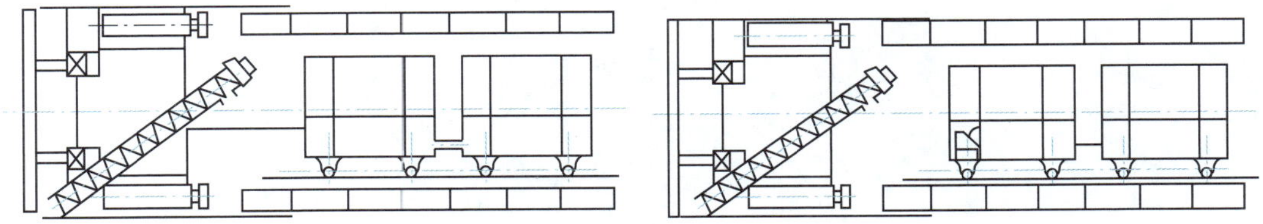

（a）盾构牵引式台车　（b）自己行走式台车

图 2-111　后配套拖车按照牵引方式分类

2)液压动力源

盾构后配套设有液压动力源，又称液压泵站。主要为螺旋机液压马达驱动、螺旋机闸门驱动、拼装机液压缸系统、拼装机电动机系统等提供动力来源，如图 2-112 所示。此外，与盾构相关的操控室、渣土改良系统、动力单元及液压站等装配在后配套拖车上，并且排列成便于操作、检查的形式。

3)连接桥

连接桥为盾构主体和后配套拖车之间设置的软管架、电缆架连接装置，在设备桥两侧配有作业平台，如图 2-113 所示。在连接桥主梁下部，装备有搬运管片等材料的吊机装置。

2. 后配套设备的选用

盾构与后配套设备形成了一个施工流水线，任何一个环节上的设备出现问题，都直接影响到生产效率。在实际施工过程中，因后配套设备故障或不匹配影响施工进度的事例并不少见。因此，在重视盾构选型的同时，也应重视后配套设备的选型。

图 2-112　盾构液压动力源实物图

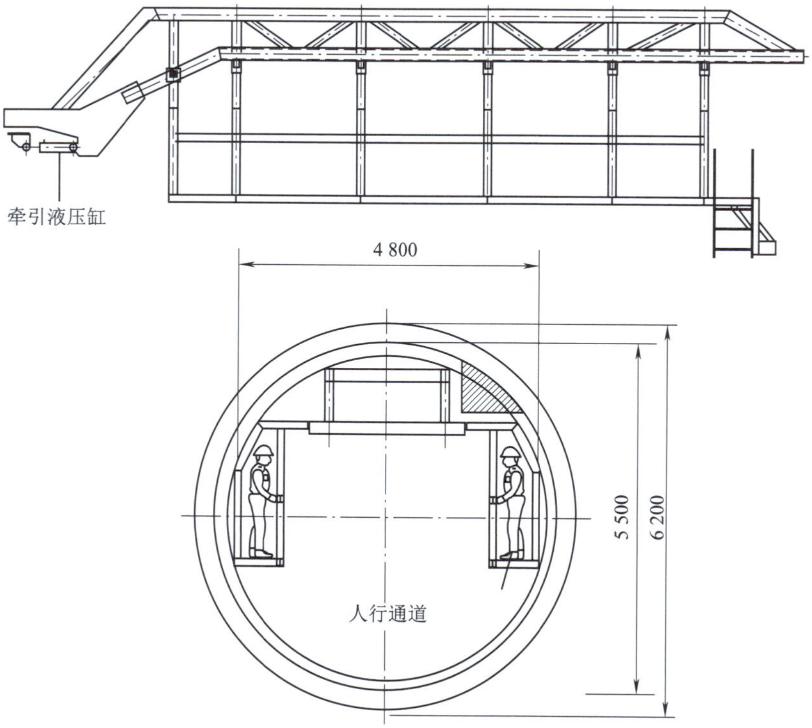

图 2-113　连接桥示意图

土压盾构施工一般是以一次性出渣方案进行渣土运输，即每环管片掘土量采用一次性运出地下。对于渣土车、浆车、管片车及龙门式起重机等盾构后配套设备的选用，既要考虑保证盾构的正常掘进，又要考虑最大限度地满足各自的特点，且能充分发挥各自的作用，以最小的投入获得最大的效益。各设备的选用原则如下：

1)渣土车选用

渣土车是运输渣土的直接载体,选用遵循以下几点原则:

(1)渣土车必须具有一定刚度和强度,以保证在龙门式起重机吊运时不发生变形或断裂。同时,也不能设计过重,否则将造成龙门式起重机超重。

(2)渣土车渣斗和底盘必须是相对独立的两部分,在使用龙门式起重机在吊运时只吊起渣斗,而底盘不同时吊起。

(3)多节渣土车的容积总和必须能保证一次性装载完每环的掘土量。

(4)渣土车的宽度不得超过盾构内部的最大限宽,且有一定的富余量。

(5)转弯半径不得大于 25 m。

(6)渣土车的长度和浆车及管片车需同时考虑,整节列车的长度不能超过盾构内水平皮带输送机的限定长度。否则,最后端的一节渣土车将无法装运渣土。

(7)考虑到渣土车在龙门吊吊出时需顺利翻渣,因此在渣土车两侧分别设计了起吊轴和偏心翻转轴。

2)管片车选用

管片车是将管片从洞外运到盾构管片拼装结构跟前的唯一载体,每列车有两节,每节可装三片管片。设计时应注意以下几点:

(1)应同时考虑盾构内部限界尺寸及管片设计尺寸,因国内管片宽度有 1.2 m 和 1.5 m 两种,故管片车设计时宽度一般不超过上述规格。

(2)管片叠放在管片车上时,必须和管片车是柔性接触,即设置有专门的橡胶垫,橡胶垫位置应适于管片受力,以防止运输过程中管片损坏。

(3)由于管片为弧形,故应将管片车设计成“凹”形结构,以保证最底层管片和管片车“三线”的充分接触,并应留有管片吊绳抽出的空间。

(4)三片管片应叠放在管片车上,盾构起重小车起吊最上面一片管片时,必须能从第二片的最上部顺利通过。

(5)转弯半径不得大于 25 m。

(6)行走装置应设置缓冲装置,制动可靠。

3)蓄电池牵引车选用

蓄电池牵引车是将渣土从盾构运输至吊出井的动力工具,其选用是否得当直接关系到洞内运输能否正常运行。主要考虑如下:

(1)每辆蓄电池牵引车必须具备牵引一节浆车、两节管片车和五节渣土车全负荷运行的能力。

(2)能保证在 35‰坡道上安全起动并牵引整列车正常行驶。

(3)具备电制动、空气制动和手制动三种制动方式。

(4)具有变频装置,以适应不同的工况。

(5)配备蓄电池,且单次充电应保证 10 km 的运输里程。

(6)因蓄电池牵引车和渣土车、浆车、管片车为一个统一的运输整体,因此对整体的制动、轨距、连接方式等应有整体部署。

4)龙门式起重机选用

龙门式起重机是将渣土垂直运输到地面渣土临时堆放点的起升设备,主要满足以下条件:

(1)满足满载吊运时的总质量,即包括渣斗自身质量和满载渣土质量。

(2)根据施工场地的条件限制,自行设计跨距,并确定是否采用悬臂结构,但净高一般设计为 8 m 以上,以保证翻渣机构达到 3 m 的正常高度。

(3)根据施工场地条件限制,龙门式起重机布置一般有两种方式,即平行于盾构掘进方向和垂直于盾构掘进方向。因此翻渣机构也分为两种,即龙门式起重机中央翻渣和侧面翻渣两种形式,选用时可根据实际情况设计。

(4)为保证大车行走平稳,大车行走机构一般采用变频设计,不超过最大行走速度。

(5)起吊扁担采用自动平衡装置,吊具可拆卸,摘挂方便灵活。

(6)龙门式起重机设计时还需考虑声光报警、防雷、防潮、手动夹轨装置、起升高度限位装置、起重量限位装置、大小车行走限位装置、起升高度显示仪、质量显示仪、避雷针、风速仪、蜂鸣器等。

2.12.2 辅助设备

盾构施工中除了盾体和后配套拖车外,还有很多辅助施工的设备,一般配置在后配套拖车上,称为盾构施工辅助设备。盾构施工辅助设备因围岩条件、施工环境及施工方法的不同而不同,一般包括电力设备、通风设备、给排水设备、消防设备等,辅助设备应结合工程的特点和施工环境进行优化配备。

1.电气控制系统

在盾构施工中,盾构的电气控制系统的核心是可编程逻辑控制器(Programmable Logic Controller,PLC)。PLC 可采集、处理、储存、显示和评估与盾构有关的数据,在工业计算机上显示信息,当遇到异常情况下可自动报警。目前,我国和欧美的盾构主要采用的是西门子 PLC。以中铁装备盾构为例,盾构掘进控制配备核心部分 PLC 采用的是西门子公司的高性能模块化 S7-400 系列 PLC,原始数据在此进行采集,各种控制调节命令最后都在此发出,因此 PLC 可称为整个控制系统中最重要的控制设备。

1)S7-400 PLC 的结构与特点

S7-400 PLC 为模块化结构,除必配的几种模块外,可以根据实际需要选配其他模块。主要由中央处理单元(CPU)模块、信号模块(SM)、通信处理器(CP)、功能模块(FM)、负载电源模块(PS)、接口模块(IM)等组成。S7-400 PLC 的特点主要有:

(1)强劲的 CPU 处理功能。

(2)适合于中大型应用。

(3)丰富的扩展模块。

(4)诊断功能。CPU 的智能化诊断系统连续监控系统的功能是否正常、记录错误和特殊系统事件。

(5)支持可选的存储卡。

(6)集成多点接口用于同时连接编程器、PC、人机界面系统及其他,SIMATICS7/M7/C7 等自动化控制系统。本系统中采用的 CPU 模块(CPU 414)支持 32 个 MPI 连接,数据传输速度 187.5 kbit/s,最大12 Mbit/s。

(7)扩展 CP443-1 以太网功能接口模块(PROFINET),PROFINET 使用 10~100 Mbit/s 以太网和 TCP 协议的编程设备/PG/VMT 联系。

2)S7-400 PLC 硬件配置

S7-400 PLC 根据系统要求总体配置包括:中央处理模块(CPU)选用 1 块 CPU414-2DP 模块;接口模块选用 2 块 IM460-3 模块;开关量输入模块(DI)选用 17 块 SM421 模块;开关量输出模块(DO)选用 14 块

SM422 模块；模拟量输入模块（AI）选用 7 块 SM431 模块；模拟量输出模块（A0）选用 3 块 SM432 模块；电源模块选用 3 块 PS407 模块；以太网通信模块选用 1 块 CP443-1 模块。

3）S7-400 PLC 与监控系统的通信方式

盾构综合自动化系统的网络结构是一个基于以太网连接和调制解调器的实时通信网。在盾构掘进控制层，又称操作手工作站。操作手通过控制面板对 PLC 发出指令，PLC 通过 100 Mbit/s 快速以太网进行连接，采用标准 TCP/IP 通信协议，将采集的数据传输给 PC60 工业计算机的 GraphPic 参数，设置系统及自动导向测量系统，两系统进行标度变换、越限报警、数据打包等处理后，显示在计算机屏幕上，供操作手参考。同时，地面监控层的 PDV 系统通过 19.2 kbit/s 调制解调器远程采集 PLC 数据，并处理、存储，供值班经理和机电人员参考，以便提高现场施工进度，减少维修时间，并为日后掘进提供数据分析。

盾构是集机、电、液一体化的工厂化隧道开挖施工机械，是大型化、自动化、流程化的大型连动机。由于其控制环节多，工序复杂，并且相互关联，相互影响，任何一个环节出现故障都将影响正常掘进，甚至停机修理。因此，为了保障盾构工作的高度可靠性、安全性和易维护性，电气控制系统的作用是至关重要的。盾构掘进对电气控制系统的要求如下：

一是系统的可靠性与先进性。盾构工作环境恶劣、条件复杂、维护条件差，所以电气控制系统的可靠性对于保证盾构稳定高效、可靠地工作至关重要。另外，在保证系统可靠性与性价比的前提下，尽力追求系统的先进生，经实践检验，先进的控制设备与控制技术也是提高系统可靠性的重要措施。因此，目前盾构电气控制系统均在保证盾构系统整体可靠性与性价比的前提下，采用当代最先进的自动控制技术。

二是具备手动操作与自动控制功能。盾构在工作过程中，有很多需要人工判断与人工干预的环节，希望实现完全的自动控制是不现实也不科学的。但是，盾构电气控制系统如何科学合理地处理手动操作与自动控制功能的关系，一方面要尽可能发挥自动控制的优势，提高生产率；另一方面也要尽可能地采用检测、控制等技术辅助人工操作，帮助操作人员快速、准确、可靠地完成操作。

三是具备系统故障诊断功能。如前所述，盾构系统复杂、工作环境恶劣，电气控制系统应充分考虑这些问题，除了尽力提高系统自身的可靠性之外，还要具有完善的故障诊断功能，从而在系统出现故障时，能够帮助操作人员快速判断故障原因与故障点并加以解决，使得损失减少到最小。

2.通风系统

通风设备主要由主风机、主风管、风筒起吊设备、二次射流风机（含消音器）、储风筒等组成。并采用洞外压入式通风，如图 2-114 所示。其作用为将洞外的新鲜空气输送到盾体后配套区域，排除有毒有害污浊气体，为工作人员提供足够的氧气，保证人员身体健康。在一般的工程中，通风目的仅限于排除有毒有害气体和提供足够的氧气，但随着国内对施工环境要求的提高，后配套通风系统中还加入了图 2-115 所示的隧道通风空调，主要用于调节地下工程的湿度和温度，保证人员在一个舒适环境下施工。该空调系统主要由制冷主机、空冷器、换热器和冷却循环系统组成。

通风设备一次通风宜采用压入式通风，风管采用软管，管径根据隧道断面、长度、出渣方式确定。根据计算风量和风压，结合通风方式及布置选择通风设备，长距离通风时，为满足风压的要求，宜采用相同型号的风机等距离间隔串联方式，施工区域的风速不宜低于 0.3 m/s。

1）设备分类及特性

隧道通风机按照作用原理分类可分为离心式通风机、轴流式通风机和贯流式通风机。

图 2-114　通风系统实物图

图 2-115　隧道通风空调实物图

隧道通风机按照用途分类分为一般用途通风机、排尘通风机、高温通风机、防爆通风机、防腐通风机、消防用排烟通风机、屋顶通风机和射流通风机。

在隧道工程上需要大流量和较低压头时，离心机将难当此任，而轴流式风机则能满足此种要求。因此在后配套和隧道通风中轴流风机应用广泛，而射流风机因能提供较大的通风量和较高的风压，气流扰动小，效率高，输送距离远，通常应用于后配套通风。

2)设计及选型要点

盾构后配套通风与隧道通风系统设计需要具备手动、自动操作模式，长距离输送风时能够依据风压调节风量。全面通风效果不仅取决于通风量的大小，还与通风气流的组织相关。所谓气流组织就是合理布置送、排风口和分配风量，选用合适的风口形式，以便用最小的通风量获得最佳的通风效果。目前在盾构领域常用的通风方式为压入式通风、抽出式通风和混合式通风方式，如图 2-116 所示。

(1)通风方式。通风方式包括压入式通风、抽出式通风和混合式通风。

①压入式通风：风机把新鲜风流经风筒压送到工作面，而污浊空气沿风道排出。采用这种通风方式，工作面的通风时间短，但全风道的通风时间长，因此适用于较短风道掘进时的通风。对于长距离独头压风无法满足时需要串联和并联风机联合使用。

②抽出式通风：工作面污浊空气经风筒用扇风机抽至回风道，新鲜风流由风道流至工作面，风道处于新鲜风流中。该方式适用于较长风道的掘进通风，但工作面的通风效果不好，在全断面开敞式掘进时无法使用。

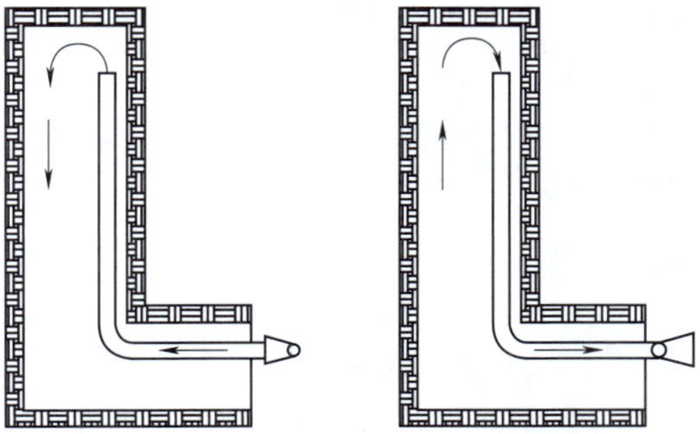

图 2-116　通风方式示意图

③混合式通风：安装两台风机，一台向工作面压送新风，一台把污风抽至回风道。这种通风方法具备了压入式通风和抽出式通风的优点，避免了它们各自的缺点，通风效果良好，多用在大断面长距离风道掘进时的通风。

(2)通风设备的设计考虑的因素。

①风量设计。无论何种通风设备，隧道排除有毒有害气体，提供足够的氧气，风量大小的设计是最重要的。

②风筒直径设计。风筒直径主要取决于送风量及送风距离，送风量大，距离长，风筒直径应大些，使风筒总风阻不致过大。此外，还应考虑风道断面的大小，使风筒不致影响运输和行人的安全，在全断面开挖掘进时尽量选择大直径风筒，减少一次通风沿程管路损失，节约能源。

③在地下开敞式施工过程中，需尽量采用隔爆式通风机。必须采用有效措施降低通风机的声源噪声，由于地下施工空间较小，噪声将严重影响到施工环境。因此在通风机的进出口上需要装配恰当的消音器，设减振基座，进出口用软管连接等措施。

④设计风机的工作点位将极大地影响风机的性能。风机的工作点位应接近最高效率点，同一型号的风机效率越高，噪声越小，为使风机的运行工况保持在通风机的高效率区，应尽量避免阀门进行工况调节。可通过改变风机转速，改变通风机进口导流器叶片的角度以及改变叶片宽度和角度来实现改变风机特性的调节，这种方法比阀门调节更加经济。

3. 工业水系统及污水处理设备

标准水循环系统可分为外循环水、内循环水、清洗水和排污处理四个系统。

外循环水系统主要带走盾构工作时产生的热量，为盾构提供水源和消防用水，主要由热交换器、水管卷筒、压力、温度和流量监测、过滤器、安全阀和消防水幕等组成。外循环水系统为开敞式循环系统，水与大气接触，灰尘、微生物等都能进入循环水中，进水管路通常选用的钢管容易生锈，这些都会改变循环水的水质下。虽然盾构的管路内设置了水过滤器，但水过滤器通常只能过滤粒径较大的杂质，而较小杂质和水垢等留在水中，容易堵塞冷却器内部的水道，致使冷却器不能正常冷却。为确保循环水水质满足要求，减少管道内的结垢和控制管道的腐蚀，需要在循环水系统中投入水质稳定的药剂和杀菌剂等水处理药剂，同时对外循环水还需要做其他处理，如沉积物控制等。

内循环水系统主要用于冷却空压机、齿轮油、主驱动电动机、减速器、超挖刀、变频器和变压等设备。该系统主要由热交换器、压力、温度监测等组成。对于内循环水在管中流动，除换热设备的物料泄漏及部分钢管腐蚀外，没有其他因素会改变循环水的水质。为防止在换热设备中造成盐垢，冷却水通常选用蒸馏水。部分气温较低区域，需要添加一定量的防冻液。

清洗水系统适用于设备上的分散用水以及各种清洗作业。系统主要由增压泵、压力、流量监测和气动阀门等组成。在特殊地层场合还需要对刀盘进行高压冲洗，防止刀盘结泥饼。实践表明，在渣土较干时可采用刀盘中心高压水冲刷装置快速加水冲刷，在土仓中心开始形成泥饼时，可采用刀盘中心高压水冲刷装置迅速解除泥饼。

排污处理水系统主要用于分散用水以及管片清洗、注浆管清洗和设备清洗等产生的工业污水。系统主要由气动泵、压力、流量监测、污水箱和渣浆泵等组成。气动隔膜泵是具有自吸功能的排污泵，使用压缩空气为动力，可泵出带有颗粒的污水。一般 1 000 m 内隧道都可以用气动隔膜泵直接将污水排出洞外，当隧道长度较长时，可利用盾构配套的渣浆泵进行输送污水。

标准水循环四个系统实现手动、液位连锁及掘进连锁控制。对于外循环水系统而言，其设计关键为保证进水流量、温度和保证水质。其中，在保证水流量方面通常配置一个大流量泵后，通过大直径旁通调节主路流量，或者在主路上配置可调节减压阀作小旁通溢流，或者通过在泵上面配置变频节能技术保证管路压力的恒定，从而控制流量。

如果系统流量过低流量传感器会做出相应报警提示。在温度控制方面，尽量采用温度低纯净水源，可提高设备的热交换降低隧道工作区域的环境温度。如果遇到温度无法达到要求值造成停机时，需要在外循环水的外部配置冷却塔、加大进水流量及紧急情况下增加冰块进行降温，如果系统温度过高温度传感器会做出相应报警提示。在水质控制上需要配置 150 μm 的过滤器且系统一用一备。如果过滤器发生堵塞，则安全阀就直接溢流，提示系统堵塞，主要是系统滤芯堵塞造成过滤器前系统压力升高，致使安全阀溢流，所以可通过过滤器前、后压力表压差及时更换滤芯。

对于内循环水系统的关键是保证水的流量分配、温度控制和保证水质。在保证水流量方面通常通过改变支路阻抗来改变流量。由于内循环水系统通常采用闭式并联管路，则并联节点上的总流量为各支路中流量之和，并联各支管上的阻力损失相等。总的阻抗平方根倒数等于各支路管阻抗平方根倒数之和。因此各支路流量与阻抗平方根倒数成正比，在任何支路中都必须配置流量调节阀和机械温度显示表，当温度显示超过设计量时需要调整其他旁路来改变当前支路冷却状况。在水质方面内循环水尽量采用蒸馏水，避免温度过高造成换热器表面结水垢导致换热效率下降。由于各介质温度将极大影响盾构的掘进，对于主驱动为液压驱动形式由于发热量大的不建议配置在内循环水系统中。

对于排污处理系统来说，关键是泵的选型。在主机排放区域一般选择气动隔膜泵或重载潜水耐磨排沙泵，由于不存在像离心泵那样因吸空造成泵损坏，目前该形式的泵应用较广。而对于后配套区域的排污水泵由于自带污水箱，有相应的沉淀池可以在一定程度上减少泵的磨损。但目前管道排污泵、立式无堵塞排污泵等加工和设计工艺水平较差，在该场合下运行效果差，叶轮极易损坏或者运行噪音大而无法使用。实践表明，在该工况条件下，渣浆泵运行效果较好且寿命较长。它为双泵壳设计结构，在径向铸铁泵壳内，具有可更换的耐磨内衬，这种结构可使长期运行更加经济。在不影响泵强度的情况下，内衬可以承受最大程度的磨损，泵的外壳承受压力及吸入和排出管路的机械负荷。该系列产品具有结构合理、效率高、寿命长、可靠性高、维修方便、运行费用低等显著优点，适用于冶金、矿山、煤炭、电力、建材工业部门输送强耐磨蚀、高浓度渣浆。

对于清洗水系统来说，关键在管道增压上，以及喷口的设计上。对于管道增压通常采用立式多级增压泵对管路水压增压，同理它的流量调整和外循环水泵一致。而在喷口冲洗设计上采用中心隔板固定设计，配有中心固定搅拌棒兼高压水冲刷通道，固定搅拌棒可以扰动随刀盘转动的渣土，使之不能形成泥饼。

4. 轨道运输设备

如图 2-117 所示，轨道运输设备由提升门式起重机、门式起重机上的翻转倒渣装置（或固定在地面上的翻转倒渣装置）、门式起重机轨线、地面渣仓等组成垂直运输系统，包括渣土垂直运输及管片、材料垂直下放运输。由牵引机车、渣土运输车、砂浆运输车、管片运输车及轨线组成水平运输系统。

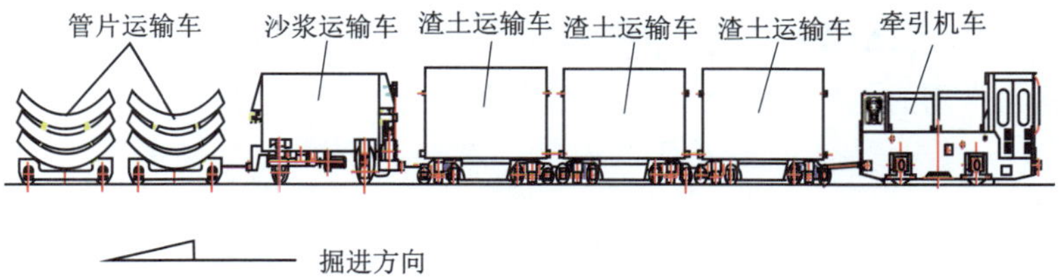

图 2-117　轨道运输系统示意图

由钢轨、轨枕、浮放轨组成隧道运输轨线，轨线根据需要可以设计成单线、四轨三线或复合式轨线等。

单线轨制列车直接进入盾构后配套。优点是钢轨需要量少，利于盾构后配套设备布置。缺点是只适用于短区间隧道施工，否则列车运行的脱节将会使盾构掘进发生停机等待。单线制轨线一般只用于区间长度小于 2 000 m 隧道的出渣运输，如图 2-118 所示。

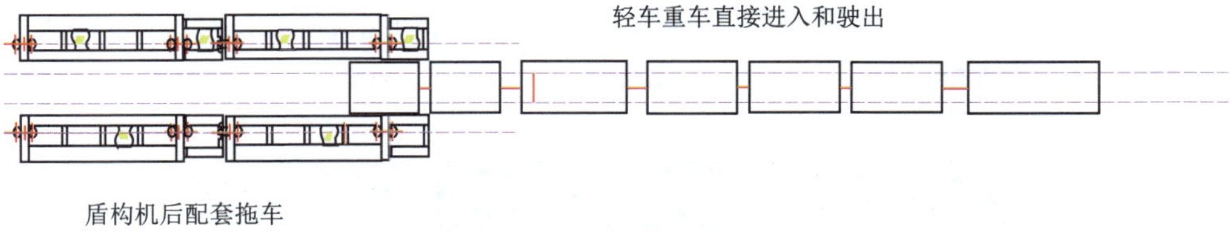

图 2-118　单线轨道运输示意图

四轨三线制时，由于隧道空间所限，一般采用 762 mm 轨距，左右线分别为重车和轻车运输线。优点是左右两线的运输互不干涉，运输连续，编组列车容量和编组列数受运行因素影响较小，配置的灵活性大。缺点是轨道需要量增大一倍，轨枕要求的长度长，需要量大，如图 2-119 所示。

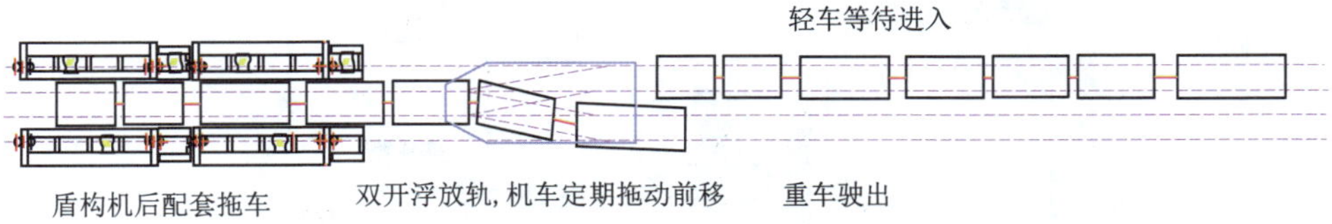

图 2-119　四轨三线轨道运输示意图

复合轨线制主运输轨线仍为单线制轨线，在后配套后部设两副浮放双开道岔组成会车点。当隧道特长时在隧道中部可增设双线会车点，可以是固定的或可移动式的。复合式轨线制兼有单线制轨线和四轨三线制轨线的优点，如图 2-120 所示。

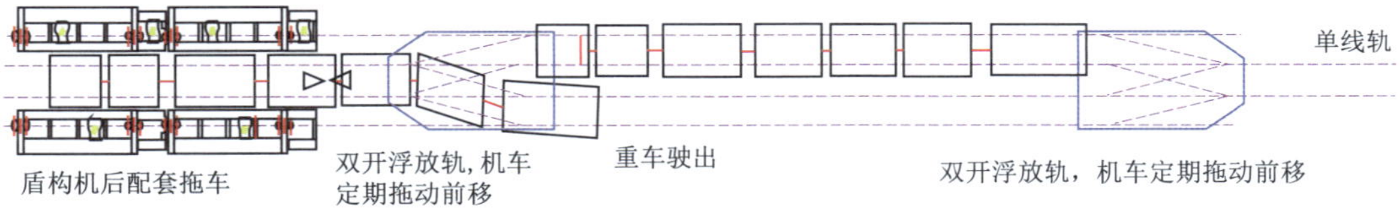

图 2-120　复合轨道运输示意图

5.风、电供应设备

1)工业风供应设备及工作原理

盾构施工过程中，工业风的供应主要是依靠空气压缩机，还有其他一些附属装置，如风筒、电动机和风管等。目前，盾构机常用的空气压缩机是螺杆式压缩机，分类如图 2-121 所示。

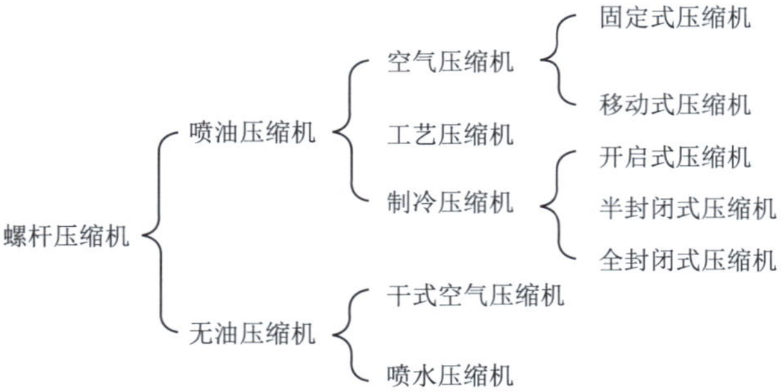

图 2-121　螺杆压缩机分类

空气压缩机的原理如图 2-122 所示。空气在空气压缩系统中的流程：空气由空气滤清器滤去尘埃之后，经由进气阀进入压缩机机体内进行压缩，并与润滑油混合。与油混合的压缩空气排入油气桶，经油气桶和油气分离器除去气体中油分后，纯净的空气流经最小压力阀、冷却器，输出压缩空气至使用系统。

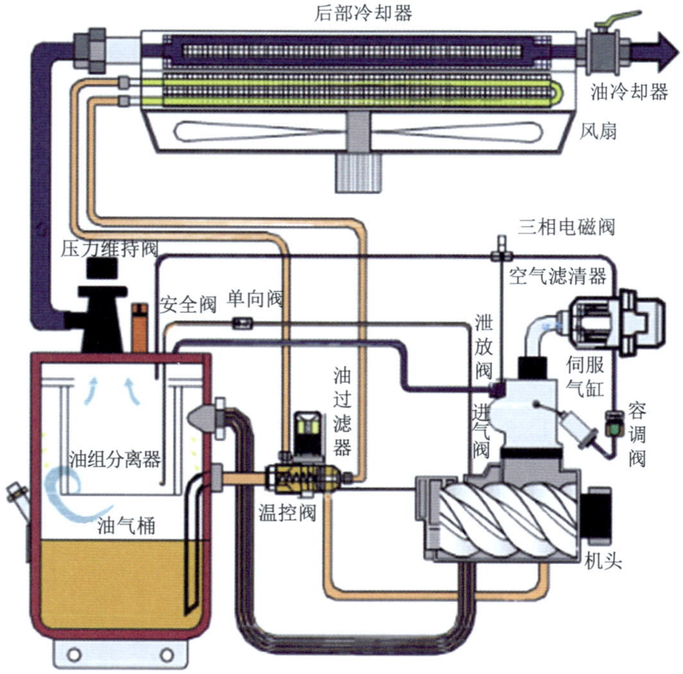

图 2-122　空气压缩机原理示意图

喷油螺杆式空气压缩机成为当今空气压缩机发展的新主流，它具有其他压缩机无可比拟的优点，其振动小、噪声低、效率高、无易损件，主、副转子间以及转子与机体外壳间的精密配合减小了气体回流泄漏，提高效率；只有转子的相互啮合，无气缸的往复运动，减小了振动源和噪声源。

喷油螺杆式空气压缩机采用高效带轮(或联轴器)传动，带动主机转动进行空气压缩，通过喷油对主机压缩腔进行冷却和润滑，压缩腔排出的空气和油混合气体经过粗、精两道分离，将压缩空气中的油分离出来，最后得到洁净的压缩空气。

螺杆式空气压缩机的核心部件是压缩机主机，是容积式压缩机中的一种，空气的压缩是靠装置于机壳内互相平行啮合的阴阳转子的齿槽之容积变化而达到。转子副在与它精密配合的机壳内转动使转子齿槽之间的气体不断地产生周期性的容积变化而沿着转子轴线，由吸入侧推向排出侧，完成吸入、密闭与输送、压缩与喷油、排气四个工作过程。

(1)吸气过程，当转子转动时，主、副转子所形成的齿间容积逐渐扩大，该容积仅仅与吸气口连通，外界空气被吸入齿间容积内。当齿间容积增大到最大时，齿间容积与吸气口断开，吸气结束。

(2)封闭及输送过程，在吸气终了时，主、副转子齿峰会与机壳封闭，在齿间容积内的空气即被封闭在由主、副转子及壳体组成的密闭腔内，此即“封闭过程”。两转子继续转动，主、副转子相互啮合，啮合面逐渐向排气端移动，齿间容积内的空气也跟着向排气端输送，即“输送过程”。

(3)压缩及喷油过程，在输送过程中，随着转子的旋转，齿间容积由于转子齿的啮合而不断减小，齿间容积内之气体体积也随之减小，气体被压缩，压力升高。压缩的同时，润滑油因压力差而喷入齿沟内与空气混合。

(4)排气过程，当转子转到齿间容积与机壳排气口相通时，被压缩气体开始排出，这个过程一直持续到齿末端的型线完全啮合，此时齿间容积为零，气体被完全排出。

2)供电设备及工作原理

盾构供电系统主要包括高压电缆、电缆卷筒、高压开关柜、变压器和配电柜等，其中变压是供电系统的核心设备。变压器的类型较多，可以根据以下情况进行分类。

(1)按照冷却的方式可分为自然冷式、风冷式、水冷式、强迫油循环风(水)冷式等。

(2)按照用途可分为电力变压器、特种变压器(电炉变压器、电抗器、互感器、调压器等)、配电变压器等。

(3)按照相数可分为单相变压器、三相变压器、多相变压器。

(4)按冷却介质可分为干式变压器、油浸变压器、充气变压器等。

(5)按照线圈数量可分为自耦变压器、双绕组变压器、三绕组及多绕组变压器等。

变压器是一种通过电磁感应作用将一定数值的电压、电流、阻抗的交流电转换成同频率的另一数值的电压、电流、阻抗的交流电的静止电器。在电力系统中，专门用于升高电压和降低电压的变压器统称为电力变压器。变压器的工作原理如图 2-123 所示。

变压器主要是由铁芯、绕组、油箱、气体继电器、储油柜等构成。具体作用如下：

一是铁芯。铁芯作为变压器的闭合磁路和固定绕组及其他部件的骨架。为了减小磁阻、减小交变磁通在铁芯内产生的磁滞损耗和涡流损耗，变压器的铁芯大多采用薄硅钢片叠装而成。变压器的铁芯有芯式和壳式两种基本形式。

二是绕组。绕组是变压器的电路部分，原绕组吸取供电电源的能量，副绕组向负载提供电能。变压器的绕组由包有绝缘材料的扁导线或圆导线绕成，有铜导线和铝导线两种。按照高、低压绕组之间的安排方式，变压器的绕组有同心式和交叠式两种基本形式。

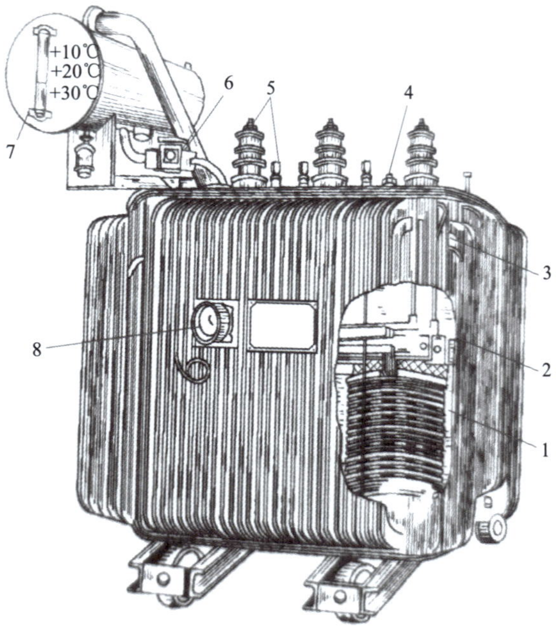

图 2-123　油浸式变压器示意图

1—散热筋；2—铁芯及绕组；3—油箱；4—分接开关；5—高低压绕组；6—气体继电器；7—储油柜；8—信号温度计

三是油箱。变压器的器身(即铁芯和绕组)放置在灌有高绝缘强度、高燃点变压器油的油箱内，变压器运行时，铁芯和绕组都要发出热量，使变压器油发热。发热的变压器油在油箱内发生对流，将热量传送至油箱壁及其上的散热器，再向周围空气或冷却水辐射，达到散热的目的，从而使变压器内的温度保持在合理的水平上。

四是绝缘套管。绝缘套管是装置在变压器油箱盖上面的绝缘套管，以确保变压器的引出线与油箱绝缘。

五是气体继电器。气体继电器装置在油箱与储油柜的连通管道中，对变压器的短路、过载、漏油等故障起到保护的作用。气体继电器是变压器的第一重保护，第二重保护是释压器。

六是储油柜。储油柜装置在油箱上方，通过连通管与油箱连通，起到保护变压器油的作用。

2.13　远程信息化管理系统

远程信息化管理系统能够智能感知和获取盾构各阶段、各层次的数据，制订盾构各类计划并实时追踪计划执行情况；能够仿真模拟盾构各类状态，并针对施工、装备等各类风险进行远程决策。该系统是基于互联网大数据平台理念进行建设，可远程对现场盾构施工进行有效标准化监管、远程专家技术诊断，从而提升盾构领域远程信息化监控水平，降低盾构现场施工风险，增强企业对盾构施工的管控能力。

2.13.1 信息化管理系统体系

远程信息化管理系统建设思路是使用云计算、大数据技术构建远程信息化管理系统支撑平台；使用面向盾构对象的时空数据库作为盾构应用的基础平台；使用成熟的可组态可配置的组态技术开发互联网环境下的盾构应用；融合物联网、云计算、大数据、移动终端、虚拟现实、BIM、GIS 技术，多方面满足盾构业务需求的变化和发展。

远程信息化管理系统包括远程信息化管理系统支撑平台、远程信息化管理系统基础平台和远程信息化管理系统应用平台，框架体系如图 2-124 所示。

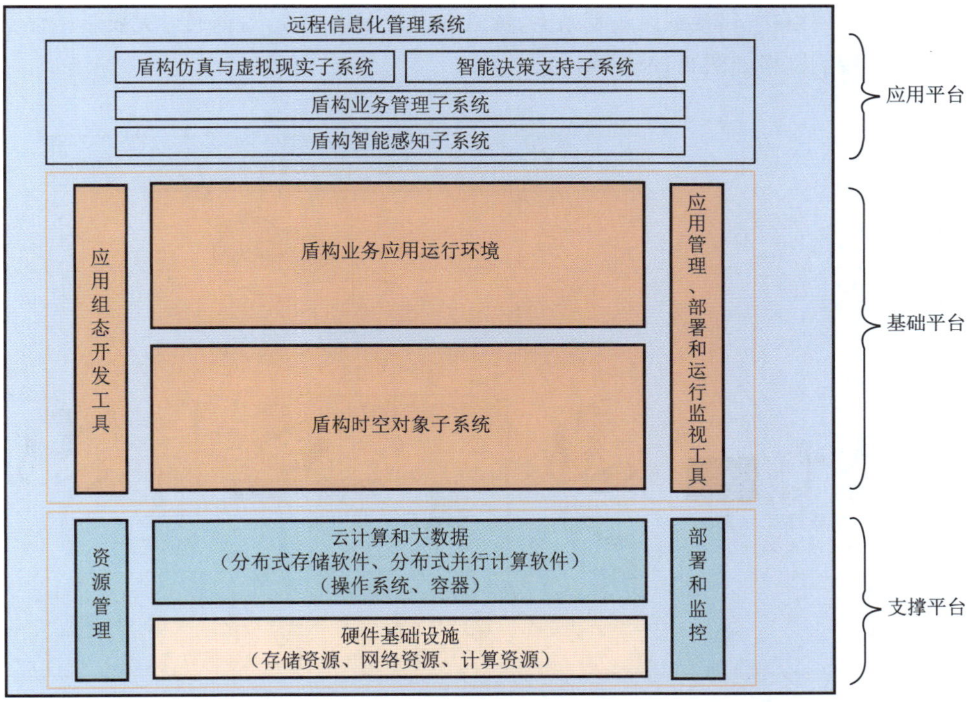

图 2-124 远程信息化管理系统总体架构

支撑平台包括硬件资源、硬件资源的虚拟化、操作系统、容器以及对虚拟化的硬件资源的管理部署监控系统；基础平台包括对盾构信息数据的时空建模、盾构信息时空数据对象管理，以及盾构信息化管理应用的开发、部署、监控、管理的成套工具和运行环境。应用平台包括盾构业务管理子系统、盾构仿真与虚拟现实子系统等子系统，每个子系统中包含相应的盾构信息化应用和服务。

2.13.2 信息化管理支撑平台

远程信息化管理系统支撑平台，是利用云计算弹性伸缩的计算能力和大数据并发计算框架进行深度融合，解决资源有效整合、高度共享。

远程信息化管理系统支撑平台将基于云计算拥有高效的计算能力和强大的存储能力，为系统数据处理提供保障，并融合大数据并行处理框架智能处理和分析挖掘盾构行业的海量数据。平台将提供高效、安全地存储盾构产业产生的海量数据，基于弹性的计算能力处理数据，并实现快速查询、访问经过大数据智能分析处理的结果和信息。平台容纳盾构各行业业务需要的多种计算算法，根据盾构行业业务需求自由调度和运行。平台通过容器虚拟化技术为 Spark 并行计算提供隔离环境，实现数据的快速处理和分析挖掘。提供完善的服务接口，实现云计算和大数据架构融合管理，按需统一调度云计算资源，根据业务、数据规模合理分配资源。

2.13.3 盾构智能与远程监控功能

1.盾构智能网络基础架构

智能感知系统在网络基础设施方面，采用无线网络作为数据传输的主干网络基础设施，智能感知系统分智能感知组态开发系统、智能感知运行系统、智能采集设备三个方面。

智能设备需配置网络接口，接到无线基站上，隧道内覆盖无线信号，数据通过无线基站逐步传输到地面和大数据中心。智能网络如图 2-125 所示。

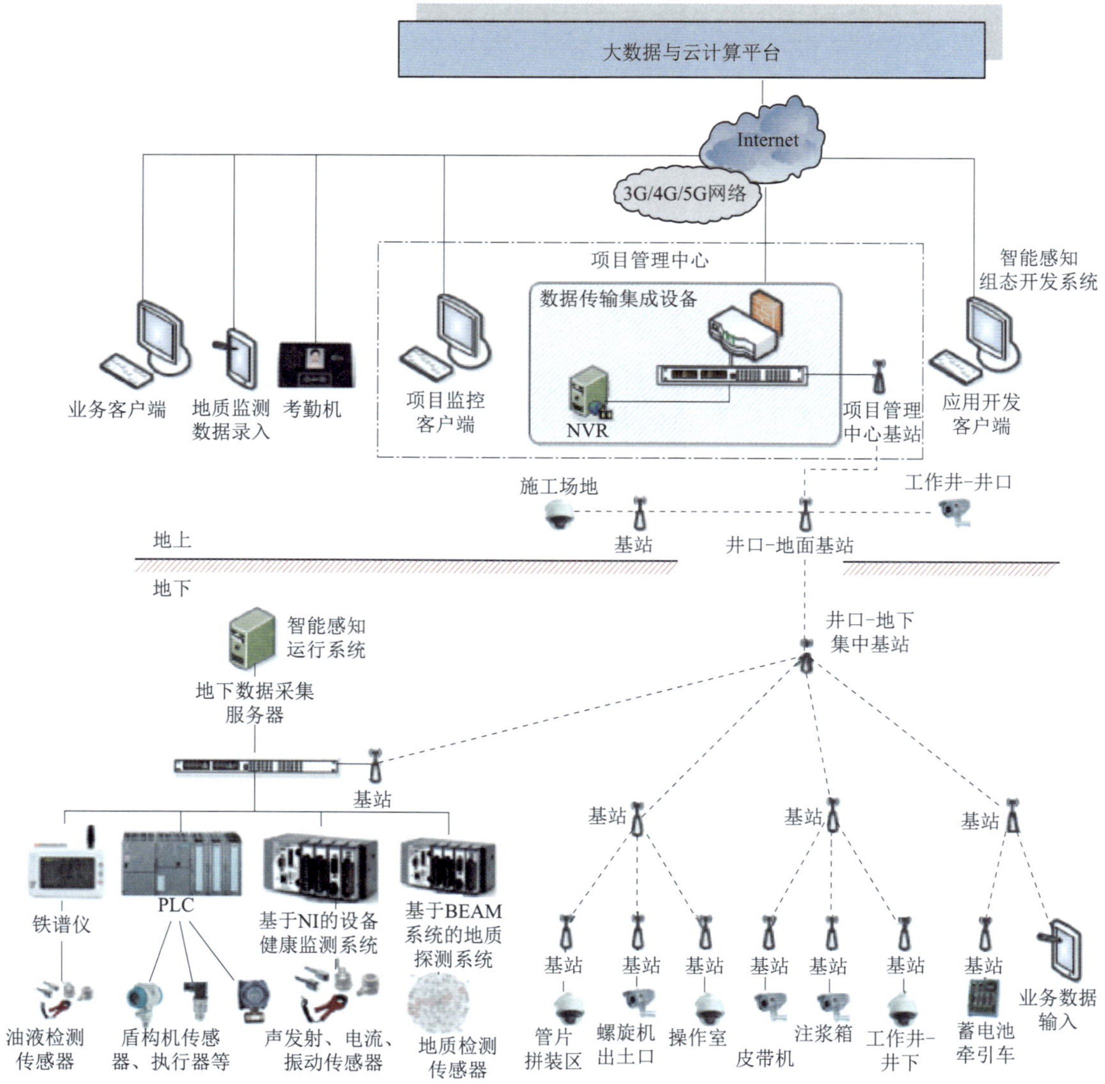

图 2-125　智能系统网络示意图

对于数据传输量大的视频信号，每 3 个视频摄像头在分别接到无线基站后，共同接到一个中继无线基站设备上组成网络，然后接到工作井地下的总的无线基站上。地下数据采集服务器（工控机），通过交换机连接无线基站后，连接到工作井地下总的无线基站上。

在工作井地面设置 1 个总无线基站，连接地下总的无线基站。考虑到视频信号数据量大，这段网络拟采用国家允许的 5.8 GHz 公共频段，支持 802.11n、802.22a 标准，无线带宽最大 300 Mbit/s，满足大码流数据传输要求。地面视频设备，也是首先连接无线基站，然后连接到地面的总无线基站上。在项目管理中心，配置一套交换机、路由器和防火墙设备，以及硬盘录像机设备。在路由器前段安装连接一个无线基站，用于连接接收地面总无线基站。地下和地面的视频数据通过交换机后直接存储到硬盘录像机中，不直接向大数据中心传输。其他盾构工作状态、工况等数据，通过公网，传输到大数据中心进行存储。

1）智能数据采集设备

智能数据采集设备通过部署在盾构中的各类传感器，将感知的信号，通过智能设备转换为具有明确含义的数字信号，做初步数据计算分析，提供盾构状态数据。智能数据采集设备主要包括 PLC、NIcRIO 控制器、铁谱仪以及盾构传感器系统等。

2）智能感知组态开发系统

智能感知组态开发系统用于配置需要采集的现场智能设备（如 PLC）中信号点与数据采集软件系统中数据点的对应关系和转换关系，以及数据采集的频率、数据传输的方式等。使用组态开发系统，可降低数据采集工程开发实施工作量、降低工程开发难度，可维护性高，可扩展能力强。

3）智能感知运行系统

智能感知平台运行系统部署在地下数据采集服务器中，主要负责完成地下设备、系统和环境的数据集中采集，并将所有这些数据通过网络传输到大数据中心。地下数据采集传输系统具有以下主要功能模块：

（1）智能感知运行系统主程序。运行系统的主框架应用程序，提供程序基础功能，用于支撑各功能模块在其中运行、交互数据。支持在 Windows、Linux 系统下运行。

（2）PLC 数据采集模块。根据盾构项目具体需要，提供针对具体型号 PLC 的通信模块。

（3）NIcRIO 控制器通信模块。

（4）铁谱仪数据采集模块。采集在线油液检测分析结果数据或文件。

（5）BEAM 系统数据采集模块。

（6）隧道导向系统数据采集模块。用于从导向系统中采集所有导向相关数据。

（7）蓄电池牵引车检测系统数据采集模块。采集电瓶车上检测系统数据。

（8）实时数据传输模块。主要用于将 PLC 等智能设备中采集的实时数据，通过网络远程传输到大数据中心。特点是要求一定的实时性，数据量较少。

（9）高密度数据传输模块。

（10）数据缓存转发管理模块。用于在运行系统与大数据中心传输网络出现故障的情况下，自动按照配置将采集到的各类数据按照一定格式、顺序缓存到本地硬盘，在网络恢复时，按照配置的规则将缓存的数据逐步转发到大数据中心。

（11）网络及通信状态监视模块。主要用于监视运行系统所使用的网络端口状态，及各连接智能设备的通信状态等是否正常。

（12）系统安全管理模块。用于用户登录系统、操作权限校验等管理。

2. 盾构远程监控

智能感知平台运行系统部署在地下数据采集服务器中。主要负责完成地下设备、系统和环境的数据集中采集，并将所有这些数据通过网络传输到大数据中心。地下数据采集主要包括盾构主机系统、泡沫膨润土系统、排土系统、自动注浆系统、后配套系统、供水系统、供电系统、视频系统、安防系统等覆盖了盾构中机、电、液等各部分主要机构，在盾构智能感知与远程监控子系统基础架构的基础上，盾构远程监控系统可实现基于 PLC 的数据采集刀盘监控(见图 2-126)、基于 PLC 的数据采集导向系统监控(见图 2-127)、基于 PLC 的数据采集注浆监控、泡沫系统监控(见图 2-128)等功能。

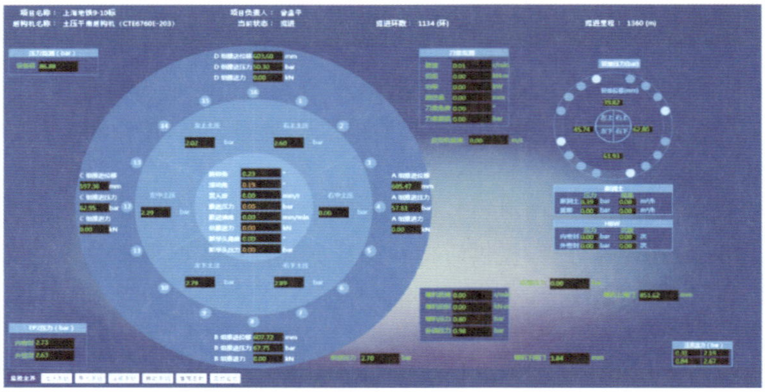

图 2-126　基于 PLC 的数据采集刀盘监控界面

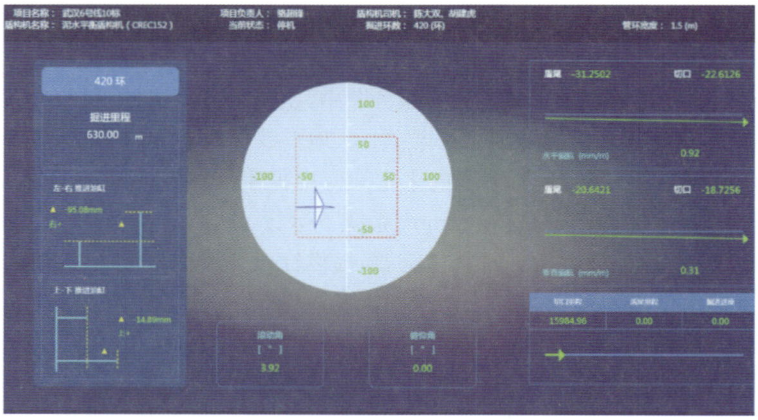

图 2-127　基于 PLC 的数据采集导向系统监控界面

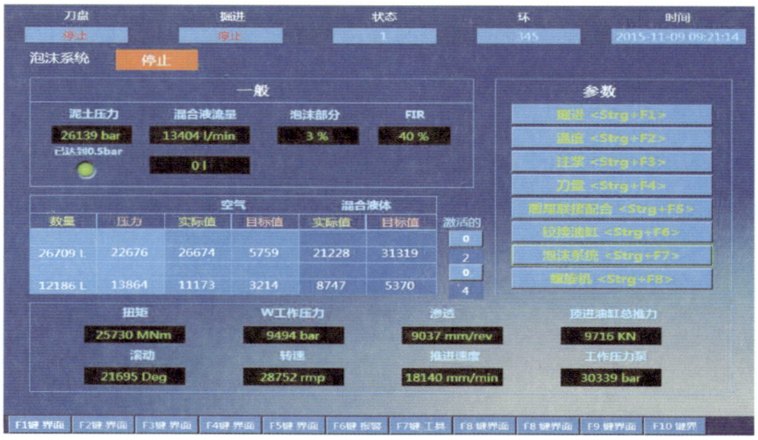

图 2-128　泡沫系统界面示意图

2.13.4　盾构虚拟仿真功能

面向施工的盾构仿真与虚拟现实子系统主要包括 BIM 模型建立及维护、系统深化设计、虚拟施工管理、物料管理、绿色施工管理、工程变更管理、协同工作等功能模块。虚拟施工使施工变得可视化，随时随地直观快速地将施工计划与实际进展进行对比，实时模拟盾构运动。盾构虚拟仿真场景如图 2-129所示。

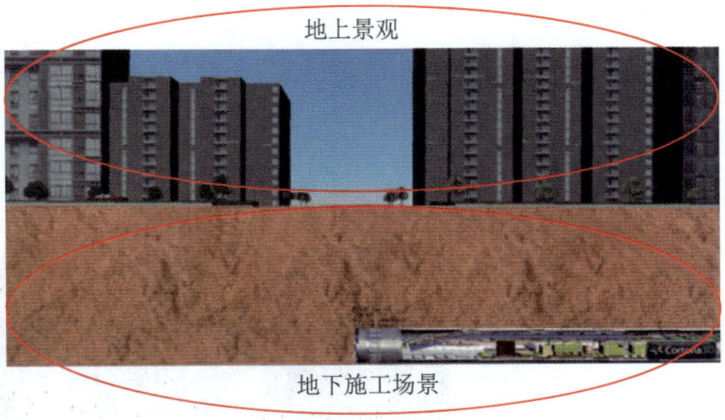

图 2-129　盾构虚拟仿真场景图

1)BIM 模型建立及维护

在工程开始阶段，收集设计图纸、设备信息和 BIM 创建所需数据，根据设计图纸建立 BIM 模型并根据设计和业主补充信息完善 BIM 模型。在施工阶段，对 BIM 模型进行维护、实时更新，确保 BIM 模型中的信息正确无误，确保施工顺利进行。BIM 模型库是一个包含了盾构施工项目所有信息的数据库，因此可以将 3D 模型同时间、成本等结合起来，对盾构施工项目进行管理。

2)系统深化设计

在提供的图纸基础上，结合施工现场实际情况，对图纸进行细化、补充和完善为更好的满足现场不断变化的需求，使施工图更加符合现场的实际情况，为企业创造更多的利润。

3)虚拟施工管理

虚拟施工管理包含两方面的内容：一是实时采集现场盾构数据，模拟盾构实际工作情况进行三维可视化展示；二是通过 BIM 技术结合施工方案、施工模拟和现场视频监测进行基于 BIM 技术的虚拟施工。施工本身不消耗施工资源，却可以根据可视化的效果了解施工过程和结果，可以较大程度地降低返工成本和管理成本，降低风险，增强管理者对施工过程的控制能力。

虚拟施工使施工变得可视化，随时随地直观快速地将施工计划与实际进展进行对比，实时模拟盾构运动情况，如图 2-130 所示。施工可视化主要包括如下几个模块：

(1)盾构虚拟仿真场景构建。通过载入盾构 BIM 模型与工作场景 BIM 模型以及集合 GIS，可以完成盾构的地理位置定位和其空间分析和盾构虚拟仿真场景的构建，为盾构工作过程仿真提供虚拟环境，如图 2-131 所示。

图 2-130　仿真场景视图

图 2-131　盾构工作过程仿真

盾构虚拟仿真场景构建包括盾构模型配置、盾构工作声音仿真、场景模型配置与动画和后配套设备模型配置 4 个功能。

(2)盾构工作过程仿真。在完成盾构虚拟仿真场景构建的基础上，通过对盾构工作数据的处理和对盾构虚拟模型与后配套设备模型的驱动，完成对盾构工作过程的仿真。

盾构工作过程仿真包括实时数据处理、盾构模型驱动、盾构工况报警和工作过程历史回放等功能。

(3)管片拼接与隧道仿真。在完成盾构虚拟仿真场景构建的基础上，通过对盾构工作数据的处理和对盾构管片虚拟模型驱动完成盾构管片拼接与隧道仿真，如图 2-132 所示。

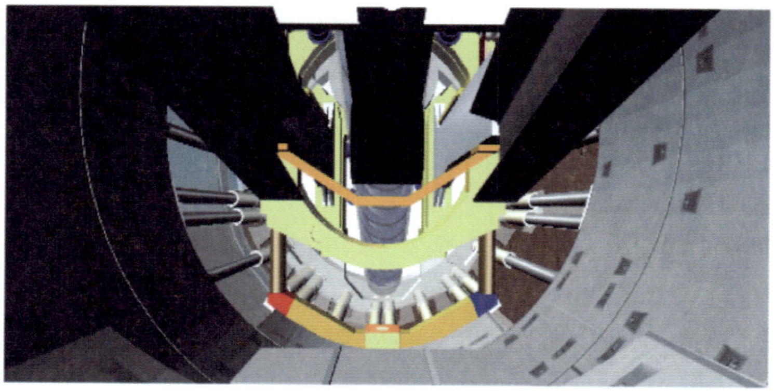

图 2-132　拼装机抓取管片

2.13.5　盾构业务管理功能

盾构业务管理子系统主要是实现盾构动态施工管理，动态资源管理及质量管理，盾构动态施工管理主要包括项目信息管理、组织机构管理、人员管理、施工组织设计、物资管理、进度管理、成本管理，采用基于面向盾构施工行业的 EPCM(E 设计、P 采购、C 施工、M 管理)管理模式，根据实际业务需求，有针对性地提出施工分析决策解决方案，对各业务模块进行清晰划分，达到为施工企业提供高效、便捷的信息收集、施工决策的工具。

(1)项目信息管理主要包括：盾构施工工程信息管理、施工区间管理、线路管理、分部工程管理等。

(2)组织机构管理主要包括：设计单位信息管理、施工企业信息管理、监理单位信息管理、建设单位信息管理。

(3)施工设计管理主要包括：地质勘探管理、设计图纸管理、施工线路管理、技术交底管理等。

(4)物资管理主要包括：设备采购管理、设备租赁管理、设备调拨管理、设备运维管理等。

(5)施工进度管理主要包括：班组管理、计划管理、安全控制、质量控制、工期控制、成本控制、设备监控、异常工况、设备维保、物料消耗、设备档案、设备调拨、设备租赁、设备跟踪、故障统计、施工培训等。

动态质量管理方面，包括管片衬砌管理，盾构掘进方向控制(轴线偏差)，二次注浆等。盾构施工参数监测信息、平面监测信息、纵断面监测信息如图 2-133 所示。

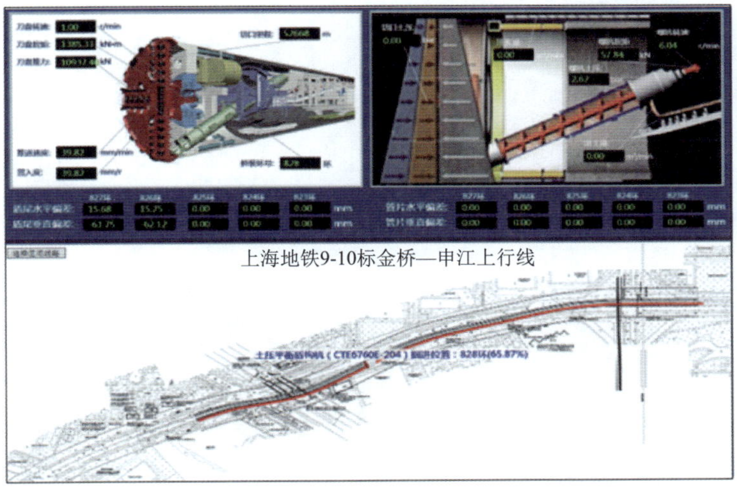

图 2-133　施工参数监控信息组图

习　　题

1. 简述土压平衡盾构的概念。
2. 简述泥水盾构的概念。
3. 简述土压平衡盾构的地质适应范围。
4. 简述泥水盾构的地质适应范围。
5. 简述土压平衡盾构系统的构成。
6. 简述泥水盾构的构成。
7. 简述土压平衡盾构开挖面的稳定机理。
8. 简述泥水盾构开挖面的稳定机理。
9. 简述土压平衡盾构的工作原理。
10. 简述土压平衡原理。
11. 简述土压平衡盾构的掘进模式。
12. 简述渣土改良的目的。
13. 渣土改良常用的材料大致分为哪几类?
14. 简述泡沫注入系统的适应范围。
15. 简述膨润土注入系统的适应范围。
16. 简述聚合物注入系统的适应范围。
17. 简述直接控制型泥水盾构的泥水系统工作流程。
18. 简述间接控制型泥水盾构的泥水系统工作流程。
19. 简述日系和德系泥水循环系统的区别。
20. 螺旋输送机包括哪些主要部件?
21. 螺旋输送机常用的耐磨设计是什么?
22. 双仓式人闸一般配有哪些装置?
23. 简述泥水盾构常压换刀刀盘原理及其适用范围。
24. 简述盾构水循环及工业风系统的作用。

第3章 岩石隧道掘进机（TBM）构造原理

TBM是一种大型隧道专用机械设备，其单纯依靠硬岩滚刀刀具实现对掌子面的滚压破岩，能同时完成开挖、出渣、支护等作业，实现工厂化施工，配合长距离连续皮带机技术可以完 成连续掘进，大大提高了隧道的开挖效率。TBM掘进姿态的控制主要依靠导向系统完成测量 和定位信息的实时表达，然后利用掘进机本身的调向功能完成TBM的姿态纠正，确保TBM始终沿隧道设计轴线的允许偏差向前掘进。TBM隧道的支护方式与机型相关，不同机型有不同的支护方式，对应不同的支护设备在超前地质探测方面，主要包括设备本身安装的超前钻机系统和近年来发展逐渐成熟的电磁波法、地震波法等相关技术。

3.1 TBM的基本结构

TBM是采用了机械、电气和液压领域的高科技成果，由多个系统组成的大型高效隧道施工机械，主要由刀盘、主驱动、盾体、支护、桥架、台车、物料运输、液压、润滑、供配电、控制、数据采集及监控、压缩空气、冷却、排水、通风、除尘、导向、通信、照明等系统组成，具备掘进、出渣、导向、支护四大基本功能。TBM的传统机型主要有开敞式TBM、单护盾TBM、双护盾TBM三种。

3.1.1 开敞式TBM的基本结构

开敞式TBM又称敞开式TBM，分为主梁式和凯式两种。主梁式TBM基本结构如图3-1所示，凯式TBM基本结构如图3-2所示。开敞式TBM除部分机型机头上方约120°范围内有栅格式防护外，其余大部分作业构件都暴露于隧道空间。位于最前方的刀盘在主驱动带动下，借助侧向支撑机构提供的反作用力推进刀盘切割岩石。随后借助机械手进行钢拱架安装和锚杆、喷射混凝土等初期支护施工。这种类型的TBM为在较完整的围岩条件下进行隧道开挖和支护提供了方便，支护方式具有较大的灵活性。

动 画

开敞式TBM基本结构

开敞式TBM的优点是：应对完整性较好的硬岩时，开敞式TBM通过水平撑靴提供掘进反力，掘进与支护同步进行，掘进效率高；应对断层破碎或软岩收敛地质时，开敞式TBM护盾较短且可收缩，卡盾风险较低，其缺点是：在岩爆地层中掘进时，由于人员及设备裸露在围岩下，人员及设备安全性较差；在断层破碎带、软弱地层中掘进时，由于支护、清渣工作量大，掘进效率较低，在大直径隧道中尤为严重。

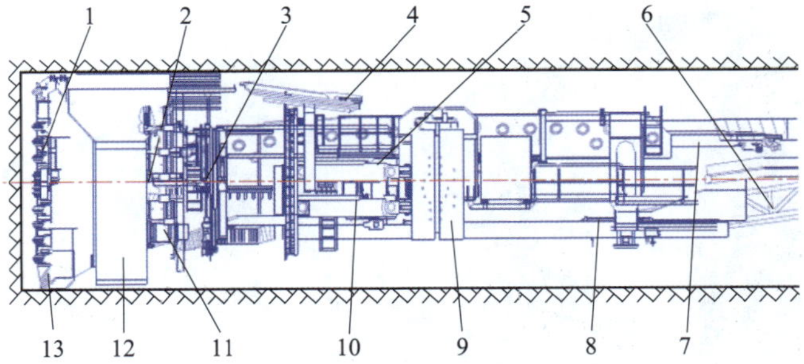

图 3-1　主梁式 TBM 基本结构示意图

1—盘形滚刀；2—驱动组件；3—锚杆钻机；4—超前钻机；5—主梁；6—设备桥；7—主机皮带机；8—后下支撑；9—撑靴；10—推进油缸；11—变频电机；12—机头架；13—刀盘

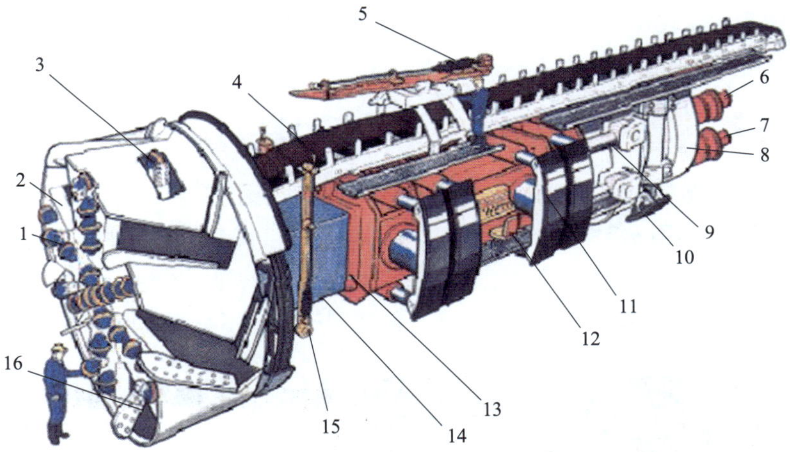

图 3-2　凯式 TBM 基本结构示意图

1—盘形滚刀；2—刀盘；3—扩刀孔；4—出渣皮带机；5—超前钻机；6—电动机；7—行星齿轮减速器；8—末级传动；9—推进液压缸；10—后下支撑；11—X 形支撑系统；12—操纵室；13—外机架；14—内机架；15—锚杆钻机；16—铲斗

3.1.2　双护盾 TBM 的基本结构

双护盾 TBM 的基本结构如图 3-3 所示。其护盾分成前后两部分，前护盾与后护盾之间为套接，即可伸缩式连接，并在后护盾内设置了侧向支撑靴。刀盘可以借助撑靴与围岩的摩擦提供前进推力，从而使衬砌安装和刀盘掘进互不干扰地同时进行。双护盾 TBM 能适应不同围岩，即使是软弱岩石和断层破碎带等构造，采用适当的措施也可以安全通过；既可用于硬岩，也可用于软岩。

双护盾 TBM 具有两种工作模式，即双护盾模式和单护盾模式。当围岩条件较好时，采用双护盾模式，利用撑靴提供反推力，掘进与管片安装同步进行，掘进速度快；围岩条件较差时，可采用单护盾模式，依靠管片提供反推力，仍然可以保持较高的掘进速度。

双护盾 TBM 的优点是：双护盾 TBM 应对完整性较好的硬岩时，通过水平撑靴提供掘进反力，掘进与管片安装同步进行，掘进效率高；在断层破碎、软弱地层时，采用单护盾模式，利用管片提供推进反力，通过不良地质洞段;在岩爆地层中掘进时,由于人员及设备在衬砌管片的保护下,较安全。

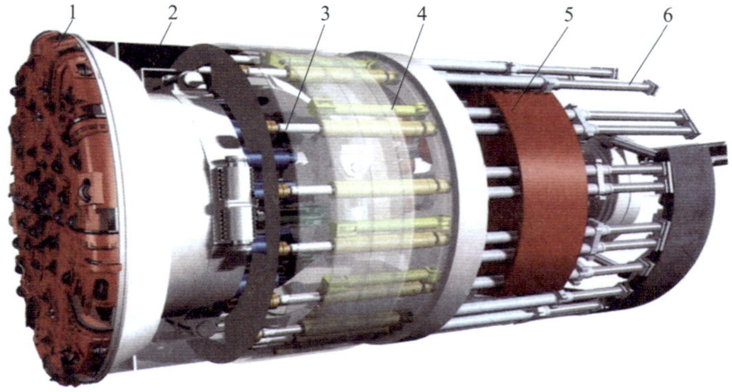

图 3-3　双护盾 TBM 基本结构示意图

1—刀盘;2—前护盾;3—推进油缸;4—伸缩油缸;5—支撑靴;6—辅助推进油缸

其缺点是:双护盾盾体较长且不可伸缩,在通过断层破碎带、软岩大变形地层时,卡机风险较高,且不易处理。

3.1.3　单护盾 TBM 的基本结构

单护盾 TBM 的基本结构如图 3-4 所示,它是将机头置于护盾的保护之下,刀盘在主驱动带动下旋转切割岩石,刀盘前进的推力由已经完成的衬砌体提供。单护盾 TBM 实现了在护盾保护下进行隧道开挖和衬砌作业,大大提高了施工安全性。但是,其掘进与衬砌安装不能同时进行,效率较低。此外,由于受衬砌体强度的限制,不可能提供很大的推力,因此只能适用于强度不很高的围岩条件。

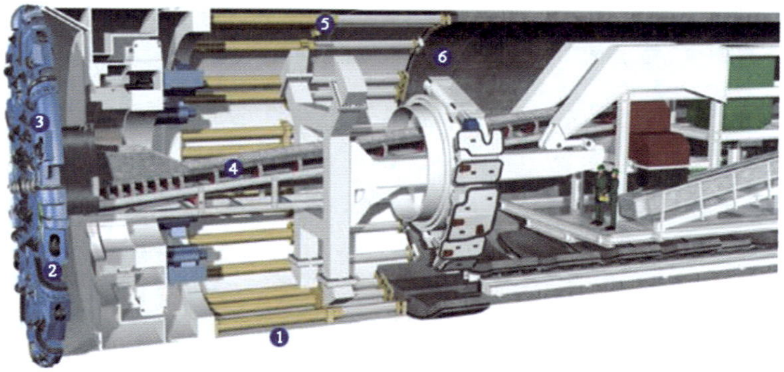

图 3-4　单护盾 TBM 基本结构示意图

1—护盾;2—装渣斗;3—刀盘;4—皮带输送机;5—液压推进油缸;6—管片

单护盾 TBM 与土压平衡盾构有几分相似,其共同点是:都有前盾、中盾和尾盾;都有刀盘,刀盘上安装有滚刀和刮刀;推进力都靠尾盾内部的推进油缸顶推混凝土管片来获得。不同之处在于:土压平衡盾构能保持一定的水压力或土压力,而单护盾 TBM 无法建立压力;单护盾 TBM 刀盘均安装硬岩滚刀,土压平衡盾构只有在较硬地层才安装滚刀,其他情况下使用软土刀具;土压平衡盾构出渣是由螺旋输送机在压力平衡的条件下进行,而单护盾 TBM 出渣是由带式输送机在常压下进行。

3.1.4　其他类型 TBM 的基本结构

1. 土压-开敞式双模 TBM

土压-开敞双模 TBM 基本结构如图 3-5 所示，是一种具备两种出渣方式（中心皮带机出渣和螺旋输送机出渣），可同时适应软弱地层、围岩较差地层和硬岩地层的多功能隧道掘进机。设备同时具备土压平衡掘进模式和开敞掘进模式。双模 TBM 在地层地质和水文变化时可提前转换掘进模式及出渣方式，以减小对配套施工的干扰，降低工程风险、缩短施工工期。双模 TBM 同时配备土压平衡盾构和单护盾 TBM 的相关设备和系统，如单护盾 TBM 具有的中心皮带机出渣系统、溜渣系统、除尘系统、豆砾石系统等，土压平衡盾构具有的螺旋输送机出渣系统、泡沫系统、双液同步注浆系统、膨润土系统等。

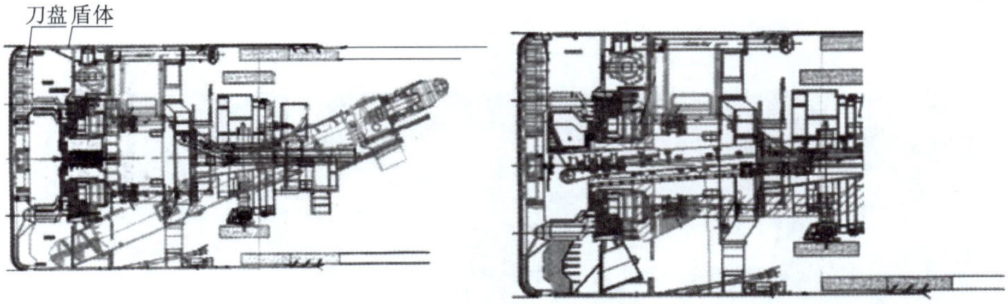

图 3-5　土压-开敞双模 TBM 基本结构示意图

2. 泥水-开敞双模 TBM

泥水-开敞双模 TBM 是一种具备两种出渣方式，分别是中心皮带机出渣和泥水排浆管出渣，可同时适应高水压地层和围岩性质较好地层的多功能隧道掘进机。

泥水-开敞双模 TBM 同时具备泥水平衡掘进模式和开敞掘进模式，其基本结构如图 3-6 所示。其优点是：可采用泥水模式应用于地质稳定性较差的软土、软泥、高水压等地层，设备带压掘进，具有平衡掌子面压力的功能；可采用开敞模式应用于地质稳定性较好的硬岩地层，设备可常压掘进，降低了隧道施工的成本。

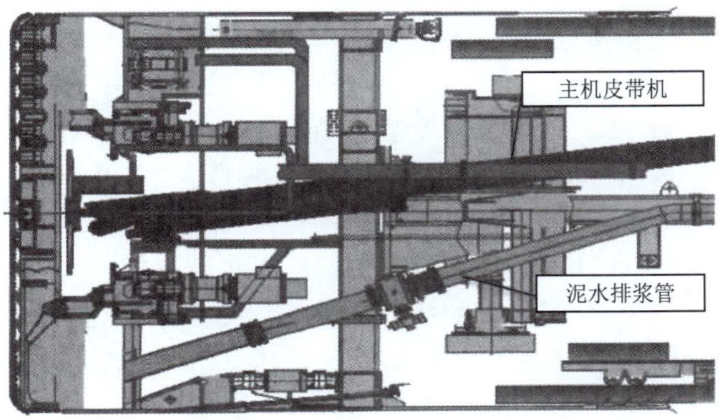

图 3-6　泥水-开敞双模 TBM 基本结构示意图

3. DSUC 通用紧凑型 TBM

DSUC 通用紧凑型 TBM(DS Universal Compact TBM)集开敞式 TBM 和双护盾 TBM 的优点，利用双护盾 TBM 平台，既能采用锚喷支护，又能采用管片支护，解决了强支护地层下开敞式 TBM 的不足和稳定围岩下双护盾 TBM 不拼管片的支护问题，其基本结构如图 3-7 所示。

在隧道地质勘测不完全的情况下，或者存在不可预见的不良地质条件下，如在撑靴位置有局部小规模塌方，普通开敞式 TBM 的撑靴无法有效地撑紧洞壁，DSUC 通用紧凑型 TBM 则可以通过辅助推进方式快速通过，大大提高在局部塌方的情况下 TBM 的通过能力。DSUC 通用紧凑型 TBM 可以实现开敞式 TBM 具有的支护功能，同时也可以快速实施开敞式 TBM 不具备的支护手段，如在破碎条件下进行钢瓦片支护，DSU Compact TBM 的钢拱架/钢瓦片均在盾体内部完成，提升了作业安全性，便于质量控制。开敞式 TBM 撑靴在初期支护后部，因此需要避开支护结构，避免破坏支护，但是 DSUC 通用紧凑型 TBM 的撑靴在支护前部，可以有效避免破坏支护的问题。

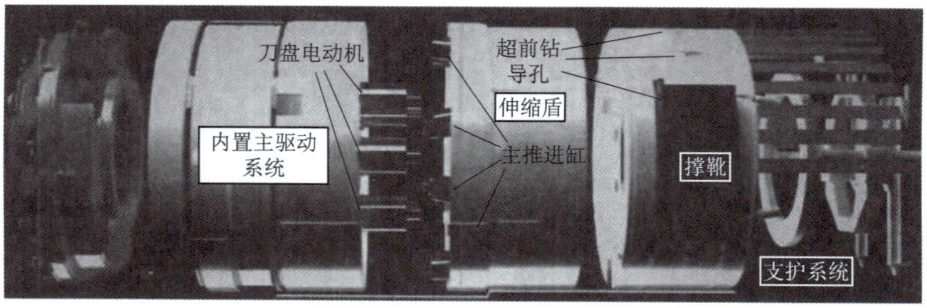

图 3-7　DSUC 通用紧凑型 TBM 基本结构示意图

3.2　刀盘刀具及破岩机理

3.2.1　刀盘基本结构

TBM 刀盘是钢结构焊接件，由刀座、耐磨板、前面板、后面板、筋板、溜渣板、锥板、法兰等部分焊接而成，如图 3-8 所示。

1. 刀盘主体

刀盘主体采用钢板焊接而成，刀盘钢板厚度大，刀盘前后面板纵向连接隔板很多，结构复杂，背面连接法兰需要经过机械加工，并用特制螺栓连接。刀座焊接需要精确定位并机械加工。刀盘厚度和焊缝尺寸要考虑动载荷的影响，需要采用加热、保温、气体保护焊接。焊接工艺要求高。刀盘总体结构需要考虑强度、刚度、耐磨性和振动稳定性，焊缝也需要足够的强度，且在振动工况下不易开裂。隧道的开挖直径由刀盘最外缘的边刀控制，而通常刀盘结构的最大直径设计在铲斗唇口处，一般铲斗唇口最外缘离洞壁留有 25 mm 左右间隙，此间隙过大不利于岩渣清除，间隙过小容易造成铲斗直接刮削洞壁而损坏。因此，刀盘本体结构的最大直径一般比理论开挖直径小 50 mm 左右。

2. 刀座

刀座是刀盘上受力最为复杂的结构，也是使用过程中刀盘出现问题最多的结构。刀座的强度和硬度指标、刀座的结构形式直接影响其使用效果。各厂家都有各自的刀座结构风格。刀座主要有三种结构形式：内外焊装式、C 形块式和 L 形块式，如图 3-9 所示。

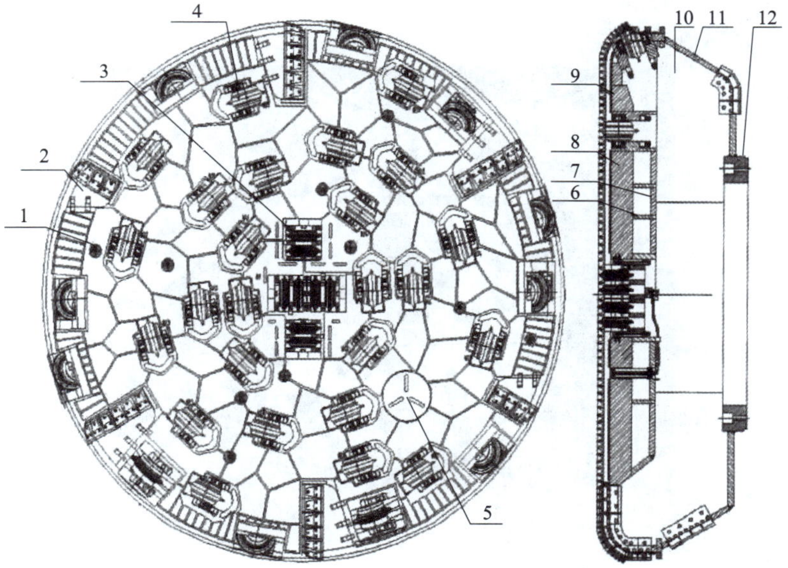

图 3-8　刀盘结构示意图

1—喷水口；2—进渣口；3—中心刀；4—盘形滚刀；5—人孔；6—筋板；7—后面板；8—前面板；9—耐磨板；10—溜渣板；11—椎板；12—法兰

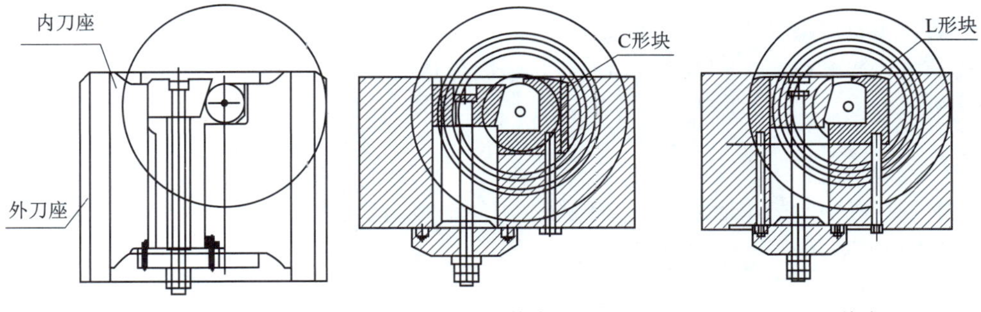

（a）内外焊装式　　（b）C形块式　　（c）L形块式

图 3-9　刀座结构形式

内外焊装式刀座由内刀座、外刀座焊接组成，内外刀座制造完成后整体焊接到刀盘主结构上，内刀座材料为特殊合金钢，外刀座为普通钢材，内外刀座通过焊缝连接。C 形块式刀座由 C 形块和刀座基体组成，C 形块材料为特殊合金钢，C 形块和刀座基体通过一颗螺栓连接。L 形块式刀座由 L 形块和刀座基体组成，L 形块材料为特殊合金钢 L 形块和刀座基体通过左右两颗螺栓连接。

以上三种刀座形式各有特点。内外焊装式刀座在制造过程中工艺要求严格，热处理工序复杂，生产周期长；刀座整体刚度较高，焊缝质量有保障的条件下，耐冲击性好，刀具螺栓不易松动。

3. 铲斗和铲齿

铲斗开口一侧装有铲齿，另一侧装有若干垂直挡板，如图 3-10 所示。铲斗上的铲齿用螺栓固定在铲齿座上，用于掘进时铲起石渣，磨损或损坏后可更换。铲齿对面的垂直挡板一方面防止大块石渣从铲斗开口进入刀盘内到达主机皮带机，另一方面还起到破碎大块岩石和保护铲齿的作用。刀盘的背面也设计有铲斗，以便铲起掉落或遗留在隧洞底部、刀盘背部与下支撑之间的石渣。刀盘掘进时单向旋转，只有维护刀盘和刀具时可点动双向旋转。

图 3-10　刀盘实物图

4.法兰

法兰是刀盘与主驱动连接的关键结构，传递推进系统所提供的推力，并驱动刀盘面板。法兰的刚度和强度直接关系到刀盘的受力情况好坏。

5.溜渣板

溜渣板的作用是往集渣斗转运渣石、连接刀盘面板和法兰。溜渣板数量由刀盘进渣口数量确定。溜渣板厚度要满足传递载荷要求。溜渣板与渣石接触面焊接耐磨网格，提高溜渣板耐磨性，确保刀盘在使用过程中的可靠性。

6.面板

面板一般设计成中空的箱形结构，由前面板、中间筋板、背板构成。面板上焊接用于安装滚刀的刀座、用于出渣的刮渣座、喷水装置、刀具保护块等。

7.进渣口

进渣口是剥落下来的岩石的输出通道，进渣口分布在刀盘周边，剥落下来的岩石掉落到隧道底部后，从随刀盘旋转的进渣口进入，在溜渣板的作用下，随着刀盘的旋转，渣石移动到刀盘顶部，顺着溜渣板进入集渣斗。进渣口处焊接有刮渣座，刮渣座表面通过螺栓安装有刮渣板，刮渣板具有很好的耐磨性，磨损后可更换。进渣口前面焊接进渣口格栅，如图 3-11 所示，格栅能够破碎大块岩石，格栅与格栅间尺寸合理，可以限制大块岩石进入刀盘。

8.喷嘴和旋转接头

刀盘的喷水装置主要用于掌子面的降尘和刀具的冷却，由 TBM 供水系统通过水管将水供到刀盘背部中心安装的旋转接头处，再通过刀盘内部管路通到刀盘前面的若干喷水嘴。喷水系统需要具有一定的水量和水压，在操作室可根据隧洞涌水情况及出渣情况进行调整。由于喷水嘴容易堵塞，需要到达刀盘前面进行定期检查和维护。

9. 进入口

刀盘上一般还设计有若干进入口,方便作业人员必要时进入掌子面进行刀盘的检查和维护,如图3-12所示。进入口采取封闭或半封闭结构,以防止大块岩石进入刀盘,开口能够固定或打开。

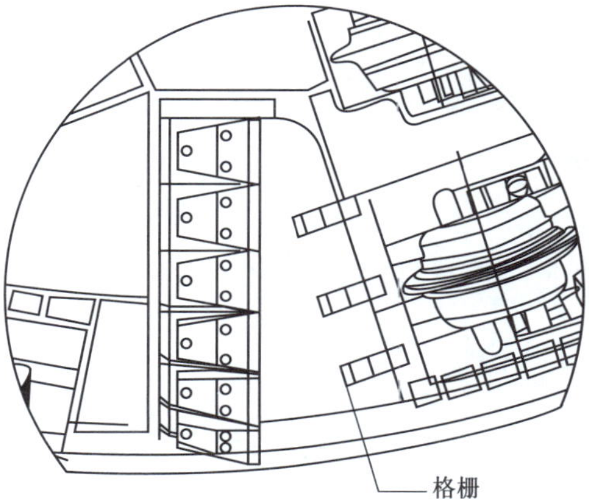

图 3-11　格栅示意图

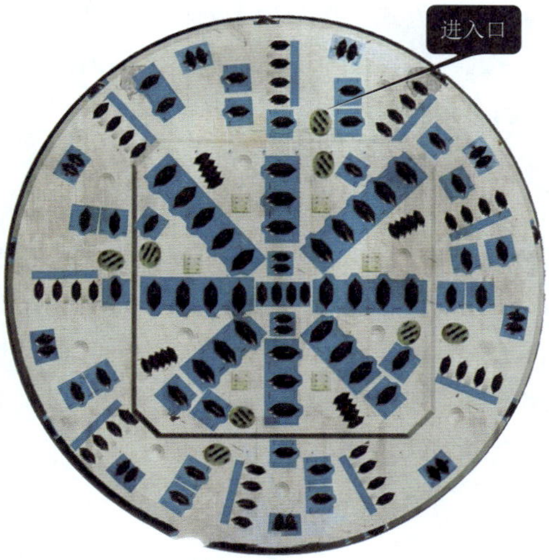

图 3-12　进入口示意图

10. 耐磨保护

为了保护刀盘主体结构和刀具,刀盘考虑了耐磨保护处理,如刀盘前面的耐磨板、周边的耐磨条和耐磨柱等,如图 3-13 所示。这些耐磨结构磨损后可以更换或修复。值得注意的是,对于岩石坚硬的隧道,刀盘更容易出现焊缝开裂及加剧磨损,在刀盘设计制造及维护时都应给予充分的考虑。

刀盘耐磨保护可以提高刀盘的使用寿命,刀盘面板、圆环、锥板、进渣口位置均需进行耐磨保护设计,耐磨保护材料要满足耐磨耐冲击要求。刀盘各部位根据耐磨要求的不同,采用不同材质的耐磨材料。刀盘面板和锥板表面焊接耐磨复合钢板,耐磨复合钢板适合面积较大的平面区域使用。刀盘圆环周向焊接 Hardox 耐磨钢板条,Hardox 钢板有很好的可焊接性,适合在制作成条形耐磨材料。进渣口是耐磨设计的关键位置,进渣口处需要焊接耐磨钉或耐磨网格。刀盘边刀刀座凸出刀盘本体部分也需要堆焊耐磨焊层,保护刀座不被磨损。刀具前方要设计刀具保护块,刀具保护块一般由 Hardox 钢板加工而成,沿刀盘旋转方向焊接在滚刀的前方,减小岩渣对滚刀的二次磨损。

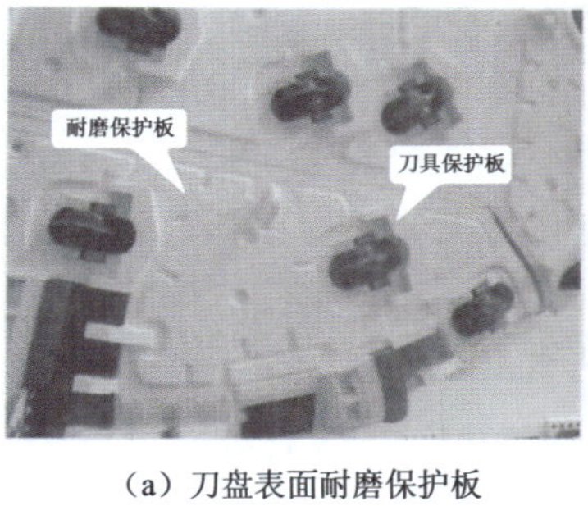

(a) 刀盘表面耐磨保护板

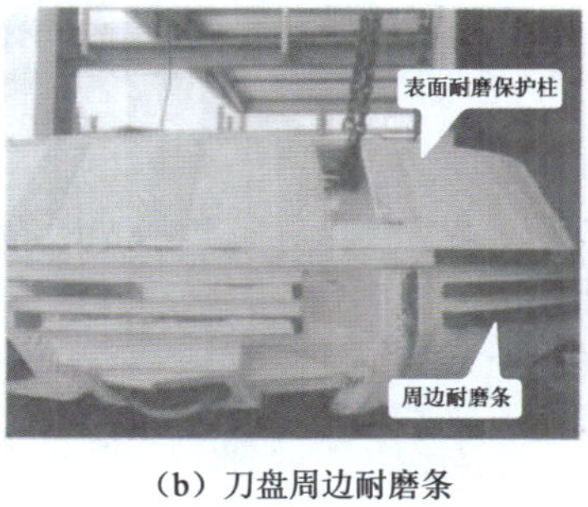

(b) 刀盘周边耐磨条

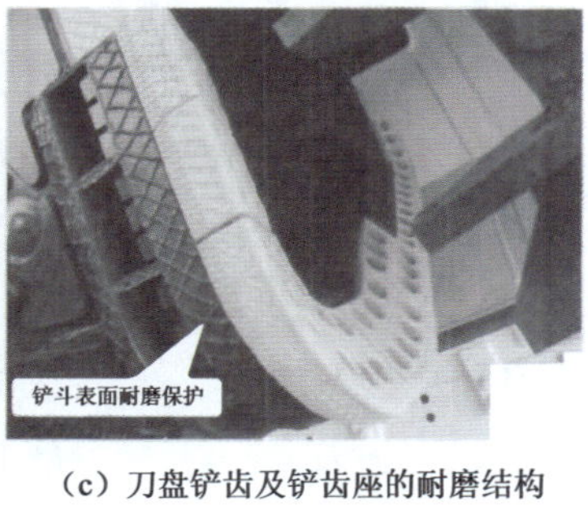

(c) 刀盘铲齿及铲齿座的耐磨结构

图 3-13　刀盘耐磨处理

11. 扩挖设计

刀盘一般需要考虑扩挖设计，即必要时能够开挖出更大的洞径，特别是对于围岩变形较大的隧道更需详细考虑扩挖设计，以防止 TBM 被卡。目前扩挖设计主要采用垫片方式或安装带伸缩油缸的扩挖刀两种结构。垫片方式是通过边刀刀座调整垫片，使边刀向外伸出来实现扩挖，此种方式结构简单，但扩挖量有限，一般扩挖直径为 70 mm 左右。伸缩油缸扩挖刀可获得较大的扩挖量，但结构较复杂，对刀盘也有一定削弱，目前应用较少。

3.2.2 刀具基本结构

TBM 刀具主要以滚刀为主，要求滚刀承载能力强、质量稳定性好，刀圈具备很好的冲击韧性，同时耐磨性和红硬性好。目前常用的是直径为 17 in 和 19 in 的盘形滚刀，在大直径的 TBM 中也采用 20 in 的盘形滚刀。较大直径的盘形滚刀允许较大的刀圈磨损量，可降低滚动阻力系数，允许使用较大的轴承从而具有更大的承载力。

1. 中心滚刀结构

TBM 中心滚刀多采用 17 in 的中心双联滚刀，如图 3-14 所示，主要部件有：刀圈、刀体、刀轴、轴承、浮动金属环密封、O 形密封圈、端盖、刀圈轴向挡圈、隔环。中心双联滚刀用于保证两个刀圈启动扭矩一致。

2. 正面和边缘滚刀结构

19 in 单刃滚刀如图 3-15 所示，主要部件有：刀轴、下端盖、浮动密封、刀圈、刀体、轴承、上端盖、隔环。

图 3-14　中心双联滚刀

图 3-15　单刃滚刀

滚刀刀圈和刀毂间过盈量的配合非常重要。过盈量大则刀圈内应力大，刀圈容易发生崩块、断裂现象；过盈量小则刀圈和刀毂间产生的轴向摩擦力小、刀圈容易发生移位现象。

3. 轴承

如图 3-16 所示，轴承是滚刀最重要的零部件之一，轴承的承载力、寿命、稳定性对滚刀的破岩起着至关重要的作用。

图 3-16　轴承

滚刀轴承通常采用圆锥滚子轴承。轴承外圈与刀毂内孔采用预紧装配设计，轴承内圈与刀轴采用预紧装配设计。为了便于轴承拆卸，轴承内圈与刀轴之间需涂抗咬合剂。安装时通过调整隔环的厚度使其预紧，消除轴承游隙并产生一定的弹性变形，通过装配时测量刀具转动扭矩来检测预紧程度。

为了达到轴承最佳运行游隙，所需要的安装游隙根据地质的不同而变化。通常根据不同地质条件的经验值可以确定最佳的运行游隙。一般来说，为使 TBM 滚刀轴承寿命达到最大化，理想的轴承运行游隙为零游隙或负游隙。

4. 密封

浮动金属环密封如图 3-17 所示，是滚刀最重要的零部件之一，由合金铸铁密封环和橡胶 O 形圈组成。

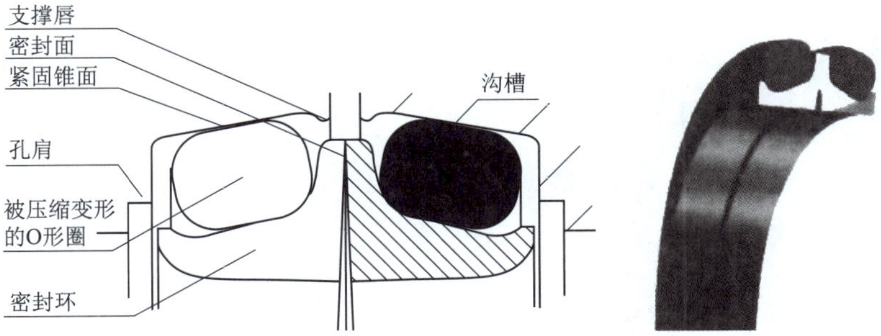

图 3-17　密封示意图

O 形圈受轴向压缩后产生变形，对合金铸铁密封环端面产生压紧力，合金铸铁密封环端面间依靠强大的油膜张力阻止滚刀刀体内润滑介质泄漏和异物进入刀体内部；随着密封端面的均匀磨损，O 形圈储存的弹性能量逐步释放，从而起到轴向补偿作用。

O 形圈的材质有丁腈橡胶、氢化丁腈橡胶、硅橡胶、氟橡胶。TBM 滚刀多采用硅橡胶。硅橡胶的硬度高、抵抗变形能力强，耐高温能力强，可满足 TBM 滚刀长距离、连续工作的要求。

5. 刀圈刃形

TBM 施工地质情况比较复杂，合理地进行刀圈刃形的设计和选择对破岩可以起到事半功倍的效果。

TBM 刀圈刃形通常采用锥形截面(见图 3-18)和半圆形截面(见图 3-19),这两种刃形可以更有效地切入岩石,进而实现破岩功能。在相同的贯入度下,锥形截面和半圆形截面刀圈破岩需要较小的顶推力,更容易切入岩层,减少滚刀轴承、刀圈等的异常损坏。

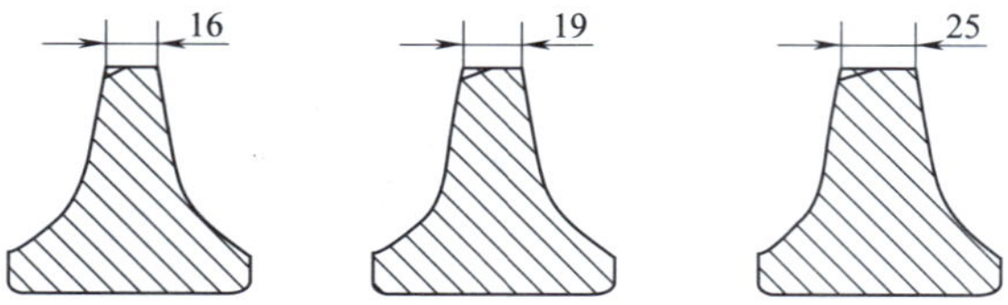

图 3-18 锥形刀圈界面(单位 mm)

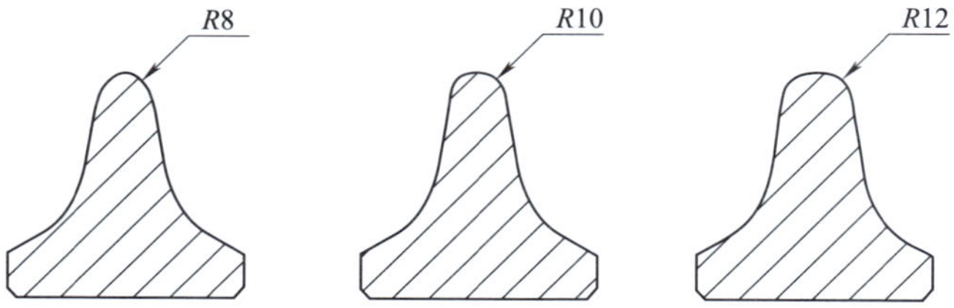

图 3-19 半圆形刀圈界面(单位 mm)

17 in 滚刀刀圈的设计最大允许磨损量为 25 mm,如图 3-20 所示。针对 120 MPa 以上的硬岩,滚刀设计刃形 $R10$,刃宽 16.8 mm,刀圈磨损 25 mm 后,刃宽为 25.6 mm,在单把 17 in 滚刀 245 kN 最大承载能力下很难破除硬岩。

19 in 滚刀刀圈的设计最大允许磨损量 35 mm,如图 3-21 所示。针对 120 MPa 以上的硬岩,滚刀设计刃形 $R10$,刃宽 16.8 mm,刀圈磨损 35 mm 后,刃宽为 29.2 mm,在单把 19 in 滚刀 343 kN 最大承载能力下很难破除硬岩。

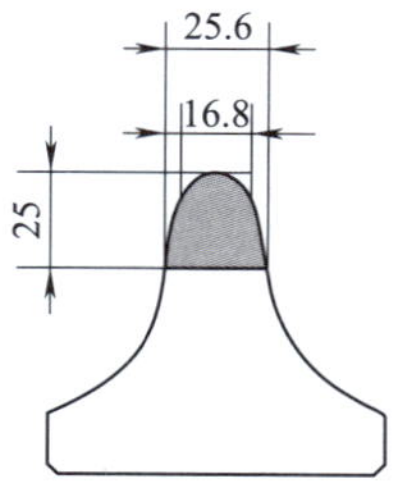

图 3-20 17 in 滚刀磨损量(单位 mm)

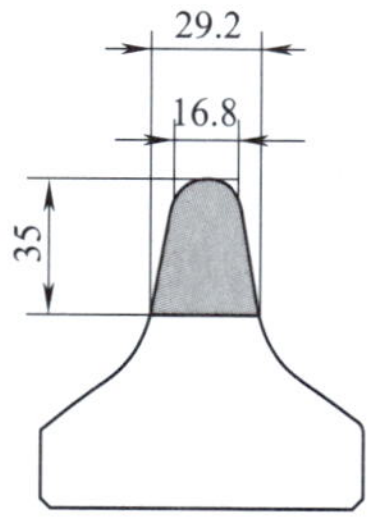

图 3-21 19 in 滚刀磨损量(单位 mm)

6. 滚刀装配

滚刀装配工艺是保证滚刀质量的关键性工艺,是保证滚刀质量一致性的关键步骤。滚刀装配涉及各零件的组装配合,必须严格按照组装工艺进行组装,组装前对零部件进行质检和清洗。

通过调整工装夹具和控制程序,可进行 17 in、18 in、19 in、20 in 单刃滚刀的装配和检测。该生产线实现了滚刀装配的自动化,显著提高滚刀的生产效率,且减小了生产过程中人为因素对滚刀质量的影响,保证不同批次滚刀装配质量的稳定性、可靠性、可追溯性。

针对每一把 TBM 滚刀,必须进行保压实验,保压实验在 0.5 MPa 压力下,15 min 无压力降为合格。

针对每一把 TBM 滚刀,必须进行跑合实验,在跑合试验台上进行正、反转跑合,正反向各 15 min;油温升高在 20 ℃内为合格。

7. 刀圈

刀圈的材料成分和热处理工艺是刀圈的核心技术。

刀圈材料电渣锭要求严格,其中的重点是对碳含量、氧含量、氮含量、非金属夹杂物和有害元素进行控制,[N]≤0.07‰,[O]≤0.01‰,[H]≤0.002‰;同时必须严格限制 Co、B、S、P、Cu、Pb、Bi、As、Sb、Sn、Zn、Cd 等有害元素,应使其含量尽可能低。

TBM 滚刀刀圈主要有两类材料:一种是热作模具钢,常见的为 H13;一种是冷作模具钢,常见的为 DC53。

H13 类刀圈材料组织通常为回火索氏体组织,刀圈具有高的韧性和较好的耐磨性。

DC53 类刀圈材料组织通常为回火索氏体组织,但常有条链状分布的大块共晶碳化物。刀圈有很好的耐磨性,但块状的碳化物影响了刀圈的韧性。

3.2.3　破岩机理

盘形滚刀是在推进液压缸推力作用下,将刀刃压入岩面,同时在刀盘驱动系统的作用下,盘形滚刀沿同心圆轨迹滚动,如图 3-22 所示。当推力超过岩石的抗压强度时,盘形滚刀刀尖下的岩石直接破碎,刀尖贯入岩石,形成压碎区和放射状裂纹;进一步加压,当滚刀的刀间距 *S* 满足一定条件时,相邻滚刀间岩石内裂纹延伸并相互贯通而剥落,从而形成岩石碎片。岩渣在自重的作用下掉入隧道底部,由旋转刀盘的铲斗铲起岩渣,然后通过溜渣槽卸入运渣皮带机。

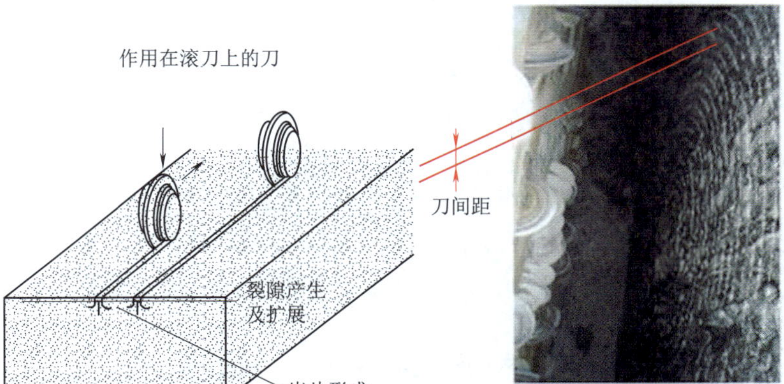

图 3-22　掘进面 TBM 滚刀破岩轨迹

动画

TBM破岩机理

TBM 滚刀破岩过程分为两个阶段,包括滚刀侵入岩体加载过程和相邻滚刀之间的岩石碎片形成过程。

滚刀侵入岩体加载过程可分为四个阶段,具体为建立应力场、形成压碎区、岩石碎片的形成以及出现侵入坑。在初始阶段,随着应力的增加,引起岩石中存在的微小裂隙闭合,然后岩石处于线弹性变形阶段,岩石发生很小的破坏。当荷载继续增加,在刀刃的边缘出现圆锥形裂纹,之后在侵入刀刃底部形成压碎区,在这一阶段,岩石碎片的错动及扩张被周围原岩所限制,为了破碎岩石,荷载继续增加,以造成岩石碎片的剧烈粉碎。之后,这些粉碎的岩石由于受到滚刀正压力及侧向压力的限制又被重新压实,岩石碎片向内及两侧运动及扩张的趋势造成岩石产生放射状、中部及侧向裂纹，在岩石裂隙形成过程中，滚刀逐渐侵入岩石。当侧边裂隙达到岩石表面时，刀刃底部的部分及周围的岩石迅速脱离形成岩石碎片。对于TBM开挖而言，当TBM滚刀在开挖面上滚压时，不断扩大压碎区，裂纹开始出现并发展，一条或多条裂纹在滚刀作用下到达自由表面或是扩展至相邻滚刀产生的裂纹，并与之连接，从而产生岩片。图3-23所示为三种不同的岩石破坏方式示意图。

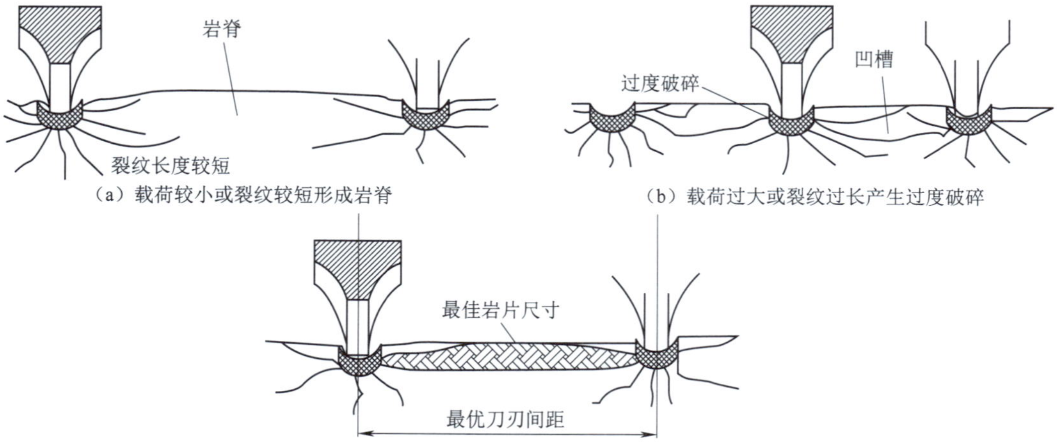

(a) 载荷较小或裂纹较短形成岩脊

(b) 载荷过大或裂纹过长产生过度破碎

(c) 最佳裂纹长度和扩展方向

图3-23　三种不同的岩石破坏方式示意图

TBM滚刀破岩过程和效果受到施工环境、刀盘刀具设计、掘进参数等因素影响。硬岩环境中，地质因素非常复杂。岩石种类繁多，常见有花岗岩、石灰岩、凝灰岩、页岩、片麻岩、砂岩等，其抗压强度、抗拉强度、弹性模量、泊松比等力学性能等差异很大。随着岩石强度和弹性模量的提高，岩石裂纹发育越困难。同时，岩石本身具有不均匀性，这些岩石特性均会影响滚刀破岩过程。

除岩石本身固有的力学性能外，围压、节理、温度等诸多因素对TBM滚刀破岩都有很大影响。岩石节理的发育程度、节理强度和方向与滚刀作用下岩石扩展裂纹相互影响，共同作用形成破碎岩块。一般而言，适当的节理发育和节理方向有助于提升滚刀破岩效率，但是对支护作业要求增高。高围压环境中，岩石裂纹的发育受到限制，会增加滚刀破岩难度。其他因素，诸如温度、含水率等都会影响岩石力学性能，进而影响滚刀破岩效果。

针对施工现场地质条件，合理设计TBM刀盘和选择掘进参数对于提高掘进效率至关重要。滚刀直径一般为17 in或19 in(1 in=2.54 cm)，目前已开发出20 in和21 in滚刀，并有逐渐增大的趋势。

中心刀直径一般为17 in，而正滚刀直径多为19 in。滚刀刃形有楔刃和平刃两种，楔刃刀圈能较容易侵入岩石。但是随着磨损量的增加，刀刃与掌子面的接触面积也增大，想要保证TBM的掘进效率，就需要TBM提供更大的向前推动力，从而会影响TBM的稳定性。而平刃滚刀与掌子面的接触面积在磨损前后变化量不大，刀具的使用寿命更长，当前以平刃滚刀较为常用。除滚刀类型外，对滚刀破岩效率影响最大的两个主要因素是滚刀的刀间距和贯入度。

TBM在破岩过程中是多把滚刀在一定刀间距下的组合破岩，刀间距的合理选择是TBM设计的重要环节。在设计和制造环节，滚刀刀间距一旦选定，在后续掘进阶段将不能更改。刀间距选择成功与否，对TBM掘进效率和刀具使用寿命等至关重要。当TBM刀盘上的相邻滚刀刀间距过大时，相邻滚刀间的岩石不能完全剥离，进而形成“岩脊”，TBM 掘进困难；同时滚刀相对破岩负担越重，滚刀相对更易发生磨损、断裂失效等问题。刀间距设计过小，会使得相邻滚刀之间的岩石过度破碎，造成不必要的浪费。并且由于刀间距过小，意味着 TBM 刀盘需要更多的空间布置刀具，不利于刀盘结构设计。根据地质环境设计合理的刀间距，对 TBM 高效破岩有着重要意义。

滚刀贯入度定义为刀盘旋转一周正滚刀侵入岩石的深度，该参数是 TBM 掘进过程中可以通过主控室调节的掘进参数。与刀间距类似，贯入度的合理设置，同样对 TBM 的有效掘进起着重要的作用。在刀间距、岩石类型以及其他参数确定的情况下，贯入度越大，岩石挤压和剪切破碎区域就越大，易发生岩石过度破碎和刀具过载的情况；当贯入度过小时，易产生岩石不能完全破碎和 TBM 掘进效率低下的情况。

3.3　刀盘主驱动系统

3.3.1　主驱动方式与结构

1. 主驱动方式

主驱动又称刀盘驱动，主驱动为刀盘提供支撑力及回转动力，同时能够传递刀盘推进力。驱动方式主要有液压驱动、定速电动机驱动和变频电动机驱动。由于变频技术的发展，其可靠性大大提高，目前硬岩 TBM 普遍采用变频电动机驱动，这样可以在较宽范围内实现无级调速以适应不同岩石掘进的要求。刀盘是大功率、大扭矩驱动，因此采取多组电动机通过减速箱，最后通过小齿轮驱动大齿圈，实现减速器的作用，实现低速高扭转动，进而驱动刀盘转动，并且为了减小电动机的外形尺寸，驱动电动机的电压采用 690 V。

由于铲斗单向铲渣设计的要求，主驱动掘进时为单向转动，但为了刀盘刀具的检修，刀盘驱动具有点动功能，可双向慢速点动，并设有制动器使点动后尽快停止转动，但掘进中的转动是不能使用制动器的。

2. 主驱动结构

图 3-24 所示为主驱动的外观结构。可见机头架和驱动电动机，驱动减速器、小齿轮、大齿圈和主轴承都装在机头架内，并由内、外密封使整个结构为封闭结构。对于开敞式 TBM，机头架后部中间部位将与主梁螺栓连接，机头架上部将通过顶护盾油缸与护盾连接，左、右侧面将通过侧护盾油缸和楔块油缸与侧护盾连接，底部将通过键和螺栓与下支撑连接。主驱动前部将与刀盘螺栓连接。

图 3-24　刀盘主驱动

主驱动内部结构如图 3-25 所示，机头架内部有减速箱、小齿轮、大齿圈、主轴承、内密封、外密封、轴承座套等。因此，TBM 主驱动装置由机头架、电动机、减速器、小齿轮、大齿圈、主轴承、轴承座套、内密封、外密封等构成。驱动路线为：电动机通过其尾部的限扭离合器和传动轴驱动二级行星齿轮减速器，从而带动减速器外的小齿轮，小齿轮驱动大齿圈。由于大齿圈与轴承座套用螺栓连接，而刀盘、主轴承内圈与轴承座套间也用另外一组螺栓连接，因此大齿圈、轴承座套、主轴承内圈和刀盘将一起转动。主轴承采取三轴滚子轴承，两排轴向滚子，一排径向滚子，安装在轴承座套上内圈是转动件，而外圈安装在机头架的座孔内，是不转动的。

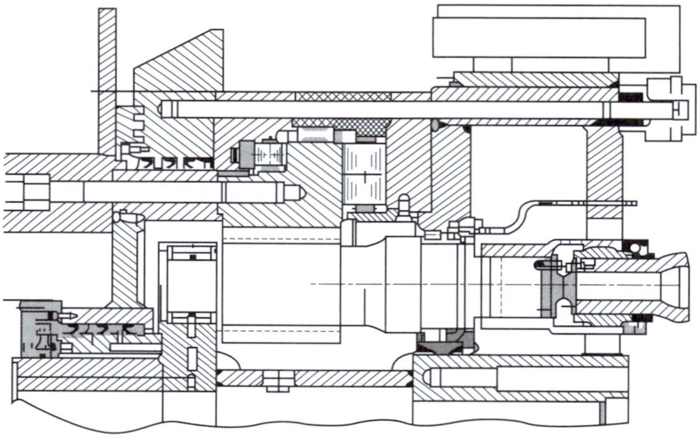

图 3-25　主驱动剖面示意图

主驱动的主轴承和小齿轮、大齿圈采用强制循环油润滑，润滑泵站一般安装在固定于下支承后面的支架上，经过过滤和冷却进行循环润滑。内、外密封则采取三道或四道唇形密封结构，外部两道唇形密封需要不断注入润滑脂，防止灰尘进入，里侧一道唇形密封防止润滑油溢出。行星齿轮减速器则在齿轮箱内装有一定油位的润滑油，采取飞溅润滑方式。此外，主驱动电动机和行星齿轮减速箱都有循环冷却水进行冷却。润滑油的油温和流量、减速器和电动机温度、润滑脂注入压力和注入量都采取传感器监控。

3.3.2　主驱动的组成与润滑

1.主驱动的主要构件

主驱动主要包括驱动箱、驱动单元、小齿轮、大齿圈、主轴承、内外密封及环件，如图 3-26 所示。刀盘由驱动箱内的主轴承支撑，主轴承一般采用三排滚子轴承。主轴承设计时考虑了在曲线段和不稳定围岩中掘进产生的倾覆力。驱动单元与小齿轮连接，通过小齿轮驱动大齿圈旋转，大齿圈驱动刀盘旋转。

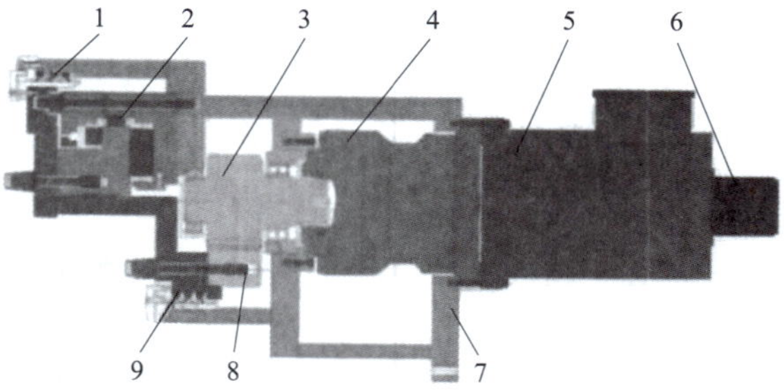

图 3-26　主驱动示意图

1—外密封；2—主轴承；3—小齿轮；4—减速机；5—变频电动机；6—扭矩限制器；7—驱动箱；8—大齿圈；9—内密封

1）机头架

机头架就相当于一个大的箱体。机头架上部有安装顶护盾和顶护盾油缸的支座，下部是与下支撑结合的平面，侧面则有护盾楔块油缸的楔块接合面，前面将与内外密封压盖接合，后面与主梁接合。因此，机头架上下、前后及周边接合面都需要机械加工。机头架内部与轴承外圈配合表面、内外密封安装表面、小齿轮或减速器的座孔表面等都是重要的机加工表面。机头架中间空腔可使作业人员进入到刀盘位置，并在内壁上设有若干检查孔，检查孔需要有很好的封盖。机头架的周边还有大量的螺孔，连接润滑油和润滑脂管路。

2)主轴承、轴承座套和大齿圈

主轴承一般采用三轴滚子轴承，主要由内圈、外圈、两排轴向滚子、一排径向滚子和保持架等构成。内圈为转动件，装在轴承座套上，内圈与刀盘和轴承座套用螺栓连接在一起。而大齿圈装在轴承座套上，并用螺栓与轴承座套连接在一起，如图 3-27 所示。主轴承、主轴承座和大齿圈均为高精度机械加工件，目前国际上能够生产 TBM 主轴承的厂家很少。

图 3-27　主轴承

3)电动机、限扭离合器、减速器和小齿轮

如图 3-28 所示，刀盘驱动通过电动机、二级行星齿轮减速器和小齿轮驱动大齿圈，从而驱动刀盘转动。电动机尾部有一个限扭离合器(见图 3-29)，用于过载时保护驱动齿轮。当正常掘进时，电动机转动，限扭离合器闭合带动传动轴转动(见图 3-30)，传动轴的两端有花键，前端花键与行星齿轮减速器接合，后端花键与离合器接合，从而将动力传到减速器上。限扭离合器有一个安全阀，安装时离合器内部注入达到一定油压的专用油，当过载超过设定的扭矩值时，安全阀被剪断，高压油从安全阀中泄出而切断电动机转子与传动轴间的动力传递。

图 3-28　电动机、减速器、小齿轮

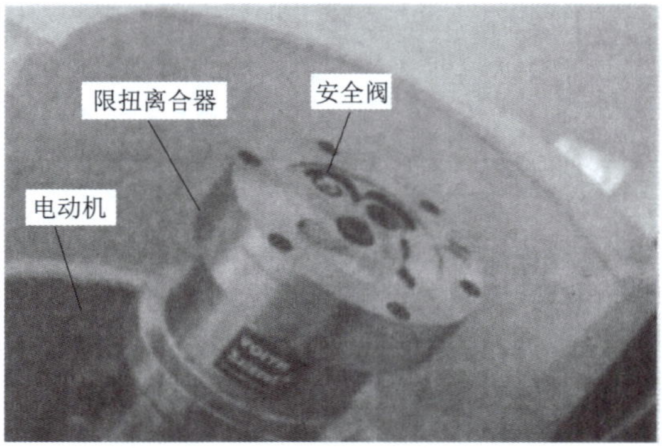

图 3-29 限扭离合器

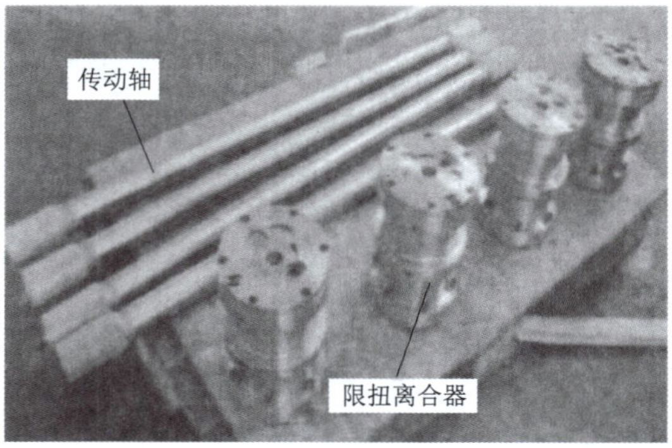

图 3-30 限扭离合器及传动轴

4)主驱动密封

考虑到 TBM 恶劣的作业环境，主驱动密封采用三道或四道唇式密封，保护主轴承和驱动总成。图 3-31 所示为主驱动密封示意图，其由 3 个唇形密封圈连同间隔圈组成，其中 1、2 道唇形朝外需要注入润滑脂，以防止尘渣和水侵入；第 3 道密封唇形朝内防止主驱动腔油流出，并可作为检查通道，定期查看是否有油脂溢出，从而判断密封的状态。密封圈接触金属环表面进行了硬化和磨削，在正常条件下可使密封圈经久耐用。如果接触表面出现磨损或更换密封件，可调整移到新的表面上而不需要换耐磨环。全自动油脂系统记录和调节进入密封的油脂总量，它与主驱动连锁并同样被监控，只有它正常工作时，刀盘才能被启动。

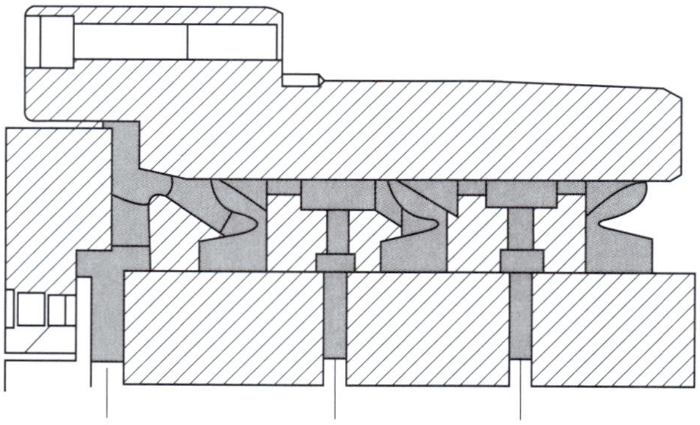

图 3-31 主驱动密封示意图

2. 主驱动的润滑

主驱动润滑采取强制压力循环润滑，由泵站通过过滤和冷却，将润滑油经流量阀和管路喷向主驱动腔内的主轴承和齿轮啮合部位，主轴承和齿轮都有多点润滑，回油也需专门的磁性过滤器进行过滤。有的 TBM 设有专门的外置油箱，油被抽回到油箱过滤冷却后再打到主轴承和小齿轮润滑点。有的 TBM 不设单独油箱而将主驱动腔作为油箱，润滑油不断被抽出，经过滤和冷却后再不断地打到主驱动内各个润滑点，为了防止齿轮腔内的油进入主轴承，在内部主轴承和齿轮间还设有一道密封，此密封允许主轴承油流入齿轮腔，但防止齿轮腔油进入到主轴承。

TBM 主驱动润滑泵站将主驱动内腔作为油箱。润滑油泵由液压驱动，一个泵为齿轮供油，另一个泵为主轴承供油，回油从齿轮腔内被抽出并经磁性过滤器过滤，打入主驱动腔之前需经供油滤芯、冷却装置和流量阀，由传感器对流量进行监控，润滑回路还设有多个压力、温度表及压力、温度传感器。

润滑系统外置单独的泵站和油箱，回油经过滤和冷却后，由润滑油泵经滤芯、阀组、流星计等被打到主轴承、小齿轮及内外密封里侧的唇形密封。内、外密封唇形朝外的两道密封则由润滑脂泵站不断注入润滑脂，润滑脂将从密封压盖迷宫中被挤出，由此也可以判断润滑脂系统是否正常工作。润滑脂被挤出消耗量很大，其性能要求高，价格昂贵，只要掘进就有消耗，现场应有足够的储量。

3.4　支撑与推进系统

3.4.1　凯式开敞式 TBM 的支撑与推进装置

1. 内凯氏机架

内凯氏机架如图 3-32 所示，内凯氏机架是一个箱形截面焊接结构，其上有淬火硬化的滑道、以供外凯氏机架的轴承座在其上滑行。

前后外凯氏机架由推进油缸使之滑动。内凯氏机架为刀盘导向，将掘进机作业时的推进力和力矩传递给外凯氏机架。内凯氏机架连接刀盘轴承、驱动装置与后支撑。内凯氏的尾部与后支撑相连，内凯氏的前部连接着主轴承座。内凯氏机架前端设有一个入口，可由此通道进入刀盘，内凯氏机架内有足够的空间，用以安置皮带机。

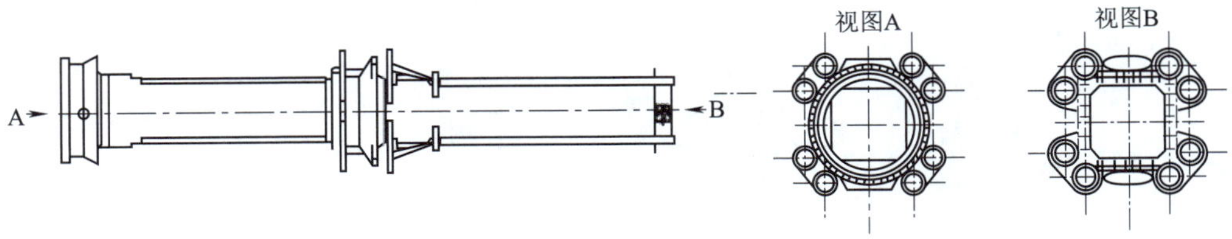

图 3-32　内凯式机架示意图

2. 外凯氏机架与支撑靴

如图 3-33 所示，外凯氏机架连同支撑靴一起沿内凯氏机架纵向滑动，支撑靴由 32 个液压油缸操纵，支撑靴分为 2 组，每组由 8 个支撑靴组成，在外凯氏机架上呈 X 形分布，前后外凯氏机架上各有一组支撑靴。16 个支撑靴将外凯氏机架牢牢地固定在掘进后的隧道内壁上，以承受刀盘扭矩和掘进机推进的反力。前后支撑靴能够独立移动以适应不同的钢拱架间距。

3. 推进油缸

作用在刀盘上的推进力，经由内凯氏机架、外凯氏机架传到围岩。外凯氏机架是两个独立的总成，各有其独立的推进油缸。前后外凯式机架分别设 4 个推进油缸，后外凯氏机架的推进油缸将力传到内凯氏机架，前外凯氏机架则将推进力直接传到刀盘驱动装置的壳体上。掘进循环结束时，内凯氏的后支撑伸出支撑到隧道底部上，外凯氏的支撑靴缩回，推进油缸推动外凯氏机架向前移动，为下一循环的掘进准备。

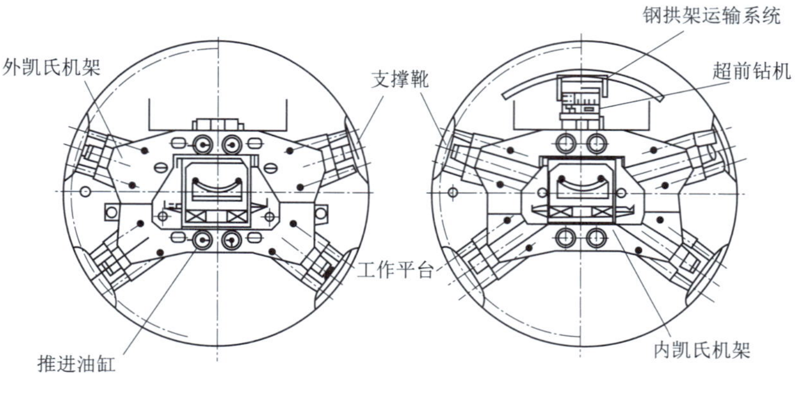

（a）前外凯氏机架与支撑靴　　（b）后外凯氏机架与支撑靴

图 3-33　外凯式机架与支撑靴示意图

4.后支撑

后支撑如图 3-34 所示，装在内凯氏机架上，位于后外凯氏机架的后面，后支撑通过液压油缸控制伸缩，还可用液压油缸做横向调整。后支撑缩回时，内凯氏机架的位置能够在水平和垂直方向上调整，以调整 TBM 的隧道中线。

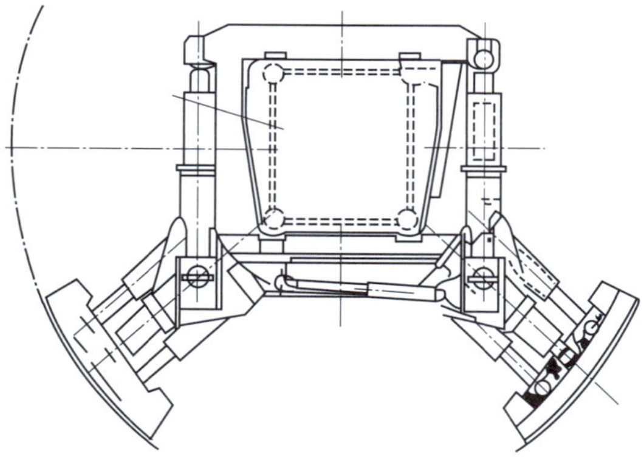

图 3-34　后支撑示意图

3.4.2　主梁开敞式 TBM 的支撑与推进装置

推进和支撑系统的功能：一是推进油缸给刀盘提供掘进所需推力；二是由撑靴油缸将撑靴撑紧在洞壁上承受掘进时的反力和反力矩。如图 3-35 所示，推进和撑靴系统主要由鞍架、推进油缸、撑靴油缸、扭矩油缸和撑靴构成。

1.鞍架

鞍架作为承载撑靴系统的钢结构小车，安装在主梁的导轨上，可在导轨上滑行，以实现掘进行程完成后的换步。鞍架滑槽内镶嵌有耐磨板，磨损到一定程度后可进行更换。鞍架一般为左右两块结构，安装在导轨上后拼接并用螺栓固定在一起。

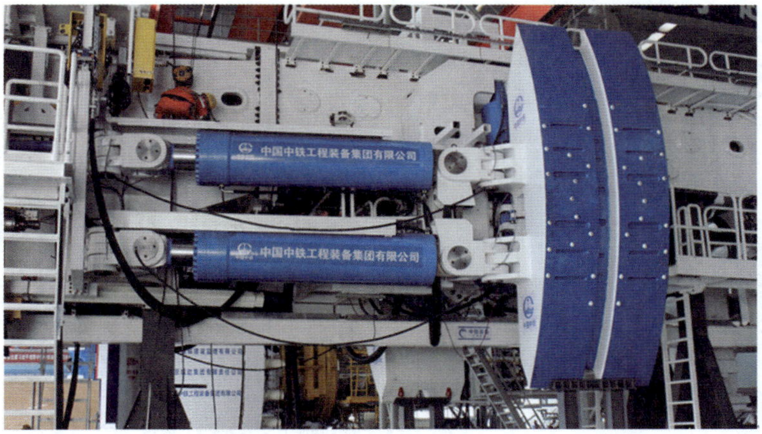

图 3-35　推进油缸和撑靴

动　画

开敞式TBM
支撑与推进

2. 推进油缸

推进油缸布置在主梁的两侧，前端通过销轴与主梁连接，后端用销轴与撑靴连接，前后端分别通过中间转接件由水平和垂直两个销轴连接到主梁和撑靴上，且为了减少冲击，推进油缸与撑靴之间的连接设有减振弹簧。当掘进时，推进油缸向前推进主梁，连同主驱动、护盾和刀盘一起向前掘进，支反力传递到撑靴上。一个掘进完成后，后支腿落下，撑靴收回，利用推进油缸拉动鞍架和撑靴系统向前移动，实现换步。同时推进油缸也完成回缩，准备下一个掘进循环。推进系统设计时，主要考虑刀盘推力、护盾摩擦力和后配套拖拉力三部分所需的推进力。

3. 撑靴油缸和扭矩油缸

撑靴系统有左右连为整体的撑靴油缸，中间结构通过十字销轴与鞍架连接，并通过左侧两个竖向扭矩油缸和右侧两个竖向扭矩油缸将撑靴油缸悬挂在鞍架上，扭矩油缸上端用销轴连接在鞍架上侧，下端用销轴连接在撑靴油缸上。十字销轴与鞍架用螺栓连接，如图 3-36 所示。并且鞍架内前后左右共装有四个带弹簧的顶块，分别顶住左右撑靴油缸的前后侧，以避免其过于摇摆。这种十字销轴“浮动撑靴系统”的设计结构，允许撑靴油缸前后、上下、左右有一定幅度的摆动和倾斜，以适应 TBM 姿态的变化和洞室开挖误差。撑靴油缸通过将撑靴撑紧在洞壁上提供掘进时的支撑力，同时通过调整左右撑靴油缸可实现 TBM 的左右调向。扭矩油缸将主梁传递来的扭矩传到撑靴上，同时也可以通过左右扭矩油缸的伸缩调整 TBM 滚动角。

4. 撑靴

撑靴为焊接钢结构，要尽可能设计较大的撑靴面积，以适应软弱围岩的掘进，中间开槽以便跨过钢拱架，表面安装有若干圆锥钉以增大撑靴在洞壁上的抵抗力。如图 3-37 所示，撑靴与撑靴油缸端部采用球面副接触，并用螺栓连接，由一外球面套用螺栓固定在撑靴油缸的端部，撑靴的内侧凸球面与球面套的凹球面相接触，与外球面套配合的法兰将撑靴用螺栓连接固定。这种球面副结构允许撑靴各向都可以有一定的摆角，以适应 TBM 姿态和洞壁不规则的需要。为防止过大摆动，撑靴油缸内部设有几个平衡油缸，保压后始终顶住球面套。

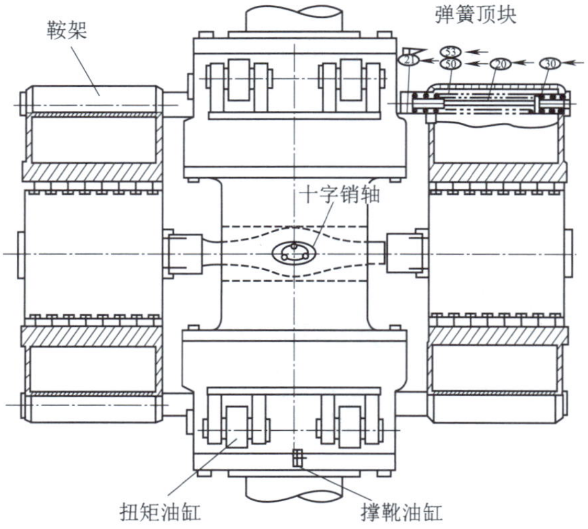

图 3-36　撑靴油缸十字销轴连接结构示意图

图 3-37　撑靴

5. 主梁和后支撑

开敞式 TBM 的主梁一般为箱形钢结构，长 20 m 左右，为了制造和运输方便，分为前段（见图 3-38）、中段（见图 3-39）和尾段（见图 3-40），各段之间将用螺栓连接，前段与主驱动机头架也用螺栓连接。主梁承受刀盘传递过来的力和扭矩的作用，并将力和力矩传递到作用在洞壁的撑靴上，应该具有足够的强度和刚度，并具有以下其他主要结构功能。

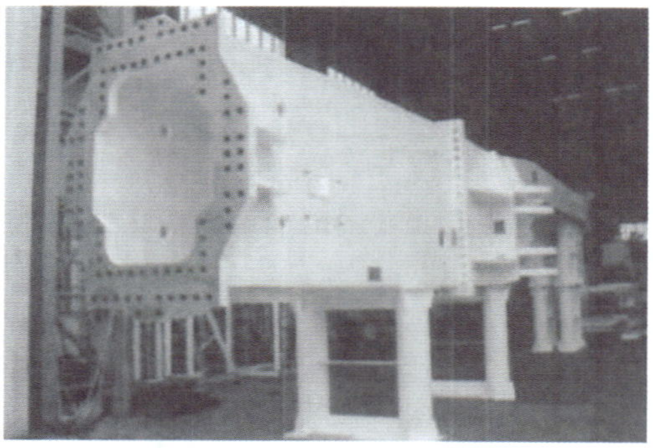

图 3-38　主梁前段

图 3-39　主梁中段

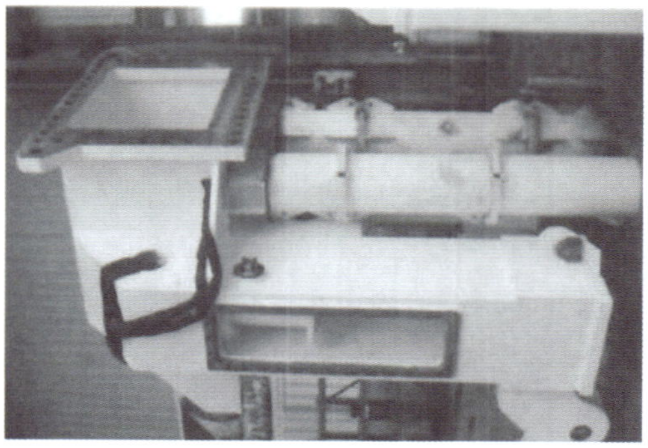

图 3-40　主梁尾段和后支腿结构

①主梁前段安装和承载钢拱架安装器、锚杆钻机、超前钻机等设备。

②主梁中段安装和承载鞍架、撑靴和推进系统。

③主梁尾段与后支腿垂直钢结构为一个整体，通过后支腿油缸支撑 TBM 后部，并可进行 TBM 垂直方向的上下调向，还与后配套通过拖拉油缸相连。

④主梁的内部布置主机出渣皮带机，皮带机从主梁尾部伸出，将石渣转移到后配套皮带机上。

⑤主梁外侧及内壁上布置有通向主驱动、刀盘等的水管、气管、电缆等各种管线。

⑥主梁需要设计有入口，使作业人员能够进入到主梁内部和刀盘。

⑦主梁内腔还作为除尘风机的风道，侧面有开口与外部通向除尘器的风管相连。

⑧主梁下侧或上部应布置有材料吊机及其滑道，内部前面布置有刀具吊机。

⑨主梁前部及底护盾处还布置有主驱动的润滑系统。

后支腿又称后支撑，左右共两个支撑靴和油缸。后支腿油缸安装在与主梁尾段成为整体的垂直钢结构内，通过油缸伸缩，带动底部支撑靴板上下移动。需要掘进时首先将支撑靴支撑在洞壁上，然后抬起后支腿；只有当后支腿支撑在洞底后才能收回支撑靴。后支撑的靴板通过销轴与油缸滑座连接，有一定自由度，以适应洞底的可能不规则表面。后支腿油缸的压力及伸缩距离都由传感器进行监控，伸缩速度不能太快，最好能够调整。后支腿油缸上部连接结构及下部连接结构要牢固可靠，实际应用中出现过油缸脱落和靴板掉落的情况。

3.4.3　单护盾 TBM 的支撑与推进装置

单护盾 TBM 相比开敞式掘进机适用于软弱围岩地层，没有开敞式 TBM 的撑靴系统及前、后支撑，推进和换步都是通过推进液压缸实现。其推进系统通常具备以下功能：为盾构前进提供足够的动力；控制盾构的前进速度，与出渣速度相匹配，避免堆积；能够控制盾构的姿态，实现盾构的纠偏与转向要求；适应管片的尺寸及操作要求；从整体角度考虑，满足 TBM 的总体功能设计、综合施工作业要求。

单护盾 TBM 推进系统由若干数量的液压缸组成，为了方便对液压缸实现控制，将液压缸分成若干组便于分组控制。液压缸撑在管片上，液压缸推动刀盘向前掘进，掘进一个行程后液压缸缩回，进行管片的拼装作业。

如图 3-41 所示，单护盾 TBM 推进系统由多个平行或近似平行于 TBM 纵轴线的推进液压缸环向布置而成，每个液压缸前端采用铰接，后端通过顶靴顶在衬砌管片上，顶靴具有较大的接触面积，能够降低接触压力，通过顶靴与管片接触避免液压缸磨损，必要时更换顶靴即可。顶靴与液压缸之间布置四支弹簧，避免顶靴发生大角度扭转。推进系统执行向前推进和控制姿势功能，保证 TBM 能沿着设计型线向前掘进。设计型线有直线、曲线等，因此在掘进过程中，盾构要能实现直线前进、上仰、下俯、左转、右转等。在推进和纠偏作业时，为降低控制复杂度和成本，通常将推进液压缸沿周向划分为若干组，通过分区控制来降低控制的复杂度。

总之，TBM 推进系统主要包括推进液压千斤顶及其辅助设施。开敞式 TBM 推进系统的推进千斤顶与主梁临近或平行，与支撑系统通过球铰连接。工作时推进千斤顶伸出，为刀盘提供推力，推动机器前进。单护盾 TBM 与开敞式 TBM 的工作原理相同，也是通过推进千斤顶的伸出或缩回推动机器前进，不同之处在于，前两者的推进千斤顶支撑在已经拼装好的管片衬砌上，后者推进千斤顶支撑在机器本身的支撑系统上。双护盾 TBM 拥有上述两套推进系统，分别为主推进系统和辅助推进系统，因此也拥有上述两种工作模式。

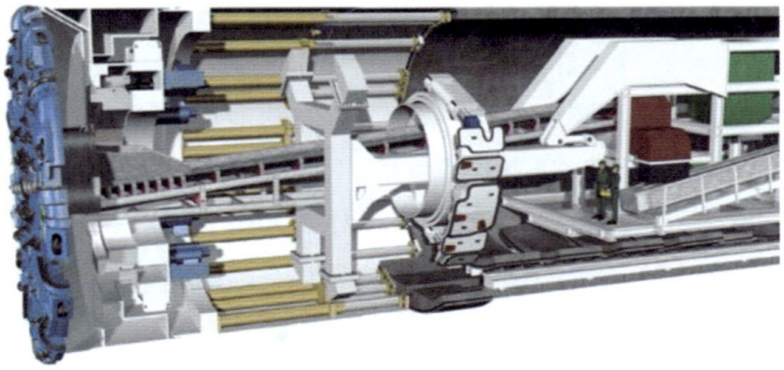

图 3-41　单护盾 TBM 推进系统

3.5　护　　盾

护盾的主体为钢结构焊接件。双护盾 TBM 和单护盾 TBM 的护盾较长，而且与机头架间用法兰连接。而开敞式 TBM 的护盾围绕在主驱动机头架周边，与机头架相连，用于 TBM 掘进时张紧在洞壁上稳定刀盘，并防止大块岩渣掉落在刀盘后部及主驱动电动机处，整个护盾分成底护盾、侧护盾和顶护盾，底护盾又称下支撑。底护盾与机头架底面通过键和螺栓结合，侧护盾和顶护盾通过油缸与机头架相连，之间有较大空隙，因此开敞式 TBM 需要设计有护盾隔尘板，防止灰尘从此空隙中进入到主机后面。

3.5.1　下支撑与侧护盾

参考本章前面所述，下支撑底部与洞底接触，上部平面与主驱动机头架的底部平面接合并通过螺栓和键连接，中间有前后通孔，并布置有通向主驱动的油管路。下支撑与左、右侧护盾之间通过销轴连接，通过侧护盾油缸可使侧护盾张开或回收，并在掘进时通过楔块油缸将侧护盾楔紧在洞壁上。楔块的两个斜面一侧与机头架上的斜面接触，另一侧与侧护盾上的斜面接触。楔块与侧护盾和机头架相接触的斜面，其中之一应该是围绕销轴可转动的摆块平面，有转动自由度，如图 3-42 所示。侧护盾通过楔块油缸连接在机头架上，或是与楔块油缸连接在侧护盾上，这是两种不同的设计。

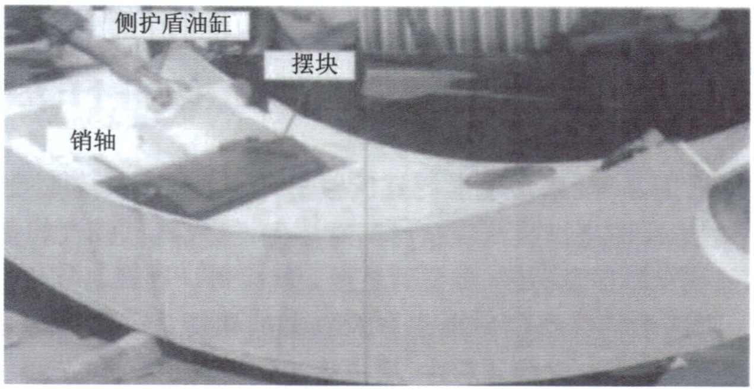

图 3-42　侧护盾

3.5.2　顶护盾

图 3-43 所示为顶护盾的支座，其与机头架上部机加工面通过键及螺栓连接。当顶护盾通过油缸张

开或回收时，护盾可沿支座四个侧面的机加工滑道上下滑行。如图 3-44 所示，顶护盾分成三块，中间块与顶护盾油缸上部相连，可通过顶护盾油缸在支座上滑动，顶护盾油缸下部安装在机头架上。左右两块顶护盾与中间块用销轴连接，可围绕中间块摆动，另一边则搭接在侧护盾上。

(a) 顶护盾支座

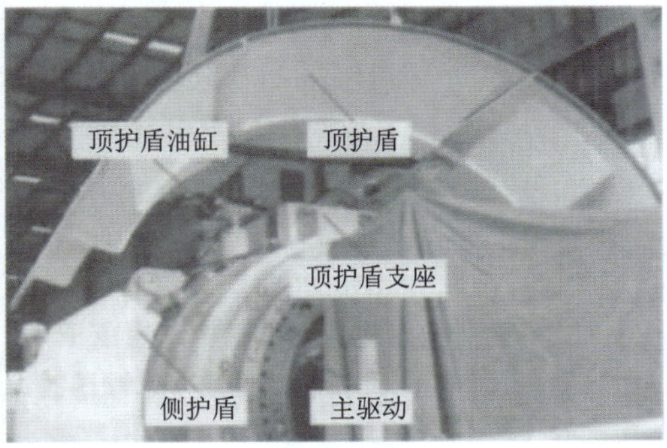

(b) 顶护盾安装

图 3-43　顶护盾

3.6　支护系统

3.6.1　锚杆钻机系统

锚杆支护是 TBM 施工过程中初期支护的重要部分，是开敞式 TBM 通过不良地质条件、保障设备和人员安全的重要支护手段。开敞式 TBM 所配备的锚杆钻机系统是进行锚杆支护不可缺少的辅助设备。

如图 3-44 所示，一般在护盾后方的主梁上布置两台锚杆钻机，分布于主梁左右两侧。每台锚杆钻机都具备独立的移动装置，能够在隧洞轴线方向上独立运行，并且不受 TBM 掘进的影响，能够与 TBM 掘进同步进行作业。每台锚杆钻机可配备遥控和线控两种控制方式，根据需要选择相应的控制方式。锚杆钻机的液压泵站可与主机泵站集成在一起，也可配备独立的液压泵站放置在后配套拖车上。锚杆钻机能实现周向旋转和纵向移动。此外，每台锚杆钻机应配备作业操作平台，并能够与锚杆钻机一起纵向移动。

动画

开敞式TBM
锚杆钻机

图 3-44　锚杆钻机系统

锚杆钻机主要用于在指定位置进行钻孔，并可辅助进行锚杆安装，为后续锚杆安装提供条件。锚杆钻机一般选用顶锤式液压冲击凿岩机，通过冲击和旋转配合的方式进行钻孔作业，具备冲击、旋转（正/反转）、推进/回退、冲洗等功能，为获得更好的支护效果，TBM 上配备的锚杆钻机系统应具备的功能如下：

（1）纵向移动。为确保实现足够的支护范围，锚杆钻机应能在主梁上沿隧洞轴线方向进行纵向移动，纵向移动行程不小于 TBM 的一个掘进行程，通过纵向拖拉液压油缸和固定在主梁或内凯上的导轨来实现。

（2）独立操作。为获得较高作业效率，在主梁两侧布置的两台锚杆钻机应能够进行独立操作作业。

（3）一定的钻孔范围。锚杆钻机可通过齿圈环形梁或组合摆臂结构形式在圆周方向实现一定的钻孔范围，大直径 TBM 有可能实现 240°以上的周向钻孔范围，小直径 TBM 锚杆钻机钻孔范围一般为 150°～180°。齿圈环形梁形式是通过布置在主梁齿圈环形梁架上的马达减速机总成驱动来实现钻机在周向的旋转，进而获得相应的钻孔角度，如图 3-45 所示。组合摆臂结构形式是通过摆臂结构的组合作用实现相应的钻孔角度，如图 3-46 所示。

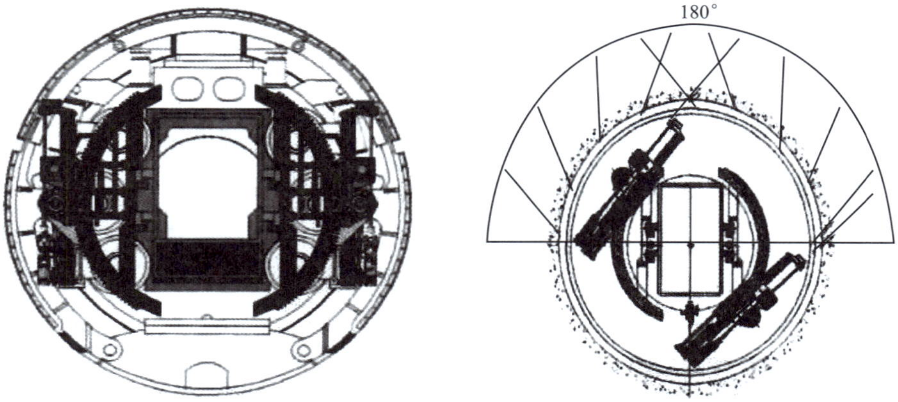

图 3-45　齿圈环形梁结构示意图

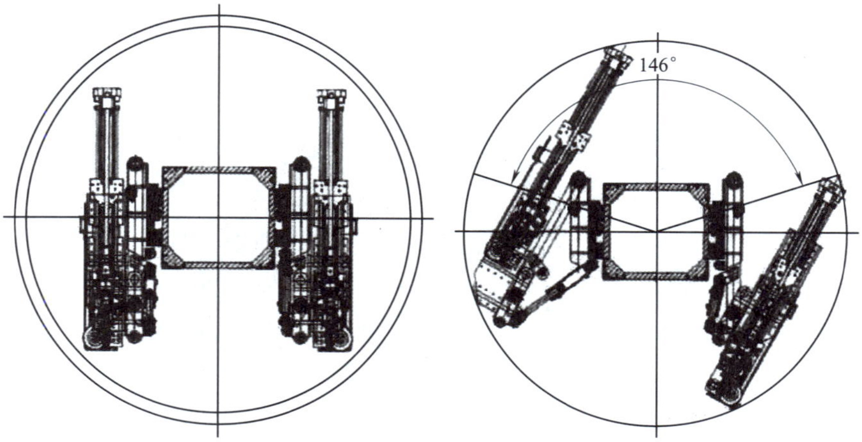

图 3-46　组合摆臂结构示意图

（4）一定的钻孔深度。锚杆钻机的钻孔深受限于主梁与洞壁之间可利用的作业空间，直径为 7 m 的 TBM，锚杆钻机的单杆钻深为 3 m，如要获得更大的钻深，需要接杆。需要注意的是，由于钻机布置在主梁两侧，锚杆不可能径向通过隧道中心。

(5)同步性。为了提高 TBM 施工效率，尽量减少支护占用时间，锚杆钻机钻孔作业应能够和掘进保持同步，即在 TBM 掘进过程中也能够进行钻孔作业，主梁自由滑过钻机机架而不至于折断钻杆甚至损伤钻机。

(6)合理的作业平台。合理的作业平台对钻孔过程控制及锚杆安装支护等作业是必要的，锚杆钻机作业平台一般布置在锚杆钻机后侧，能够与钻机一起纵向移动，因此平台和钻机之间应有连接机构。这个连接机构可以总成固定连接，即两者无法相对运动，也可做成活动连接，即两者可以做相对运动。另外，要求平台不能与锚杆钻机系统中运动的部件干涉，所以要保留一定的安全距离；又不能离锚杆钻机太远而失去及时作业的意义；在纵向移动时还要考虑不能与推进油缸、撑靴等部件干涉；在空间允许的情况下，锚杆钻机系统的作业平台应尽量大，覆盖更多的支护作业位置。

(7)独立的液压动力系统。锚杆钻机的液压动力系统应独立于 TBM 液压动力系统，以便频繁进行钻孔作业。

3.6.2　钢拱架拼装系统

在 TBM 掘进施工中，需要进行初期支护，提高围岩的稳定性，防止塌落。初期支护一般采用钢拱，配合钢筋网、锚杆、钢筋排、喷射混凝土进行加强支护。

钢拱架拼装系统布置在主梁前部顶护盾下面，以便在顶护盾的保护下及时支立钢拱架。其所有的操作都在支撑护盾后面的控制台上直接通过液压控制完成。钢拱架由型钢制作的多段钢拱片拼装而成，需要完成旋转拼装、顶部和侧向撑紧、底部开口张紧封闭等动作，由以下结构组成：

(1)钢拱架供给机构。将钢拱架转接到安装器内。

(2)安装系统。能将分段的拱架拼接成环并固定到洞壁的安装位置。

(3)操作平台。为工作人员完成拱架的安装提供工作平台。

根据 TBM 直径大小、主机结构形式、各系统相对空间位置关系等因素，钢拱架安装器系统具有不同的结构形式。常见的结构形式如下：

(1)卷扬机牵引形式。针对小直径断面 TBM，采用卷扬机作为动力、拼装与撑紧为一体的结构形式，牵引钢拱架在滑槽内旋转，逐步完成各片拼接。这种形式结构相对简单，所需空间较小，且可以双向拼装钢拱架；但撑紧装置功能简单，撑紧力较小，操作平台简易。具体结构如图 3-47 所示。

(2)环形梁形式。针对大直径断面 TBM，采用拼装和撑紧相对独立的结构形式。此种结构缺点是撑紧点较多，结构复杂，空间布局困难，且结构布置需要的空间较大；优点是配有操作平台，立拱过程中人员操作方便、安全，可以满足顶部安装，适合安装多种类型钢拱架。其具体结构如图 3-48 所示。

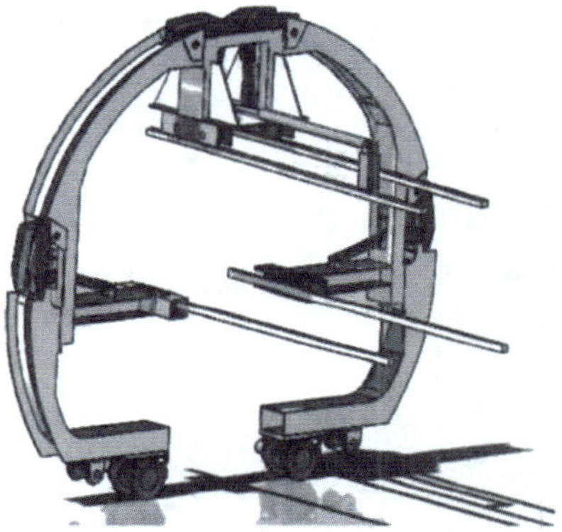

图 3-47　卷扬机牵引式拱架安装器

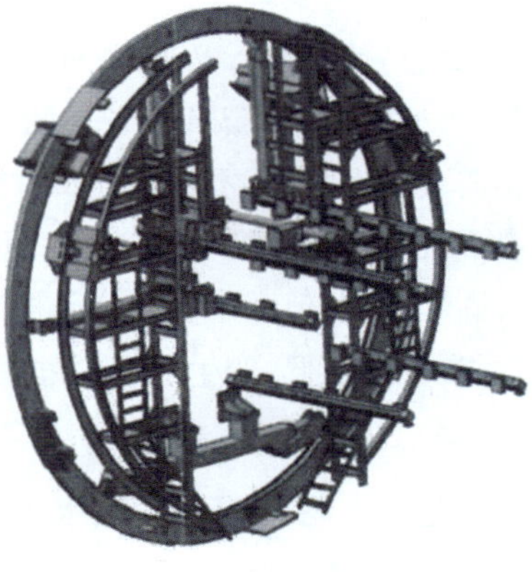

图 3-48　环形梁拱架拼接结构

3.6.3 应急喷混系统

在 TBM 隧道施工过程中，遇到软弱破碎地层时，围岩无法实现自稳，一旦脱离护盾的支护范围，岩石会直接坠落，对施工人员和设备安全造成一定的威胁。此时利用应急喷混系统喷射混凝土配合立钢拱架和挂钢筋网等措施可对隧道完成临时支护，使 TBM 能够安全、顺利地通过破碎地层。

根据喷射工艺的不同，应急喷混系统可分为干式应急喷混系统和湿式应急喷混系统。

1. 干式应急喷混系统

干式应急喷混是将水灰比小于 0.25 的水泥、砂子、石子混合料和粉状速凝剂按一定比例混合搅拌均匀后，利用干喷机，以压缩空气为动力，经输料管到喷嘴处，与一定量的压力水混合后喷射到受喷面上，如图 3-49 所示。

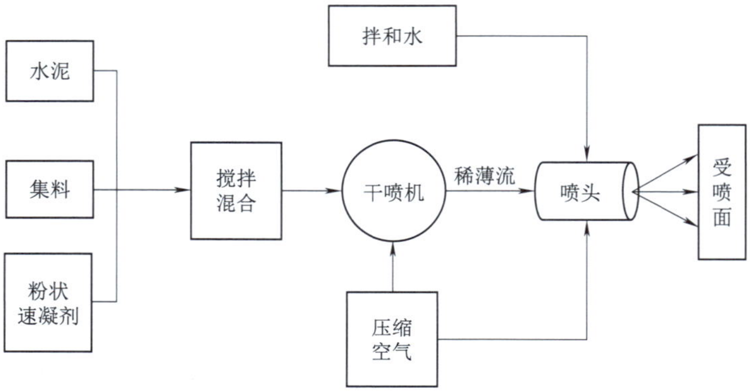

图 3-49　干喷工作过程示意图

干喷机按机械结构形式分为罐缸式、螺旋式、转子式、转盘式几种。目前 TBM 干式喷射混凝土作业中，多使用转子式干喷机，这种喷射机结构简单、工作性能可靠、外形小、质量小、维修和操作方便。

在 TBM 施工中干式应急喷混有两种作业模式。一种方式是将干式应急喷混系统固定于 TBM 主机尾部衔接的连接桥区域，在干式应急喷混系统附近储存有混凝土干拌料，干喷机工作时可直接使用储存的干拌料进行作业，该方式可保证支护及时，缺点是混凝土干拌料需要二次倒运，储存的干拌料有限，不能进行长时间支护作业；另一种方式是将干式应急喷混系统固定于平板车上，平板车放置有储存干拌料的料斗，平板车平时放置于洞外，TBM 作业需要前置喷混时，将平板车运至 TBM 主机尾部区域进行干喷作业，该方式干喷机不占用 TBM 设备空间，平板车携带有足够干拌料，可进行长时间的支护作业，缺点是平板车运输需要一定时间，不能做到及时支护。

干式应急喷混技术在以往的 TBM 施工项目中大量使用，具有输送距离长、设备简单、耐用、干拌料可以储存较长时间等优点；但由于它是将干拌混凝土在喷嘴处与水混合，所以具有施工作业粉尘浓度高、回弹率高、喷射混凝土强度低、产生的粉尘危害工人健康等缺点。

2. 湿式应急喷混系统

湿式应急喷混是将水泥、砂子、石子、水按一定比例混合后搅拌成混凝土，用泵将搅拌好的混凝土经输料管压送至喷嘴处，与液体速凝剂相混合，借助风压补充的能量将混凝土喷射到受喷面上。湿喷工作过程如图 3-50 所示。

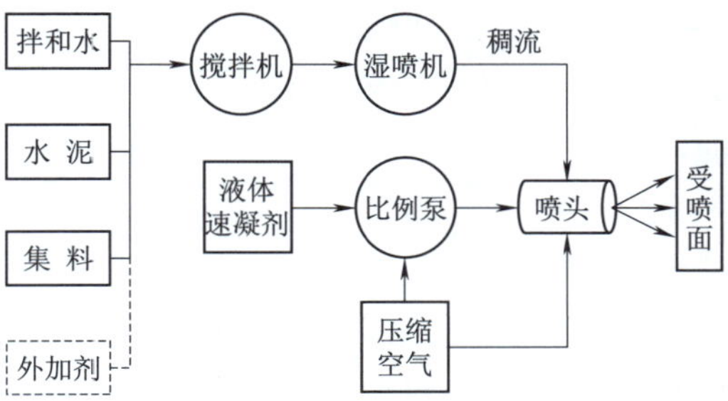

图 3-50　湿喷工作过程示意图

湿式混凝土喷射机分为泵送型和气动型两大类。泵送型湿喷机是在输送管路出口处安装喷嘴并压入压缩空气,将混凝土喷射出去,主要有柱塞泵式、螺杆泵式和挤压泵式。气送型湿喷机是利用压缩空气将物料在输料管中以“稀薄流”的形式输送至喷嘴处直接喷出,主要有转子型和转子活塞型。目前 TBM 湿式喷射混凝土作业中,多使用泵送型的柱塞泵式湿喷机,该类型湿喷机具有送料连续性好、输送距离长、不易堵管、风耗小、风压稳定、可一机两用等优点。

湿式应急喷混作业流程为将洞外拌制好的混凝土倒入混凝土罐,由机车牵引至 TBM 后配套区域,通过转运平台或者转运吊机,将混凝土罐转运至湿喷机位置,混凝土倒入落料口进行喷射作业。混凝土泵与受喷面距离较长时,也可采用双台湿喷机接力作业,一台用作混凝土泵泵送混凝土,另一台用作湿喷机进行湿喷作业。

与干喷相比,湿喷的明显优势是生产率高,回弹率低,大大降低了喷射机旁和喷射区域的粉尘浓度,减轻了对工人健康的危害。但湿喷机设备投资大,对物料要求也相对较高。

在传统的开敞式 TBM 施工中,护盾处没有机械式的喷混装置,只有工作人员手持喷头人工喷混,作业环境差,劳动强度大,洞内的空气流动不通畅,工作效率低,不利于开敞式 TBM 快速、安全地掘进通过围岩破碎区,并且破碎围岩会从钢拱架之间、钢筋网的网格之间坠落,对人员和设备构成潜在的危险。

随着 TBM 行业的发展,在最近几年的开敞式 TBM 设计中,在主机部分的钢拱架安装平台上设置一种机械式应急混喷机构成为一种趋势,如图 3-51 所示。

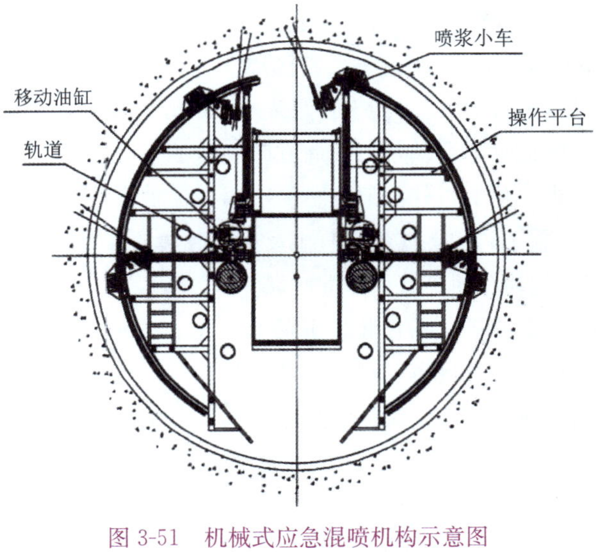

图 3-51　机械式应急混喷机构示意图

机械式应急混喷机构主要由混凝土输送泵及其电控柜、喷头总成、大齿圈、外加剂输送泵、混喷遥控器、输送管路等构成。与传统的人工手持式应急喷混相比，机械式应急混喷机构在能够满足对脱离护盾支撑的围岩进行及时支护的同时，减小工人的劳动强度，提高了施工效率。

3.6.4 湿喷系统

湿喷系统是开敞式 TBM 支护系统的重要组成部分，主要由混凝土输送泵、机械手、速凝剂泵、遥控器、控制柜、输送管路等构成，如图 3-52 所示，喷射支护的混凝土可作为隧道永久支护的一部分使用。

动 画

TBM湿喷系统

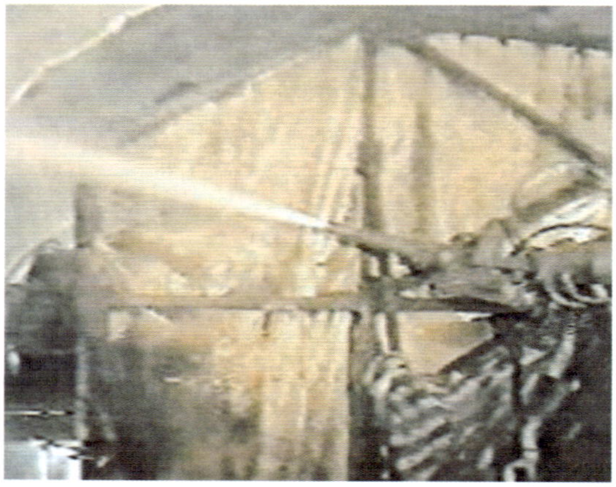

图 3-52 喷射支护

机械手由操作手操作遥控器进行喷射作业，要求有喷头前后摆动、喷头左右摆动、喷头刷动，喷射臂伸出/缩回、机械手固定座轴向移动、机械手固定座圆周旋转等动作。机械手在尽可能靠前布置的前提下，需要考虑周向喷射范围、轴向覆盖距离及喷头与洞壁距离，混凝土周向喷射范围不应小于 240°，机械手轴向覆盖距离不应小于 3 个掘进循环长度，喷头与洞壁的距离要求在 800～1 200 mm 范围内。混凝土输送泵具有振动、搅拌、泵送等功能，布置于后配套台车前部，尽量减少混凝土输送管路的长度。

对于洞径大于 5 m 的 TBM，湿喷系统多配置两套混凝土喷射系统，一用一备。TBM 主机尾部和后配套台车之间一般设置有喷混桥，喷混桥由喷混桥架、行走大车、旋转小车组成，机械手固定在旋转小车上。

喷混桥架为重型桁架结构，可以承受混凝土行走大车、机械手、后配套皮带机的重量，传递后配套牵引力。机械手架设在可以沿隧道轴向移动且可圆周方向旋转的平台上，并配有相关的控制设备，以满足隧道支护所需的喷混范围要求。喷混桥外侧架设防护罩用来保护内部的皮带机、风筒及其他管路，保护罩上部预留清渣孔，可以将附着于防护罩上的混凝土反弹料收集并清理至内部的皮带机上。喷混桥两侧设置防尘挡板，避免喷混区域的粉尘污染其他作业区域。

对于洞径小于 5 m 的 TBM 多配置一套混凝土喷射系统。由于空间小，机械手需要尽可能低位布置，以保持与洞壁的喷射距离，一般直接布置在滑靴式台车上。

滑靴式喷混结构通常由滑靴台车及喷混移动装置两大部分组成。滑靴台车由人行通道、风筒支架、主梁三大部分组成。风筒支架为新鲜风和污风提供通道的同时可以用作滑动支撑，主梁负责传递后配套牵引力。喷混移动装置架设在滑靴台车中央位置，通过液压油缸或链条实现前后移动。同时，在滑靴台车前后两侧设置有防尘挡板，避免喷混区域的粉尘污染其他作业区域。

3.7　出渣及物料运输系统

物料运输的通畅高效是TBM高效掘进的先决条件。出渣系统主要依靠TBM设备上布置的带式输送机及洞内连续带式输送机或矿车出渣,物料运输主要依靠列车编组。

3.7.1　TBM带式输送系统

TBM带式输送系统分为主机带式输送机和后配套带式输送机两部分。掌子面破碎的岩渣经过刀盘铲斗转运至主机带式输送机(见图3-53),再经过后配套带式输送机转至洞内连续带式输送机或渣车运往洞外。

图3-53　带式输送机系统示意图

动　画

TBM出渣运输

带式输送机驱动形式分为液压马达驱动和减速电动机驱动。液压马达驱动相对于电动机驱动的优势在于相同功率配置情况下更加节省空间。因此,针对TBM的工况特点,主机带式输送机一般选择液压马达驱动形式,后配套带式输送机主要选用减速电动机驱动。

带式输送机主要结构包括头部漏斗、机架、传动滚筒、改向滚筒、尾部滚筒、承载托根、同程托辐、驱动装置、张紧装置及皮带。

1)动滚筒

如图3-54所示,传动滚筒直径通常为500 mm、630 mm、800 mm、1 000 mm,同一种滚筒又有几种不同的轴径和中心跨距供选用。根据承载能力分轻型、中型、重型三种。

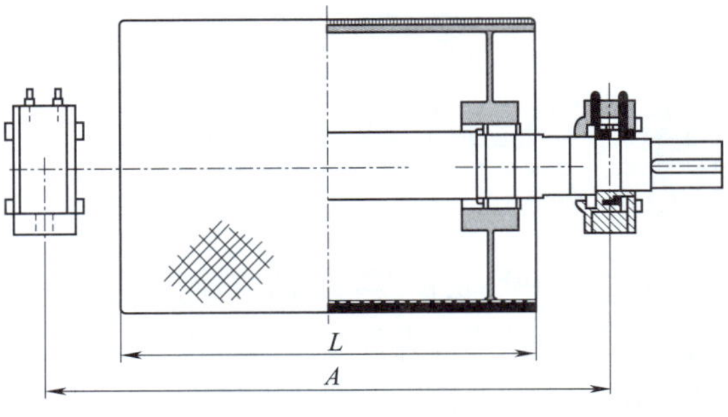

图3-54　传动滚筒示意图

(1)轻型。轴承孔径为 80～100 mm,轴与轮壳为单键连接,滚筒为幅板焊接结构,单向出轴。

(2)中型。轴承孔径为 120～180 mm,轴与轮壳为胀套连接,有单向出轴和双向出轴两种。

(3)重型。轴承孔径为 200～220 mm,胀套连接为铸焊筒体结构。

滚筒表面有光钢面、人字形及菱形花纹橡胶覆面,人字形花纹橡胶面摩擦系数大,排水性好,但有方向性,安装时人字尖应与输送带运行方向一致。双向运行的输送机要采用菱形花纹。用于重要场合时要采用硫化橡胶覆面;用于阻燃,隔爆场合应采用相应防爆措施。轴承座全部采用油杯润滑脂润滑。

2)改向滚筒

改向滚筒用于改变输送带运行方向或增加输送带在传动滚筒上围抱角。其结构形式与传动滚筒一样。分轻型、中型、重型三种,轴的分挡直径为 50～100 mm、120～180 mm 及 200～260 mm,滚筒表面有裸露光钢面和平滑胶面两种。

3)托辊

托辊用于支撑输送带及其上的承载物料,并保证输送带稳定运行。带式输送机托辊种类见表 3-1。

表 3-1 带式输送机托辊种类

<table>
<tr><td rowspan="3">承载托辊</td><td colspan="2">槽形托辊</td><td>槽形前倾托辊</td><td colspan="3">过渡托辊</td><td colspan="4">缓冲托辊 调心托辊</td><td colspan="3">平行托辊</td></tr>
<tr><td rowspan="2">35°</td><td rowspan="2">45°</td><td rowspan="2">35°</td><td rowspan="2">10°</td><td rowspan="2">20°</td><td rowspan="2">30°</td><td colspan="2">固定式</td><td rowspan="2">摩擦上调心托辗</td><td rowspan="2">锥形上调心托辗</td><td rowspan="2">摩擦上平调心托辊</td><td rowspan="2" colspan="2">平行上托辊</td></tr>
<tr><td>35°</td><td>45°</td></tr>
<tr><td rowspan="2">回程托辊</td><td colspan="2">平行下托辊</td><td colspan="2">平行梳形托辊</td><td colspan="2">V形托辊</td><td>V形前倾托辊</td><td>V形梳形托辊</td><td>摩擦下调心托辊</td><td rowspan="2">反V形托辊</td><td>锥形下调心托辊</td><td colspan="2">螺旋托辊</td></tr>
<tr><td>1节</td><td>2节</td><td colspan="2">1节　2节</td><td colspan="2">10°</td><td>10°</td><td>10°</td><td>2节</td><td>10°</td><td>1节</td><td>2节</td></tr>
</table>

4)张紧装置

带式输送机张紧装置的作用是保证输送带与传动滚筒不打滑,并限制输送带在托辐组间的下垂度,使输送机正常运行。常用的张紧装置有螺旋拉紧式、垂直重锤式、重锤车式、固定绞车式四种。可根据拉紧力、拉紧行程的大小和拉紧装置所处位置进行选择(详见表 3-2)。

表 3-2 不同张紧装置的适用范围

张紧装置种类	适用范围	拉力范围
螺旋拉紧式	适用于短距离、小功率的输送机	9～37 kN
垂直重锤式	拉紧行程可变,可随着拉力的变化而自动补偿输送带的伸长量	8～63 kN
重锤车式	适用于距离长、功率大的倾斜输送机。本系列还设置了重锤塔式,可加大拉紧行程	8～63 kN
固定绞车式	用于长距离、大行程、大运量、大拉紧力的带式输送机	30～150 kN

5)清扫器

清扫器是一种带式输送机的黏着物和块状较大物料的清理装置。清扫器的主要作用是减轻输送带的过度磨损,降低能耗。带式输送机的清扫器分为头部清扫器和空段清扫器两种。

头部清扫器为重锤刮板式结构,装在卸料滚筒上方的机架上,用于清扫输送带承载面上的粘料。

空段清扫器,主要用于清除非工作面上黏附的物料,防止物料进入尾部滚筒或垂直拉紧装置的拉紧滚筒里,一般焊在这两种滚筒前方的中间架上,并调节好吊链的长度。

3.7.2 连续皮带机出渣系统

连续带式输送机是一种在运转过程中能使机尾滚筒轴线与驱动滚筒轴线之间的距离逐渐增大的散状物料连续运输设备,由于可实现不停机连续掘进,因此简称为连续皮带机。工作时,驱动滚筒依据欧拉原理带动输送带做连续的闭环运动,以此将物料移送至卸料端。在这一过程中,机尾在牵引机构的拖曳下有规律地前行,中间机身被逐段延伸。拉紧装置为保证皮带机的正常运行提供必要的拉紧力;储带仓为适应皮带机的连续工作储存足量的输送带,当储带用完时,从储带仓增加或取出一个单元的输送带。

连续皮带机出渣系统已经在国内外的地铁、隧道等盾构机施工现场广泛应用。美国 80%的长隧道工程项目采用连续皮带机出渣,近年来欧洲的长隧道也大多采用连续皮带机出渣。其主要有以下几点优势:

动 画

连续皮带机出渣

(1)无须等待排渣车,从而提高掘进效率。

(2)减少施工人员,降低劳动强度。

(3)污染小,降低了对隧道通风机和通风管的要求。

(4)可以满足大坡度出渣。

(5)洞外不需要翻车卸渣机。

(6)适应性强,可用于不同直径的隧道工程。

(7)TBM 连续皮带机系统可重复使用。

连续带式输送机由传动装置、储带装置、张紧装置、放带装置、硫化平台、机身部分等组成。

1. 传动装置

传动装置由驱动装置、传动滚筒、传动机架组成,如图 3-55 所示。驱动系统采用浮点支撑结构,可拆装,便于运输及安装。驱动滚筒采用 S 形缠绕方式,结构紧凑。

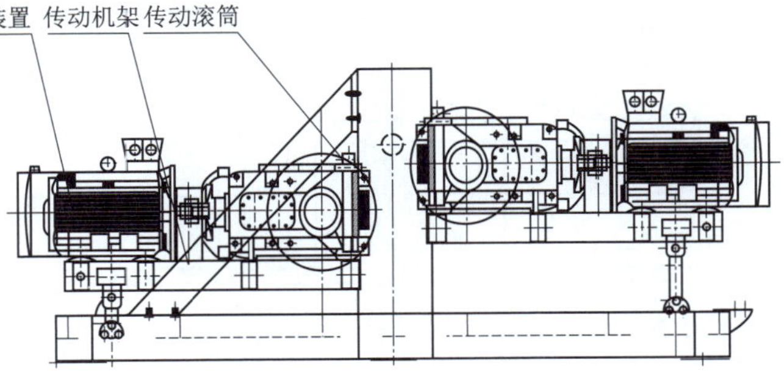

图 3-55 传动装置示意图

电动机与减速器采用蛇簧联轴器连接。方便维修、搬运、安装和拆卸,驱动装置满足左右互换。

2. 储带装置

储带装置(见图 3-56)是用来存储胶带的装置。由储带转向架(见图 3-57)、储带仓架、托带车、改向滚筒和张紧车(见图 3-58)等组成。储带装置采用 10 层塔式储带方式。储带转向架、 储带仓架主要为焊接结构，各架体之间用螺栓连接。在储带转向架内装有改向滚筒，与张紧车上的改向滚筒一起供胶带在储带装置中往复导向。在储带仓架内有角钢或方钢焊成的轨道，供支撑小车和张紧车行走。

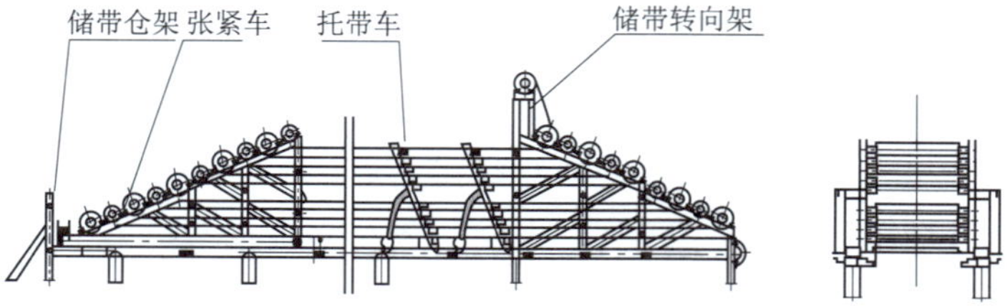

图 3-56　储带装置示意图

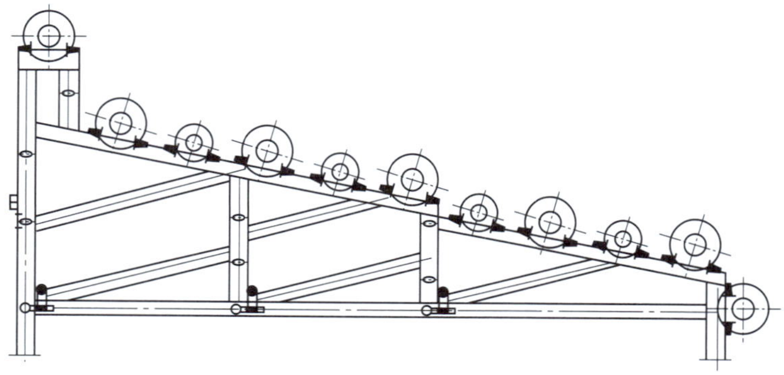

图 3-57　转向支架示意图

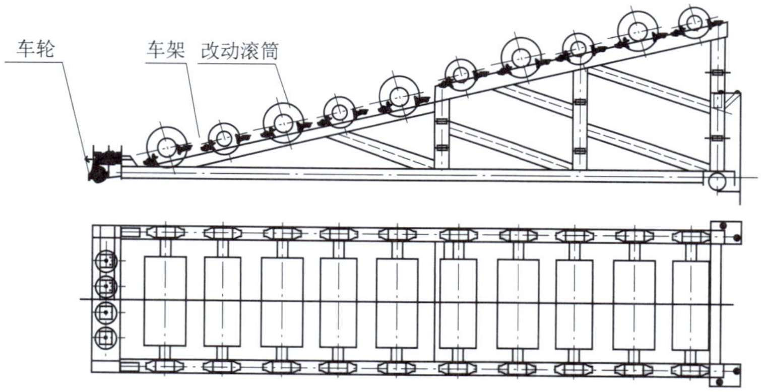

图 3-58　张紧车示意图

3. 张紧装置

张紧装置用来给胶带提供一定的张紧力，以保证驱动滚筒与胶带之间的摩擦力，同时保证胶带垂度满足运行要求。一般采用变频恒扭矩自动张紧装置。

变频恒扭矩自动张紧装置由变频器、变频电动机、行星减速器、张紧绞车组成，钢丝绳通过定滑轮架缠绕在张紧车上，钢丝绳的缠绕方式如图 3-59 所示。

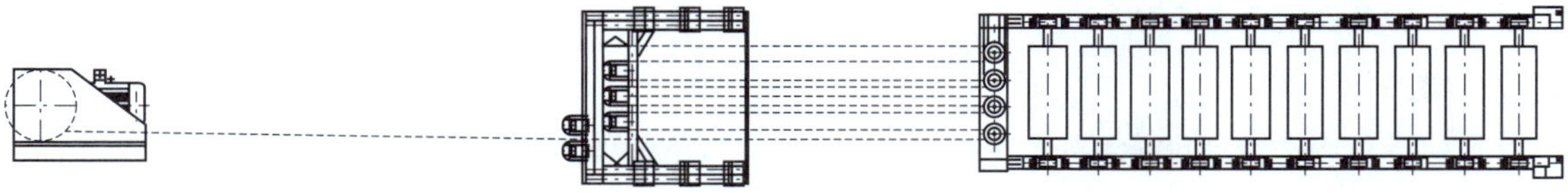

图 3-59　张紧装置钢丝绳缠绕示意图

变频恒扭矩自动张紧装置，要求启动拉力为额定运行时的 1.3～1.5 倍。设定张紧力并跟踪调节。留有与集控连接的接口。拉紧输送机运行前，将启动张紧力、额定张紧力、延迟时间等参数输入变频器。启动后，在变频器的控制下，张紧装置按照设定的数值和程序，自动输出启动张紧力和额定张紧力。当张力变化(比如机尾移动)时，能够像机械重锤那样，动态地跟随输送带的变形，快速地为输送带提供稳定的张紧力。当更换胶带时，绞车能够以较高的速度转动，节省时间，提高效率。当胶带张力增大、超过设定的数值时，提供过载保护，从而避免相关部件因张力增大所可能产生的损坏。

4. 放带装置

放带装置采用电动放带，主要由放带机架(含驱动轴、带芯轴、从动轴组、卷带机座体、托辐)、驱动装置(含减速电动机)及行走轨道组成，如图 3-60 所示。放带装置放置在轨道上，轨道有抱轨器，轨道限位块根据工地现场实际情况焊接。其工作原理如下：

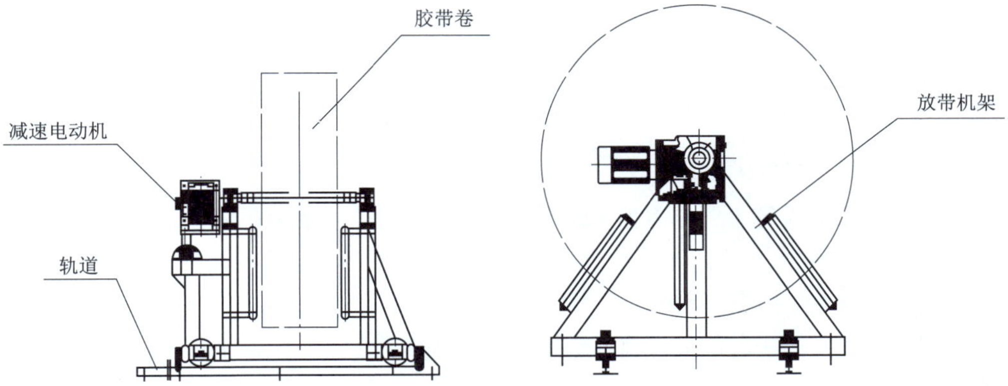

图 3-60　放带装置示意图

①将放带机放置在轨道上，整体移至皮带机机身一侧。

②带芯轴穿入胶带中的卷带滚筒，通过两边销轴固定在 U 形槽上(用开口销固定销轴)。

③将放带机通过轨道整体移入皮带机，当放带机中心线与皮带机中心线一致时，固机；将双层单卷输送带外层胶带分别接入第二硫化平台和皮带机储带仓中，内层胶带接入第一硫化平台；驱动装置带动双层单卷输送带旋转，逐渐向外放带；启动张紧绞车后，输送带被拉入储带仓中。

5. 硫化平台

硫化平台是硫化胶带接头的工作场所。

为了满足一次硫化两个接头的需求，一般设置两个硫化平台。第一硫化平台位于放带机与传动装置之间，第二硫化平台位于放带机与储带装置之间。平台面积满足硫化对空间的要求。双层单卷输送带同时伸出两个接头，分别放置在放带机两侧的两平台上进行硫化。为保证硫化胶带的需要，在传动滚筒后及张紧装置后各设置1套夹紧装置。

6.机身部分

机身部分是连续皮带机在工作中逐段安装的。由于隧洞空间受限，机身在隧洞内采用斜支撑的安装形式。安装位置应满足隧道内机车通行要求，如图3-61所示。

3.7.3 物料运输系统

TBM施工过程中所需的各种各样的材料或备件，一般由列车编组从洞外运输至后配套台车区域，再由吊机卸载到指定工位。对于大直径TBM，后配套台车通常为多层设备布置，还需把物料从下层吊运到上层。刀具、管片等通过吊机运输到主机区域。

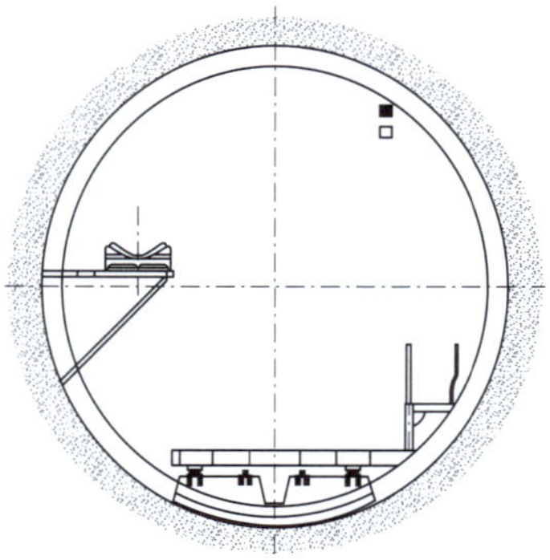

图3-61　标准机身示意图

开敞式TBM和护盾式TBM物料运输包括的材料有所不同，对列车编组的排序和布置也会有所差异。开敞式TBM运输物料主要包括支护材料(如钢拱架、锚杆、锚固剂、钢筋网片等)、刀具、轨道、轨枕、仰拱块、备件、润滑油脂、混凝土罐等。护盾式TBM运输的物料主要包括刀具、轨道、轨枕、管片、豆砾石罐、干粉罐、备件、润滑油脂等。

3.8 导向系统

3.8.1 功能概述

目前掘进机自动导向系统主要分为激光标靶和电子棱镜两类。激光标靶自动导向系统由于高度集成化、安装简单、占用空间少、适合小半径掘进等特点而被广泛使用。电子棱镜自动导向系统具有长距离测量、对恶劣环境有很好的适用性而被广泛应用于TBM上。

掘进机自动导向系统是一种能够自动测量并实时显示掘进机姿态偏差的软硬件系统，为掘进机的掘进指引方向。该系统将常规测量通过三维空间建模及空间坐标转换结合图像处理、计算机与通信等技术实现其自动化。系统能够为盾构司机提供掘进所需要的各种姿态信息，包括掘进机与设计线路的偏离情况、掘进机的当前掘进里程(距离)、掘进机的坡度和滚动角度等。

3.8.2 分类及工作原理

1.激光靶自动导向系统工作原理

激光靶是安装在盾构机内支撑结构处的集成体电子部件，其内部主要包含倾角仪、CCD相机、计算模块、圆棱镜等。

通过安装在管片壁上的全站仪对激光靶中的圆棱镜进行自动搜索测量，获得激光靶圆棱镜中心坐标，在测量棱镜的同时激光靶接收到全站仪发射的导向光，在CCD相机上形成光斑坐标。

激光靶内部的双轴倾斜仪可直接得到滚动角和仰俯角。光斑坐标值根据滚动角与仰俯角进行旋转，得到激光靶与激光束的夹角，再与初始绝对坐标系中激光束的水平方位角和垂直方位角解算出盾构机的方位角。

把以上测量的所有数据传输到主控室的工业计算机中，通过导向系统软件计算盾构机精确的空间姿态，这样就可以把盾构机轴线相对于设计轴线的空间关系，通过数字和图形的形式显示在工业计算机屏幕上。

1)设备组成

激光靶自动导向系统的主要部件包括：激光靶（内置 CCD 相机、倾角仪、计算模块）、全站仪（激光发射源、测量角度、距离）、中央控制箱（信号接收和转换）、棱镜（方位定向和检核）、电台（无线信号传输）、工业计算机（嵌入式导向系统软件）和连接可编程逻辑控制器（PLC）等，如图 3-62 所示。

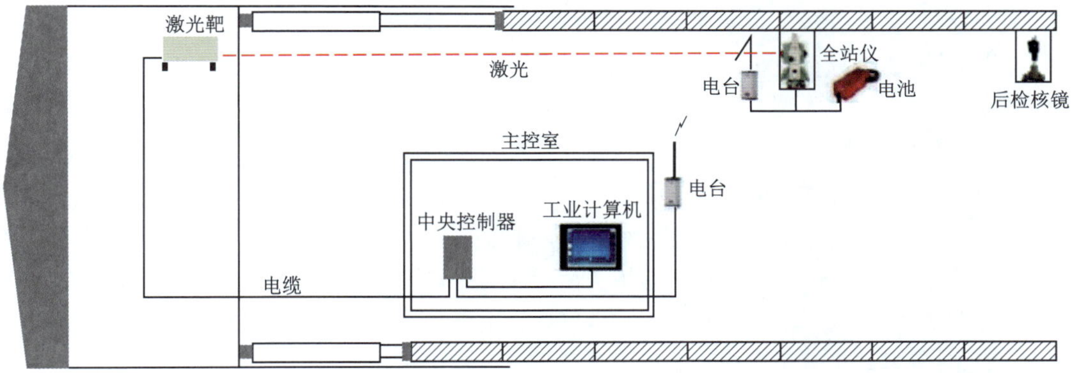

图 3-62　TBM 激光靶导向系统硬件组成

2)工作机制

激光靶自动导向系统的主要部件为激光靶，在掘进机始发前，通过人工测得掘进机切口、铰接、盾尾和激光靶的空间关系，存储在激光靶计算模块中。

掘进过程中，需要对掘进机进行姿态定位，其基础是两个已知大地坐标系坐标（北坐标，东坐标，高程），测站点是指全站仪所在的点，后视点是指棱镜所在的点，通过这两个已知点确定掘进方向。

通过全站仪测得激光靶的距离和角度，可计算出激光靶的大地坐标，同时激光靶会获得全站仪发射的激光束，结合倾角仪测得仰俯角和滚动角，通过计算模块解算出盾构机的切口、铰接和盾尾的大地坐标。

然后通过通信传输系统，将信号数据传输到工业计算机，经过导向系统软件结合 DTA，即可得到掘进机的水平偏差、垂直偏差等参数。

3)适用范围

激光靶体积较小，对安装空间要求相对较低，在隧道洞径小、小半径曲线、空间狭小的隧道环境中具有明显优势，但是激光靶需要接收激光束，而光束在恶劣环境和长距离测量中会衰弱。所以激光靶自动导向系统在常规 TBM 设备中使用广泛，在施工环境恶劣隧道中应用较少。

2. 电子棱镜自动导向系统

1)工作原理

电子棱镜自动导向系统可以分为三棱镜法和两棱镜加一倾角仪法，后者的精度高于前者。一般盾构机都会安装三个棱镜加一个倾角仪，所以同时具备两种工作模式：正常情况下使用两个棱镜加一个倾角仪，遇到倾角仪故障的时候切换到三个棱镜工作模式。

电子棱镜是具有智能闭合功能的圆棱镜，安装在盾构机支撑环处，两个棱镜要前、后间隔一定距离安装，双轴倾角仪的轴与盾构机轴线要小于一定角度。

通过安装在管片上的全站仪测量交替打开的前、后电子棱镜，结合双轴倾角仪读取盾构机的滚动角和仰俯角，通信系统把数据传输到导向系统计算软件，结合初始零位数据计算出盾构机轴线，然后再与DTA联系计算，即可解算出盾构机的姿态信息，并在工业计算机屏幕上显示。

2)设备组成

电子棱镜自动导向系统的主要部件有：电子棱镜(智能闭合)、双轴倾角仪(高精度测量盾构机仰俯角和滚动角)、全站仪(高精度测量角度、距离)、中央控制箱(信号接收和转换)、棱镜(方位定向和检核)、电台(无线信号传输)、工业计算机(嵌入式导向系统软件)和连接可编程逻辑控制器(PLC)等。

3)工作机制

本系统的主要部件为电子棱镜和倾角仪，在掘进机始发前通过人工测得掘进机切口、铰接、盾尾和电子棱镜组的空间关系，存储在导向计算软件中。

掘进过程中，需要对掘进机进行姿态定位，其基础是两个已知大地坐标系坐标(北坐标，东坐标，高程)，测站点是指全站仪所在的点，后视点是指棱镜所在的点，通过这两个已知点确定掘进方向。

通过全站仪测得电子棱镜组的距离和角度，可计算出电子棱镜的大地坐标，结合倾角仪测得仰俯角和滚动角，通过计算模块解算出盾构机的轴线坐标。

然后通过传输系统，将信号数据传输到工业计算机，经过导向系统软件计算，即可得到掘进机的水平偏差、垂直偏差等参数，并在工业计算机屏幕上显示。

4)适用范围

根据电子棱镜导向系统原理可知，只需要精确测量电子棱镜坐标，不需要进行光束收集即可解算TBM姿态，所以电子棱镜自动导向系统可以很好地适应环境较恶劣的隧道施工，在测量距离上优势明显。电子棱镜须前、后间隔一定距离安装，在隧道洞径大、转弯半径大、安装空间良好的隧道具有很大优势，在转弯半径小、隧道洞径小、安装空间狭小的隧道弊端比较明显。

5)日常维护保养

电子棱镜自动导向系统日常维护保养内容见表3-3。

表3-3 电子棱镜自动导向系统

部件名称	工 作	简 述	间隔时间
工业计算机	备份数据库	数据库备份到办公室计算机中	每周
	硬盘检查及维护	检查硬盘情况，做好过期日志文件以及文件夹的备份和删除	
	病毒扫描	对连接Internet的计算机或未经过检查的计算机进行病毒扫描	每周
软件系统	参数检查	检查参数是否变化	每月
	DTA检查	在运行时检查DTA所做的改变	每周
	控制测量	人工检查全站仪吊篮坐标和盾构机姿态	根据项目要求
	方位检查	人工检查激光方位	每天

续表

部件名称	工　作	简　述	间隔时间
全站仪	仪器误差	仪器误差由专业人员确定	每月
	检查视准轴和激光轴	视准轴和激光轴必须平行，目镜和物镜必须干净，全站仪能自由转动	半年
	激光	当不用激光时应关闭	
	年检	委托特定的有资质的单位清洗和全面检查全站仪的性能	鉴定日期到期前一个月
激光靶	维修	在符合相关规定的地点清洗和全面检查激光靶的技术性能	一年
	外观维护	目镜保持清洁，外观干净	每天
电缆	检查是否损坏	沿着电缆走向检查，不能在电缆上置放重物	每周
棱镜	外观维护	棱镜必须保持干净，清除水滴，避免可能引起错误的反射，检查托架的稳定性	每天

3.9　后配套系统及主要设备

3.9.1　后配套系统的结构形式

根据不同的隧道施工工艺要求，后配套的结构在很多方面需要有不同的形式。

1.不同行走方式

一般后配套台车的行走采取在台车底部两侧安装钢制滚轮，在轨道上行走的结构形式，如图 3-63 所示。但也有部分台车采取钢管在隧道滑行或轮子在衬砌管片上滚动的形式。例如，当隧道直径很小时，考虑到整体的布置，铺轨区前面仍有几节台车，没有轨道可行走，因此铺轨区前面的台车下部安装滑管在洞壁上滑行，而铺轨区后面的台车在轨道上行走。护盾式 TBM 铺轨区前面的台车，往往采取轮子在衬砌管片上滚动的结构形式。

图 3-63　行走门架式后配套

2. 多节台车相连

从设计、制造、运输考虑，台车需要设计成多节台车连接组成。另外，考虑到隧道施工误差、铺轨误差，甚至有曲线段隧道，台车必须设置成多节，并要求各节台车之间的连接有一定的自由度。对于曲率半径很小的隧道，每节台车的滚轮在结构上还需要特殊考虑。因此，在TBM及其后配套选型阶段，一般都考虑隧道的最小曲率半径值，除了TBM主机因素以外，后配套滚轮的结构也是需要考虑的因素。

3. 多层结构

如前所述，后配套系统上的设备和设施很多，台车上需要有足够的空间安放。一方面可以从台车的节数上考虑，另外也从多层结构上加以考虑。所以，一般后配套台车都是多层结构。对于直径小的隧道，径向空间有限，一般最多两层布置，而且顶层往往只能布置管线、皮带机等高度尺寸小的设备，因此，纵向上就很长，台车节数多。而大直径隧道，台车甚至可以三层布置，宽度和高度上有较大布置空间，所以台车节数可以较少，但外廓尺寸较大。

4. 封闭式与门架式结构

根据不同需要，后配套台车底部平台结构可以采取封闭式台车结构形式，也可以采取底层平台中间开敞的门架式结构。对于封闭式台车结构，轨道材料车或矿渣车需要从隧洞轨道上到后配套尾部斜坡段上，再行走于后配套底部平台的轨道上，到达指定位置。对于门架式台车结构，轨道材料车或矿渣车沿隧洞轨道，从后配套中间开敞的底部平台穿过，可一直行走至后配套前部，而设备则安放在底部两侧平台及上部平台。图3-64所示，为开敞门架式台车结构。采用哪种结构形式，需要从渣料和混凝土料装卸便利，以及成本等因素考虑确定。

5. 连接桥和加利福尼亚道岔

对于较大直径TBM，通常在TBM主机与后配套台车之间布置有钢结构连接桥，上面布置连接桥皮带机和混凝土喷射机械手，下面可作为铺轨区。对于小直径TBM，一般TBM主机与后配套台车直接连接，而铺轨区布置在主控室、液压动力站和喷混机械手台车的后面，后配套皮带机从铺轨区上面的桥架上通过。此外，隧洞单线轨道矿车出渣时，后面常连接有加利福尼亚道岔，如图3-65所示。

图3-64　门架式后配套结构

图3-65　加利福尼亚道岔示意图

3.9.2　后配套系统的功能与基本构成

1. 后配套系统的功能

后配套系统的主要功能如下：

(1)后配套台车有足够的强度、刚度和空间，能够承载和安放所有辅助设备和设施，台车间的连接应有一定的自由度。

(2)后配套系统能够与 TBM 主机一起行走或单独行走。

(3)后配套系统应能为 TBM 主机或施工提供液压动力、电、水、风、压缩空气等。

(4)后配套系统应能为辅助作业工序，提供相应的设备和空间，包括混凝土喷射作业、锚杆作业、注浆作业、出渣作业、除尘作业、铺轨作业、材料倒运、清渣作业、排水作业、风管延伸、水管延伸、电缆延伸等。后配套系统附属设备设计能力应与 TBM 掘进能力相匹配。

(5)合理地实现各种管线布置，包括风管、水管、电缆、液压管、气管等。

(6)为人员及设备提供各种安全和施工便利条件，如扶手、走道、台阶、爬梯、护栏、灭火、防水、照明、应急供电、有害气体监控报警等。

(7)必要的生活功能，如开会、用餐、用厕、急救等。

2. 后配套系统的基本构成

下面以开敞式 TBM 为例，后配套系统的主要构成如图 3-66 所示。后配系统的设备和设施可归类为：钢结构台车、供应和动力系统、辅助作业工序设备、安全设施、生活设施等。

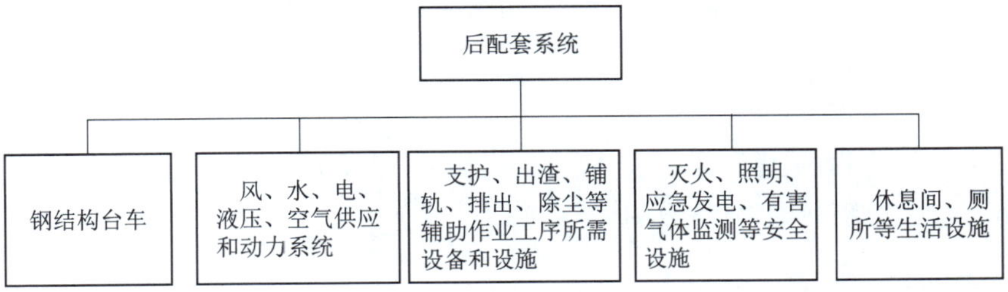

图 3-66　后配套系统构成示意图

1)后配套台车

后配套主体由若干节钢结构台车组成，各节间用销轴连接。有时在台车与主机之间加设连接桥，连接桥也可看作后配套系统的一部分。此外，采用单线轨道矿车出渣时，为了减少等待渣车的时间，常在后配套台车的后面连接加利福尼亚道岔。加利福尼亚道岔底部装有行走轮，与后配套台车一起沿隧洞轨道前行，一般长 120 m 左右，由一系列平台车组成，其上布置双线轨道和道岔，尾部有斜坡段供渣车从隧洞轨道上到其平台上。加利福尼亚道岔也可以视为后配套的一部分。

2)风、水、电、动力供应系统

(1)液压动力站。TBM 主机液压动力站一般布置在后配套上，有时也布置在主机上。主机上的锚杆钻机液压动力站一般也安放在后配套台车上。

(2)供电与电气控制系统。包括与隧道布设电缆接口的高压电缆卷筒、变压器、电气控制柜、电缆等。

(3)供风系统。包括与隧道通风系统接口的风管储存筒、二次风机、后配套台车上从后向前铺设的金属风管等。

(4)供水系统。包括与隧道供水管接口的水管卷筒、后配套上供水管、水泵、水箱等。

(5)供气系统。主要指高压空气,包括喷混用压缩空气和气动工具用压缩空气。设备主要由空气压缩机、储气罐及管路等构成。

3)辅助作业设备

(1)锚杆钻机。锚杆钻机一般布置在 TBM 主梁的前部,但有时也需要在连接桥上或后配套前部布设附加的锚杆钻机,主要用于直径较大、锚杆数量较多的隧道。

(2)混凝土喷射系统。包括混凝土输送泵及其液压动力站和控制柜、喷射机械手及其液压动力站和控制柜、混凝土输送管路、外加剂输送泵及储存箱等。

(3)注浆系统。包括注浆泵站、搅拌器及其管路。

(4)出渣作业系统。一般主机皮带机直接转到后配套皮带机上。有时出渣系统分成三段皮带机,石渣由主机皮带机转到连接桥皮带机,再转到后配套皮带机上。若采用矿车运渣出洞,需要考虑后配套台车上的列车行走轨道、推车器、卸渣点布置等。若采用连续皮带机出渣,需要考虑在后配套台车上布置连续皮带机尾段及安装皮带架的空间。

(5)排水系统。主要由排水泵、污水箱、管路等组成。一般从主机至后配套尾部安排多级排水泵。

(6)轨道或仰拱块铺设设施。包括轨道等材料吊机及其滑道,以及需要留出铺设轨道空间。采用预制仰拱块时,需要有仰拱块吊机。

(7)除尘作业系统。一般由除尘器、除尘风机、除尘风管等构成。

(8)清渣作业设备。TBM 施工时,洞底会沉积大量泥渣,特别是破碎岩石情况,需要清渣设备。一般采取人工将泥渣清理到清渣皮带机或吊运铲头上,再转运到后配套皮带机上。有时在主机处还采取螺旋输送机将石渣返回到刀盘。

4)安全设施及生活设施

包括后配套台车上布设的扶手、走道、台阶、爬梯、护栏,以及灭火装置、照明设施、应急发电机、有害气体监控报警系统等;生活设施包括休息间、厕所等。

3.9.3 冷却与排水系统

TBM 水循环系统包括内循环冷却系统、外循环冷却清洗水系统、刀盘喷水系统。需要控制 TBM 进水温度不高于 25℃,可根据水温的高低适当增减供水量,保证设备的冷却效果。TBM 主机区域设计潜水泵,潜水泵将前部污水抽到污水箱内,污水箱处安装的污水泵将水排到 TBM 尾端或合适位置。

1.冷却水系统的形式及主要作用

冷却水系统的形式分为完全封闭式内外循环水系统、非封闭式内外循环水系统、封闭式内循环水和开放式外循环结合水系统三种。

1)完全封闭式内外循环水系统

城市地铁隧道(施工距离为 1～2 km)中 TBM 设备的水系统如图 3-67 所示,分为内循环(内循环可采用蒸溜水,防止设备内部腔体结水垢)和外循环两部分。冷却水从洞外经过冷却器与内循环水进行热量交换。内循环水流经主驱动电动机、主驱动减速机、齿轮油系统、变频器等设备并带走设备产生的热量。

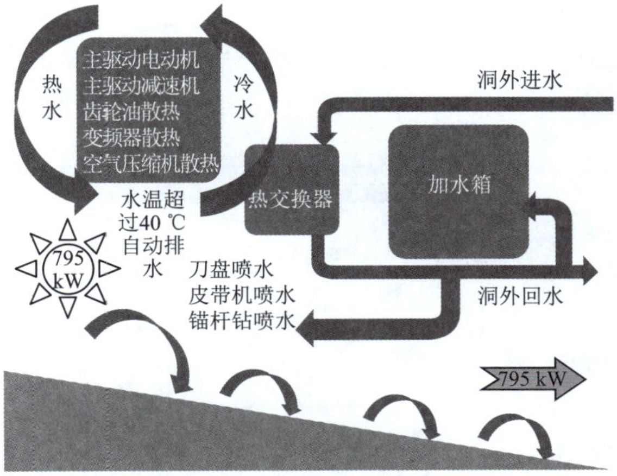

图 3-67　完全封闭式内外循环水系统示意图

2)非封闭式内外循环水系统

穿山越岭的水利、铁路隧道(施工距离为 10 km 以上)中 TBM 设备的水系统如图 3-68 所示，分为内循环和内循环补水两部分。内循环水携带走设备产生的热量并与冷水箱的水进行热交换，如果内循环水箱温度仍然高于 40℃，内循环水箱自动排水，并不断补充洞外新鲜水。

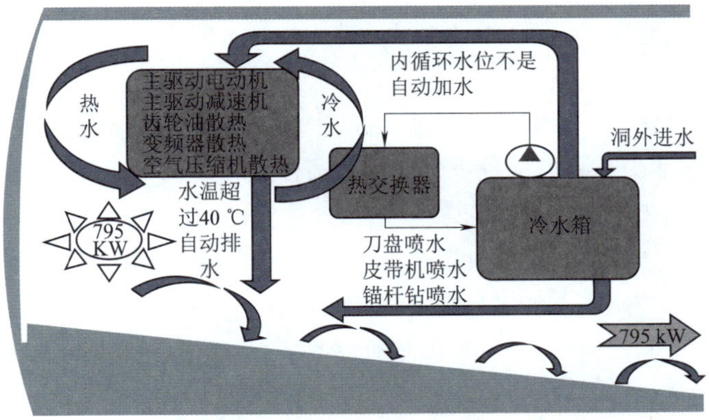

图 3-68　非封闭式内外循环水系统示意图

3)封闭式内循环和开放式外循环结合水系统

目前，大部分 TBM 冷却水系统综合了以上两种方案的优缺点，内循环采用完全封闭式系统(内循环可采用蒸溜水，防止设备内部腔体结水垢)；外循环采用非封闭式系统，通过冷水泵循环与内循环交换热量，如果水温超过 40 ℃，水箱自动排水，如图 3-69 所示。

2. 排水系统的设置要求

结合 TBM 段工程地质条件，预测地下涌水。根据平距、渗透系数、含水体长度、洞底以上含水体厚度、洞内排水沟假设水深、静止水位至洞深横断面等价圆中心距、涌水地段引用补给半径、洞身横断面等价圆半径等参数，通过裘布依公式计算正常涌水量，通过古德曼经验公式算出最大涌水量。

TBM 排水设计中需要在 TBM 前部主机段及其后配套系统中集成设置排水系统，主要目的是将隧道涌水及施工废水从 TBM 的前部排放到后配套系统的尾部。即在 TBM 主梁下和后配套各设置一级污水泵，通过管路将污水排放到后配套系统中部或后部的污水箱中，再由污水箱旁边的排水泵将废水通过管路排到 TBM 后配套尾部。后配套系统尾部至洞外的排水则需要根据具体情况另外设计隧洞施工排水方案。如果是上坡掘进隧洞，可以考虑从后配套尾部自流出洞；如果是下坡掘进遂洞，可能需要设置多级排水泵和集水井。

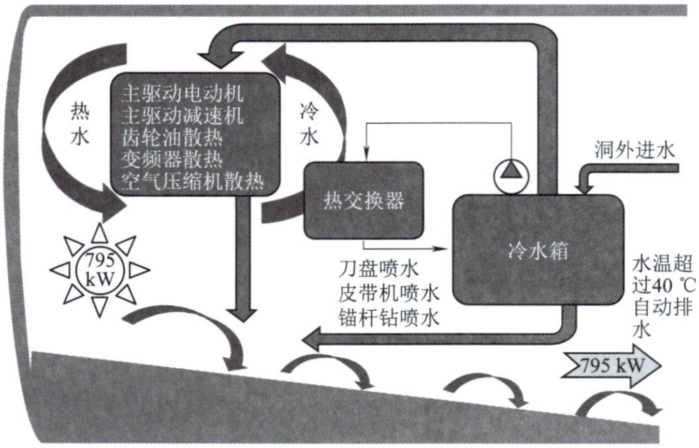

图 3-69　封闭式内外循环水系统和开放式内外循环结合水系统示意图

针对小涌水量带，采用以下排水措施：

(1)开挖过程中在围岩稳定、能安全通过时尽量维持涌突水的排水通路，严禁随意封堵，通过后采用封堵和导排措施对集中的涌突水进行治理。

(2)围岩渗水呈滴状和线状，TBM 正常掘进。掘进过程中利用 TBM 自带的锚杆钻机对出水点施工排水孔，埋设导管排水，导水效果不好的设盲沟或截水圈排水。

(3)根据掌子面集中涌水情况进行判断，隧道底部水位满足施工条件、仰拱块作业区具备作业能力且围岩稳定性较好时，TBM 正常掘进，待出水点露出护盾后，采用锚杆钻机施工排水孔，进行导排。若地下水压力校大，采用钢板将地下水引至隧道边墙上，待 TBM 通过后进行堵水注浆处理。

(4)针对规模大的富水断层破碎带，当掌子面涌水流量大、隧道底部不具备作业条件时，必须停止掘进，采取超前注浆封堵处理，其超前注浆和支护采用 TBM 自带的设备进行，待出水量明显减小具备掘进条件时再进行掘进。同时，增加临时大功率潜水泵和管路，将水抽排至后配套后至少 50 m 区域，并通过横通道分流排放，减轻正洞的排水压力。利用 TBM 超前钻机进行超前注浆预加固及注浆堵水后，按一般涌水段的加固措施掘进通过。

3.9.4　通风与除尘系统

1.通风系统的组成及作用

通风系统的主要作用是为隧道内提供新鲜空气，并带走隧道内设备产生的有害气体和热量。TBM 施工时，隧道通风系统利用洞口风机和软风管将新鲜风送到后配套尾部。后配套尾部布置有风管储存筒，风管储存筒内存储有长度 100～300 m 的软风管，并与隧道风管连接。由于后配套尾部至 TBM 主机区域距离一般达到 100～300 m，还须通过接力风机和风管将新鲜风压送到 TBM 主机区域。

二次通风系统主要由风管储存筒(见图 3-70)、二次接力风机、金属风管组成，可以将洞外送来的新鲜空气源源不断地送入 TBM 主机区域。

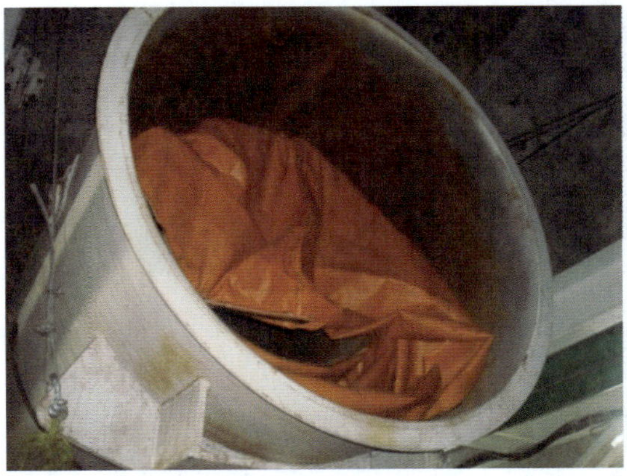

图 3-70　风管储存筒

TBM 的护盾与主驱动机头架间的空隙处设计有挡尘板，可以防止粉尘直接从掌子面内流出。施工时，刀盘一般需要喷水降尘。同时，设置除尘系统从主梁内座吸风除尘。

2. 除尘系统的组成及作用

除尘系统主要由除尘器、金属风管、除尘风机等设备组成。TBM 主梁内腔作为风道，从主梁向后接金属风管，通过除尘风机吸气，将刀盘内含粉尘的空气吸出，经除尘器除尘后的过滤风经管道和除尘风机排向后配套尾部，再经隧道以一定风速排出洞外。一般除尘器和除尘风机布置在后配套一侧的中间或后部，可安放在后配套的上层或下层，除尘器向后临近的位置布置除尘风机，通过金属风管连接除尘器和除尘风机。图 3-71 所示为除尘系统布置示意图。

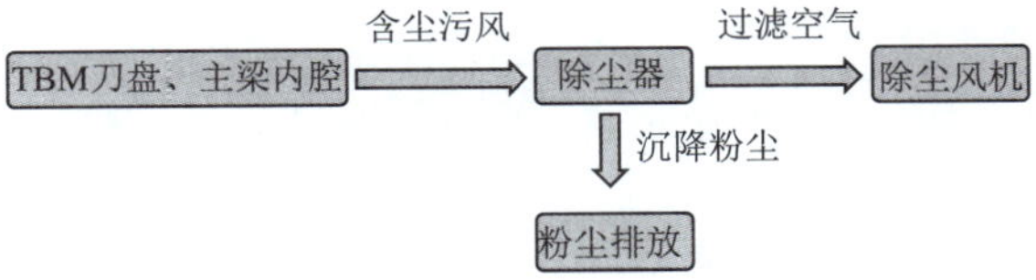

图 3-71　除尘布置示意图

除尘器分为湿式除尘器和干式除尘器，后者过滤精度和过滤效率更高。干式除尘器利用干式滤芯和压缩空气震动除尘，再通过螺旋输送器或链式刮板输送器将粉尘输送到注水的搅拌器内，再由气动泵将泥浆排放到后配套皮带机上运出洞外。目前主要采用干式除尘器。

干式除尘器自动除尘原理为：压缩空气通过除尘器内部的高压气阀突然释放后，除尘器滤芯震动，灰尘落入到除尘器底部(见图 3-72)。

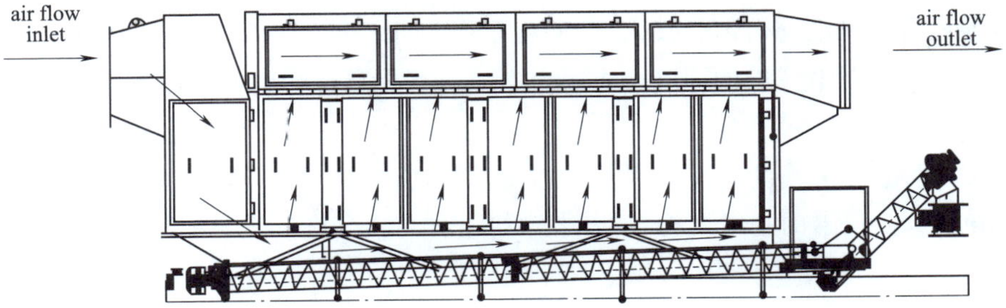

图 3-72　除尘器内部空气流动示意图

3.9.5 供配电及控制系统

TBM上的电气系统可分为供配电系统和控制系统两部分。

刀盘不断旋转切削岩石做功；电动机驱动液压泵输出压力油源为推进及辅助系统提供能量；后配套水泵、风机、皮带机、空气压缩机、除尘等辅助设备通过电动机能量的转化实现各自的功能；TBM的开挖、推进以及后配套辅助设备的运行过程是一个消耗巨量电能的过程，供配电系统是与之相关的电能分配、保护和控制系统。TBM对供配电系统基本要求是稳定、可靠、安全、经济，保证TBM连续可靠运行。

TBM上一般具备一套以PLC为核心的控制系统，传感器经过PLC的信号模块输入到控制系统，后经过逻辑运算，输出到执行部件，控制相应的动作，实现对TBM的掘进及附属设备的控制。控制系统是TBM实现各个控制功能的核心。控制TBM的场所是主控室，主PLC一般放置在TBM主控室内部，主控室集成人机交互界面，用于实时显示TBM传感器采集到的数值，人机交互界面也属于控制系统的一部分。

1.供配电系统

供配电系统主要指TBM供电回路、TBM上电源的转化、二次分配等。

1）电压等级的划分及地面供电

提供给施工现场的输电线路电压等级一般为35 kV，而从设备布置空间、安全性以及经济性考虑，6 km以上隧道施工TBM供电多采用20 kV，这就需要使用降压变压器将35 kV转换为20 kV以便给TBM供电。变压器是电源电压转换装置，可以将电源电压转换为TBM所需要的电压等级。该降压变压器一般作为TBM供电专用的变压器，多采用油浸式电力变压器，其容量原则上不能小于TBM上变压器容量的总和。

2）TBM供电线路

电压等级经变压器变换后经过中压开关柜通过电力电缆将地面电源引至TBM尾部，接入TBM的电缆卷筒。电力电缆一般采用YJV铠装电力电缆，其全称是交联聚乙烯绝缘聚氯乙烯护套电力电缆，名称缩写中Y代表聚乙烯、J代表交联、V代表聚氯乙烯护套。

YJV电缆导体最高额定工作温度为90 ℃，短路时（最长持续时间不超过5 s）电缆导体最高温度不超过250 ℃。

3）电缆卷筒

由于TBM在掘进过程中是不断前行的，在TBM的尾部一般均配置有可以收放高压电缆的卷筒，用于不断释放电缆。电缆卷筒的核心装置是高压滑环。电缆卷筒有电动机、液压马达、气动等多种驱动方式，一般采用电动机进行驱动。一方面，电动机通过减速机链轮等驱动筒休回转收放电缆，另一方面，电缆的另外一端通过滑环将电缆引出后接入TBM上的环网柜。电缆卷筒属于TBM后配套设备的一部分，是外部供电与TBM接收供电的接口设备，供电接入电缆卷筒意味着电源已经送达到TBM上。

4）变压器

变压器是一种静止的电气设备，它利用电磁感应原理，将一种交流电压的电能转换成同频率的另一种交流电压的电能。变压器的基本结构包括铁芯、绕组、油箱、套管。变压器可以按用途、绕组数目、相数、冷却方式进行分类。按用途分为电力变压器、互感器、特殊用途变压器。按绕组数目分为双绕组变压器、三绕组变压器、自耦变压器。按相数分为单相变压器、三相变压器。按冷却方式分为：以空气为冷却介质的干式变压器、以油为冷介质的油浸变压器。

5)无功补偿

由于 TBM 负载大部分为电动机,电动机属于感性负载,在运行时,导致功率因数降低,需要通过电容进行补偿以改善电源质量,提高功率因数。电容补偿可单独设置电容补偿柜,也可以集成到箱式变电站内部。国内常见的做法是直接集成到箱式变电站内部。补偿控制器可设置功率因数目标值,控制电容自动投切。

2.控制系统

1)PLC 系统

PLC(可编程逻辑控制器),是实现数据采集、逻辑运算和控制的主要部件。PLC 系统主要由 CPU、通信模块、信号模块组成,如图 3-73 所示。

图 3-73　PLC 主站构成

PLC 系统的核心是 CPU。TBM 控制系统常用的是西门子 PLC,目前常见的西门子 CPU 主要有经典的 S7-300 系列、S7-400 系列以及最新推出的 S7-1500 系列,S7-1500 性能介于 S7-300 和 S7-400 之间,如图 3-74 所示。

图 3-74　西门子系列 PLC

常用信号模块(SM)主要有以下四种:

(1)数字量输入模块:24 V DC,如 TBM 上的按钮、接近开关、压力开关、温度开关、液位开关等开关量信号。

(2)数字量输出模块:24 V DC,输出到中间继电器、指示灯、启动和停止的控制输出等。

(3)模拟量输入模块:0～10 V 电位器电压信号,4～20 mA 传感器电流信号,电阻、热电偶等模拟量信号。

(4)模拟量输出模块:0～10 V 控制电压,电流控制信号等。

控制系统结构形式有集中式 I/O 和分布式 I/O 两种。集中式 I/O 是指将所有的 I/O 模块集中到一处,所有的传感器通过线缆将信号传送到相应的信号模块;分布式 I/O 是指根据现场实际情况,在传感器集中区域单独布置信号模块,传感器信号就近接入相应的信号模块。由于传感器就近接入、减少电缆、简化布线等优点,目前分布式 I/O 形式基本取代了集中式 I/O 形式。

TBM 上常用的工业现场总线有两种:Profibus 工业现场总线和 Profinet 工业现场总线。有时这两种现场总线同时混合使用。

2)人机交互界面

TBM 操作控制场所是主控室,如图 3-75 所示。主控室安装有多台工业计算机,用于 TBM 状态的实时监控、视频系统的实时显示、导向系统检测到的 TBM 当前姿态和掘进位置信息的实时呈现。如果采用连续皮带机出渣,主控室一般还需要放置用于控制连续皮带机系统的工业计算机。

图 3-75　TBM 主控室

1、2—上位机；3、4—视频监控系统；5—导向系统；6—操作控制台

TBM 主控室主要组成部分的功能如下：

(1)上位机：TBM 状态数据显示界面，用于显示 TBM 各个系统传感器实时检测到的数值、存储和记录数据、简单分析数据、数据导入和导出、TBM 故障检测和提醒、TBM 参数设置等。

(2)视频监控：用于显示 TBM 上安装的摄像头画面，监控重点部位。

(3)导向系统：显示当前 TBM 偏离设计轴线的角度、TBM 滚动角度、俯仰角度等数据。

(4)操作控制台：控制 TBM 各项动作，实现 TBM 控制操作。

3.10　开敞式 TBM

开敞式 TBM 在欧洲称为 Gripper Hard Rock TBM 或 Gripper TBM，即撑靴式 TBM。开敞式 TBM 采用围岩支护工艺，不采用管片衬砌，在中高强度围岩条件下能实现快速掘进，在软弱围岩及断裂带地层应用时，需使用支护设备及时提供围岩支护，避免松散破碎围岩垮塌，以保证施工安全快速进行。开敞式 TBM 的结构组成如图 3-76 所示，刀盘为开挖工具，采用皮带机输送渣土，采用锚杆钻机及拱架拼装机用于支护，撑靴及推进油缸用于支撑推进。

图 3-76　开敞式 TBM 示意图

根据 TBM 支撑洞壁结构的不同，开敞式 TBM 主要分为凯式和主梁式两种机型；分别是凯式开敞式 TBM(见图 3-77)和主梁式开敞式 TBM(见图 3-78)两种，　其中主梁式 TBM 又可分为单对水平支撑主

梁式 TBM 和双对水平支撑主梁式 TBM(见图 3-79)。

图 3-77　凯式开敞式 TBM

图 3-78　主梁式开敞式 TBM

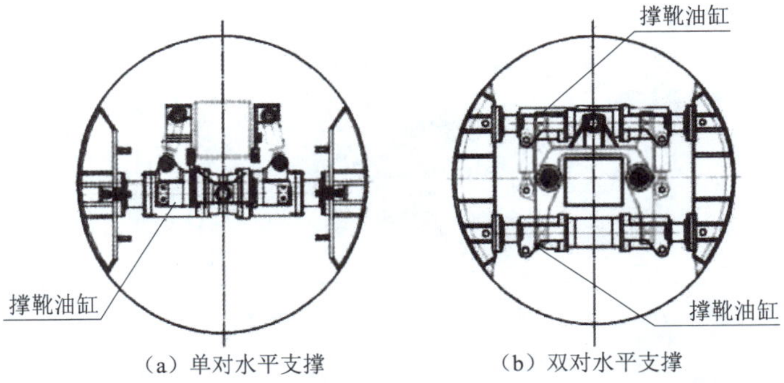

图 3-79　主梁式 TBM 的两种形式示意图

3.10.1　凯式开敞式 TBM 的特点

凯式开敞式 TBM 的主要特点是使用内外凯氏(Kelly)机架,主机主要由刀盘、刀盘护盾、刀盘主轴承与刀盘驱动器、辅助液压驱动、主轴承密封与润滑、内部凯氏、外部凯氏与支撑靴、推进油缸、后支撑、液压系统、电气系统、操作室、变压器、行走装置等组成。外凯氏机架上装有 X 形支撑靴;内凯氏机架的前面安装主轴承与刀盘驱动,后面安装后支撑。刀盘与刀盘驱动由可浮动的仰拱护盾、可伸缩的顶部护盾、两侧的防尘护盾所包围并支撑。刀盘驱动安装于前后支撑靴之间,以便在刀盘护盾的后面提供尽量大的空间来安装锚杆钻机和拱架安装器。刀盘是中空的,其上装有盘形滚刀、刮刀和铲斗,将石渣送到置于内凯氏机架中的皮带输送机上。

后配套系统装有主机的供给设备与装运系统,由若干个平台拖车和一个设备桥组成。在后配套系统上,装有液压动力系统、配电盘、变压器、总断电开关、电缆卷筒、除尘器、通风系统、操作室、皮带输送系统、混凝土喷射系统、注浆系统、供水系统等。在拖车上还安装有钢拱架安装器、仰拱块吊装机、超前探测钻机、锚杆钻机、风管箱、辅助风机、除尘器、通风冷却系统、通信系统、数据处理系统、导向系统、瓦斯监测仪、注浆系统、混凝土喷射系统、高压电缆卷筒、应急发电机、空压机、水系统、电视监视系统等辅助设备。

3.10.2 主梁式开敞式 TBM 的特点

主梁式开敞式 TBM 的主要特点是采用水平支撑靴为 TBM 提供推进力,如图 3-80 所示。

图 3-80 主梁式开敞式 TBM 实物图

主梁式开敞式 TBM 主要由刀盘、接渣斗、护盾、指形护盾、锚杆钻机、主梁、回转接头、皮带运输机、主驱动、前支撑、拱架安装器、工作平台、超前钻机、撑靴鞍架、撑靴油缸、撑靴、风管、皮带机、物料吊机、推进油缸、后支撑、后配套等组成。整体构造如图 3-81 所示,其主要特点是采用主梁式撑靴系统。

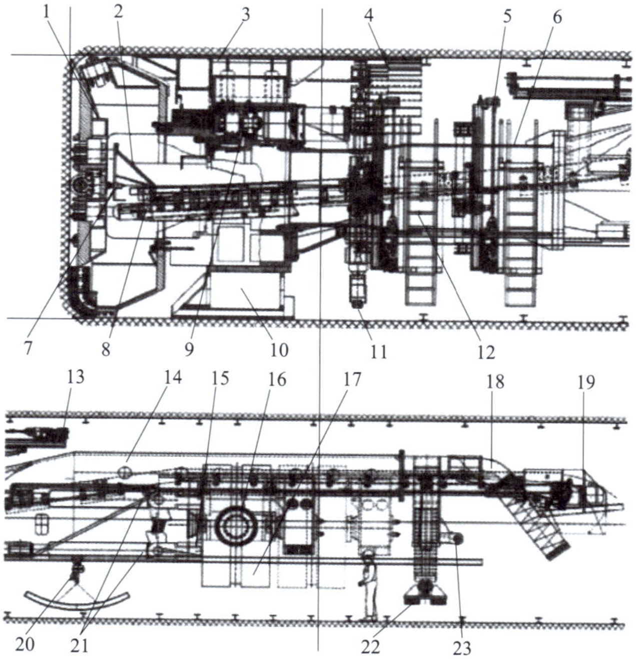

图 3-81 主梁式开敞式 TBM 整体构造示意图

1—刀盘;2—接渣斗;3—护盾;4—指形护盾;5—锚杆钻机;6—主梁前部;7—回转接头;8—皮带运输机;9—主驱动;10—前支撑;11—拱架安装器;12—工作平台;13—超前钻机;14—主梁后部;15—撑靴鞍架;16—撑靴油缸口;17—撑靴;18—风管;19—皮带机出渣口;20—物料吊机;21—推进油缸;22—后支撑;23—后配套牵引点

3.10.3　开敞式 TBM 的工作原理

开敞式 TBM 具备岩体开挖、石渣转运、临时支护等功能。采用开敞式 TBM 进行隧道掘进时，装有滚刀的旋转刀盘在强大的推力、扭矩作用下抵住掌子面，盘形滚刀绕着刀盘中心公转，同时也绕自身中心自转，滚刀在掌子面滚动，当推力超过岩石的抗压强度时，滚刀下的岩石直接破碎，滚刀贯入岩石，掌子面被滚刀挤压碎裂而形成隧道同心圆沟槽。随着沟槽深度的增加，岩体表面裂纹加深扩大，当超过岩石剪切和拉伸强度时，相邻同心圆沟槽间的岩石成片剥落，形成石渣(亦称“岩屑”)。通过刀盘上的刮板铲拾石渣，经过刀盘的溜渣槽滑落到机器中心位置，然后经漏斗状的集渣环落到主机皮带机上，在主机皮带机的末端，岩屑转由后配套皮带输送机或运输车辆，最终从隧道运出，以完成石渣的转运。通过破碎地带等不良地层需要对刀盘之后的围岩实施临时支护，主要利用锚杆、钢筋网和钢拱架实现围岩临时支护。利用附加的钻机，可以探测机器前方的岩土条件，并在必要时实施地质改良。围岩渗水可利用掘进机底部的排水系统抽排。在后配套区，使用喷射混凝土对已开挖隧道内壁进行支护。所有必要的供应设施均安装在后配套区，除了混凝土喷射以外，常常还包括仰拱块安装。撑靴作为开敞式 TBM 的支撑、换步结构，同时也用作掘进机的导向。

施工中，应不断对 TBM 的位置姿态进行监测。根据掘进中 TBM 的姿态决定是否对 TBM 进行调向。对于掘进机方向控制，凯式与主梁式各有不同。凯式 TBM 是后支撑装在内凯氏机架上，位于后外凯氏机架的后面，后支撑通过液压油缸控制伸缩，还可用液压油缸作横向调整；后支撑缩回时，内凯氏机架的位置能够在水平和垂直方向上调整，以调整 TBM 的隧道中线。主梁式 TBM 是借助撑靴区的液压油缸，通过主梁进行竖向和横向移动，从而实现对掘进方向的精确控制。

开敞式 TBM 的掘进循环由掘进作业和换步作业交替组成。在掘进作业时，TBM 刀盘进行沿隧道轴线的直线运动和绕轴线的单方向回转运动复合而成的螺旋运动，被破碎的岩石由刀盘的铲斗落入皮带输送机向机后输出。

换步作业是利用支撑系统，掘进机掘进时，撑靴进行动作来撑紧洞壁，推进油缸推动刀盘掘进破岩，被破碎的岩石由刀盘的铲斗落入出渣系统后输至洞外。

开敞式 TBM 使用在洞壁岩石能自稳并能经受水平支撑的巨大支撑力的条件下，掘进时，伸出水平支撑，撑紧洞壁，收起前支撑和后支撑，起动皮带机，然后刀盘回转，开始掘进；掘进一个循环后，进行换步作业。

如图 3-82 所示，开敞式 TBM 的掘进循环步骤如下：

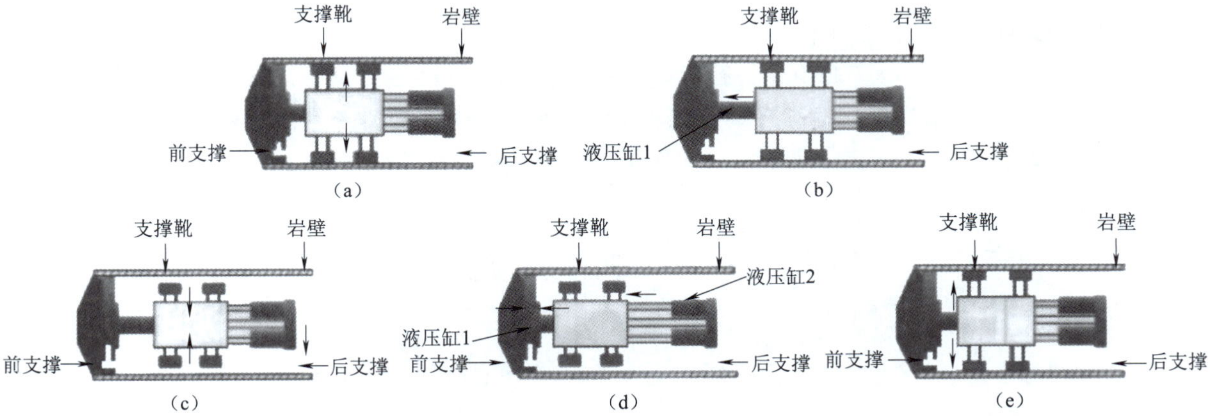

图 3-82　开敞式 TBM 掘进工作原理示意图

(1)撑靴油缸伸长,撑靴撑紧在岩壁上,前支撑、后支撑缩回,做好掘进准备,如图 3-82(a)所示。

(2)推进液压缸伸长,推动刀盘向前完成一个循环掘进后停止,如图 3-82(b)所示。

(3)前支撑、后支撑伸长来支撑设备,撑靴系统收回,如图 3-82(c)所示。

(4)液压缸 1 缩短,液压缸 2 伸长,外凯向前滑移一个行程长度,如图 3-82(d)所示。

(5)前后外凯的撑靴重新撑紧在洞壁上,前、后支撑缩回,开始新的掘进循环,如图 3-82(e)所示。

3.10.4 开敞式 TBM 的适用范围

开敞式 TBM 主要适用于岩石整体较完整、有较好自稳性的中硬岩地层。

在开敞式 TBM 上,配置了钢拱架安装器和喷锚等辅助设备,以适应地质的变化;当采取有效支护手段后,开敞式 TBM 也可应用于软岩隧道。开敞式 TBM 只需要有顶护盾就可以进行安全施工,如遇有局部不稳定的围岩,由 TBM 所附带的辅助设备通过打锚杆、加钢丝网、喷混凝土、架圈梁等方法加固,以保持洞壁稳定;当遇到局部地段特软围岩及破碎带,则 TBM 可由所附带的超前钻及灌浆设备预先固结前方上部周边一圈岩石,待围岩强度达到能自稳后再进行安全掘进。采用开敞式 TBM 施工,掘进过程可直接观测到洞壁岩性变化,便于地质图描绘。采用开敞式 TBM 施工时,永久性的二次混凝土衬砌待全线贯通后集中进行。

开敞式 TBM 支撑机构撑紧洞壁以承受向前推进的反作用力及反扭矩;刀盘旋转,推进液压缸推压刀盘,盘形滚刀切入岩石,在岩石面上作同心圆轨迹滚动破岩,岩渣靠自重掉入洞底,由铲斗铲起岩渣靠岩渣自重经溜槽落入皮带机出渣,连续掘进成洞。

开敞式 TBM 主要用在岩石整体性较好、有一定自稳性围岩的隧洞,特别是在硬岩、中硬岩掘进中,强大的支撑系统为刀盘提供了足够的推力。使用开敞式 TBM 施工,可以直接观测到被开挖的岩面,从而能方便地对已开挖的隧道进行地质描述。由于开挖和支护分开进行,使开敞式 TBM 刀盘附近有足够的空间用来安装一些临时、初期支护的设备,如圈梁安装器、锚杆钻机、超前钻机、喷射混凝土设备等。如遇有局部不稳定的围岩,可以在 TBM 刀盘后进行临时支护,如打锚杆、喷混凝土、加钢筋网、圈梁,以保持洞壁稳定;或钻超前孔并进行灌浆以固结前方围岩然后再掘进。因此,开敞式 TBM 运用及时有效的支护措施,能够胜任软弱围岩和不确定地质隧道的掘进功能。

在实际应用中,TBM 常会遇到复杂地质情况,如断层、破碎带、局部软岩或者溶洞等,仅采用这些临时支护可能难以稳定围岩。在较软的破碎岩层中由于洞壁围岩的抗压强度低于 TBM 支撑板的最小接地比压,以致 TBM 无法支撑而不得不停止掘进。

一般情况下,相比护盾式 TBM(单护盾 TBM/双护盾 TBM),开敞式 TBM 具有造价相对低廉、转弯半径小、不需要钢筋混凝土管片衬砌、不容易在不良地层卡机、能够根据地层灵活配置支护设备等优势,是一种适用性较强的 TBM 机型,因而越来越多山岭隧道选择开敞式 TBM 进行施工。

3.11 双护盾 TBM

双护盾 TBM 如图 3-83 所示,又称伸缩护盾式 TBM,装备有两节盾构壳体,具有防止开挖面坍塌,又能曲线开挖,且能套筒式伸缩而并进作业的功能。双护盾 TBM 按照硬岩掘进机配上一个软岩盾构功能进行设计,既可用于硬岩,又可用于软岩,其地质适应性非常广泛,尤其能安全地穿过断层破碎地带。

图 3-83　双护盾 TBM

3.11.1　双护盾 TBM 的特点

双护盾 TBM 与开敞式 TBM 不同的是双护盾 TBM 具有全圆的护盾，与单护盾 TBM 不同的是双护盾 TBM 在地质良好时可以掘进与安装管片同时进行。且在任何循环模式下都是在开敞状态下掘进。伸缩护盾形式是双护盾 TBM 独有的结构特点，是实现软硬岩作业转换的关键。

双护盾 TBM 按照隧道管片拼装作业与开挖掘进作业并进而连续开挖的概念进行设计，按快速施工的设计要求，掘进机的管片安装机具有管片储运和管片拼装双作业功能。

双护盾 TBM 具有两种掘进模式，分别是双护盾掘进模式和单护盾掘进模式。双护盾掘进模式适用于稳定性好的地层及围岩有小规模剥落而具有较稳定性的地层，洞壁岩石能自稳并能经受水平支撑的巨大支撑力。掘进时，伸出水平支撑，撑紧洞壁，由支撑靴提供掘进反力。单护盾掘进模式则适应于不稳定及不良地质地段，由管片提供掘进反力。双护盾 TBM 的整机结构如图 3-84 所示。

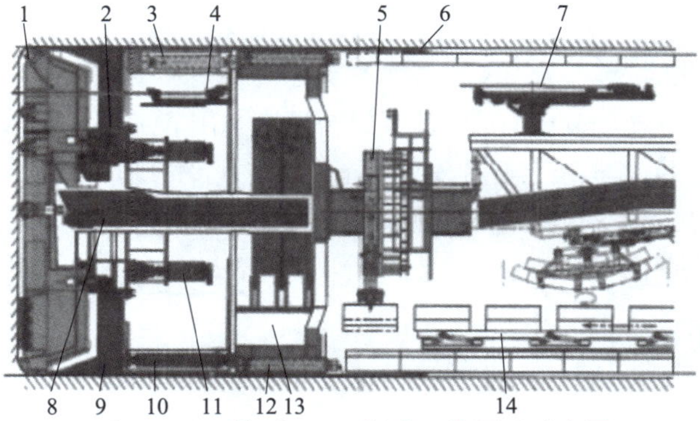

图 3-84　双护盾 TBM 掘进工作原理示意图

1—刀盘；2—主轴承；3—主推进油缸；4—多功能钻机；5—管片安装机；6—盾尾密封；7—超前钻机；8—皮带机；9—前盾；10—伸缩油缸；11—刀盘驱动；12—辅助推进油缸；13—支撑盾；14—管片输送机

3.11.2　双护盾 TBM 的工作原理

双护盾 TBM 按照隧道管片拼装作业与开挖掘进作业并进而连续开挖的概念进行设计，按快速施工的设计要求，掘进机的管片安装机具有管片储运和管片拼装双作业功能。双护盾 TBM 在地质良好时可以掘进与安装管片同时进行，且在任何循环模式下都是在开敞状态下掘进。

双护盾 TBM 具有两种掘进模式：即双护盾掘进模式和单护盾掘进模式。在围岩稳定性较好的硬岩地层中掘进时，撑靴紧撑洞壁为主推进油缸提供反力，使 TBM 向前推进，刀盘的反扭矩由两个位于支撑盾的反扭矩油缸提供，掘进与管片安装同步进行。此时 TBM 作业循环为：掘进与安装管片—撑靴收回换步—再支撑—再掘进与安装管片。单护盾掘进模式则适应于不稳定及不良地质地段，由管片提供掘进反力。

1. 双护盾掘进模式

在围岩稳定性较好的硬岩地层中掘进时，撑靴紧撑洞壁为主推进油缸提供反力，使 TBM 向前推进，刀盘的反扭矩由 2 个位于支撑盾的反扭矩油缸提供，掘进与管片安装同步进行。此时 TBM 作业循环为：掘进与安装管片—撑靴收回换步—再支撑—再掘进与安装管片。具体步骤如图 3-85 所示。

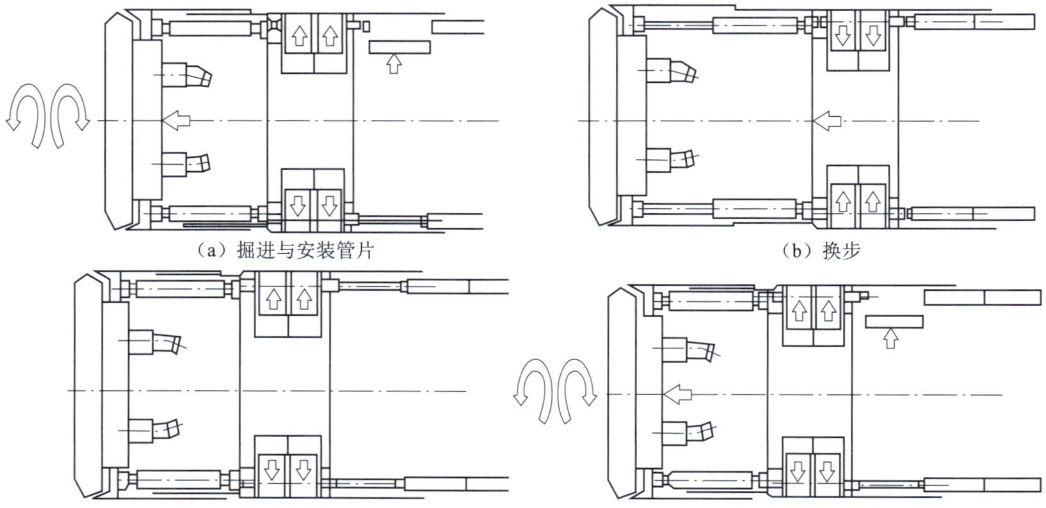
（a）掘进与安装管片　（b）换步　（c）再支撑　（d）再掘进与安装管片

图 3-85　双护盾掘进模式示意图

2. 单护盾掘进模式

在软弱围岩地层中掘进时，洞壁岩石不能为水平支撑提供足够的支撑力，支撑系统与主推进系统不再使用，伸缩护盾处于收缩位置。刀盘掘进时的反力由盾壳与围岩的摩擦力提供，刀盘的推力由辅助推进油缸支撑在管片上提供，TBM 掘进与管片安装不能同步。此时 TBM 作业循环为：掘进—辅助油缸回收—安装管片—再掘进。具体步骤如图 3-86 所示。

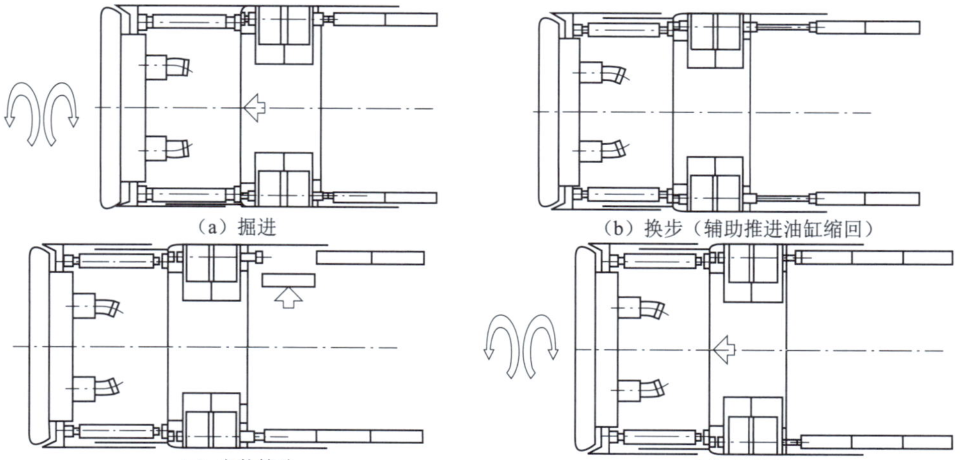
（a）掘进　（b）换步（辅助推进油缸缩回）　（c）安装管片　（d）再掘进

图 3-86　单护盾掘进模式示意图

3.11.3　双护盾 TBM 的适用范围

双护盾 TBM 是 20 世纪 70 年代在开敞式 TBM、单护盾 TBM 及盾构的基础上发展起来的，双护盾 TBM 装备有两节护盾壳体，具有防止开挖面坍塌的功能，常用于复合岩层的隧道掘进。

遇软岩时，软岩不能承受支撑靴的压应力，TBM 不可能进行支撑盾支撑，机器便像一台简单的盾构那样工作，由位于盾尾的副推进液压缸支撑在已拼装的预制衬砌管片上以推进刀盘破岩前进。

遇硬岩时，岩石条件允许对洞壁进行适当的支撑，则靠支撑靴撑紧洞壁，由主推进液压油缸推进刀盘破岩前进，在双护盾开挖模式情况时，前护盾和刀盘通过支撑靴被锁定在岩面的后护盾向前推进，因此推进力和扭矩的反力都不传递到衬砌管片上。在支撑护盾后面，在尾盾壳的保护之下，依靠管片安装机的帮助，安装预制的钢筋混凝土衬砌管片。在较好的岩层，双护盾 TBM 的管片拼装作业和开挖作业能同步进行，进而实现高速、连续的掘进。在良好的岩石条件下，也可以省去隧道支护。

双护盾 TBM 对岩层具有广泛的适应性，可以在非常硬的岩石中施工，目前有用这种 TBM 在南非金矿项目中成功地实施和完成了在 450 MPa 超硬岩中的掘进的工程实例。双护盾 TBM 可以像普通单护盾 TBM 一样在软岩、破碎带地层等不稳定地层中施工。

双护盾 TBM 常用于复杂岩层的长隧道开挖，一般适应于中厚埋深、中高强度、稳定性基本良好地质的隧道，并能适用于包含一小段不良地质的隧道，对岩石强度变化有较好适应性。

双护盾 TBM 在岩石单轴抗压强度为 30～120 MPa 时可掘性较好，以Ⅲ、Ⅳ级围岩为主的岩石隧道较适合采用双护盾 TBM 施工。

3.12　单 护 盾 TBM

单护盾 TBM 是在盾尾的保护下进行管片衬砌，开挖与钢筋混凝土管片衬砌分次进行，出渣系统采用皮带机出渣，如图 3-87 所示。单护盾 TBM 的推力是由液压推进油缸作用于护盾内已安装的钢筋混凝土管片反力提供的。掘进时，液压推进油缸的后部顶在已经衬砌好的钢筋混凝土管片上，推进油缸伸出，推动主机前进。推进行程结束后，TBM 停止前进，推进油缸回缩归位，钢筋混凝土管片在盾尾进行安装，安装完毕后，进入下一循环。

图 3-87　单护盾 TBM

3.12.1 单护盾 TBM 的特点

单护盾 TBM 相对开敞式 TBM 盾体较长，在软弱围岩收敛变形的地层掘进可能会导致卡盾。目前主要从以下五方面进行解决。

(1)刀盘相对盾体中心线采用偏心设计。

(2)盾体设计采用梭形，前、中、尾盾直径逐渐减小。

(3)加大铰接油缸铰接接力及主动脱困力。

(4)护盾沿掘进方向长度应尽可能短，这样也可使机器的方向调整更为容易。

(5)刀盘驱动具备抬升功能，在收敛地层中扩大刀盘开挖直径，并进行驱动抬升，增大拱顶围岩与盾体间隙。

此外须结合设备特点，合理组织施工，快速通过围岩收敛地质段，避免长时间停机。即使采取以上措施，也只是降低卡机风险，仍不能完全避免。

单护盾 TBM 在掘进过程中，刀盘回转破岩可能会造成盾体滚转，如图 3-88 所示。一般依靠推进油缸倾斜调整，获得盾体滚转纠滚的反力矩。纠滚反力矩很大，该反力矩通过油缸倾斜后靴板与管片的摩擦力传递到管片环上，管片环也会发生滚转，管片的纠偏更加困难，当滚转超过一定程度掘进施工就不能进行。根据地质适应性，在不影响破岩效率的前提下，国内的一些软岩地质中，选用的单护盾 TBM 刀盘具备双向旋转切削、溜渣功能，借助于刀盘的正反转对盾体滚转进行纠偏简单、有效、可靠，更重要的是避免管片环滚转。

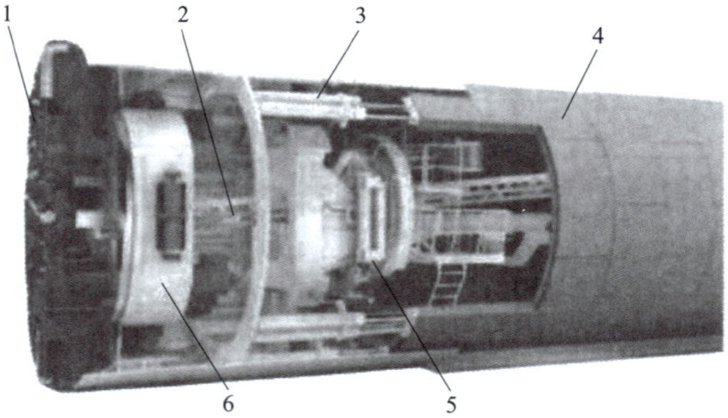

图 3-88　单护盾 TBM 组成示意图

1—刀盘；2—主机皮带机；3—推进油缸；4—管片；5—管片拼装机；6—主驱动

3.12.2 单护盾 TBM 的工作原理

单护盾 TBM 掘进的基本原理是，隧道开挖时掘进机由推进油缸动作来提供推力。同时，刀盘转动破碎工作面的岩石，岩石碎屑由位于主机中部的皮带机运出。当掘进一个行程后，掘进停止，在盾尾的保护下，进行管片安装及管片背部填充，从而完成一个工作循环。单护盾 TBM 的掘进需要靠衬砌管片提供推进反向力，因此在安装衬砌管片时必须停止掘进，即机器掘进与管片拼装不能同时进行。

在掘进过程中，刀盘回转破岩可能会造成盾体滚转。在掘进前，根据盾体滚转情况，利用纠滚装置，将推进油缸相对隧道轴线偏转一定角度。在推进油缸撑紧管片时，沿圆周产生切向力，该力对前盾产生纠偏转矩，在掘进过程中逐渐将盾体纠正。

有些单护盾 TBM 配置了驱动伸缩及抬升装置，机头架通过伸缩油缸及四组扭矩油缸与前盾相连接。扭矩油缸不仅为刀盘旋转提供反扭矩，且可以实现刀盘的上下左右移动。

3.12.3　单护盾 TBM 的适用范围

在发挥掘进速度的前提下，单护盾掘进机主要适用于有一定自稳性、埋深浅的软岩(5～60 MPa)。受结构所限单护盾掘进机掘进与管片安装不能平行作业，在地质适应、生产组织有力的情况下，单护盾 TBM 也会有较高的掘进效率。

习　　题

1. 简述开敞式 TBM 的工作原理。
2. 开敞式 TBM 具体有哪两种类型？各有什么特点？
3. TBM 主驱动主要由哪些零部件构成？
4. 简述凯氏开敞式 TBM 主机构成。
5. 简述 TBM 后配套系统的主要设备及布置。
6. 简述 TBM 选型的依据。
7. 简述 TBM 选型的原则。
8. 简述开敞式 TBM 的地质适应范围。
9. 简述单护盾 TBM 的地质适应范围。
10. 简述双护盾 TBM 的地质适应范围。
11. 简述采用双护盾 TBM 施工的优缺点。
12. 简述 TBM 滚刀破岩机理。
13. 简述 TBM 滚刀破岩的主要影响因素。
14. 简述 TBM 滚刀布置的区域和特点。
15. 简述 TBM 滚刀布置设计的原则。
16. 简述 TBM 刀盘结构设计的关键点。

第 4 章

盾构机的维护保养

盾构机的维修保养工作虽然繁杂，但可总结为八个字，即：清洁、润滑、紧固、调整。

清洁工作虽然简单，且容易被人忽略，但它确实是一项非常重要的工作，特别对于施工设备来说。盾构机上有几处清洁工作非常重要，它们是盾尾底部管片安装区、主轴承内密封处、皮带机、推进油缸活塞表面。

润滑工作主要就是对运动部件加注润滑油脂，防止磨损。不单单是隧道用设备，无论什么样的机械，在日常的保养工作中，加注油脂及润滑油都是最重要的内容，绝对不要使用指定外的油、油脂及润滑油。

紧固主要是防止盾构设备各连接处发生松动。盾构机是一个多种设备机械于一体的大型装备，因此紧固工作非常重要，绝对不能使设备在掘进震动中发生松散的情况。

调整就是根据实际情况对盾构机上不合理的地方进行整改并根据盾构机上各设备的使用情况进行必要的维护。例如，盾构机上有些传感器容易被踩坏，可采取必要的防护；根据掘进姿态对推进油缸的靴板调整；根据检测报告对齿轮油和液压油的更换，等等，这些工作都是为了保证盾构机处于良好的工作环境。

盾构机保养一般分为日保养、周保养、月保养、季度保养、半年保养、年保养，各种保养的侧重点有所不同。例如：取油样、测试油的污染度和含水量，不可能在日保、周保中做，而一般在季度保养中进行。对于特殊的系统、设备，还存在初始维护保养工作及使用前和使用后的维保工作等。

4.1　盾构维护保养的原则与内容

4.1.1　维护保养原则

为了确保盾构的技术状况，使盾构的完好率和利用率达到较高的水平，必须对盾构及后配套设备进行日常保养和定期维修保养。

盾构的维修保养遵照“养修并重，预防为主”的原则，以开展设备诊断和状态监测为基础，采用日常保养、定期保养和强制保养相结合的方式进行。具体内容如下：

(1)充分利用盾构上的在线故障监测及数据采集系统，与常规的振动分析和油样检测等手段相结合，开展故障诊断和状态检测工作，进行盾构的磨损监测、振动监测和油液分析，及时发现故障。诊断出的故障应及时进行修理，并将故障的部位、原因及修理后的状况记录存档。盾构的故障诊断和状态监测工作必须纳入维修保养计划中。

(2)盾构的保养包括“日检”“周检”“强制保养”和工地转移前的维修保养。

(3)机电总工要根据盾构的具体情况，施工环境等制订盾构的保养规范。维修保养工作必须按照规范强制执行。维修保养实行工程师签认制度。所有维修保养工作内容都要有书面记录，并且由维保工程师检查签认。

(4)严禁以修理代替保养工作。保养工作必须由专人负责，保养程序合理，保养方法正确，保养过程有人监督。进行保养工作时，一定要按照设备的工作顺序，在保证安全的情况下进行，必要时停机进行保养。

(5)维修工作必须做到随坏随修，及时恢复机械的技术性能，确保设备处于良好状态。维修保养中需要更换的重要配件，应达到原机的要求，不得降低标准使用。

(6)严禁擅自拆除和变更盾构上的部件，严禁将不同用途的部件随意改用，严禁拆套互换液压、电气控制等元件，严禁拆卸安全性、指示性的传感器、安全阀、仪表、溢流阀等，如有损坏或失准，应及时更换。

(7)如需在盾构上安装、拆除、技术改造部件或系统时，必须经过技术论证，并经有关管理部门研究批准后方可实施，任何人不得随意决定。对电器和液压系统的任何修改(包括临时接线等)要书面请示项目部机电总工，并由项目部报请有关部门批准后方可实施。同时，应记入设备的记录表中备查。要及时恢复损坏、丢失的液压管路和电气线路的标识符号。

(8)盾构的保养应以保为主、以保带养。保养内容主要是：清洁、紧固、调整、润滑、防腐，亦称“十字作业法”。

(9)盾构发生故障或有故障迹象时，盾构操作人员必须立即停机，并报告维保工程师，由维保工程师安排修理工进行处理。

(10)维保工程师每天对盾构的运转状况进行巡视，对盾构操作人员填写的运转记录和维修班填写的点检报表进行检查确认，及时发现故障隐患，做好预防性维护，以保持盾构技术状态良好，值班工程师每班对盾构及后配套设备的运转状况和安全操作情况进行巡视检查，对巡视中发现的问题提出处理意见，并以书面形式通知掘进班长和机电总工程师。

(11)盾构的维修工作必须在确保安全的前提下进行。只有当盾构停止运转后，才能进行盾构的维修工作。维修时要断开电器开关，悬挂“禁止合闸”警示牌，维修结束后由悬挂警示牌的电工确认并取下警示牌后，方可合闸。对高压电气设备维修时应先放电。液压系统维修前必须关闭相关阀门并降压，防止液压油缸的缩回和液压马达的意外运行。液压系统的维护必须注意清洁，严禁使用棉纱等易起毛的物品清洁管接头内壁、油桶、油管等。

(12)维修与保养工作中，必须做好记录。维修与保养记录由维修保养人员认真填写，由维修保养工程师及机电总工签认后，归档保存。

(13)试掘进期完成后应进行一次全面的检查和保养，更换液压系统滤清器，更换刀盘驱动的齿轮油。在试掘进期内要加强设备的检查，增加检查的频次。

(14)盾构的维修保养计划为强制性计划，是工程进度、质量、安全的重要保证，必须严格执行。

4.1.2 维护保养内容

1.日常保养

日常保养在每班作业前后及运转中进行，由盾构维修保养班负责进行。日常保养的中心内容是检查，主要检查重要部位和易损部位，并对检查中发现的问题及时处置。

维修保养人员对盾构运转状况进行外观目测和仪表数据观测，采用视、听、触、嗅等手段，检查盾构及后配套设备的运转情况，观测主控室的运转参数，检查机件的异响、异味、发热、裂纹、锈蚀、损伤、松动、油液色泽、油管滴漏等，初步判断盾构的工作状态。

盾构的日常保养由保养人员在掘进作业时按日保养中规定的内容进行，盾构日常保养主要包括以下内容：

(1)各部位的螺栓、螺母松动检查并紧固。

(2)异常声音、发热检查；液压油、润滑油、润滑脂、水、气的异常泄漏检查。

(3)各润滑部位供油、供脂情况检查并补充；油位检查及补充。

(4)电源电压及掘进参数检查确认。

(5)电气开关、按钮、指示灯、仪表、传感器检查并处置。

(6)液压、电气、泥浆、注浆、水、气等管线检查确认并处置。

(7)安全阀设定压力检查并确认；滤清器污染状况检查确认并处置。

(8)铰接密封是否漏气、漏浆，必要时调整压板螺钉以缩小间隙。

(9)盾尾密封情况。

(10)推进油缸靴板与管片的接触情况。

2.定期保养

盾构在使用过程中，必须进行定期保养。定期保养是指按规定的运转对盾构及后配套设备进行维护和保养。定期保养包括每周保养和强制保养、工地转移前的保养和存放保养。

1)每周保养

每周保养主要包括以下内容：

(1)检查旋转接头，并对轴承注脂。检查泡沫管是否有泄漏。

(2)土压盾构需检查螺旋输送机轴承、后闸门、伸缩油缸等并注脂。

(3)对刀盘进行检查：刀盘磨损情况、刀具磨损量、耐磨格栅等。

(4)检查油位，油滤清器，检查有无泄漏。

(5)清理电动机、液压油泵的污物。

(6)检查推进油缸、铰接油缸，对润滑点注脂。

(7)润滑管片安装机、管片吊机、管片输送机的润滑点，润滑所有轴承和滑动面。

(8)对于泥水盾构要检查送排泥泵的密封及送排泥管道的磨损情况。

(9)检查空压机温度，检查凝结水和冷却器污染。

(10)液压油箱油位开关操作测试。

(11)检查皮带输送机各滚子的转动、刮板磨损情况。

(12)检查壁后注浆系统所有接头处的密封情况，润滑所有润滑点，彻底清理管线。

(13)检查并清洁主控室PLC及控制柜，检查旋钮、按钮、LED显示的工作情况。

(14)检查并清洁风水管卷筒及控制箱、高压电缆卷筒及控制箱、传感器及阀组、接线盒及插座盒、送排泥泵站、照明系统等。

(15)检查变压器的油温、油标，清除变压器上的水及污渍，监听变压器运行声音。

2)强制保养

盾构维修保养采用日常保养、每周保养和强制保养相结合的方式。盾构的保养除了在盾构工作间隙中进行“日检”和“周检”保养外,每两周应停机 8～12 h 进行强制性集中维修保养。在强制保养日,维保工程师在盾构操作人员的配合下对平时难以全面保养的部位进行保养和维修。除每周保养的内容外,强制保养包含的主要内容如下:

(1)润滑人仓的铰链。

(2)检查螺旋输送机的螺旋管的壁厚。

(3)检查皮带输送机变速器油位,皮带张力。

(4)刀盘驱动主轴承、刀盘驱动行星齿轮、液压油箱进行油质取样检测,按质换油。

(5)检查管片安装机轴承的紧固螺栓。

(6)空压机检查皮带、更换机油过滤器、按质换油。

(7)润滑后配套拖车行走轮的调节螺栓和轮轴。

(8)检查注浆压力表及传感器工作情况。

(9)检查蓄能器氮气压力,必要时添加。

(10)检查刀盘驱动装置行星齿轮的冷却水流量。

(11)润滑膨润土泵轴承。

(12)更换油脂泵齿轮油。

(13)后配套吊装装置,抽取油样,测试油的污染程度和含水量。

(14)更换后配套空压机空滤器、油滤器,检测溢流阀,紧固电气接头。

(15)检查循环水回路的水质。

(16)润滑送排泥泵的轴承。

(17)用超声探测仪检查送排泥弯管、送排泥泵壳体的壁厚。

(18)测量送排泥泵电动机的绝缘电阻。

(19)按期更换油滤清器。

(20)检查刀盘驱动的齿轮油,必要时更换。

(21)检查电缆卷筒、水管卷筒、风管卷筒传动装置油位;检查链条张紧力并润滑。

(22)用压缩空气清洁后配套空压机溢流阀。

(23)注浆泵进行安全检查,检查主轴承密封。

(24)按期更换空压机空滤器,检查油水分离器,按质换油。

(25)润滑电缆卷筒、水管卷筒及风管卷筒的轴承,按质更换变速器齿轮油。

(26)停电后检查紧固变压器接头,用干燥压缩空气清除灰尘。

(27)更换皮带输送机齿轮油。

(28)后配套拖车操作运行安全检查。

3)退场保养维修

工程完工后,应对盾构进行一次全面的检查、维修、保养,使设备的技术状况达到二类及以上标准,并将保养维修报告报上级主管部门,经验收合格后方可办理退场手续。

盾构掘进完成后,要做好拆机、清洁、检查、登记工作,参照盾构退场前的状态评估报告制订详细的维修保养计划,并按照经审查批准的维修保养计划进行退场维修保养,以全面恢复盾构的技术状况。

4)停放保养

盾构长期停用时，应进行必要的检查维护，做好下列工作：存放场地应硬化，应有防雨防晒的顶棚；暴露于空气中的接合面上涂抹油脂，用油毡贴在接合面上，并用防雨布进行覆盖；定期润滑维护；作好防寒防冻工作。

4.2 油水检测与状态监测

对盾构设备管理是事前的，不是等设备出现故障或被迫停机后的修理，强调加强对设备使用过程中的保养和检测。施工中，对设备的所有过程进行监控，利用检测仪器、设备进行科学地分析、化验，掌握设备的实际状态，有针对性地进行保养和预测可能的故障，保证设备正常工作，减少因突发故障的停机，提高掘进效率。

盾构是一种集机、电、液、传感等技术于一体的集中控制的大型专用设备，盾构的油水检测及状态监测至关重要。正确地选用盾构各系统油品并及时进行油水检测和采用先进的检测仪器进行状态监测与故障诊断，是盾构管理工作的重中之重。

油水检测与状态监测是确保盾构技术状况，延长盾构使用寿命的重要途径，是盾构管理的最主要内容之一。盾构上配置的设备数量多，关联性强。因此，必须运用状态监测技术建立严格管理制度。常用的状态监测与故障诊断技术有：感官检查诊断技术、温度监测技术、油样检测分析技术、旋转机械振动测试技术等。

4.2.1 油水检测

油水检测是盾构设备管理的最主要的内容之一，必须建立严格的油水管理制度，配备基本的油水检测设备、仪器及化验人员，定期、定点抽取油样进行化验分析，并以检测结果来指导油水管理工作。

在盾构设备的机械运动中，大部分摩擦副产生的磨粒进入润滑油或液压油中，油液中携带着来自磨损表面的碎屑，作为一种诊断媒介，对磨粒的分析可提供设备状态的重要信息，了解油液中磨粒的成分、数量、形态，能够及时准确地了解机械的磨损程度和磨损性质，从而判断机械的技术状态和故障趋势。

盾构的各类油液检测，主要采用油质检测仪和污染度测试仪，对油质的理化性能指标进行检测，并结合铁谱、光谱分析技术，对磨损磨粒进行定性和趋势分析，对油质的理化性能指标和磨损磨粒进行检测和分析。

油液污染度、水分、斑点、黏度分析等理化分析方法可以直观地判断盾构各类油质的劣化程度；铁谱分析可以清楚地辨别油液磨粒的种类、大小、磨损性质和油品的老化程度，尤其是对异常磨损的较大磨粒的分析判断；光谱分析虽然对较大磨粒不很敏感。但仍可以精确地测定油液中所含微量元素的含量和属性，并据此判断油液中磨损物的来源是外界侵入还是机件的表面磨耗。

常用的监测手段及仪器包括：油液的理化指标，油液的铁谱、光谱分析，振动分析，温度分析，听诊器及转速分析，压力表测试，盾构的机载PLC在线监测与诊断系统(数据处理系统)进行在线监测与自诊断等。油样检测分析技术主要为理化性能分析和油液磨粒分析(铁谱、光谱分析)。

进行油液监测的主要设备有：油泵、电动机、齿轮、主轴承、主泵站、辅助泵站、注浆泵、管片安装机、皮带输送机等。分析化验的油品为齿轮油、液压油等。

实施方案主要为两大类：一类是理化性能检验，即测定油液的黏度、水分、酸值、pH 值等是否超标，从而确定油品是否合格、能否继续使用。另一类是通过对油品的磨粒分析即铁谱分析和光谱分析，来判断设备运转是否正常、是否产生严重磨损。通过对油中磨损磨粒的分析与监视，结合其他监测手段来综合判断盾构的运行状态和磨损情况。

取油样采用专用取样工具，在机械充分运转达到正常油温时，在固定的取样位置进行取样，取样后应及时对取样工具进行保养。取样工具主要有专用抽油器、透明塑料油管、专用油样瓶、化纤手巾等。化纤手巾用于擦拭外露油管表面积尘和取油口脏污，禁止使用带毛的棉纱。为防止不规范取油造成的多重污染，凡油样瓶、透明塑料油管，均为一次性无污染用品，取油前塑料袋封装严密，取油后不得重复使用，必须丢弃。为使所取油样能够代表运转部件润滑的真实状况，不得在机械停机时抽取油样，必须使机械充分运转、达到正常运转油温，使油箱中油液充分混合、油中各种磨粒完全呈悬浮状态时才能取样。对于盾构各油箱，应区分该系统泵站是否在工作，确认后取油。主机油箱取油，一般在 2～3 循环后开始。如油位较低需补油，然后将机器空载转动 5 min 左右取样。否则，影响分析结果的准确性。为保证取油的规范性，取样时必须确定固定部位的取油口。对同一设备，每次要在同一部位取油，以保证油样分析结果的可比性。取油前擦净油口周围的粉尘和脏污，用专用抽油器取油；尽量避免在截止阀放油口处直接放油，以免油中混入泥沙，透明塑料油管应深入油面 10 cm，不得直插到底，以免吸入油箱底面的油泥，影响分析结果的准确性。取样后应清洗采样泵，以免污物滞留在泵内，清洗取油器时用布或纸巾擦净即可。

油液分析技术分为油液本身的物理化学性能分析和油液中不溶物质的分析技术。油液中不溶物质的分析技术又称磨损磨屑检测技术。检测手段有两种：一种是油液理化指标的常规分析仪器；一种是对润滑油所含各种微粒物质进行测量分析的精密仪器。用于检测油水理化性能指标和污染度的仪器有快速油质分析仪、润滑油现场测定仪、润滑油现场分析仪、润滑油污染测定仪、发动机冷却水质检测仪、电瓶液、防冻液测定仪、油样分析取样器等。润滑油磨损磨屑检测方法有光谱分析法、微粒计数器法、磁塞法、过滤器法、铁谱分析法，最常用的是铁谱分析法和光谱分析法。铁谱检测采用分析式铁谱仪及直读式铁谱仪；光谱检测分析一般委托外部检测机构进行。

4.2.2　状态监测

常用的状态监测技术主要有：感官检查诊断技术；温度检测技术，分为常规测温技术和红外测温技术；无损检测技术，使用工业内窥镜；性能参数趋势检测技术，检测的参数主要有压力、转速、流量、温度、频率、振动量、电压、电流、阻值、功率、沉降量等；油样检测分析技术。状态检测分为磨损残余物检测和润滑剂状态监测。监测手段采用污染度、运动黏度、水分、机械杂质、斑点、铁谱、光谱等化验分析技术。

1. 温度

设备在运转过程中密切注意其温度传感器及温度计等的显示，工地检测站可配备一台红外测温仪，根据工地所采用设备的实际情况，向生产厂家了解其允许的温度范围，定期对各受控设备进行温度检测。

2. 振动检测

各旋转设备在运转时，故障出现前都会有故障初期振动特征信号产生，对各特征信号进行采集、处理并分析，便会大大提高故障预报的准确率。在进行设备振动诊断时，采用数据采集仪，可实现设备状态参数（振动加速度、速度、位移）振动波形的现场采集与分析，并与计算机结合，可对各种故障信号进行处理，早期预报及诊断。设备的振动具有加速度、速度、位移三个描述参量，通常基于振动的设备运行状态判定标准有加速度、速度、位移标准。由于低频时的振动强度由位移值度量；中频时的振动强度由速度值度量；高频时的振动强度由加速度值度量，在进行轴承与齿轮部件的中频与高频振动时，一般采用速度判断与加速度的判断，选用能够客观地评定振动大小的绝对单位制进行状态评估，速度 v 的单位以 m/s 表示，加速度 a 的单位以 m/s^2 表示。

根据旋转机械振动诊断的国际标准，结合各大型设备在实际施工中的本身技术要求、不同的工况与现场多次测试的结果给予修正，制订出了企业标准，以便提高设备的诊断能力，减少设备故障的发生。

利用振动信号对故障进行诊断是一种行之有效的方法。机械部件在运动过程中的振动及其特征信息是反映该系统状态及其变化规律的主要信号，通过采集这些信号并加以分析处理，从而判别机械故障的原因、部位。振动检测主要包括振动的加速度、速度、位移分析、功率谱分析、幅值谱分析、时域分析、频域分析等。

振动分析比较适合于盾构的主驱动电动机及油泵、泥浆泵、管片机、主驱动减速器、各类水泵等旋转机械的监测与诊断。

3. 听诊技术

根据设备运转的噪声来判断设备的动行状况。依据日常检测监视中发现的不正常现象和通过对设备状态监测数据的统计分析以及对重要设备系统磨损规律和故障发生趋势的研究，每周对设备关键系统的故障发生可能性和发展趋势预报一次，每月对各种油品检测数据以及其他监测数据进行统计分析，由机电总工主持召开机况分析会，检测人员和负责维护的技术人员共同进行机况的分析及故障预测，根据分析结果写出机况分析报告。

检测人员依据各项检测数据以及机械设备的结构特点、性能及操作、维修保养的特殊要求，判断出故障隐患，并和维修工程师以不拆卸或局部解体的方法，借助于仪器测定，找出故障原因及准确部位。将故障原因、诊断依据和处理建议等写成报告，并将报告发给负责工程师审批。

4.3 刀盘刀具的维护保养

4.3.1 刀盘的维保

刀盘是盾构的主要工作部件，它的主要作用是切削掌子面并对渣土进行搅拌。刀盘四周和边缘部分堆焊有耐磨条和耐磨隔栅。刀盘经由支柱、接盘和主轴承连接在一起，由四个支柱承受推进力和径向载荷，以及驱动电动机提供的扭矩。在刀盘的开口部分和主、副刀梁上安装有刀具。对于刀盘的维保主要有以下几点：

(1)定期进入开挖仓检查刀盘各部分的磨损情况，检查耐磨条和耐磨格栅是否过度磨损，必要时可进行补焊。

(2)检查刀盘内搅拌棒的磨损情况，以及搅拌棒上的泡沫孔是否堵塞。

(3)在有条件的情况下检查刀盘面板、各焊接部位是否有裂纹产生。

4.3.2 刀具的维保

根据地质不同可采用不同的刀具。对不同刀具的磨损情况进行检验时须使用专用的磨损量检验工具。

(1)定期进入开挖仓检查刀具的磨损情况，根据地质情况决定是否换刀。

(2)检查盘刀的滚动情况和刀圈的磨损量。(使用专用盘刀磨损量检测板检查)

(3)在换装刀具过程中检查盘刀紧固螺栓的扭矩。

(4)检查切刀的数量和磨损情况，如有丢失、脱落须立即补齐。

(5)检查齿刀的切削齿是否有剥落或过度磨损。必要时更换。

(6)刀具检查按照以下标准执行：

①安装刀具为齿刀时，检查齿刀是否刃口蹦刃、刃口磨损，当刃口磨损至刀具基体时则必须更换。

②安装刀具为滚刀时，对周边滚刀需检查其磨损值，当磨损值达到 35 mm 时必须更换；但如果前部地层不能确定能否进入刀盘换刀，而根据刀具磨损进度预计将于该处换刀时，对于磨损量在 20 mm 左右的刀具也需更换新刀，可将拆卸下的旧刀装于内环刀具；当发现有刀具出现环体弦线磨损时，表明该刀具轴承已损坏，必须更换新刀。

③安装刀具为切刀时，检查切刀磨损情况，对于掉齿或刃齿磨损至基体的刀具必须更换。对掉落的切刀必须安装新切刀。

④检查所有安装刀具螺栓紧固情况，松动时紧固。

⑤在间隔一月的刀盘检查中，所有螺栓必须用风动扳手紧固一次。

⑥所有刀具安装件必须清洁，用水、钢刷清洁后，用毛巾抹干后才可安装。

更换下来的刀具应及时进行维修，特别是滚刀。滚刀的损坏有多种情况，如图 4-1 和图 4-2 所示。滚刀的维修主要包含清洗、检查、拆卸、组装等过程。如果通过检查后，确认刀具的轴承和密封都未损坏时，则只更换刀圈。

图 4-1　滚刀发生多边偏磨

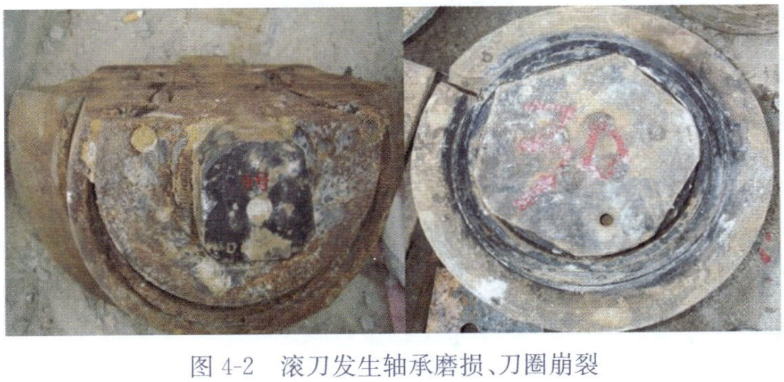

图 4-2　滚刀发生轴承磨损、刀圈崩裂

4.3.3 刀盘其他部件的维保

1.回转接头

(1)经常检查旋转接头的泡沫管是否有渗漏,并及时进行处理。

(2)每天对旋转接头部分的灰尘进行清理,防止灰尘进入主轴承内圈密封。(此处是主轴承密封的薄弱环节应特别注意)

(3)检查旋转接头润滑脂的注入情况,如有堵塞应及时处理。

(4)经常检查回转中心的转动情况,如有异常须立即停机并进行处理。

2.仿形刀与稳定器

在仿形刀工作前应检查油箱油位,定期对仿形刀和稳定器做功能性测试。

油量要处于油箱总容量的4/5左右,必要时加注液压油。每周对仿形刀做功能性测试,检查其伸出和缩回动作的工作压力。每周对稳定器做功能性测试,检查其工作情况。

4.4 盾体铰接系统与推进系统的维保

4.4.1 维护保养内容

(1)及时清理盾壳内的污泥和砂浆。

(2)检查铰接密封有无漏气和漏浆情况,必要时调整铰接密封的压板螺钉缩小间隙。

(3)铰接密封注脂,每个注入点注入量为0.5 L/天。

(4)推进油缸与铰接油缸的球头部分加注润滑脂。

(5)检查推进油缸靴板与管片的接触情况(正常时二者边缘平齐)。

(6)检查盾尾密封情况,如有漏水和漏浆要及时处理,并检查盾尾油脂密封系统的工作情况。

(7)在每环管片安装之前必须清理管片的外表面,防止残留的杂物损坏铰接密封。

4.4.2 铰接密封维保

盾构在曲线段施工时,由于密封材料的特性其铰接密封的密封能力会出现下降。从而产生漏浆漏液现象,严重影响施工的质量和进度。对盾构本身也是一个较大的损害。为了防止和减轻上述情况的发生就必须对盾构的铰接密封进行调整。以适应不断变化的地质和线路的情况。

盾构的铰接密封由一道橡胶密封、两道挡块、调整螺栓、压紧块以及一道紧急密封气囊组成。紧急密封气囊平时处于无气状态,不起密封作用。只有当盾构的前道密封出现问题需要更换时,才会充气将盾构铰接部位的缝隙暂时封闭起来。以防止在更换前道橡胶密封时发生漏液漏浆现象。由于紧急密封的材料是橡胶,它不能承受很大的摩擦,过于剧烈的摩擦和挤压会使气囊发生破裂和泄漏,又由于其特殊的安装位置一旦发生损坏将无法更换和修补,紧急密封的损坏将会为前道密封的更换造成很大的困难。鉴于其特殊用途的重要性,平时绝对不能将其用于正常掘进状态下的密封使用。只有在盾构停机状态更换前道密封时才可充气使用。

当盾构在曲线段掘进时，应根据其掘进的转向趋势相应地调节铰接密封。先将密封压紧块的紧固螺栓松开，将转弯方向内侧密封的压紧块调整螺栓向外调节，使橡胶密封与盾体间的间隙加大；相反地将转弯方向外侧密封的压紧块调整螺栓向里调节，压紧橡胶使其间隙缩小。调整的范围以密封情况的改善为标准。调整完毕后将密封压块的紧固螺栓上紧即可。

虽然调节盾构的铰接密封可以改善其密封状况，但由于橡胶密封的弹性有限，所以调节范围不会很大，不可能完全杜绝漏浆和漏液现象。只有在施工中不断累积经验改进施工的掘进曲线，防止过大转弯趋势的产生才能更好地保证施工质量。

4.4.3　推进装置维保

推进油缸的球头部分加注润滑脂，检查推进油缸靴板与管片的接触情况。如有较大偏差应及时调整推进油缸的定位螺栓。用机油润滑推进缸定位调整螺栓，防止锈蚀。检查盾尾密封情况，如有漏水和漏浆应及时处理，并检查盾尾油脂密封系统的工作情况。

4.5　渣土输送系统与管片拼装系统的维保

4.5.1　渣土输送系统的维保

1. 螺旋输送机

检查螺旋输送机油泵有无漏油现象，如漏油则须停机并进行处理。检查螺旋输送机驱动及液压管路有无漏油现象，如漏油即停机进行处理。检查螺旋输送机油泵电动机温度，一般温度应低于 70 ℃。如果温度过高应立即停机并查明原因进行处理，每周润滑螺旋输送机驱动电动机。检查变速器油位，正常油位应位于油箱油位的 1/2 左右。如果变速器油位过低，须添加齿轮油。检查轴承、闸门、伸缩缸的润滑情况，及时清理杂物并添加锂基润滑脂。检查螺旋片磨损情况，如耐磨条磨损完时，必须及时补焊耐磨层。对螺旋输送机的各手动人工注脂点要特别注意，认真按照说明书规定的时间、数量注脂。

维修保养时，首先必须停机并将运行维护开关拨到维护位置，确保维修保养结束前不会再开机。液压油路的维修保养时还必须释放压力。日常维护内容包括：

(1)检查螺旋输送机油泵有无漏油现象，如漏油即进行处理，并清洁。

(2)检查螺旋输送机驱动及液压管路有无漏油现象，如漏油即进行处理，并清洁。

(3)检查螺旋输送机油泵电动机温度是否过高，如果温度过高，立即查明原因并进行处理。

周维护内容包括：

(1)检查变速器油位，如果变速器油位过低，即添加齿轮油。

(2)检查轴承、闸门、伸缩缸的润滑情况，及时添加润滑脂。

月维护内容包括：

(1)检查螺旋片磨损情况，如果磨损严重，即补焊耐磨层。

(2)用超声探测仪检查螺旋管厚度，记录检测数据报机电部。

(3)清洁电路灰尘。

(4)检查电路接线端子有无松动,如松动即紧固。

(5)检查断路器、接触器、继电器触点烧蚀情况,如烧蚀明显,用细砂纸打磨平;如严重烧蚀,立即更换触点。

2. 皮带输送机

要经常检查变速器油位、皮带的磨损、滚筒的转动、轴承的润滑情况,定期清洁皮带机。维保要点如下:

(1)检查各滚子和边缘引导装置的滚动情况。如滚动不好,立即清洗并润滑。

(2)检查皮带的磨损情况,如皮带磨损严重,立即更换皮带。检查皮带是否有跑偏现象,如皮带跑偏需进行校正。

(3)检查驱动装置变速器油位,如果变速箱油位过低更换全部齿轮油。

(4)检查各轴承润滑,添加润滑脂。

(5)检查皮带松紧情况,必要时增加皮带张力。

(6)清洁电路、电动机。检查电路接线端子有无松动,如松动则需紧固,检查断路器、接触器、继电器触点烧蚀情况,如烧蚀明显则用细砂纸打磨平;如严重烧蚀,则需更换触点。

(7)每周检查和清洁所有零件。

维修保养时,首先必须停机并将运行维护开关拨到维护位置,确保维修保养结束前不会再开机。

4.5.2 管片拼装系统的维保

1. 管片拼装机

(1)检查并清理工作现场杂物、污泥和砂浆。

(2)检查油缸和管路有无损坏或漏油现象,如有故障应及时处理。

(3)检查电缆、油管的活动托架,如有松动和破损要及时修理和更换。

(4)每周给液压油缸铰接轴承、旋转轴承、伸缩滑板等需要润滑的部位加润滑脂并检查公差和破损情况。旋转轴承注油脂时应加注一部分油脂旋转一定角度,充分润滑轴承的各个部分。

(5)定期检查管片安装机驱动电动机旋转角度编码器工作是否正常,如有必要对角度限位进行调整。

(6)检查抓取机构和定位螺栓,是否有破裂或损坏,若有必须立即更换。

(7)定期检测抓取机构的抓紧压力,必要时进行调整。

(8)检查油箱油位和润滑油液的油位。

(9)检查各按钮、继电器、接触器有无卡死、粘连现象,测试遥控操作盒。如有故障及时处理。

(10)检查充电器和电池,电池应及时充电以备下次使用。

(11)检查控制箱、配电箱是否清洁、干燥,无杂物。

2. 管片吊机

(1)经常清理管片吊机行走轨道,注意给吊链加润滑脂。

(2)检查控制盒按钮、开关动作是否灵活正常。必要时检修或更换。

(3)检查电缆卷筒和控制盒电缆线滑环,防止电缆卡住、拉断。

(4)定期检查管片吊具的磨损情况,必要时进行修理和更换。

3. 管片输送小车

(1)及时清理盾构底部的杂物和泥土。

(2)每天给须润滑部位加注润滑脂。

(3)定期检查和调整同轴同步齿轮电动机的工作情况。如果输送机顶升机构在空载时出现四个油缸起升速度不均的情况,则表明同轴齿轮电动机有可能内部有密封损坏,应拆下清洗检查,更换损坏密封件。

4.6 盾体其他系统的维保

4.6.1 人仓系统的维保

由于人仓的特殊工作性质,人仓分为使用前保养和使用后日常保养两种情况。

1. 使用前的维保

(1)检查测试气动电话和有线电话。如有故障和损坏要及时修理和更换。

(2)检查压力表、压力记录仪、空气流量计、加热器、照明灯工作是否正常。给压力记录仪添加记录纸,并作功能性测试。

(3)检查仓门的密封情况,首先清洁密封的接触面,如有必要可更换密封条。

(4)清洁整个密封仓。

(5)检查刀盘操作盒操作是否正常。

(6)清洗消声器和水喷头。

2. 使用后的维保

(1)人仓使用后如近期不再使用,可将人仓外部的压力表、记录仪拆除,并清洗干净。妥善保管以备下次使用。

(2)将人仓清洗干净,并将人仓门关紧。

4.6.2 主驱动系统的维保

1. 主轴承的维保

(1)每天检查主轴承齿轮油油位,并作记录。

(2)检查主轴承齿轮油温度,如温度不正常须立即停机并查找原因。

(3)检查主轴承密封(HBW)油脂分配器动作是否正常,观察油脂分配电动机上的脉冲传感器的发光二极管闪烁次数正常为 1~2 次。在检查刀盘时,进入开挖仓实际检查主轴承密封油脂的溢出情况,正常应有黑色 HBW 油脂从密封处溢出。

(4)检查主轴承齿轮油分配器工作是否正常。观察齿轮油分配电动机上的脉冲传感器的发光二极管的闪烁次数。

(5)检查主轴承外圈润滑脂注入情况。观察蓝色油脂分配器工作是否正常,溢流阀是否有油脂溢出。如有油脂溢出表明管路堵塞,要及时检查清理。

(6)每天给主轴承内圈密封注润滑脂,并检查内圈密封的工作情况。

(7)定期提取主轴承齿轮油油样送检,根据检查报告决定是否要更换齿轮油或滤芯。更换齿轮油同时必须更换滤芯。

(8)定期检查齿轮油滤芯,并根据压差开关反映的情况判断是否更换滤芯。

(9)定期检查主轴承与刀盘螺栓连接的紧固情况。

2.变速器与电动机的维保

(1)检查变速器油位,如油位过低应先找出漏油故障,解决故障后补充齿轮油。

(2)检查变速器温度是否在正常范围,观察冷却水的流动情况。观察电动机上的水轮指示器。

(3)检查变速器的温度开关,定期清除上面的污垢。

(4)第一次工作50 h后更换所有齿轮油。

(5)检查电动机的工作温度和泄漏油温度。

(6)定期检测电动机的工作压力。

(7)定期检查电动机的转速传感器和移动传感器,紧固其插头和连线。

4.7 后配套系统的维保

4.7.1 注浆系统与后配套拖车的维保

1.注浆系统

(1)每次注浆前应检查管路的畅通情况,注浆后应及时将管道清理干净。防止残留的浆液不断累积堵塞管道。

(2)每次注浆前必须对注浆口的压力传感器进行检查,紧固其插头和连线。

(3)注浆前要注意整理疏导注浆管,防止管道缠绕或扭转,从而增大注浆压力。

(4)定期检查注浆管的使用情况,如发现泄漏或磨损严重应及时修理或更换。

(5)经常对砂浆罐及其砂浆出口进行清理,防止堵塞。

(6)定期对注浆系统的各阀门和管接头进行检查,修理或更换有故障的设备。

(7)定期对注浆系统的各运动部分进行润滑。(具体润滑方式参考保养说明书)

(8)经常检查注浆机水冷池的水位和水温,必要时加水或换水。注意防止砂浆或其他杂物进入冷却水池。

2.后配套拖车

(1)经常检查拖车行走机构的工作情况,必要时加注润滑脂。

(2)定期检查各拖车间的连接销、连接板,防止意外断裂或脱开。

(3)经常检查拖车行走机构的跨度与钢轨的轨距是否合适,不合适应及时调整。

(4)保持后方通路的清洁。后方台车前进的轨道面或通过的方向上有障碍物时,会造成后续台车脱轨、倾覆,有夹住人员而造成人身事故的危险,所以,要确认无障碍物。

(5)后续台车运行时要预防车轮的轮圈紧靠轨道磨损轮圈、防止轮子脱轨的危险发生、防止台车底板下面的电缆架脱出以及电缆、电缆架与枕木上面的机材相干涉。

4.7.2 压缩空气系统的维保

1.螺杆压缩机的维护保养

(1)每日或每次运转前,按压缩机操作规程做机前准备、检查。

(2)运转150 h,维保内容:

①清洁空气滤清器。

②新机使用后第一次更换油过滤器。

③新机使用后第一次更换润滑油。

④检查冷却器杂质堆积情况，如有必要用空气吹除或压力冲洗。

(3)运转 500 h，维保内容：

①检查各阀件动作、拉杆及活动部件灵活性。

②检视油过滤器滤芯或更换。

③更换润滑油。

④软管检修。

⑤线路检修。

(4)运转 1 000 h，维保内容：

①检查各部分管路，异常者更换。

②检视观油镜，并拆下清洗。

③更换空气滤清器滤芯。

④车轮轴承加润滑脂。

2. 空压机的定期维保

(1)空压机的所有维护保养工作必须在停机并卸压的状态下进行。

(2)检查空压机管路的泄漏和出气口的温度，如有异常应及时排除。

(3)保持机器的清洁，防止杂物堵塞顶部的散热风扇。

(4)每天检查一次润滑油液位，确保空压机的润滑。

(5)不定期地检查皮带及各部位螺丝的松紧程度。如发现松动则进行调整。

(6)润滑油最初运转 50 h 或一周后更换新油，以后每 300 h 更换一次润滑油(使用环境较差者应 150 h 换一次润滑油)。

(7)使用 500 h 或半年后，须将气阀拆出清洗干净。

(8)工作 4 000 h 后，更换空气滤清器(空气滤清器应按使用说明书正常清理或更换，滤芯为消耗品)、润滑油、油过滤器以及油水分离器和安全阀。

(9)定期对空压机的电动机轴承进行润滑，根据电动机的保养规程操作。

(10)应定期检查承受高温的零部件，如阀、气缸盖、制冷器及排气管道，去除附着内壁上的积炭。

(11)在任何情况下，都不应使用易燃液体清洗阀、冷却器的气道、气腔、空气管道以及正常情况下与压缩空气接触的其他零件。在用氯化烃类的非可燃液体清洗零部件时，应注意将残液清理干净。防止开机后排出的有毒蒸气，不允许使用四氯化碳作为清洗剂。

(12)空压机前面板上的液晶显示屏能显示一些常规故障和故障提示信息，一般情况应按其提示的内容进行维保工作。

(13)储气罐之泄水阀每日打开一次排除油水。在湿气较重的地方，每 4 h 打开一次。

(14)机器各部件的总体保养为每年一次。具体保养要求详见空压机的维保说明书。

(15)切勿在超压和超速下使用本设备，与空气压缩配套部件必须设计安全阀，且工作压力不得超过额定工作压力。空压机的转向应和皮带防护罩上箭头指示相同。

(16)修理空压机时，应采取措施避免由于疏忽而使空压机起动，应断开起动电源，并在起动装置上挂一指示牌正在检修，禁止开车。

(17)成套使用时应维护所有的安全装置，保持其正常功能，安全装置不应发生故障，并只能用可提供同样安全的其他装置来替换，应定期检查压力表、安全阀、压力调节器。

3.气体保压、工业用气、气管路的维保

(1)用于气体保压的储气罐是压力设备，要经常检查其泄漏情况并及时维修。

(2)储气罐的泄水阀每日打开一次排除油水。在湿气较重的地方，每 4 h 打开一次。

(3)经常检查管路和阀门有无泄漏，并及时进行修复。

(4)定期对保压系统作功能性检测，确保其正常工作。

(5)经常检查空气管路上的油水分离器，清洗并加油。

4.8　液压系统的维保

盾构液压系统的维保工作主要包括主驱动液压系统、推进液压系统、管片安装液压系统、螺旋输送机液压系统、注浆液压系统、辅助液压系统。

4.8.1　液压系统的维保检查与维修

1.液压系统的维保检查

(1)检查油箱油位，必要时加注液压油。

(2)检查阀组、管路和油缸有无损坏或渗漏油现象，如有必要及时处理。

(3)定期检查所有过滤器工作情况，并根据检查结果和压差传感器的指示更换滤芯。

(4)定期取油样送检。

(5)经常监听泵的工作声音，发现异常应及时停机检查。

(6)经常检查泵、电动机和油箱的温度，发现异常要及时检查处理。

(7)经常检查液压油管的弯管接头，发现松动要及时上紧。

(8)经常检查冷却器的冷却水进/出水口的温度和油液的温度，必要时清洗冷却器的热交换器。

(9)定期检查液压系统的压力，并与控制室面板显示值相比较。

(10)在对液压系统维修前，必须确保液压系统已停用并已经卸压。特别是在清空蓄能器时要特别注意。

(11)液压系统的加油和换油必须严格按照盾构说明书规定的程序执行。尽量采用厂家推荐的品种，禁止将不同规格品牌的油混合使用。每次加油前必须对所选用的油品进行抽样检测，检测合格方可使用。

2.液压系统的维修

(1)液压系统一旦发现泄漏必须立即维修，维修过程中应采取适当的方式避免污染油液，必须保持液压系统的清洁。在松开任何管道连接时，必须彻底清洁接头和其周围的环境。

(2)维修工作结束后，在重新开动机器前必须确定所有阀门已打开，特别是某些特定蓄能器的阀门。

(3)液压管被碾压或过度弯曲都可能造成保护外皮的损坏。如果其保护外皮受损就有可能影响其最大工作压力，而致使危险的发生。碾压和过度弯曲液压管还可能造成压力损失和回油压力过高。

(4)所有液压管线的拆卸必须作到随时拆卸，随时封口，防止异物进入液压系统。各维修工必须随身携带一条干净纯棉毛巾及干净白绸布。

(5)液压系统工作温度不得超过 70 ℃。

3.加注液压油和齿轮油

液压油较易被污染,为了保证加注到油箱的液压油的纯净,在灌注液压油时应遵循下列步骤:

(1)停止液压站及过滤器和冷却管线的所有泵。

(2)清理油箱和其周围的杂物,清洁油箱顶部的污物。

(3)打开液压油箱盖,连接灌注站。(灌注站由油箱、供给泵、液压管线、12 μm 过滤器组成。)

(4)启动灌注站向油箱中注油,当油位达到要求时停止灌注。

(5)清洁剩余油污后将油箱盖装好。

(6)在灌注的整个过程中一定要注意不能让灰尘和污物掉入到液压油箱中,要注意油位的变化不能使油液溢出。

(7)在盾体左侧平台上打开加油堵头加注齿轮油,在液位到达中位偏上时停止加注。

4.8.2　更换滤清器滤芯

1.回油滤清器

如果控制板上灯光显示过滤器故障或 IPC 工业计算机显示其出现故障报警,则表明过滤器滤芯可能堵塞须更换滤芯元件。经过较长时间的停用后也应更换滤芯元件。如果滤清器顶部的堵塞显示开关跳起则说明滤芯物理堵塞也应更换滤芯。更换滤芯前清洁过滤器外壳,由于过滤器直接接在液压主回路上,属于高压设备。且滤芯是易污染设备,受到污染后无法清洗,不可再次使用。所以更换过滤器滤芯应严格按照下列步骤进行,防止发生危险和损坏设备。

(1)断开设备开关阀门并使其降压。如果未先降压就拆开过滤器外壳,则过滤器中的残留物由于高压发生喷射性泄漏,将可能给设备和人身带来伤害;过热的液压油可引起火灾或烫伤。

(2)握住过滤器顶部的旋转把手将拧下的滤芯头和滤芯元件一起拉出。将过滤器的滤芯头和滤芯放在预先准备好的塑料布上,确保塑料布是清洁的。轻轻左右晃动将滤芯元件从滤芯头中取出,检查滤芯表面是否有可见的污染物,如有可见污染物须提取杂质样本送检,用以确定污染源。

(3)检查滤芯外壳和滤芯头是否损坏,损坏元件必须更换。并适当清洁滤芯外壳和滤芯头。

(4)确保滤芯外壳上的 O 形密封圈完好无损,安装正确。并用干净的液压油适当清洗。

(5)新的滤芯放入滤芯外壳内,使新滤芯的中心孔与滤芯外壳的中心轴对齐。

(6)将少量的、干净的液压油加注在滤芯头的 O 形密封圈和螺纹上。并将滤芯头旋入滤芯外壳内重新安装好。检查滤芯头顶部的堵塞开关并将其复位。

(7)打开阀门给液压系统加压,测试过滤器是否泄漏。如有泄漏检查安装过程是否有错误,并更换出现故障的设备。

2.进油滤清器

如果控制板上灯光显示过滤器故障或 IPC 工业计算机显示其出现故障报警,则表明过滤器滤芯可能堵塞须更换滤芯元件。经过较长时间的停用后也应更换滤芯元件。更换滤芯时,清洁过滤器外壳。由于过滤器直接接在液压主回路上,属于高压设备。且滤芯是易污染设备,受到污染后无法清洗,不可再次使用。所以更换过滤器滤芯应严格按照下列步骤进行,防止发生危险和损坏设备。

(1)断开设备开关阀门并使其降压。如果未先降压就拆开过滤器外壳,则过滤器中的残留物由于高压发生喷射性泄漏,将可能给设备和人身带来伤害;过热的液压油可引起火灾或烫伤。

(2)拧下过滤器外壳,并把剩余的液压油倒入一容器中(这部分液压油将用于杂质分析不能再次加注到液压系统中)。适当清洁过滤器外壳。

(3)取出滤芯元件并检查其表面是否有可见的污染物。(如有可见杂质须提取杂质样本送检,用以确定污染源。)

(4)检查滤芯外壳和分流阀是否损坏,损坏元件必须更换。并适当清洁滤芯外壳和分流阀。

(5)确保滤芯外壳的O形密封圈和轴承环完好无损。并用干净的液压油清洗。

(6)用干净的液压油清洗O形密封圈,装回原位后在其上加注少量液压油。并使滤芯的中心孔与滤芯外壳的中心轴对齐。

(7)将少量清洁的液压油加注到滤芯外壳的螺纹上并将滤芯外壳与滤芯头上紧。打开阀门给液压系统加压,测试过滤器是否泄漏。如有泄漏检查安装过程是否有错误,并更换出现故障的设备。

3.更换滤芯时必须注意的几个问题

(1)损坏部件必须更换。

(2)严禁使用管道扳手上紧过滤器头部。严禁用锤子敲打过滤器任何部位。

(3)滤芯元件不能清洗。不可重复使用。

4.9 辅助设备的维保

4.9.1 渣土改良设备的维保

1.泡沫设备

(1)定期清洗泡沫箱和管路,清洗时要将箱内沉淀物和杂质彻底清洗干净。

(2)检查泡沫泵的磨损情况,必要时更换磨损的组件。

(3)检查泡沫水泵的工作情况,给需要润滑的部分加注润滑油或润滑脂。

(4)检查水泵压力开关的整定值,必要时进行校正。

(5)检查压缩空气管路情况,必要时清洗管路。

(6)检查电动阀和流量传感器的工作情况,电动阀开闭动作是否正常,流量显示是否正确,如有必要进行维修或更换。

(7)定期检查旋转接头处的泡沫管路有无堵塞,如发生堵塞要及时清理。

2.膨润土设备

(1)检查膨润土泵工作是否正常。润滑轴承和传动部件。

(2)检查气动泵动作是否正常。

(3)检查油水分离器和气管路,定期给油水分离器加油。

(4)检查膨润土管路,清理管路的弯道和阀门部位,防止堵塞。

(5)检查流量调节阀和压力传感器。

(6)定期清理膨润土箱和液位传感器。

4.9.2　工业通风设备与工业水设备的维保

1. 工业通风设备

(1)检查洞内外风机工作是否正常,有无异常声响。

(2)定期检查叶片固定螺栓有无疲劳裂纹和磨损。

(3)定期检查、润滑电动机轴承。(按保养要求时间和方法进行)

(4)检查风筒吊机电动机减速面的运行情况。

(5)根据掘进情况及时延伸和更换风管。

(6)检查风管有无破损现象,及时修补或更换。

2. 工业水设备及排水设备

(1)检查进水口压力[一般为 0.5 MPa(即 5 bar)左右]和温度(小于 30 ℃),如压力过低或温度过高,应检查隧道内的进水管路的闸阀、水泵及冷却器工作是否正常。

(2)检查水过滤器,定期清洗滤芯。定期清理自动排污阀门。

(3)检查水管路上的压力和温度指示器,如有损坏及时更换。

(4)检查水管卷筒、软管如有损坏应及时修理。并对易损坏的软管做防护处理。

(5)检查水管卷筒的电动机、变速器及传动部分。如有必要加注齿轮油,并为传动部分加注润滑脂。

(6)定期检查主驱动的电动机、变速器、冷却器和温度传感器。清除传感器上的污物。

(7)定期检查热交换器,并清除上面的污物。

(8)每天检查排水泵,如有故障应及时修理。

(9)每天检查所有的水管路,修理更换泄漏、损坏的管路闸阀。

4.9.3　油脂设备的维保

1. 油脂泵站

(1)检查油脂桶是否还有足够的油脂,如不够应及时更换。

(2)经常检查油脂泵站的油雾器液位,如低于低液位,加注润滑油。

(3)检查 HBW 油脂泵的工作情况,将其动作次数控制在 1～2 次/min。

(4)检查盾尾油脂泵的工作压力,将压力控制在 0.2 MPa 左右,动作次数设定为 5 次,1 L/min。

(5)检查油脂泵的气管是否有泄漏现象,如有泄漏应及时修理或更换。

(6)更换油脂桶时应对油脂量位置开关进行测试。

(7)检查盾尾密封注脂次数或压力是否正常,否则应检查油脂管路是否堵塞。特别是重点检查气动阀是否正常工作。

(8)经常检查主驱动润滑油脂泵工作是否正常,是否正常泄压,检查油脂溢流阀。

2. 主驱动油脂设备维保检查

主驱动油脂系统采用单线式注脂系统,每动作一次需泄压 1 次,泄压时间为 2 s,设定注入间隔时间为 30 s(时间可调),泄压压力由安装在盾体平台左侧的压力开关设定,出厂设定压力为 15 MPa(可现场设定)。主要元件为油脂注射器,每个注射器可单独设定流量,单路故障不影响其他路注入。每个注射器的调整圈数与设定时间有关,时间改变,此值必须重新计算。

(1)每天检查主轴承齿轮油液位是否低于中位,检查齿轮油过滤器是否需要清洗滤芯,压差变送器是否损坏。

(2)每周检查齿轮油脉冲数是否正常,应不少于440次/min。

(3)每天经常检查主驱动注射器是否正常动作,光电开关是否正常工作。

(4)每天经常检查螺旋机注射器是否正常动作。

(5)不得随意调整注射器调整螺杆,改变注入量。

(6)手动注脂点必须按照要求的周期开启,并保证持续时间。

3.盾尾油脂密封气动阀的检查

盾尾油脂密封在盾构施工中起着非常重要的作用。一旦盾尾密封出现问题将会严重影响盾构施工的质量,所以平时应定期对盾尾密封的管线和阀门进行仔细的检查。在盾尾油脂密封系统中,位于盾尾密封油脂注入口部的电磁气动阀的作用尤为重要,由于其结构和安装位置问题,对它进行检测和维修保养比较困难。盾尾油脂注入口部的电磁气动阀较易发生故障,应经常进行检查,检查内容如下:

(1)检查电磁气动阀的管路、接头是否有漏气和漏油现象,必要时更换管路和接头。

(2)检查气管路上的油气分离器的油液位,必要时加注润滑油。

(3)将主控制室内的盾尾油脂密封控制旋钮转到手动控制挡位,分别控制每路油脂管路单独工作。

(4)配合主控室操作人员,检查电磁气动阀气动控制回路的电磁阀是否工作正常。(当主控室人员进行操作时,观察电磁阀的指示灯是否有正常的闪烁指示。)

(5)如果电磁阀动作正常,注意监听气动回路的动作声音(指示灯闪烁的同时应有气动阀的排气声)。还可以通过用手触摸气动阀的阀杆是否转动来确认工作状况。

(6)将油脂泵送系统控制旋扭拧至自动挡,油脂泵送压力调至满足泵送频率5次/min(1.1 L/min)。

(7)注意清理堆积在阀体上的杂物。防止水进入阀体,如有水进入阀体可能会引起阀体的故障。

(8)注意保护注入口部的压力传感器,如发生损坏应尽快更换。

4.油脂桶更换操作规程

(1)将油脂泵送系统控制旋扭拧至维修挡。

(2)通过油脂桶通风阀,调节气缸压力至6 bar,将气锤操作手柄上抬,提升气锤,将气锤从油脂桶中提出。

(3)搬开空的油脂桶,将新桶正放在气锤下方。

(4)拧开气锤上的放气螺杆,关闭脂桶通气阀,下压气锤操作手柄,将气锤压入脂桶中。

(5)一旦气锤进入脂桶,调节气锤压力,降至0.2 MPa压力以内(不能高于0.2 MPa),泵送阀拧至手动工位,可听见脂泵频率很高的“啪啪”声,待其频率降低后,即表示已开始注脂。

4.9.4 供电设备与主机控制设备的维保

1.供电设备

供电系统主要包括:高压电缆、电缆卷筒、高压开关柜、变压器、配电柜等。

1)高压电缆

(1)检查高压电缆有无破损,如有破损要及时处理。

(2)检查高压电缆铺设范围内有无可能对电缆造成损坏的因素,如果有要及时采取防范措施。

(3)定期对高压电缆进行绝缘检查和耐压试验。(做电缆延伸时进行试验。)

2)电缆卷筒

(1)检查电缆卷筒变速器齿轮油油位,及时加注齿轮油。

(2)检查电缆卷筒链轮的链条,注意加注润滑脂。

(3)定期检查电缆卷筒滑环和电刷的磨损情况，注意清洁滑环和电刷。

(4)检查电刷的弹力以及电刷与滑环的接触情况，必要时进行修理或更换。

(5)检查电缆接头的紧固情况，必要时紧固接头。

(6)检查绝缘支座和滑环的绝缘情况，必要时进行清洁处理。

3)高压开关柜

(1)定期进行高压开关柜的分断、闭合动作试验。检查其动作的可靠性。

(2)检查六氟化硫气体压力是否正常。(压力表指针在绿色区域为正常。)

(3)检查高压接头的紧固情况。

4)变压器

(1)变压器应由专人维护保养，并定期进行维护、检修。

(2)检查变压器散热情况和变压器的温升情况。

(3)定期对变压器进行除尘工作。

(4)监视变压器是否运行于额定状况，电压、电流是否显示正常。

(5)注意监听变压器的运行声音是否正常。

(6)观察变压器的油标，油面不得低于最低油位。

(7)检查油温是否超标，油色有无变化。

(8)检查是否有油液的渗漏现象。

(9)检查接地线是否正常。

5)配电柜

(1)检查配电柜电压和电流指示是否正常。

(2)检查电容补偿控制器工作是否正常。

(3)检查补偿电容工作时的温升情况，温度是否在允许的正常范围内。

(4)检查补偿电容有无炸裂现象，如有需要更换。

(5)检查补偿电容控制接触器的放电线圈有无烧熔现象，如有要尽快更换。

(6)检查配电柜内的温度是否正常，检查配电柜制冷机是否正常工作，检查制冷机的冷却水流量是否正常。

(7)检查低压断路器过载保护和短路保护是否正常。

(8)检查大容量断路器和接触器工作时的温升情况，如温度较高说明触点接触电阻较大，需要进行检修或更换。

(9)检查柜内软启动器、变频器显示是否正常。对主开关定期进行 ON/OFF 动作试验，检查其动作可靠性。定期对电缆接线和柜内接线进行检查，必要时进行紧固。经常对配电柜及元件进行除尘。

6)应急发电机

(1)检查 PT 供油系统油位是否正常。

(2)检查冷却水位是否正常。

(3)检查各连接部分是否牢靠，电刷是否正常，压力是否符合要求，接地线是否良好。

(4)检查有无机械杂音、异常振动等情况。

2. 主机控制系统

1)PLC 系统

(1)检查 PLC 插板是否松动。

(2)检查 PLC 连接线是否松动，紧固接线端子。

(3)检查 PLC 通信口插头连接是否正常。

(4)定期清洁 PLC 及控制柜内的灰尘。

(5)定期进行 PLC 的冷启动。

(6)备份 PLC 程序。

2)工业计算机

(1)检查工业计算机与 PLC 的通信线连接是否可靠。

(2)定期清洁工业计算机和控制柜内的灰尘。

(3)备份工业计算机的程序。

3)控制面板

(1)检查面板内接线的安装状况,必要时进行紧固。

(2)定期清洁灰尘。(注意防水)

(3)定期检查按钮和旋钮的工作情况,如有损坏及时更换。

(4)检查控制面板上的 LED 显示是否正常。

(5)定期对控制面板上的 LED 显示进行校正。校正时要使用标准信号发生器,先校正零点再校正范围,二者要反复校正。

(6)定期对推进油缸和铰接油缸行程显示与油缸实际行程进行测量校对,如有误差应及时校准。(校准方法详见维保操作说明。)

4)传感器

(1)检查各种传感器的接线情况,如有必要紧固接线、插头、插座。

(2)清洁传感器,特别是接线处或插头处要清洁干净。防止水和污物造成故障。

(3)检查传感器的防护情况,如有必要须采取防护措施。防止损坏传感器。

(4)定期用压力表对压力传感器在控制面板上的显示情况进行检查和校准。

习　题

1. 简述盾构机维护保养原则。
2. 简述盾构机维护保养内容。
3. 简述刀盘刀具系统的维护保养办法。
4. 简述推进系统的维护保养办法。
5. 简述渣土输送系统维护保养办法。
6. 简述泥水循环系统的维护保养办法。
7. 简述管片拼装机的维护保养办法。
8. 简述注浆系统的维护保养办法。
9. 简述空压机的维护保养办法。
10. 简述液压系统的维护保养办法。
11. 简述油脂系统的维护保养办法。
12. 简述 PLC 系统的维护保养办法。

第5章 TBM的维护保养

合理而安全的操作能够发挥出TBM最大的效率，但由于TBM是一个高度集成的机器，每一个部件都能影响到整机的使用状况。因此，对TBM的维护保养管理就显得尤为重要，从而确保TBM的可靠性和安全性，减少停工时间，避免人员伤害。本章以开敞式主梁式TBM为例，全面讲解TBM维护保养工作的相关内容。在维护保养工作之前，首先要确保维保人员具备以下要求：

(1)维保人员必须经过专业的技能培训与指导，并具备一定的机械、电气、流体及土木专业知识后，方可进行TBM维护保养工作。

(2)维保人员必须经过专业安全知识培训，熟悉TBM及地下工程施工相关安全知识，掌握必备的防护技能。

(3)维保人员必须对TBM机械结构、电气、液压的基本工作原理及TBM施工有一定的了解。

(4)维保人员必须严格遵守相关安全规则及章程。

(5)只有具有相应资格的电气人员才能进行电气维保工作。

(6)维保人员必须经过专业培训方可进入刀盘内部或掌子面作业。

(7)从事TBM维修保作业前，必须认真阅读并深刻理解设备元器件说明书、随机图纸、操作手册、安全指南、维护和保养手册等方可进行维护保养作业。

(8)身体不适、服用催眠类药物及饮酒后不允许进行维修保养作业。

(9)维保人员作业时，要佩戴相应的防护器具。

5.1 刀盘的维护保养

5.1.1 刀盘的日常保养检查

刀盘是TBM破岩刀具的载体，是TBM的关键部件之一，必须定期检查并维护刀盘。在检查过程中，必须检查刀盘的磨损情况，重要检查点有格栅、进渣口、耐磨保护等；必须检查刀具的磨损情况，如滚刀、刮板等刀具，并保留相应的刀具检查日志。另外，必须检查固定材料的完整性和紧固扭矩。避免在损坏或不完整的设备情况下进行掘进，防止对刀盘造成严重损坏。

必要的检查频次应根据地质情况进行适当调整。最合适的检查时间间隔应根据掘进动作的突发状况进行调整。随时根据地质条件变化检查刀盘。检查时间间隔可能因为实际地质条件的不同而有很大变化。每个班次至少检查一次。一旦地质条件发生变化，则一定要检查刀盘。

在准备维护或换刀时，刀盘需要后退一定的距离。在刀盘后退的过程中，要求刀盘处于旋转状态。待刀盘退到相应位置，刀盘完全停止后，要求刀盘制动起作用，此时严禁刀盘旋转。在换刀时，避免大面积单侧换刀，因为大面积单侧换刀可能会引起刀盘自转。

刀盘需要维护的主要部件有：刀盘结构、滚刀、刮板、磨损保护装置、管路装置。不同围岩情况下的刀盘日常保养检查内容如表5-1所示。

表5-1　不同围岩情况下的刀盘日常保养检查内容

围岩类别	检查重点项	处理措施
Ⅰ、Ⅱ类，节理裂隙不发育、单轴抗压强度高	1. 刀盘分块连接螺栓及主焊缝。 2. 刀盘内部加强筋板连接处焊缝。 3. 刀盘面板耐磨板的磨损情况。 4. 刮刀座焊缝及耐磨层。 5. 滚刀刀箱焊缝、刀座压溃情况。 6. 滚刀的拉紧螺栓及楔形块、拉紧块的状态。 7. 滚刀的运行状态。 8. 刀盘喷水的运行状态	1. 发现有焊缝裂隙(纹)，应立即采取补焊加强处理。 2. 根据耐磨板磨损情况周期性补焊处理。 3. 及时紧固或更换松动螺栓或采取适当的紧固措施(如：加装锁紧螺母或适当涂抹螺纹紧固胶)。 4. 必要时更换楔形块、拉紧块。 5. 出现滚刀刀圈崩刃、断裂、漏油、弦磨等异常情况立即更换。 6. 及时处理刀盘喷水，严禁无喷水或喷水量不足情况下掘进
Ⅲ类围岩，岩石微风化或弱风化，裂隙发育，强度偏低	1. 刮刀的磨损。 2. 滚刀的运行状态。 3. 刀盘喷水的运行状态	发现问题及时处理
Ⅳ、Ⅴ类围岩，断裂及软弱结构面较多，岩体呈碎石状镶嵌结构，局部呈碎石状压碎结构，掘进过程中需使用钢拱架加强支护	1. 滚刀的弦磨。 2. 掌子面塌落体对滚刀的损坏。 3. 刮刀及刮渣口格栅的间隔适当调整。 4. 掌子面及刀盘渣仓渣土的残留情况	1. 及时更换弦磨滚刀。 2. 根据渣土残留情况适当改变刮渣口的格栅间隙

5.1.2 刀盘的维修

1. 刀盘的失效形式

TBM刀盘的失效形式一般为结构件疲劳开裂、耐磨层磨损两种形式。具体表现为刀盘结构加强筋板焊缝开裂(见图5-1)、刀箱焊缝开裂(见图5-2)、面板耐磨层磨损(见图5-3)、耐磨带磨损(见图5-4)、刀座压溃(见图5-5)、刮刀座开裂(见图5-6)等。

图5-1　刀盘结构加强筋板焊缝开裂

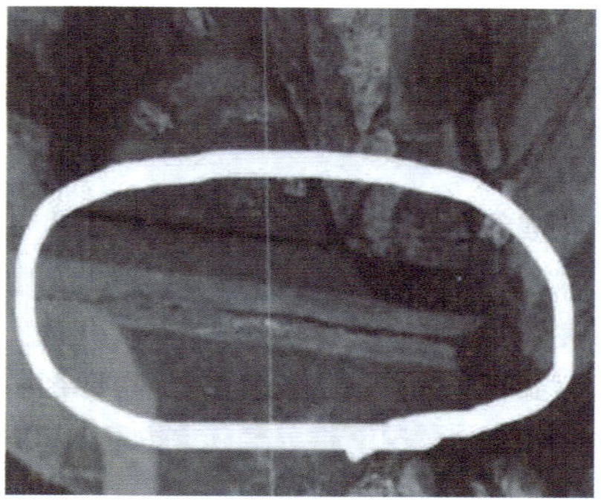

图5-2　刀箱焊缝开裂

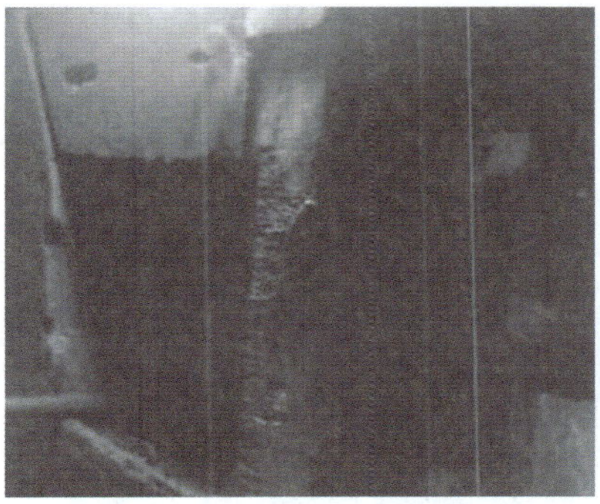

图 5-3　面板耐磨层磨损

图 5-4　耐磨带磨损

图 5-5　刀座压溃（中心刀）

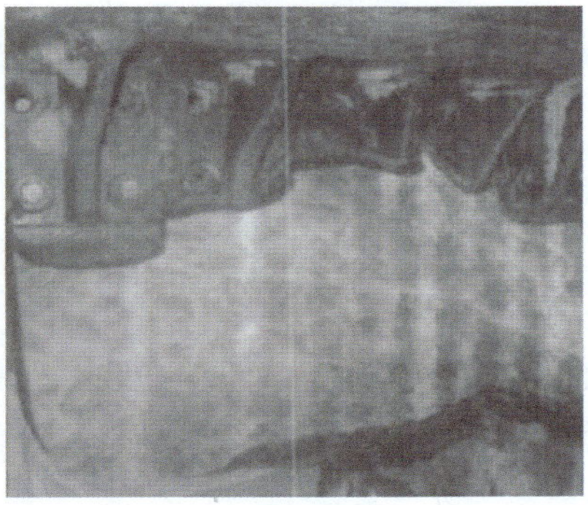

图 5-6　刮刀座开裂

2. 刀盘的常规维修

TBM 刀盘一般在掘进一定距离后会出现局部的开裂、磨损等问题。此时，需要对 TBM 刀盘进行阶段性的维修工作。施工单位可根据刀盘实际状况，结合施工现场的条件及施工计划，制订相应的维修计划和维修方案。这里以 TBM 刀盘的刀座压溃问题的常规维修方法为例，介绍维修过程的重点工艺控制方法。

（1）对刀盘相关部位进行焊接维修作业前，必须确定所需要修复部位相关的材质及性能参数。

（2）确定所需修复部位的原始尺寸，作为修复的结果参照。中心刀座结构图如图 5-7 所示。

（3）对压溃后的刀轴支撑面进行打磨，直到出现原始材料的金属光泽，如图 5-8 所示。

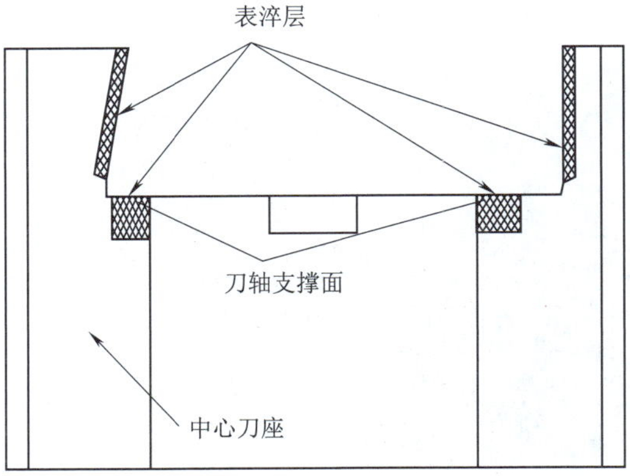

图 5-7　中心刀座结构图

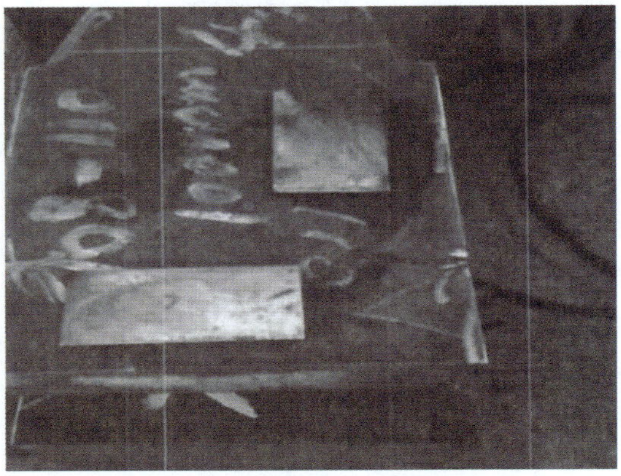

图 5-8　堆焊前需打磨见光

(4)旋转刀盘，将需要堆焊处理的刀座调整到最佳修复位置，如图 5-9 所示。

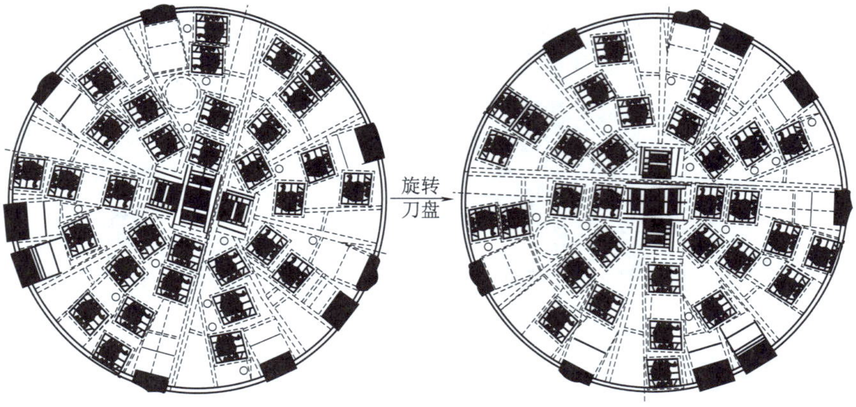

图 5-9 旋转刀盘调整为横焊位置

(5)采用烤枪对堆焊部位进行预热，如图 5-10 所示，预热温度 250～300 ℃，对非堆焊位置采用保温棉覆盖，这样可以减少刀座热量挥发，并可保护非堆焊部位，防止焊接飞溅。

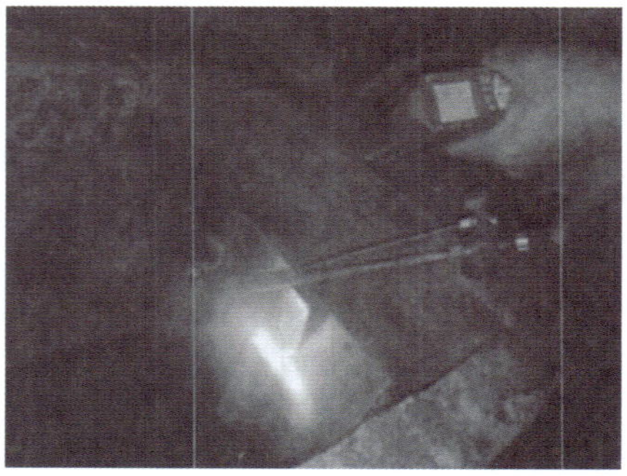

图 5-10 预热

(6)选用的新型焊材具有良好的焊接性，不易出现焊接裂纹，堆焊后具有表面硬度高、抗压强度及耐磨性较好的优点。焊材直径 ϕ1.2 mm，硬度值在 HRC 49～54，与刀座淬硬层硬度值一致。表 5-2 所示为堆焊层硬度检测结果。

(7)层间温度要求 250～350℃，如图 5-11 所示。

(8)实际堆焊厚度根据刀轴支撑面压溃程度而定，单层堆焊厚度≤5 mm，单道焊缝宽度≤12 mm，堆焊层不能超过两层，堆焊厚度不能大于 10 mm，如图 5-12 所示。

表 5-2 堆焊层硬度值检测结果

测量值	HRC										平均值
	1	2	3	4	5	6	7	8	9	10	
一层	48.8	49.3	50.0	50.3	50.3	48.5	47.4	49.1	47.0	49.8	49.1
两层	53.7	54.7	55.1	55.8	52.5	53.7	54.4	53.8	54.9	54.2	54.3

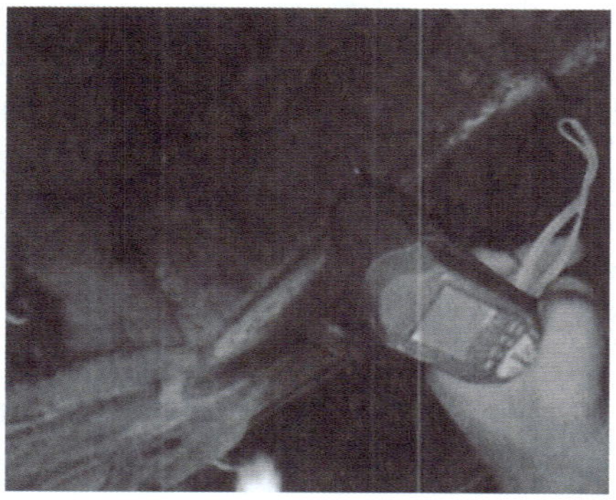

图 5-11 层间温度检测

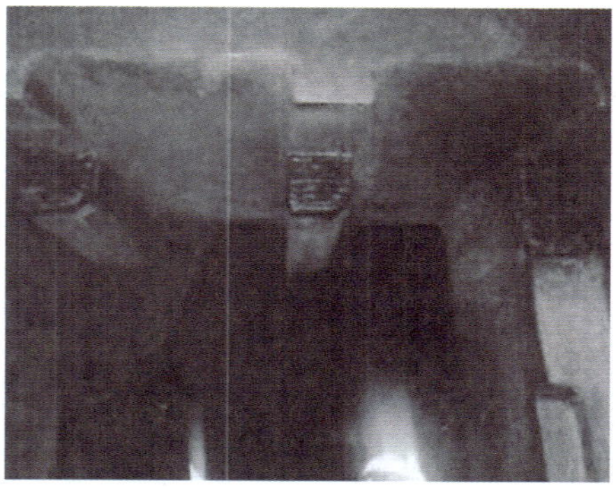

图 5-12 堆焊

(9)焊后覆盖保温棉缓冷至常温。

(10)打磨。以原中心刀座为基准面,利用已提前制作完成的维修工装测量堆焊面的平面度,用砂轮机或直磨头反复对其打磨(由于堆焊层硬度很高,打磨时间较长),直到堆焊面与基准面共面,如图 5-13 所示。判断标准:工装同时放在基准面与堆焊面上,堆焊面与工装面位置的间隙不超过 0.05 mm。

(11)探伤。对堆焊层进行 PT 检测,检查堆焊层无裂纹,如图 5-14 所示。

图 5-13　打磨

图 5-14　PT 检测

(12)检测。利用硬度仪对堆焊层表面进行检测,满足表 5-2 要求。

(13)清理。确保堆焊修复后的中心刀座刀轴支撑面表面干净无异物。

3. 刀盘的大修

在硬岩和极硬岩长大隧道 TBM 施工过程中,由于硬岩地质的原因,一般在隧道的设计阶段就已经充分考虑了 TBM 的中间检修洞室的设计规划,根据刀盘的实际状况制订相关维修计划,待 TBM 掘进到检修洞室时即可进行维修作业。

一般分为两种情况考虑:一是由于洞室条件限制,不具备拆除刀盘进行检修作业,且刀盘仅需要局部的补焊、加强、修复后即可继续完成后续隧道掘进任务的情况,此情况无须拆除刀盘实施修复;二是具备洞内拆除刀盘检修条件,滚刀刀箱存在大面积或全部变形、开裂失效,通过常规修复无法继续完成后续隧道掘进任务,此情况需要拆除刀盘,以便对刀箱进行刨除、重新定位、更换新刀箱。

在刀盘大修前,需要编制刀盘大修专项方案,一般包括材料、人员、工具、工艺、质量标准、安全等方面,必要时专项方案要由相关专家评审通过后实施。

5.2　刀具的维护保养

5.2.1　刀具维保的原则

刀具的日常维保一般根据围岩的实际情况确定维保检查频次。一般情况下,围岩越硬、完整度越好(如Ⅱ类围岩),检查频次越频繁,可以利用掘进工序中断时间实施刀盘检查。刀具检查更换的一般流程如图 5-15 所示。

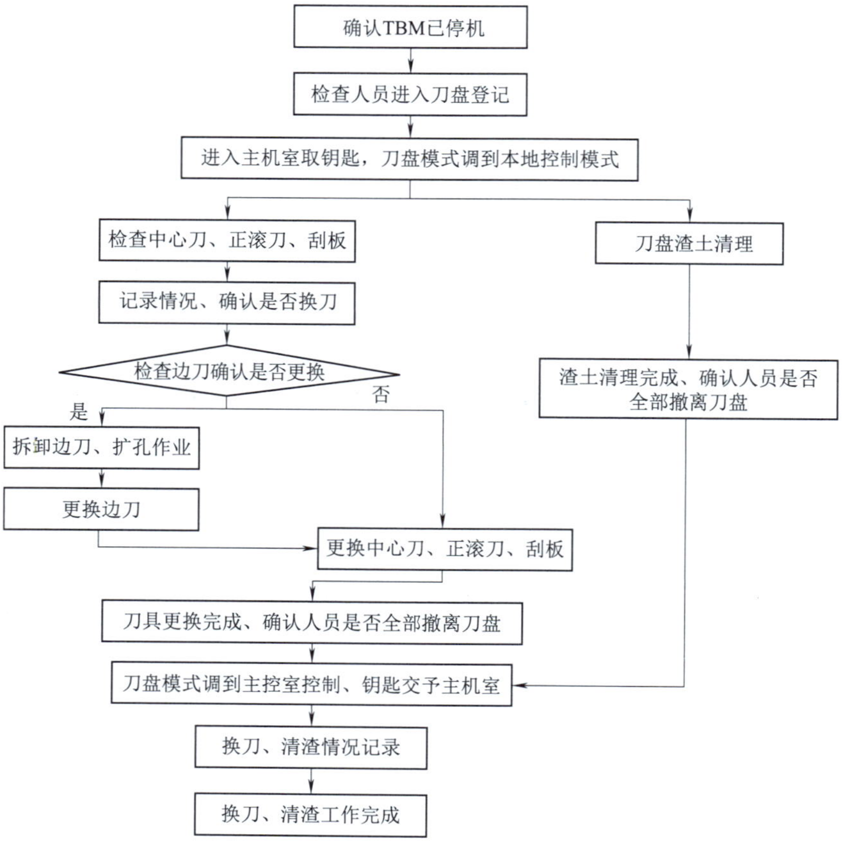

图5-15　刀具检查、更换的一般流程

5.2.2　刀具维保内容

刀具维保的具体内容如表5-3所示。

表5-3　刀具维保的具体内容

组件名称	检查内容	检查标准
刀圈	完好性	刀圈无脱离、无破损、无严重变形(卷刃)
	磨损	刀圈外缘磨损均匀，且未达到极限磨损量
轴承	刀圈旋转	刀圈可以旋转，且有阻尼感
浮动密封	密封性	润滑油(脂)无泄漏
刀毂	完好性	无变形、磨损无超限
刀轴	完好性	无变形、裂纹、破损
端盖	完好性	无严重磨损、变形
挡圈	完好性	无严重磨损、脱落
拉紧螺栓	紧固性	无松动、滑丝、断裂
拉紧块	完好性	无严重变形、开裂、脱落
楔形块	完好性	无严重磨损、开裂、脱落

续表

组件名称	检查内容	检查标准
刀箱	完好性	焊缝无裂纹，刀座与刀具间的配合面无压溃
刮板	磨损	刮板磨损均匀，未达到极限磨损值
	完好性	刮板与刮板座未脱离，紧固螺栓无松动
喷水嘴	完好性	无脱落、堵塞，喷水有足够的水压、流量
喷水管路	完好性	无破损、堵塞
回转接头	完好性	无脱落，紧固螺栓无松动，回转接头无异响

5.2.3　刀具的异常损坏形式与原因

一般情况下，刀具经过破岩作业后因每把刀具的刀位、安装、围岩地质、刀具本身质量差异等原因，在使用过程中会出现异常损坏。刀具的异常损坏形式与原因如表 5-4 所示。

表 5-4　刀具的异常损坏形式与原因

组　　件	损坏形式	原　　因
刀圈	卷刃	刀圈硬度不足
	剥落/断裂	1. 刀圈硬度过高，韧性不足； 2. 刀圈局部过载
	偏磨	1. 相邻刀位刀高差超过标准值； 2. 轴承状况不佳； 3. 刀具启动扭矩不合适
	弦磨	1. 轴承失效； 2. 密封失效
刀具	漏油	1. 轴承失效； 2. 密封失效
刀箱	刀座与刀具配合面压溃	1. 刀盘推力过大，超过设计要求； 2. 刀具拉紧螺栓频繁松动
拉紧螺栓	松动	1. 刀座与刀具配合面压溃； 2. 螺栓使用次数多，螺纹损伤严重； 3. 刀具安装时，没有将配合面清理干净； 4. 螺栓紧固扭矩小于设计值
	断裂	1. 螺栓质量不合格； 2. 紧固扭矩大于设计值； 3. 螺栓等级偏小，强度不足

5.2.4　刀具的磨损量允许值

根据刀盘的滚刀在刀盘面板半径由内向外方向的位置，可以将整盘滚刀分为中心刀、正滚刀、边滚刀三大类，如图5-16所示。不同位置的滚刀允许的刀圈磨损量不同，由内到外允许磨损量递减。以19 in滚刀为例，允许磨损量如表5-5所示。

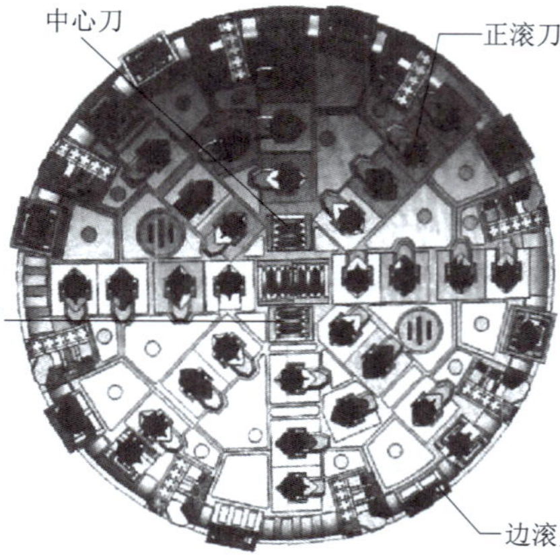

图5-16　刀盘滚刀布置

表5-5　滚刀及刮板磨损允许磨损量

刀具类型	刀圈或刮板磨损极限(建议值)/mm	备注
正滚刀	25～35	此标准适用于正常地质情况。特殊地质(如收敛变形量较大)情况下，可根据围岩收敛情况适当降低边刀刀圈的磨损极限，适当增大刀盘的极限开挖直径，以防造成卡机
边滚刀	12～15	
中心刀	20～25	
刮板	30	

5.3　刀具的更换

5.3.1　刀具的更换标准

根据行业标准，以及实践经验，刀具的更换标准为：

(1)滚刀挡圈脱离必须更换，如图5-17所示。

(2)刀圈出现裂纹或大面积崩刃必须更换，如图5-18所示。

图5-17　滚刀挡圈脱离

图5-18　刀圈开裂

(3)刀圈弦磨必须更换,如图 5-19 所示。

(4)轴承或密封损坏、漏油必须更换,如图 5-20 所示。

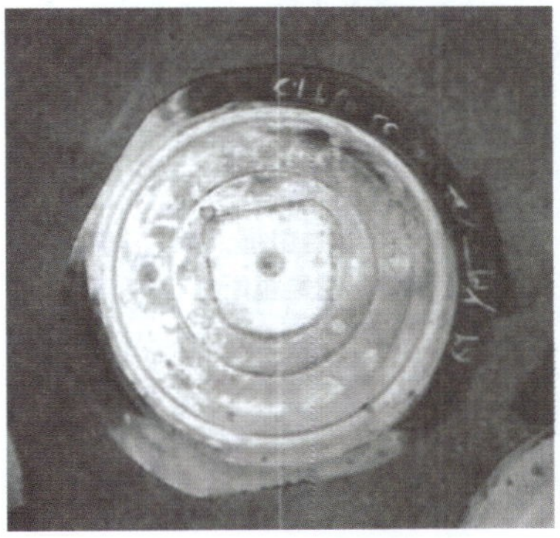

图 5-19　刀圈弦磨

图 5-20　轴承损坏

(5)磨损达到表 5-5 中的极限值必须更换。

5.3.2　刀具的更换作业步骤

1. 正滚刀的拆卸步骤

(1)工具准备。包括高压风、高压水、小吊机、套筒扳手、扭矩扳手、大小撬棍、对讲机等。

(2)转动刀盘,使需更换的刀具处于底部位置。

(3)用小吊机拉住由细钢丝绳缠绕的待拆刀具(拉力应适中,以不使刀具螺栓受力为宜)。

(4)用气动套筒扳手拆下刀具的固定螺栓。

(5)利用撬棍使刀具转动 90°。

(6)用吊机将刀具从刀座中拉出(根据情况间隔撬动刀具,以免卡住)。

(7)将刀具吊到盘主轴承平台处。

(8)通过内机架孔将刀具放到地面。

(9)清理刀座,并检查螺栓及刀座与托架的接触面。

2. 正滚刀的安装步骤

(1)准备装刀工具,与拆卸所用基本相同。

(2)将需安装的新刀通过内机架孔用小吊机吊放在刀盘轴承处的工作平台上。

(3)转动刀盘,使需更换处位于底部位置。

(4)用高压水冲洗刀座螺栓孔,清理刀座与刀具托架接触面的污物。

(5)用小吊机和细钢丝绳将刀具缓缓放下,将刀具推进刀孔内。

(6)刀具到位后,在小吊机的适中拉力和轻微升降配合下,利用撬棍使刀具转动 90°。

(7)对正刀具螺栓孔,将刀具螺栓旋入,用气动套筒扳手拧紧。

(8)松开小吊机,用液压扭矩扳手校核刀具螺栓的扭矩,使其达到规定的扭矩值。

(9)完成一个掘进行程后,复紧刀具螺栓。

3. 边滚刀的拆卸和安装

边滚刀的拆卸和安装过程与正滚刀完全相同,但在更换边滚刀之前应先扩孔,扩孔完毕再更换边滚刀。换边滚刀必须同时更换刮板，并将安装刮板的螺栓的扭矩拧到规定值。掘进一个行程后，应检查更换的刀具和刮板，将螺栓复紧到规定扭矩值。

4.中心刀的拆卸

(1)转动刀盘使盘形滚刀的中心线处于水平位置。

(2)去掉喷水管及油管等，必要时拆下回转接头。安装操作平台及中心刀专用安装装置。

(3)松开夹紧块，然后拆下。

(4)用套筒扳手从需更换的刀具和喷嘴座块上旋下刀具的底部固定螺栓。

(5)带有加长工具的安装小车推进到喷嘴座块处，用两个螺栓将小车与座块相连。

(6)拧出喷嘴座块的上部固定螺栓，安装小车进一步前移，并带动喷嘴座块转动 90°。

(7)拉回安装小车，拆下喷嘴座块，放置在内机架中。

(8)安装小车前移，并用两个螺栓与外侧刀具连接，拆下刀具上部的固定螺栓。安装小车进一步前移并使刀具转动 90°。

(9)拉回带刀具的安装小车，用连接爪将其固定到提升装置上，从导轨上抬下，放入内机架中。

(10)从安装小车上卸下刀具。

5.中心刀的安装

(1)清理刀具与刀座接触面及螺栓孔，检查有无损伤。

(2)将新刀用两个螺栓固定在安装小车上，放入导轨并固定(注意刀具的位置 90°转动后，安全锁紧环须指向外侧)。

(3)刀具从中间推入，然后缓慢转过 90°。水平移动安装装置，直到新刀接触临近的刀具，然后拉回。拧入上部两个固定螺栓，手动拧紧。

(4)松开安装小车，手动拧入底部固定螺栓，手动拧紧。

(5)将装有加长工具的喷嘴座块用螺栓连接到安装小车上。将喷嘴座块从中间推入，转动 90°，然后水平移动，直到与中心处接触。拉回安装装置，拧入上部固定螺钉，手动拧紧。

(6)旋下加长工具，拉回安装装置。手动拧紧喷嘴座块底部固定螺栓。

(7)安装夹紧块，以便刀具对着喷嘴座块夹紧。

(8)用液压扭矩扳手将刀具、喷嘴座块和夹紧块上所有螺钉按规定的扭矩值拧紧。

(9)拆下安装装置，拧入刀具和喷嘴座块上的所有螺塞。

(10)装上回转接头、软管、喷嘴、喷管等。卸下操作平台。完成一个掘进行程后，检查并复紧刀具螺栓。

5.4 滚刀的维修

TBM 施工过程中的刀具消耗成本是施工总成本的关键之一，较好地管理维修更换下来的滚刀，修旧利废，能大大节约 TBM 施工的刀具消耗成本。一般情况下，需要将更换下来的滚刀及时运至洞外专用的维修车间，由专业的维修人员对更换下来的刀具进行解体维修、重新组装，以达到分析原因、优化再利用的目的。

5.4.1　滚刀的结构

目前比较常用的滚刀形式为 17 in 滚刀(双联中心刀)和 19 in 滚刀，17 in 双联中心刀结构如图 5-21 所示，19 in 单刃滚刀结构如图 5-22 所示。

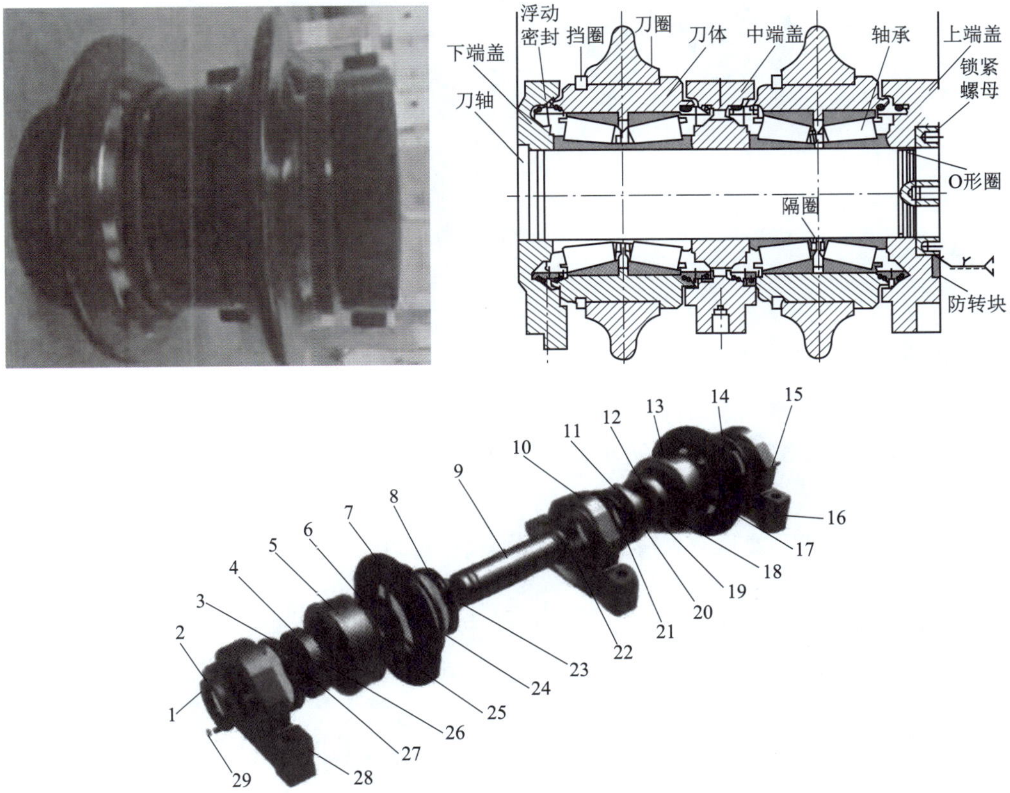

图 5-21　17 in 双联中心刀结构示意图

1—上端盖油塞；2—锁紧螺母；3,8,21—浮动密封；4,6,11,12,27—轴承内圈；5,13—刀毂；7,17—刀圈；9—刀轴；10—中端盖；14,24—挡环；15—下端盖油塞；16—下端盖；18,20,25—轴承外圈；19,26—隔圈；22,23—O 形圈；28—上滑盖；29—防松块

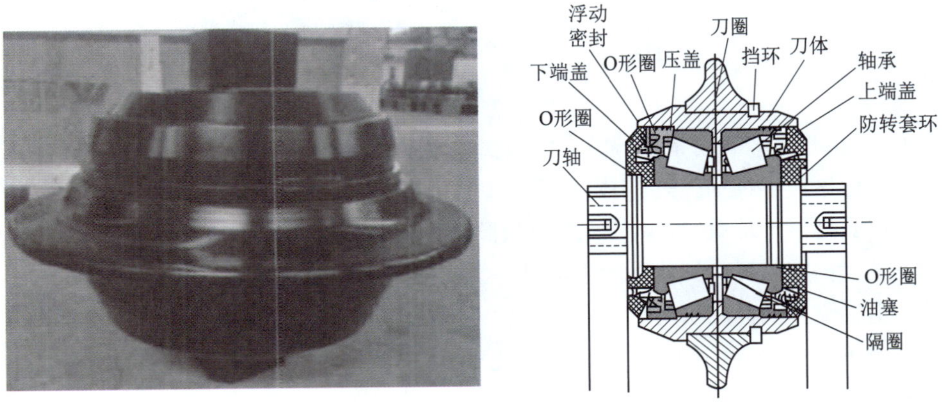

图 5-22　19 in 单刃滚刀结构示意图

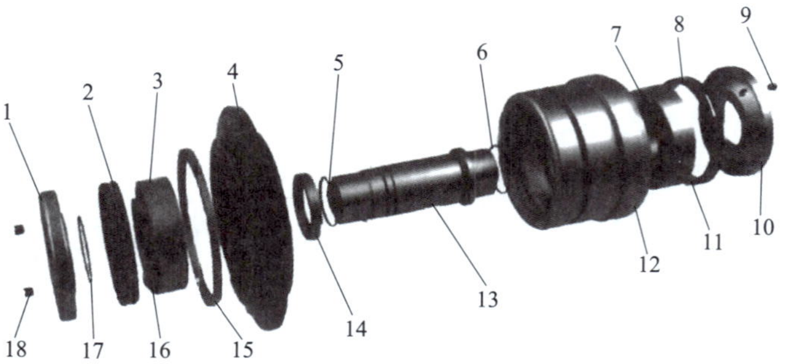

图 5-22　19 in 单刃滚刀结构示意图(续)
1—上端盖；2—上浮动密封；3—上轴承外圈；4—刀圈；5、6、17—O 形圈；7—下轴承内圈；8—下浮动密封；9—油塞；10—下端盖；11—下轴承外圈；12、13—刀毂；14—隔圈；15—挡环；16—上轴承内圈；18—上端盖油塞

5.4.2　滚刀维修步骤

日常的维修过程中，常常以滚刀的损坏形式为依据，针对性地更换相关配件。更换下来的滚刀必须经过车间解体检查、维修、重装、校核后，方可重新使用。

1. 检查、解体

(1)滚刀解体前必须使用高压空气清除外表杂物，清洁端盖油堵位置，将密封胶涂于密封端盖的油堵头上，防止杂物进入刀具中。

(2)检查刀圈磨损情况并确定是否需要更换刀圈，转动刀圈并初步测试启动扭矩(见图 5-23)，19 in 刀具扭矩为 34～38 N·m，17 in 刀具扭矩为 32～36 N·m。

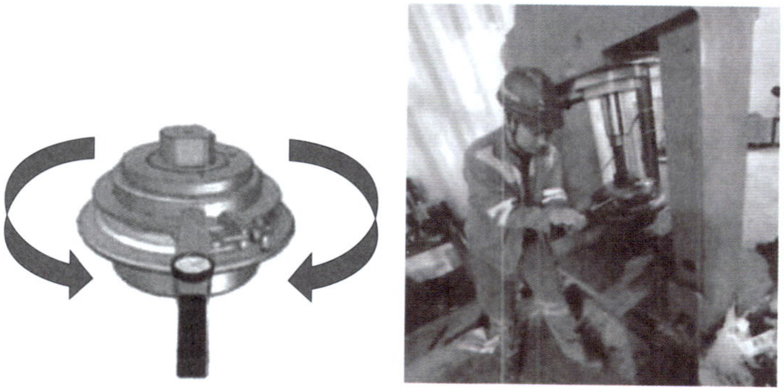

图 5-23　启动扭矩检测

(3)检查油/油脂是否泄漏及是否有较大的金属颗粒。

(4)往螺纹界面区域涂抹油，然后用螺母拆卸工具拆掉锁紧螺母。

(5)用起重工具拆下上端盖，拆除刀轴的 O 形圈并丢弃，从刀具上拆卸刀轴。

(6)拆卸下端盖内密封环。刀体翻转去除另一个内密封环。

(7)从端盖上拆除金属浮动密封。

(8)如果需要更换轴承，拆下轴承内圈与轴承外圈。

2. 维修与组装

(1)拆解过程中，根据损坏形式和过程判断并确定需要更换的部件。

(2)需要更换刀圈时，原刀圈将被破坏性拆除，需要用切割机沿刀圈边缘向圆心方向直线切割，直至刀圈脱离刀体。切割过程中应避免刀体的过度损伤。

(3)清洁刀体内弧面、浮动密封、轴承油污，判定轴承、密封是否损坏。

(4)更换浮动密封、轴承、油液。在更换或安装轴承时应严格把控轴承的压入余量，适当打磨轴承隔环的厚度，以达到最佳的启动扭矩。

(5)安装轴承时，先安装轴承外圈，在刀轴底部法兰上安装 O 形圈。

(6)安装下端盖，安装浮动密封到下端盖，安装 O 形圈到内密封环上。

(7)用感应加热器或烤箱加热轴承内圈，不超过 120 ℃。

(8)将轴承内圈放入刀体内的轴承外圈上，安装底部内密封环，组装刀体。

(9)压装顶部滚柱轴承，安装顶部内密封环，安装 O 形圈到刀轴上。

(10)安装上端盖嵌件，安装刀轴锁紧螺母，将刀具组件冷却到室温。

(11)调整刀具扭矩，补充润滑油。硅胶填充扳手孔、堵头、螺母间隙，防止渣土堆积。

(12)安装新刀圈时，应先将需要安装的刀圈提前在烤箱内加热至约 180 ℃，保持约 5 min 后立即快速安装至刀体上。

(13)安装完成后，认真填写维修记录，重新标记，存放在刀具备用储存区域。

5.5　液压系统维护与常见故障处理

5.5.1　日常停机保养工作

液压系统中包含易损件，所以在日常的工作中需要对其进行保养工作。表 5-6 是开敞式 TBM 日常保养工作内容。

表 5-6　开敞式 TBM 日常保养工作

组　　件	维护/保养工作	标　　准	处理措施
整机	所有液压管线	软管无磨损、破皮	及时更换磨损的液压管路
液压泵站	液压油位	充足(油箱液位 2/3 处)	液位不足时，及时加注液压油
	压力表	指针摆动，压力显示正常	更换压力表
散热器	清理表面	无污染，确保充分的冷却效果	清理表面
阀组	检查电磁阀	电磁阀插头无损坏，正常得电	更换损坏的电磁阀
皮带机张紧装置	检查球阀是否关闭	检查皮带机张紧后，球阀必须完全关闭	确保皮带调整到位，球阀关闭，张紧到位
液压油缸	检查油缸活塞杆表面是否有拉伤或划痕等不平整	油缸活塞杆表面无拉伤或划痕等不平整	拆换油缸进行返修
	检查活塞杆密封性	活塞杆密封完好，不渗油	更换油缸密封

5.5.2　运行过程中的维护

工作期间，必须监控机器的运行状态，完成运行过程中的维护工作，如表 5-7 所示。

表 5-7　运行过程中的维护工作

组　　件	维护/保养工作	标　　准	处理措施
整机	所有液压管线	软管无磨损、破皮	及时更换磨损的液压管路
液压泵站	液压油位	充足(油箱液位 2/3 处)	液位不足时,及时加注液压油
	过滤器是否堵塞	指示灯为绿色(正常)	红色报警,更换滤芯
	压力表	指针摆动,压力显示正常	更换压力表
	辅助系统压力	(24±0.5) MPa	调整减压阀压力至设定值
	插装阀控制压力	(12±0.5) MPa	调整减压阀压力至设定值
	先导控制压力	(2.5±0.5) MPa	调整减压阀压力至设定值
	各液压泵工作状态	无异响、工作平稳	停机检查,查找故障点
	压力表	指针摆动,压力显示正常	更换压力表
液压油缸	检查活塞杆密封性	无渗油现象	若有渗油现象,需更换活塞杆的密封圈
	润滑球面轴承和球头	上位机润滑次数正常	停机检查润滑系统

5.5.3　每运行 500 h 的维护

设备每运行 500 h 必须执行的维护项目如表 5-8 所示。

表 5-8　设备每运行 500 h 的维护项目

组　　件	维护/保养工作	标　　准	处理措施
液压油	从油箱中取样做化学分析	参照表 5-9	
蓄能器	检查蓄能器氮气压力是否合格	氮气压力为(9.5±0.5)MPa	利用专业的充氮装置进行充氮,并标定压力值
液位开关	液位开关工作是否正常	液位开关短接显示报警	报警显示不正常,需进行更换
液压油缸	检查活塞杆防尘圈是否损坏	油缸活塞杆防尘圈完好	更换油缸防尘圈
	检查活塞杆密封是否渗油	活塞杆密封完好	更换油缸密封
主皮带机电动机	工作是否正常	主皮带机电动机运行平稳	拆检电动机
	减速机齿轮油检查	齿轮油液位在 2/3 处	加注齿轮油至减速机 2/3 处
拱架电动机制动器	拱架电动机制动器压力	设定值为(2.3±0.2)MPa	调整减压阀压力至设定值
混喷电动机制动器	混喷电动机制动器压力	设定值为(2.3±0.2)MPa	调整减压阀压力至设定值

为保证整个系统操作的安全性,建议每个月按 NB/SII/T 0599—2013《L-HM 液压油换油指标》(见表 5-9)进行相关项目的检测,并参照上述指标,同时结合工况情况,判定是否达到换油期。

表 5-9　L-HM 液压油换油指标(NB/SII/T 0599—2013)

项　　目	换油指标	试验方法
40℃运动黏度变化率	超过±10%	GB/T 265
水分(质量分数)	>0.1%	GB/T 260

续表

项　　目	换油指标	试验方法
色度增加(比新油)	>2 号	GB/T 6540
酸度增加 a	>0.3mg KOH/g	GB/T 264 GB/T 7304
正戊烷不溶物 b	>0.1%	GB/T 8926
铜片腐蚀(100 ℃,3 h)	>2a 级	GB/T 9096
泡沫特性(24 ℃)(泡沫倾向/泡沫稳定性)	>450/10 mL/mL	GB/T 12579
清洁度 c	>—/18/15 或 NAS9	GB/T 14039 或 NAS1638

5.5.4　TBM 液压系统操作规范与安全注意事项

1. 液压系统操作规范

(1)必须由专业人员进行液压系统调试,不得擅自调整液压系统的压力设定值。

(2)始发 200 m 后,应检查并更换循环过滤器及回油过滤器滤芯,并对油品进行检测。另外,发现过滤器压差检测装置报警,应及时更换滤芯。

(3)液压油较易被污染,为了保证加注到油箱的液压油的纯净,在灌注液压油时应遵循下列步骤:

①停止液压站、过滤器和冷却管线的所有泵。

②清理油箱和其周围的杂物,清洁油箱顶部的污物。

③打开液压油箱盖,连接灌注站。

④启动灌注站,向油箱中注油,当油位达到要求时停止灌注。

⑤清洁剩余油污后将油箱盖装好。

⑥在灌注的整个过程中一定要注意不能让灰尘和污物掉入液压油箱中,要注意油位的变化,不能使油液溢出。

(4)拆装液压管路时,需要配置液压堵头。

(5)液压系统一旦发现泄漏必须立即维修,维修过程中应采取适当的方式避免污染油液,必须保持液压系统的清洁。

(6)维修工作结束后,在重新开动机器前必须确定所有阀门已打开,特别是某些特定的蓄能器的阀门。

(7)液压管被碾压或过度弯曲都可能造成保护外皮的损坏。如果保护外皮受损就有可能影响液压管的最大工作压力,致使发生危险(碾压和过度弯曲液压管还可能造成压力损失和回油压力过高。)

2. 液压系统安全事项

(1)液压系统维保过程中,拆装液压管路时必须确保无压操作;不允许带压进行管路拆卸。

(2)维保作业时,必须注意人身安全,系好安全带,做好安全防护。

(3)时刻注意周边环境安全,确保无危石掉落的风险,保障人员及设备安全。

(4)时刻注意作业位置是否安全可靠,确保踩踏位置坚固牢靠。

5.5.5　TBM 液压系统常见故障判断

根据实践总结,TBM 液压系统常见故障判断参照表 5-10 进行。

表 5-10 TBM 液压系统常见故障判断表

故障现象	故障原因分析	故障预防及排除
泵不供油	泵吸油口蝶阀未打开	打开阀
	油箱油量不足会导致泵吸空并产生噪声	立刻关闭泵。补充适量液压油
	电动机泵联轴器松动或折断	检查、修理或更换联轴器
	电动机转向不对	立即停泵，将电动机接线调相
	吸油管或滤网堵塞	拆下吸油管检查是否通畅，如果通畅，排油，彻底清洗油箱，更换吸滤，注入新油
	变量泵斜盘未动作	检查控制油，调整泵的设置
	泵内部损坏	解体检查，更换损坏件
液压系统漏油或渗漏	管接头没有安装好	更换接头或密封，重新安装
	密封老化，致使密封失效	
	油温过高，致使液压油黏度过小，造成漏油	检查冷却器是否正常工作
	阀与阀块或各阀块之间的接触面密封损坏或加工密封槽不标准	更换密封圈，或更换阀块
	系统压力持续增高致使密封圈损坏失效	更换接头或密封，重新安装
	系统的回油背压太高使不受压力的回油管产生泄漏	检查液压系统回油管路
	处于压力油路中的溢流阀、换向阀内泄漏严重	检查液压系统压力是否正常
系统无压力	加载阀未启动	加载阀得电
	泵压力设置太低	调节泵压力
	输出管路未接好或破损	检查软管，更换破损件
	系统中有一个或多个换向阀接通油箱	确定各换向阀位置，置中位，直至正常工作
	溢流阀压力设置太低或失效	确定影响系统的溢流阀正确设置。如有必要，进行修理或更换
	泵内部损坏	拆下分解，更换损坏零件
泵运行噪声	油量不够，造成泵吸空	立即停泵、补油
	吸油管渗漏导致泵吸空	立即停泵。检查吸油管连接。夹紧，修理或更换
	进口堵塞	确认进口截止阀是否打开，确保进口油路畅通
	呼吸器堵塞	更换呼吸器
	泵转向不对	停泵、电动机调相
	泵内部损坏	解体分解，更换损坏件
执行元件速度太慢	系统有空气	排气
	控制阀阀芯未完全打开使部分旁路油回油箱	检查影响系统的操作阀工作情况，必要时修理或更换
	由于控制油路压力过低，先导控制阀没有完全移动到位	检查控制油路压力
	泵没有达到标称流量	见故障“泵不供油”栏
	执行元件内部由于磨损、密封损坏或内壁拉毛，造成旁通	拆卸检查，更换密封，如果内壁拉毛，更换执行元件

续表

故障现象	故障原因分析	故障预防及排除
油温过高	流经溢流阀的流量过大	调整溢流阀压力
	冷却水流量不够或进水温度高	检查进水流量,设置冷却塔
	水冷却器堵塞或结垢	拆检冷却器
	高压泵额外漏损	用测试仪检查泵输出流量
	泵出口安全阀压力低于泵设置的恒压值	调高泵出口安全阀压力,应高于泵设置的恒压值 2.5 MPa 以上
液压系统压力失常	检查阀芯是否卡死	更换阀芯
	泵转向不对	检查泵的转向
	泵的功率不足或者内泄漏严重	检查电动机输出是否正常、检查泵是否老化
	阀体内泄漏	更换阀体
	密封圈老化造成泄漏	更换密封圈
	压力开关失灵或压力传感器损坏	更换压力开关或压力传感器

5.6　电气系统维护与常见故障处理

由于 TBM 电气系统和其他系统均有所关联,所有的传感器检测、执行机构输出、控制保护信号、动力控制等均需要接入电气系统,这就造成 TBM 电气系统节点众多且较为分散。节点的数量多就意味着故障的概率加大。为保证 TBM 电气系统稳定可靠运行,需要在 TBM 维保时段对 TBM 电气系统做定期且全面的检查。通过检查及时找出并排除故障隐患、降低故障发生概率、降低损失、提高 TBM 掘进效率。在电气系统检查过程中,应掌握常见的电气故障处理方法。在实际应用中,能够根据故障现象快速判断故障、处理故障非常重要。

5.6.1　电气系统维护检查

电气系统的检查工作主要集中在维护保养阶段,这里所说的电气系统检查也主要指维护保养期间的电气系统检查工作。电气系统存在分支较多、节点较多的特点,为保证检查效果,检查工作应力求细致、全面,按照 TBM 维护保养手册要求制订每日、每周、每月的检查计划并按照检查计划严格执行。

主要检查内容如下所述:

(1)检查所有电气连接,确保电气连接紧固(见图 5-24)。热胀冷缩现象的存在会导致电气连接松动,加之设备震动也会导致磨损、连接松动甚至断裂,尤其是 TBM 主机区域,由于震动较大,环境恶劣,应重点检查和定期紧固。

(2)检查柜内温度是否异常,有无异味,有没有温度异常高的区域,对温度异常高的区域做重点检查,并分析原因。

(3)检查空调运行状态,检查空调滤网,如有必要应做清洁和更换。做好空调的维护和保养工作。

(4)检查柜内灰尘情况(见图 5-25),如有必要做好清洁工作。

图 5-24　电气连接以及连接故障

(5)检查配电柜等电气部件的防护情况，如有损坏应尽快修复(见图 5-26)。

(6)检查保护性接地情况(见图 5-27)，确保 PE 以及接地导线可靠连接。

(7)检查 SF_6 环网柜气体密闭室压力，检查高压接头有无放电现象。

(8)检查漏电保护(见图 5-28)并至少每月测试一次。

(9)检查和安全相关的所有保护性部件(如急停按钮、声光报警装置、拉绳开关、跑偏开关等，见图 5-29)，确保工作正常。

图 5-25　柜内灰尘

(10)检查外部电缆有无破损，重点检查拖车连接处以及电缆与 TBM 结构件接触部分，如图 5-30 所示。

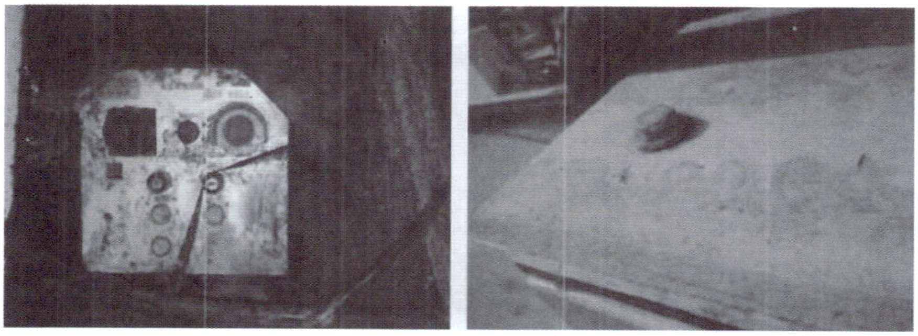

图 5-26　防护不当

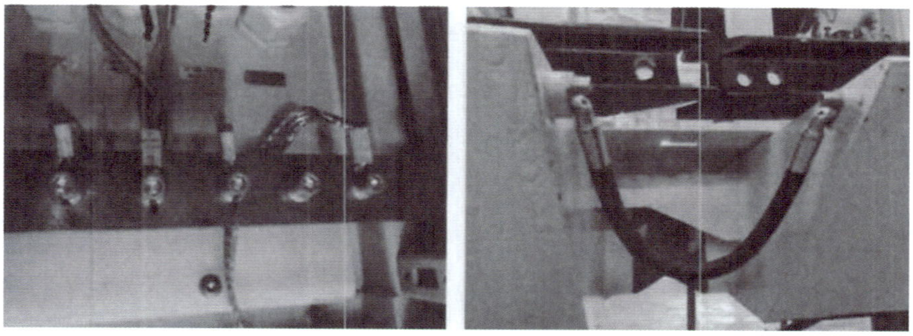

图 5-27　接地连续

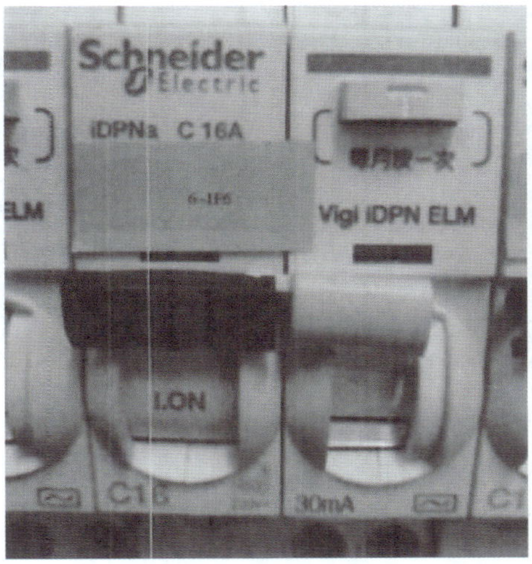

图 5-28　漏电保护开关

图 5-29　电气安全部件

图 5-30　电缆检查重点以及振动造成电缆磨损

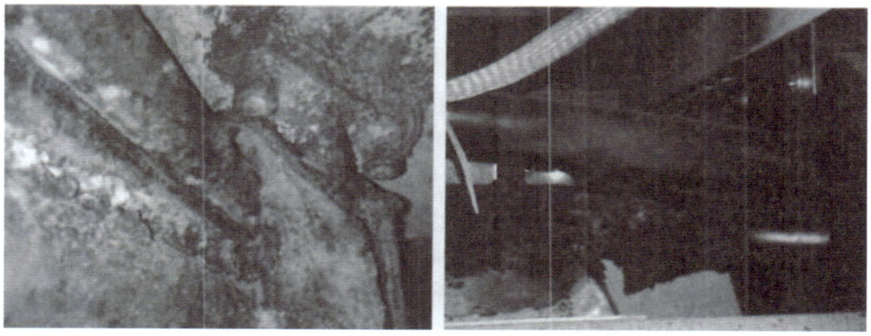

图 5-30 电缆检查重点以及振动造成电缆磨损(续)

5.6.2 常见故障处理

1.通信故障

以常用的西门子 S7-300 系列 PLC、通信方式为 Profibus 为例进行说明。故障现象:某个分布式 I/O 站点与主站无法通信,该站点通信模块指示灯显示为红色,主 PLC 报 BF1 以及 SF 故障。按照以下关键要点查找故障:

(1)确保分布式 I/O 地址设置正确。

(2)确定分布式 I/O 模块供电正常且对应插槽与程序组态一致。

(3)检查通信端子有无通信信号。Profibus 通信协议属于 RS-485 的一种,采用高速差分信号进行传输,两线电压约为 1.3 V,通过使用万用表交流挡简单测量,如果电压为 1.3 V 左右,则说明通信信号已经传输至接线端子。

(4)检查通信插头接线。Profibus 通信应严格区分信号的进和出,检查通信接头接线,进线和出线是否反接。

(5)检查通信线的屏蔽线是否可靠接地。

(6)检查终端电阻位置是否正确,在通信的末端需要把终端电阻拨至 ON 位置,其他非终端的站点严禁将终端电阻拨至 ON 位置。

以上步骤可以解决 80%以上的通信问题。通信设备检查如图 5-31 所示。

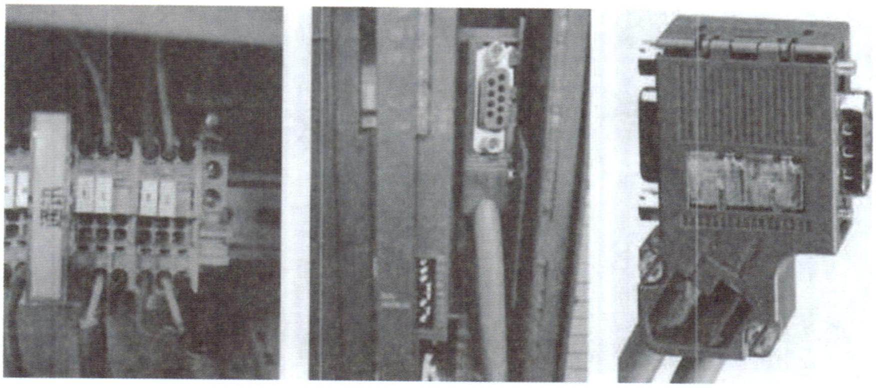

图 5-31 通信设备检查

如经过上述检查后，问题并没有解决，可继续参照以下解决方案。

(1)确定故障发生的时机，判断通信发生的偶然性和必然性，如果在启动变频器时出现通信中断则应考虑变频产生的干扰，从解决干扰问题入手解决通信问题，如检查通信屏蔽线接地情况、尝试采用单端接地、通信线穿管情况、通信线与主电动机线分开布置等措施解决干扰问题。

(2)直流电源瞬间短路或接地后又瞬间恢复造成的通信中断，这种情况时有发生，如启动某一个液压泵时，泵启动前通信正常，启动泵的瞬间，通信瞬间中断、泵电动机转了几下后停止，未成功启动，通信又瞬间恢复。这种通信瞬间中断后又瞬间恢复的故障往往是由于泵出口过滤器(见图 5-32)接线错误导致。泵站启动的瞬间，压力骤升，对过滤器的冲击压力造成过滤器压差继电器动作，由于接线方式不对，启动后压差继电器触点闭合，瞬间造成柜内 24 V 直流电源短路或接地，造成远程 I/O 模块供电瞬间中断，通信中断；由于泵未启动，压差继电器又恢复正常，24 V 故障消除，远程 I/O 通信成功。遇到这种问题，只需要将过滤压差继电器的连接线断开，然后启动泵进行验证。如故障消除，则说明是过滤器压差继电器接线问题，需要重新检查并更正接线方式。

图 5-32　泵出口过滤器

(3)有些故障的产生具有偶然性，多半是由于接触不良造成的。如果找不到合适的解决方案，那就将通信线从后至前，或者从前至后重新检查一遍，接线端子重新连接，通信插头也需要打开，重新连接通信线，通信问题往往就能解决了。

2. 24 V 直流电源输出接地或短路

控制系统采用 24 V 直流供电，传感器也采用 24 V 直流电进行驱动，24 V 供电线路和传感器一样遍布 TBM。大部分传感器故障以及控制系统故障均由 24 V 电源线接地和短路造成。

造成 24 V 电源线接地或短路的主要原因是：24 V 供电线路被挤压、磨损造成机械损伤进而导致接地或短路；电气端子盒进水造成 24 V 供电线路接地或短路；传感器损坏造成 24 V 供电线路接地或短路；中间连接件进水造成接地或短路；电磁阀插头进水造成接地或短路等。

故障现象：直流电源(见图 5-33)指示灯红色，测量输出电压远低于 24 V，24 V 支路保护开关跳闸断开。

对于电源故障，一般采用逐一排除法进行排查。电源故障一般由控制柜外部引起，应首先从外部供电开始检查，方法如下：

(1)通过 24 V 分支保护开关的跳闸，确定发生故障的 24 V 支路。

(2)理出此 24 V 分支外部供电去向，一般会引至多个端子盒。

(3)通过逐一断开所去端子盒供电，进行排查。

(4)当发现拆除某个端子盒供电后，电源故障消除，接入该端子盒则供电出现故障时，判定该端子盒电源故障。

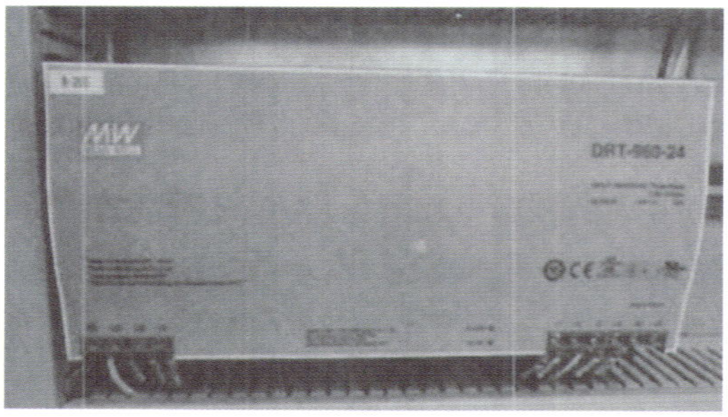

图 5-33　直流开关电源

(5)找到该端子盒，再次使用逐一排除法，对接入该端子盒的控制线路逐一进行排除。

(6)找到故障回路，沿线路进行检查，找出故障点。

(7)处理故障。

3. 传感器数值不显示

TBM上传感器较多，经常会出现传感器数值突然不显示的情况，大多数传感器的输出信号是4～20 mA的电流信号，针对此类传感器问题，排查方法如下：

(1)使用万用表电流mA挡测量4～20 mA信号，判断传感器信号中断位置。

(2)如果在控制柜内端子上测量有4～20 mA信号，则在配电柜内进行排查；如果在控制柜内端子上无4～20 mA信号，则从端子盒进行排查。

(3)配电柜内排查时应按自下而上的顺序直至PLC信号模块：对于模拟量输入信号，端子上端往往是30 mA熔丝端子，可通过测量熔丝判断熔丝是否正常；如果熔丝没问题，可直接在PLC信号模块处进行测量；如果在信号模块处测量仍有4～20 mA信号进入PLC，则需要检查PLC模拟量输入通道接线；如果接线没问题，可将该信号引入其他通道进行测试，接入其他通道有信号，则说明传感器对应的模拟量输入通道有问题。

(4)在端子盒处进行测量时，如果端子上有信号，控制柜端子没信号，则说明端子盒至控制柜的信号传输线路有问题，可通过测量手段判断有无断线，如断线可采用备用芯进行测试。

(5)在端子盒处进行测量时，如果没有信号则检查该传感器供电情况以及线路问题。

(6)线路没问题，则可通过互换法，即通过和完好的传感器进行线路互换，排除是否是传感器问题。

4. 电液比例控制无效

在TBM液压系统中经常会用到电液比例控制，即通过PLC模拟量输出模块输出0～10 V控制信号到比例放大电路，驱动比例控制阀(见图5-34)。常见的比例控制有：比例压力控制和比例流量控制。

图 5-34　比例控制阀

电液比例控制无效或者没有输出，按照以下方法进行排查：

(1)检查输出到放大电路的0～10 V模拟量输出信号是否正常。如果正常，则使用万用表电流安培挡将表笔串入比例阀回路测量电流，缓慢旋转电位器控制输出电压，查看PWM电流范围是否正确，一般情况下电流范围为200～650 mA。如果电流范围不正常，可尝试重新下载比例控制参数，如果重新下载参数仍不能解决问题，可通过更换比例放大元件的方法判断比例放大元件是否损坏。电流正常则需要进一步排查液压问题。

(2)如果0～10 V输出不正常，检查比例控制使能联锁条件是否满足、使能输出是否有效，使能无效则应检查联锁条件是否满足。

(3)使能有效且 0～10 V 输出不正常时，则应尝试更换相同类型的模块，更换后输出正常，则说明模块问题。

(4)若模块没问题，则需要检查控制电位器输入是否正常，测量电位器输入到信号模块的 0～10 V 电压是否正常。

(5)尝试重新启动控制系统。

(6)检查电位器输入通道是否有问题，尝试更换通道或者模块。

5. 电动机无法启动

电能的转换主要依靠电动机实现。电动机无法启动，可能由控制回路因素或主回路因素导致。按照以下方法进行排查。

1)控制回路排查

(1)检查启动条件是否满足。

(2)检查启动输出有无。

(3)检查中间继电器触点有没有闭合。

(4)检查接触器、软启动器或者变频器控制电压是否正常。

(5)检查接触器、软启动器或者变频器控制线路接线是否正确。

2)主回路排查

(1)检查主回路电源是否正常。

(2)检查主回路总开关是否闭合。

(3)检查接触器等是否闭合、软启动器以及变频器状态是否运行，输出电压是否正常。

(4)检查配电柜内的电动机接线端子电压是否正常。

(5)检查电动机端接线是否正确。

(6)检查接线盒内电压是否正常。

(7)检查电动机三相绕组电阻以及绕组对地电阻。

(8)采用替换法排除是否是电动机故障。

习　题

1. TBM 维保作业前，技术人员应具备的条件有哪些？
2. 简述 TBM 刀盘刀具的维护保养办法。
3. 简述 TBM 刀盘刀具的失效形式有哪些。
4. 简述 TBM 刀盘刀具的维修方法。
5. 简述 TBM 更换刀具的步骤。
6. 简述液压系统常见故障问题的处理办法。
7. 简述液压系统维护操作安全注意事项。
8. 简述液压系统常见故障诊断方法。
9. 简述电气系统维保检查主要内容。
10. 简述电气系统常见故障问题的处理办法。

参 考 文 献

[1] 陈馈,王江卡,谭顺辉,等.盾构设计与施工[M].北京:人民交通出版社,2019.

[2] 李志军,李宇江,黄永生,等.城市轨道交通工程硬岩双护盾 TBM 隧道修建关键技术[M].北京:人民交通出版社,2018.

[3] 李增良,邓勇,雷升祥,等.盾构(TBM)施工实践与工程案例[M].北京:中国铁道出版社,2017.

[4] 洪开荣.盾构与掘进关键技术[M].北京:人民交通出版社,2018.

[5] 李建斌.TBM 构造与应用[M].北京:人民交通出版社,2019.

[6] 陈馈,洪开荣,焦胜军.盾构施工技术[M].北京:人民交通出版社,2016.

[7] 陈馈,孙振川,李涛.TBM 设计与施工[M].北京:人民交通出版社,2018.

[8] 戴洪伟.超大型泥水盾构施工技术的探索与突破:扬州瘦西湖隧道工程[M].北京:中国建筑工业出版社,2019.

[9] 毛红梅,陈馈,郭军.盾构构造与操作维护[M].北京:人民交通出版社,2018.

[10] 陈馈,洪开荣,焦胜军.国内外盾构法隧道施工实例[M].北京:人民交通出版社,2015.

[11] 程海云,陈馈,欧阳刚杰.盾构机司机培训教程[M].北京:中国建筑工业出版社,2016.

[12] 米晋生,许少辉.珠江三角洲城际快速轨道交通广州至佛山段(普通段)盾构隧道工程施工技术研究[M].北京:人民交通出版社,2013.

[13] 洪开荣.软硬不均与极软地层盾构处理技术[M].上海:上海科学技术出版社,2019.

[14] 陈健,闵凡路.盾构隧道刀具更换技术[M].上海:上海科学技术出版社,2019.

[15] 竺维彬,鞠世健.复合地层中的盾构施工技术[M].北京:中国科学技术出版社,2006.